U0760460

高等院校国际经济与贸易专业系列教材

# 当代跨国公司管理

第2版

主　编　陈向东　魏拴成
副主编　陈丽珍　俞　毅
参　编　孙同超　王　磊　王潇怡　王逸凡
主　审　赵春明

机械工业出版社

本书涉及跨国公司现象和理论解释、跨国公司运行的国际环境、跨国公司的国际市场进入模式、跨国公司的组织结构、跨国公司的营销管理、跨国公司的财务管理、跨国公司的技术资源管理、跨国公司的人力资源管理、跨国公司的经营风险管理等重要的跨国经营必要的知识内容。另外，结合我国的经济发展实际，除了介绍和分析一般性跨国公司运行规律的知识之外，还兼顾跨国公司在我国的发展状态，以及我国企业跨国发展的业务需要，特别突出了跨国公司的业务管理。本教材适合国际商务领域相关的本科生、研究生和从事跨国经营业务的专业人员阅读和参考。

**图书在版编目（CIP）数据**

当代跨国公司管理/陈向东，魏拴成主编. —2 版. —北京：机械工业出版社，2013.11（2023.7 重印）

高等院校国际经济与贸易专业系列教材

ISBN 978-7-111-44154-0

Ⅰ. ①当… Ⅱ. ①陈…②魏… Ⅲ. ①跨国公司－企业管理－高等学校－教材 Ⅳ. ①F276.7

中国版本图书馆 CIP 数据核字（2013）第 225408 号

机械工业出版社（北京市百万庄大街 22 号　邮政编码 100037）

策划编辑：常爱艳　　责任编辑：常爱艳　宋　燕

版式设计：霍永明　　责任校对：薛　娜

封面设计：鞠　杨　　责任印制：郜　敏

北京富资园科技发展有限公司印刷

2023 年 7 月第 2 版第 5 次印刷

184mm×230mm · 22.25 印张 · 440 千字

标准书号：ISBN 978-7-111-44154-0

定价：55.00 元

电话服务　　　　　　　　　　　网络服务

客服电话：010-88361066　　　机　工　官　网：www.cmpbook.com

　　　　　010-88379833　　　机　工　官　博：weibo.com/cmp1952

　　　　　010-68326294　　　金　　书　　网：www.golden-book.com

**封底无防伪标均为盗版**　　　机工教育服务网：www.cmpedu.com

高等院校国际经济与贸易专业系列教材

# 编审委员会名单

# 序

摆在读者面前的这套"高等院校国际经济与贸易专业系列教材"是一项凝聚了众多高校教师辛勤劳动的集体性成果。我们编写这套教材主要是基于以下两大背景。

1. 在经济全球化条件下，国际贸易作为一国参与经济全球化和国际分工的重要途径之一，其作用和重要性都大大加强

20 世纪 90 年代以来，在经济全球化浪潮的推动下，资本的国际流动得到迅猛发展。在这种情况下，有人认为国际贸易对经济增长的作用因此会被削弱，其实并不尽然。通过以下分析可以看出，国际贸易对一国经济增长的作用不但没有被削弱，反而在加强。

首先，在经济全球化条件下，国际分工的日益细化不但使越来越多的消费品具有了可贸易性，而且越来越多的中间产品和劳务也进入了国际交换领域，从而使贸易的范围不断扩大。

其次，在经济全球化条件下，社会化生产以及市场经济的本质并未发生根本性的变化，市场交换依然是扩大再生产的前提，国际贸易仍是各国在世界范围进行交换的主要方式和彼此间经济关系的"晴雨表"。

最后，在经济全球化条件下，虽然国际直接投资的规模越来越大，跨国公司的作用越来越显著，但是它并不排斥国际贸易，更不能取代国际贸易；相反，资本和生产的国际化不仅为国际贸易提供了更加便利的条件，而且增添了新的贸易方式和贸易动力。因为跨国资本流动规模的扩大，特别是产业资本的国际化，不仅使国际贸易的规模和发展呈现出某些新特点，而且使国际贸易出现了内部化现象，推动了以要素禀赋差异为基础的产业间贸易模式逐步向以竞争优势为基础的产业内贸易模式转变，世界范围内产业内贸易的比重不断加大。规模巨大的跨国公司在世界各地组织生产，在"全球战略"的指导下，企业内部贸易和产业内贸易发展迅速，构成世界贸易的重要组成部分。不仅如此，第二次世界大战后国际资本的流动还促使了新的贸易方式的产生，如加工贸易、补偿贸易、国际租赁业务、国际分包等。这些贸易方式是为适应资本的流动而出现的，它们与传统的商品贸易方式有很大的差别。比如补偿贸易，就是引进方首先引进国外的先进技术和设备，然后再用生产的

产品直接或间接地给予技术和设备提供者补偿，这实际上已起到了国际直接投资的作用。

2. 我国加入世界贸易组织之后，对国际经济贸易人才的培养提出了更高的要求

众所周知，我国于2001年正式加入了世界三大经济组织之一的世界贸易组织，从而标志着我国已全方位地融入到经济全球化的浪潮中。“入世”不仅给我们的社会经济生活带来了巨大的影响，而且对传统国际经济与贸易专业的教育也提出了深层次的挑战。20世纪80年代，当改革开放大潮刚刚涌动之时，很多学校开设了国际经济与贸易专业，似乎只要沾上涉外的字眼，就可以“通吃天下”，但这种低层次的量的扩张在20世纪90年代中后期就遇到了“瓶颈”，许多学生毕业后找不到如愿的工作。“入世”之后，涉外色彩浓重的国际经济与贸易专业再次引起了世人的关注和青睐，但是这一次并不是上一次的简单重复，它不仅要求涉外人才量的增加，更要求涉外人才质的提升。具体来说，现在需要的涉外人才是能系统掌握现代经济学基本原理，通晓国际经济与贸易知识及惯例，同时能熟练运用外语和计算机等现代工具的高层次的复合型人才。

经济全球化和“入世”的大背景要求我们在国际经济与贸易专业的教材编写、课程设置、人才培养方式等方面进行相应的变革，这套“高等院校国际经济与贸易专业系列教材”就是响应这种变革所做的一项尝试性成果。

目前市场上国际经济与贸易方面的教材品种较多，其中不乏优秀之作，前人的优秀成果是我们编写这套教材的重要参考来源和写作基础。当然，相比较而言，我们这套教材无论在内容的编写上还是在写作的体例和形式上，都具有自身的一些重要特色，具体包括以下两个方面。

1. 在内容的编写上

过去，人们普遍注重这个专业的应用性特色，而相对忽视了这个专业所具有的理论性和素质培养功能。随着我国加入世界贸易组织、更深入地融入到经济全球化浪潮中，对经贸人才的需求已从简单的操作型人才转变为高素质的复合型人才，显然，传统教学模式和方法已很难适应时代发展的要求。我们编写的这套教材在保持传统教材重视应用性和操作性的基础上，力求吸纳和反映当代国际经济与贸易领域的最新发展实践和理论成果，凸显教材的基础性、理论性和前沿性，并与时俱进，使之更加贴近我国的改革开放实践，加强为建设和完善我国社会主义市场经济体制服务的功能，挖掘各门课程对学生素质培养的潜能，从而赋予国际经济与贸易专业新的活力和意义。

2. 在写作的体例和形式上

我们借鉴国外流行教材的经验，在内容有关之处增加了为数不少的专栏，这些专栏或者是时代背景，或者是作者小传，或者是案例，或者是对有关问题的进一步阐述，有助于拓展学生的视野，让其更深入地了解和掌握书中内容。所列复习思考题也力求灵活多样，以启发学生作进一步的思考。另外，章中所列关键术语、学习要点、小结以及荐读书目等，不仅方便学生总领教材内容，也为其作进一步研讨提供了文献参考。

当然，作为尝试性的成果，我们这套教材也难免有不尽如人意之处，特别是每本教材的作者均来自不同院校，因此在编写风格方面可能还会存在一些差异，这些都需要我们在以后的修订过程中进一步完善，我们真诚地期待着广大读者多提宝贵意见！

北京师范大学教授、博士生导师　赵春明
编审委员会主任委员

# 第2版前言

2007年至今，国际市场上跨国公司的构成和发展模式经历了深层次的变化，同时我国企业跨国投资活动也在蓬勃发展，不断涌现出世界级水平的中国跨国公司；因而，当代跨国公司管理的话题和相应的课程也已经成为经济管理学科和商学院学生必须接触的国际化发展的核心课程之一。

跨国公司的战略管理、组织管理、营销和品牌管理、研发和技术资源管理、财务管理、跨国投资风险管理等，特别是文化差异管理，其基本理论和实践涉及跨国人力资源管理、跨国公司的商业伦理管理，以及营销和品牌管理，新产品开发管理等多个方面，都成为新时代跨国公司管理支撑的重要知识方面，需要不断认真学习和总结。

本教材第2版由陈向东统一协调各章节作者修订相关内容，并撰写再版前言；具体编写分工为：第一、五章由魏拴成补充更新，第二、八章部分内容由陈丽珍更新，第四、六、十一章由俞毅更新，第三、七、九、十章由陈向东、王潇怡、王逸凡更新，全书由陈向东统稿，并作必要补充。如有错误和不当之处，敬请相关课程授课教师和使用学习的学生们提出。

编　者

# 第1版前言

随着国际经济一体化进程的进展，跨国公司越来越成为当前国际经济发展的主导力量，其对外投资决策不但对该企业的整体发展具有深刻影响，而且影响到东道国多种产业的发展道路。

国际经济活动的发展日益显示：在一体化的世界经济中，跨国公司已经成为当代国际经济活动的核心组织者。通过对外直接投资和全球化战略，跨国公司的业务发展日益融合于世界各国的经济发展，从而对当代世界经济的发展起着举足轻重的作用。

全球高新技术产业的分工格局事实上是由跨国公司来主导的。在电子信息产业领域，全球IT企业前40强的销售收入达到1万亿美元，约占全球IT产业的60%，而且这些企业大多分布在美国、欧盟、日本等发达国家和地区，如计算机领域的IBM、惠普、戴尔电脑，电子信息产品制造领域的西门子、索尼、松下，通信及网络设备制造领域的摩托罗拉、诺基亚、爱立信，软件及信息服务领域的微软、EDS，集成电路领域的英特尔等著名跨国公司。分国别计算，《财富》世界500强中的IT企业，美国拥有年销售收入超过100亿美元的企业19家；日本拥有年销售收入超过400亿美元的企业6家，收入在100亿~400亿美元的企业3家；韩国也拥有年销售收入超过300亿美元的三星和200亿美元的LG。

联合国贸易与发展会议（UNCTAD）公布的2005年世界投资报告显示：流向发展中国家的外国直接投资强劲增长。按照2004年的投资水平，国际性直接投资流入量为6480亿美元，比2003年仅增长2%；但流入发展中国家的数额却激增40%，达到2330亿美元，发展中国家在世界外国直接投资流入量中所占的份额增至36%，是历史上的最高水平。与此同时，发达国家作为一个整体，外资流入量减少了14%。

近10余年来，中国作为世界上最具魅力的新兴市场之一，吸引着诸多跨国公司纷至沓来。根据我国官方最新统计，20世纪80年代至2006年，在华外国直接投资数额累计已经超过2000亿美元，《财富》世界500强目前已有450家实现在华投资，在我国投资建设研究与开发中心的已经达到700多家，在我国建立地区性总部的也已经达到40余家。我国已经成为世界上跨国公司为主体的国际化投资的主导市场之一。在这个市场中同样也体现出技术资源的激烈竞争。根据我国商务部对跨国公司在中国申请专利情况的一份调查，跨国公司每年的专利申请量增幅高达30%。特别是20世纪90年代以后，跨国公司在中国的专利申请量在新兴技术领域，如通信、计算机、医药、家电等领域的增长更为迅速，并已成为我国企业自主创新能力发展的重要影响因素。

根据邓宁的投资发展周期理论，外国直接投资活动的输入国与输出国与相应国家的人均GDP水平有密切关系。当一国人均GDP在400美元以下时，对于外国直接投资活动而言，当地市场没有吸引力，属于跨国公司投资的盲点；当人均GDP达到1000美元上下时，当地市场对外国资本的吸引力明显增加，跨国公司成为这一类国家和地区的主导投资者；而当人均GDP发展到3000～4750美元时，当地企业对外投资的实力大大增强，这类国家和地区成为对外投资的重要发源地，其增长速度可能超过外资流入速度，其中也可能孕育当地跨国公司的成长和发展；当一国人均GDP突破4750美元大关时，这类国家成为典型的发达国家，其中构成所谓所有权优势的技术资源成为最具竞争力的资源。我国对外吸引资金和对外直接投资活动正在经历邓宁投资发展周期的第二阶段向第三阶段的转变时期。事实上，我国对外直接投资已经有了长足的发展，并且也具有很强的国家和地区特点。根据相关统计，目前我国企业海外投资活动遍布世界160余个国家和地区。

为适应新的发展形势，我们编写了这部教材。本教材着重从全球化经济发展角度讨论跨国公司发展的相关理论和实践，特别注意结合发展中国家情况，既反映跨国公司投资发展框架下的东道国企业，也反映发展中国家对外直接投资活动中可能遇到的实际问题。

本教材共分十一章，涵盖跨国公司国际投资活动的主要方面，特别突出了跨国公司的市场进入模式、组织管理机制、跨文化管理、营销管理、技术资源管理、财务管理、经营风险管理等。

本教材由陈向东教授设计、策划和组织，由陈向东、魏拴成担任主编，负责统稿；由北京师范大学经济与工商管理学院赵春明教授担任主审。本教材编写分工如下：第一、五章由魏拴成编写，第二、八章由陈丽珍、陈向东共同编写，第三、九章由孙同超编写，第四、六、十一章由俞毅编写，第七、十章由陈向东编写。另外，王磊参与第七章书稿资料收集工作及全书文字信息校对工作，熊兆阳参与第七章资料的收集工作，王硕参与第八章部分资料的收集工作。为方便教学，我们还为选择本教材的教师免费提供电子教学课件。

本教材适合国际经济与贸易、国际商务等专业的本科生、研究生，也可供参与国际经济活动研究、教学、实际业务工作的高校、企业、相关政策制定人员参考。

编　者

# 目录

# 第一章
# 跨国公司现象

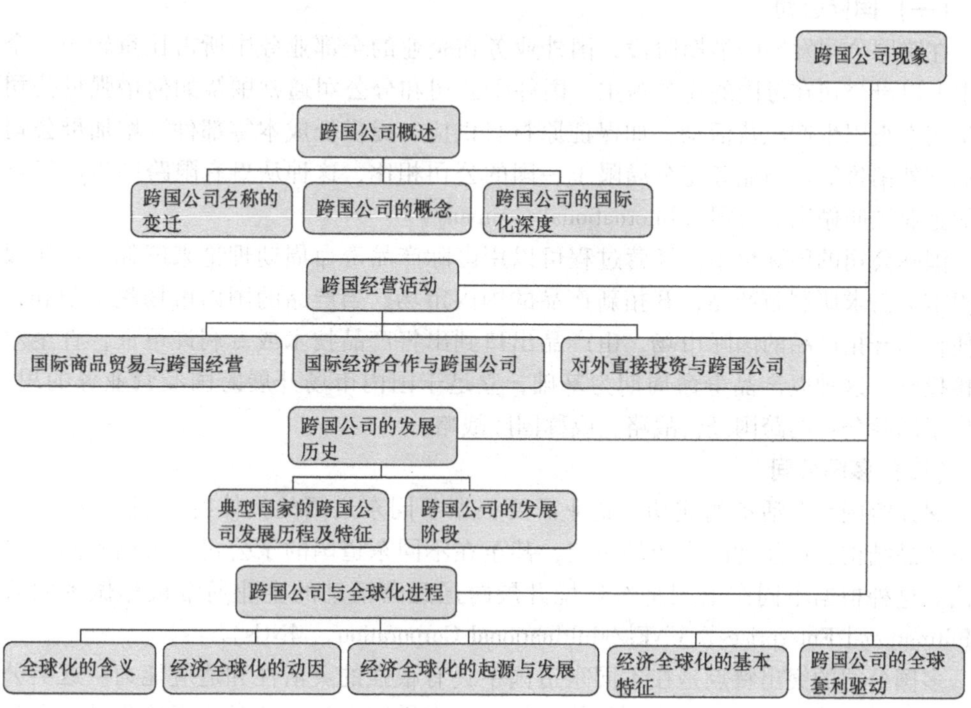
跨国公司现象
跨国公司概述
跨国公司名称的变迁
跨国公司的概念
跨国公司的国际化深度
跨国经营活动
国际商品贸易与跨国经营
国际经济合作与跨国公司
对外直接投资与跨国公司
跨国公司的发展历史
典型国家的跨国公司发展历程及特征
跨国公司的发展阶段
跨国公司与全球化进程
全球化的含义
经济全球化的动因
经济全球化的起源与发展
经济全球化的基本特征
跨国公司的全球套利驱动

# 第一节　跨国公司概述

## 一、跨国公司名称的变迁

跨国公司是首先在西方经济发达国家产生和发展起来的一种企业实体。在这些国家中，有关跨国公司的研究已有几十年的历史。然而，迄今为止，尚未形成统一名称。在英文文献中，有关跨国公司的名称多种多样，其中最常见的有四种：国际公司、多国公司、全球公司和跨国公司。不同名称虽然都表示从事跨国经营活动的企业，但其内涵却存在较大差别。这种差别产生于跨国公司在不同发展阶段上的演变历史，以及不同的企业跨国经营战略。

### （一）国际公司

在跨国公司发展的早期阶段，国外业务在企业的全部业务中所占比重较小，企业基本上以母公司在母国的业务为主，国外子公司和分公司通常围绕如何增强母公司的竞争实力组织生产经营活动，如保证原材料供应、提供低成本零部件、增加母公司产品的国外销售等。与业务完全局限于一国的公司相比，这种从事有限跨国生产经营活动的企业被叫做国际公司（International Company）。

国际公司的国际化生产经营过程可以用国际产品寿命周期理论来解释。企业根据国内市场需求研制新产品，开拓新产品的国内市场。当产品的国内市场趋于饱和，企业便转向开拓产品的国际市场，由产品出口到出售产品技术或专利许可证，直至对外直接投资。这种以产品寿命周期为基础，立足于国内市场开展跨国经营业务的思想，形成了国际公司的跨国经营战略，或称国际战略。

### （二）多国公司

保证跨国经营活动的成功，企业需要根据不同东道国的具体特点制定发展战略，调整产品结构、产品性能或产品包装，甚至在不同东道国的子公司中采用不同的管理方法。这种根据不同东道国特有环境开展跨国经营活动的企业通常被称做多国公司（Multinational Enterprises，MNEs/Multinational Corporation，MNCs）。

多国公司的突出特点是在不同东道国中具有很强的灵活性和适应能力。这类公司采取的跨国经营战略，或称多国战略，侧重于东道国之间的差异。当地化是多国战略的核心内容。多国公司在20世纪50年代和60年代发展迅速，因为这一时期各国普遍采用高关税政策，而多国战略是避开关税的一种有效战略。但到70年代，随着全球战略的兴起，多国战略的地位在许多行业中发生了动摇。

### （三）全球公司

多国公司为了增强跨国经营的适应能力，通常需要在每个东道国建立一套完整的生产经营系统。如果东道国市场规模小，则国外子公司很难实现规模经济效益。要想在跨国经营中提高效率，企业必须把世界上不同国家的市场看做一个整体，即从全球市场角度制定跨国经营战略。这种以全球市场为目标开展跨国经营活动的企业通常被称做全球公司（Global Company）。

全球公司致力于全球性产品的生产经营。这类产品的市场是全球性市场，其市场需求产生于各国消费者类似或趋同的偏好。因此，企业可以在母国或少数几个东道国设置生产基地，通过大规模生产，满足全球市场的需求。全球公司的跨国经营战略是全球战略；其战略目标是通过以全球性协调为基础的大规模生产经营活动提高效率，从而有效建立绝对成本优势，占领全球市场。

### （四）跨国公司

在全球经济一体化环境中，全球公司不仅在竞争中战胜了各东道国的当地企业，而且战胜了采用国际战略和多国战略开展跨国经营活动的公司。

跨国经营的整体效率和对各东道国市场变化的适应能力，是很难同时兼顾的两个重要目标。在理论上，真正的跨国公司（Transnational Corporation，TNCs）应该通过建立世界范围内的竞争优势，既能达到较高的整体跨国经营效率，又具备较大的灵活性和较强的适应能力。从全球经济角度着眼，从每个东道国的特定环境入手开展跨国经营活动，是跨国公司经营战略的主导思想。跨国公司的母公司与子公司之间的关系不是简单的集权与分权关系，而是在一体化世界性经营网络中相互依存的不同决策实体，通过复杂的组织管理与协调系统保证跨国经营活动的有效运转。

在国际公司、多国公司、全球公司和跨国公司这四种名称中，最早被普遍采用的是“多国”一词。20 世纪 50 年代末，美国田纳西河管理局局长戴维 E. 莱里索尔在卡耐基工业大学发表的演说中，首先提出了跨国公司的概念。1960 年，他又发表了题为《跨国公司》的文章，此后，跨国公司这一名称逐渐被社会和学术界所接受。

## 二、跨国公司的定义标准

跨国公司的概念众多，依不同标准有不同种类。

### （一）结构性标准

（1）跨国公司是在两个或两个以上国家从事经营活动的企业，包括私营企业和国有企业。这个定义强调企业跨国经营的地理区域和活动范围。

（2）跨国公司是在不同国家拥有多个工厂或多个经营单位的企业。这个定义强调以对外直接投资为基础的跨国经营管理。

（3）跨国公司是指其股份所有权归多个国家居民或企业所有的公司。这个定义强调所有权的多国性。如果一个企业实现跨国生产经营，但所有权完全归属于一国的居民，则这个企业不能被称做跨国公司。至于一国企业拥有另一国企业多大比例的股份才算是跨国公司，不同国家有不同标准。目前，普遍接受的标准是国际货币基金组织确定的25%。

**（二）营业实绩标准**

（1）跨国公司在国外的经营业绩，如销售额、利润、雇员人数或资产额，所占比例应该在25%以上。这个定义强调国外生产经营活动的范围和成效。也有专家选择了不同的比例标准。

（2）跨国公司从事大量对外直接投资，并有效控制和管理国外资产。根据这种定义，拥有国外企业股份但不介入日常管理活动的公司不能被称做跨国公司。

**（三）企业行为特定标准**

按这类标准下的定义，比较权威的是联合国经济及社会理事会提出的定义。该组织在《世界发展中的多国公司》中称跨国公司是在两个或两个以上国家中控制工厂、矿山、销售机构和其他资产的企业。1984年，联合国对这个定义进行了修改，新的定义是：①跨国公司是指在两个或两个以上国家经营业务的企业实体，不论其采取何种法律形式经营，也不论在哪一经济部门经营；②这种企业在一个决策体系中经营，因而具有协调的政策和共同战略；③企业的各个实体通过所有权或互相之间的影响联系在一起，并分享知识、资源，以及分担责任。

## 三、跨国公司的国际化深度

在从事跨国经营的企业中，有些企业的跨国经营活动规模大，范围广，对企业整体的发展影响大；有些企业的跨国经营活动规模小，只涉及少数几个国家，其成败对企业整体发展影响不大。显然，不是所有从事跨国经营的企业都是跨国公司，这涉及企业的跨国程度问题。

美国哈佛大学跨国公司研究中心在对欧洲、美国、日本等经济发达国家和地区进行的调查和研究中，基本按下列三个标准确定跨国公司：①《财富》杂志所列美国最大的500家工业企业；②美国公司的子公司必须分布在6个或6个以上国家，若是其他国家公司的子公司，则必须分布在1个或1个以上国家；③在国外子公司中拥有的股权高于25%。按这三个标准衡量，只有那些规模大、分布广、国外业务比重高的大型企业，才可以被称做跨国公司。

英国著名跨国公司专家邓宁（John H. Dunning）也曾提出衡量跨国公司的标准。这些标准包括：①企业拥有或控制的国外子公司的规模和数量；②企业所从事增值活动的国家的数量，这类增值活动包括采矿、种植、销售、银行、宾馆等；③在企业的总资产、收入或职工人数中，国外子公司所占比重；④企业的管理或股份国际化的程度；⑤企业的高附加值活动，如研究与开发等的国际化程度，这种标准可以衡量企业在国外生产的“质量”或“深化程度”；⑥企业因管理或为协调分散于不同国家的经营活动而建立的组织优势的形式和程度。

## 第二节　跨国经营活动

### 一、国际商品贸易与跨国经营

跨国公司国际化经营对国际贸易的影响有：①直接促进了国际贸易额的增长；②跨国公司的发展直接促进了国际贸易商品结构的改变；③跨国公司对国际贸易地区分布产生影响；④跨国公司的服务贸易在国际贸易中的地位迅速提高。

### 二、国际经济合作与跨国公司

#### （一）国际经济合作的概念

国际经济合作是指世界各个主权国家、国际经济组织和超越国家界限的自然人与法人，基于平等互利的原则，一般是在生产领域内，通过各种生产要素的相互转移而展开的较长期的经济协作活动，包括资本、技术、劳动力、土地资源等各种要素国际间转移与重新配置的经济活动。

#### （二）国际经济合作的方式

国际经济合作是生产要素在各国间的转移和重新组合配置。根据生产要素发生国际转移的特点，同时根据当代国际经济协调的一般做法，可以将国际经济合作的方式归纳为以下几种。

1. 国际投资合作

国际投资合作包括对外直接投资与对外间接投资两大类。对外直接投资的具体方式有合资经营、合作经营和独资经营等。对外间接投资包括国际信贷合作和国际证券融资合作。国际信贷合作即外国政府信贷、国际金融组织信贷、出口信贷、混合贷款、贴息贷款、国际租赁信贷等；国际证券融资合作即以在被投资国发行或购买证券为融资对象，通过金融证券市场的投资活动进行合作，包括债券、股票、投资基金、商业票据等多种方式的融资行为。

2. 国际技术合作

国际技术合作包括无偿技术转让和有偿技术转让两种方式。无偿技术转让包括在技术援助中，它一般是通过多边技术合作或双边无偿赠送来实现的。有偿技术转让就是国际技术贸易。

3. 国际服务合作

国际服务合作是指提供服务的企业和其他机构与国外企业或承包人根据服务合同的规定进行合作的一种形式。境内的服务合作形式有：加工贸易的来料加工、来样加工、来图加工、来件装配以及科研生产与文化艺术合作、国际旅游、咨询服务等。境外的服务合作有：对外承包工程，派遣人员参加外国企业和承办人承办的项目服务等。

4. 国际劳务合作

国际劳务合作是指一个国家派出技术人员、工人或其他人员等，前往另一个国家为需要劳动力的业主提供各种不同的技术服务和工作服务等。国际劳务合作包括劳务进出口、国际旅游、国际咨询、国际工程承包等。

5. 国际工程建筑合作

国际工程建筑合作是指一国的工程建筑公司以投标的方式进入东道国承揽工程项目建筑，待项目建成后或直接移交东道国，或参与管理和经营。其中包括了多种经济合作方式，如还有相当多的技术合作、金融合作、贸易合作、政策协调等。

6. 国际发展援助

国际发展援助的主要渠道是多边援助和双边援助，具体方式包括财政援助、技术援助、物资援助、现汇援助等。

7. 国际土地合作

国际土地合作包括对外土地出售、土地出租、土地有偿定期转让、土地入股、土地合作开发和建立经济特区等，经济特区包括自由贸易区、出口加工区、科学园区、经济技术开发区等形式。

8. 国际信息与管理合作

国际信息合作主要是指国际经济信息的交流与交换。国际管理合作的具体方式有：对外签订管理合同、聘请国外管理集团和管理专家、进行管理咨询、合营企业联合管理、交流管理资料和举办国际管理知识讲习班等。

9. 国际经济政策协调合作

国际经济政策协调合作包括两大类型：一类是以联合国系统、区域性组织等为主对各国经济进行的协调活动；另一类是以区域经济一体化的方式进行，如建立自由贸易区、关税同盟、共同市场、经济同盟等。

## 三、对外直接投资与跨国公司

### （一）对外直接投资的概念与特点

1. 对外直接投资的概念

对外直接投资是指一国（地区）的居民实体在其本国（地区）以外的另一国的企业中建立长期关系，享有持久利益，并对之进行控制的投资。对外直接投资可分为创办新企业和控制外国企业股权两种形式。创办新企业是指投资者直接到国外进行投资，建立新厂矿或子公司和分支机构，以及收购外国现有企业或公司等，从事生产与经营活动。而控制外国股权是指购买外国企业股票并达到一定比例，从而拥有对该外国企业进行控制的股权。

为方便读者理解，补充介绍对外间接投资的概念。对外间接投资主要是指用于购买外国公司的股票及其他证券的投资以及中长期国际信贷。按从事的主体可将对外间接投资分为国际机构投资、政府投资和私人投资；按筹资的手段和管理的方法可将对外间接投资分为国际银行信贷、政府贷款、国际金融机构贷款、国际证券以及第二次世界大战后迅速发展起来的混合贷款和国际项目贷款等。

2. 对外直接投资的特点

对外直接投资的特点有：①投资周期长，风险性大；②带动技术出口和管理经验的国际传播；③推动优势生产要素的结合，创造更高的劳动生产率；④超越贸易壁垒，推动世界经济的发展；⑤推动东道国经济的增长。

### （二）驱动跨国公司对外直接投资的因素

随着区域经济联系的日益增强，传统驱动因素的重要性逐步降低，这些驱动因素正逐渐被新的动力所取代。跨国公司对外直接投资的区位选择越来越反映出三种发展趋势：政策自由化、技术进步和企业管理变革。

1. 政策自由化的推动

政策环境的变化对于跨国公司的区位决策具有重大影响。贸易和投资的自由化使得跨国公司能够更加专门化，从而寻找有竞争力的区位。跨国公司在选择地理区位和转移的职能方面有了更大的自由。2001—2009 年，各国一共做出了 1621 项关于对外直接投资制度管理上的改变，其中 1411 项（87%）是朝着促进对外直接投资环境方向的。仅在 2009 年，就有 50 个国家做出了 102 项管理上的改变，其中 71 项（70%）更有利于外国投资者。上述情况详见表 1-1。

2. 技术进步的推动

技术进步以多种方式影响着对外直接投资的地理分布。技术创新为跨国公司进行国际生产提供了有利条件。创新密集的产业日益跨国化，同时各跨国公司为维持其竞争力也不得不锐意创新。技术创新还使贸易和生产的结构发生了变化，研究与开发活动变得日益重要。新的信息技术和通信技术加剧了竞争，同时也使各公司能够更加有效地管理分散的国际业务，充分利用这些国家的优势。

**表1-1 政策环境变化与对外直接投资**

| 项目＼年份 | 2001 | 2002 | 2003 | 2004 | 2005 | 2006 | 2007 | 2008 | 2009 |
|---|---|---|---|---|---|---|---|---|---|
| 投资体制发生变化的国家数 | 71 | 72 | 82 | 103 | 92 | 91 | 58 | 54 | 50 |
| 管制变化国家的数量 | 207 | 246 | 242 | 270 | 203 | 177 | 98 | 106 | 102 |
| 其中：政策促进对外直接投资国家的数量 | 193 | 234 | 218 | 234 | 162 | 142 | 74 | 83 | 71 |
| 政策限制对外直接投资国家的数量 | 14 | 12 | 24 | 36 | 41 | 35 | 24 | 23 | 31 |

资料来源：《2010年世界投资报告》。

3. 企业管理变革的推动

管理和组织因素加强了新的决定对外直接投资地点的理由。跨国公司越来越注重核心能力的培育、层级结构体系的简化以及更加强调网络化，将投资引向具有良好的经济环境和基础设施，以及具有工业集群的地点。新的组织方式能够使跨国公司更加有效地管理全球性业务。激烈的竞争迫使各公司专注于其核心业务，使得以跨国公司为依托的国际生产体系更加网络化和虚拟化。

# 第三节 跨国公司的发展历史

## 一、典型国家的跨国公司发展历程及特征

### （一）发达国家的跨国公司发展历程及特征

历史上，在国外设立企业，实行跨国经营，可以追溯到16世纪资本主义生产方式的准备时期。当时，西欧国家推行重商主义政策，欧洲皇室为了直接控制海外贸易，分享巨额利润，通过授予“特许状”建立了许多特许的贸易公司。这种“特许公司”的活动范围也基本上集中在本国管辖下的殖民地，在殖民地行使政府的职能。

19世纪50年代以后，欧洲各国在其殖民地的贸易性质发生了变化，开始转向生产性的经营活动，如开垦土地、建设矿山、修筑铁路、发展航运等；它们向殖民地各国以及美国大量输出资本，促进了生产和资本的国际化。资本主义生产方式确立

以后，除了这种纯粹榨取殖民地剩余价值的公司以外，随着工业的发展，也出现了一些通过对外直接投资以保证市场和原材料供应、与现代跨国企业比较接近的跨国公司。

第一次世界大战以后，欧洲的特许公司已不能凭借本国的特许在东道国进行殖民式的掠夺，因此不得不寻求东道国政府的长期特许，如欧洲、美国各石油公司在中东取得经营特许等。但随着殖民地、半殖民地国家的独立，特许公司寿终正寝。第二次世界大战以后，各国恢复性的建设和第三次产业革命的到来，为全球性的生产和营销一体化带来了机会，现代意义的跨国公司的跨国经营有了很大的发展。

联合国贸易与发展组织每年会公布全球100家最大的非金融跨国公司排行榜，在排序中，90%左右的跨国公司来自发达国家，特别是来自欧盟、日本和美国（见表1-2）。排行榜基本上反映了这样的事实，即发达国家的跨国公司目前在国际竞争中具有无可争议的地位。从2012年度《财富》世界500强各国家/地区上榜公司数可以看到，美国拥有132家，中国（含香港、台湾）拥有79家（其中台湾省6家，入围的73家中国公司中，有68家是国有企业。它们来自各行各业，但最多的还是工业、金融服务和能源企业），日本拥有68家，法国拥有32家，德国拥有32家，英国拥有27家，韩国拥有13家。金砖五国的其他四国世界500强公司数为：巴西8家，印度8家，俄罗斯7家，南非无。

**表1-2　世界最大100家非金融跨国公司的国别结构**

| 国家或地区 | 平均跨国指数（%） | | | 上榜公司数/个 | | |
|---|---|---|---|---|---|---|
| | 2010 | 2011 | 2012 | 2010 | 2011 | 2012 |
| 英国 | 62.5 | 72.4 | 73.1 | 13 | 12 | 14 |
| 美国 | 66.4 | 67.0 | 67.0 | 21 | 22 | 22 |
| 中国 | 53.1 | 60.6 | 69.1 | 1 | 1 | 2 |
| 日本 | 58.7 | 61.0 | 66.0 | 8 | 6 | 8 |
| 其他国家 | 65.6 | 66.9 | 65.8 | 57 | 59 | 54 |
| 上榜公司合计 | 64.7 | 67.1 | 67.1 | 100 | 100 | 100 |

资料来源：《2011—2013年世界投资报告》。

联合国贸易与发展组织同时进行国外总资产与跨国化指数（Transnationality Indes，TNI）进行排序，发现一些非常有趣的现象，如跨国公司的跨国化指数与其海外的资产总额（即规模）并没有直接关系，而与其所在行业密切相关，不同行业的跨国公司平均跨国化指数有明显差异。从2000年《世界投资报告》有关统计数据可以看出这一点（见表1-3和表1-4）。

**表 1-3 海外资产额居前十位公司 TNI 排名、公司名称、母国国别、行业类别及 TNI 值**（统计时间为 1998 年）

| 按海外资产额排名 | 按 TNI 排名 | 公司名称及母国国别 | 公司行业类别 | TNI 值 |
|---|---|---|---|---|
| 1 | 75 | 通用电气公司（美国） | 电子 | 36.3 |
| 2 | 85 | 通用汽车公司（美国） | 汽车 | 30.9 |
| 3 | 45 | 皇家壳牌石油公司（荷兰、英国） | 石油 | 58.0 |
| 4 | 76 | 福特汽车公司（美国） | 汽车 | 35.4 |
| 5 | 19 | 艾克森公司（美国） | 石油 | 75.9 |
| 6 | 60 | 丰田汽车公司（日本） | 汽车 | 50.1 |
| 7 | 54 | IBM 公司（美国） | 计算机 | 53.0 |
| 8 | 21 | BP 阿莫科（英国） | 石油 | 74.9 |
| 9 | 59 | 戴姆勒-克勒斯勒公司（德国） | 汽车 | 50.4 |
| 10 | 3 | 雀巢公司（瑞士） | 食品、材料 | 94.2 |

资料来源：《2000 年世界投资报告》。

**表 1-4 跨国化指数居前十位的公司海外资产排名、公司名称、母国国别、行业类别及 TNI 值**（统计时间为 1998 年）

| 按 TNI 排名 | 按海外资产额排名 | 公司名称及母国国别 | 公司行业类别 | TNI 值 |
|---|---|---|---|---|
| 1 | 34 | Seagram 公司（加拿大） | 饮料、传播 | 94.8 |
| 2 | 57 | Thomson 公司（加拿大） | 传播、印刷 | 94.6 |
| 3 | 10 | 雀巢公司（瑞士） | 食品、饮料 | 94.2 |
| 4 | 82 | 伊莱克斯 AB 公司（瑞士） | 电子设备 | 92.7 |
| 5 | 69 | 英美烟草工业公司（英国） | 食品、烟草 | 91.0 |
| 6 | 62 | Holderbank Financiere Clarus（瑞士） | 建材 | 90.5 |
| 7 | 12 | 联合利华公司（荷兰、英国） | 食品、饮料 | 90.1 |
| 8 | 15 | ABB 公司（瑞士） | 电子设备 | 89.1 |
| 9 | 71 | SmithKline Beecham Plc（英国） | 药品 | 82.3 |
| 10 | 98 | SCA（瑞士） | 纸张 | 80.8 |

资料来源：《2000 年世界投资报告》。

2011 年，尽管世界经济出现动荡，全球对外直接投资流量仍超过了金融危机前的平均值，达到1.5万亿美元。如果不发生宏观经济动荡，全球对外直接投资流量将在2013年达到1.8万亿美元，2014年达到1.9万亿美元。2011年，各主要经济组别的对外直接投资流入量都有所增长。流入发达国家的对外直接投资增长了21%，达7480亿美元；流入发展中国家增长11%，达到创纪录的6840亿美元；转型期经济体上升25%，达920亿美元。当时专家预测，2012—2014年，发达国家、发展中国家和转型期经济体都将继续保持较高的投资水平。

跨国公司的国际化生产进一步提升。2011年跨国公司的外国分支机构在世界各地雇用的员工总数约为6900万人，销售额28万亿美元，附加值为7万亿美元，比2010年高于9%。

通过表1-5～表1-8，可以对2012年《财富》世界500强最大公司前25位、美洲企业前25位、欧洲企业前25位、亚洲企业前25位排名情况有一个基本了解。《财富》世界500强企业在很大程度上与跨国公司有很高的重合度。

**表1-5　2012年《财富》世界500强前25名排名**

| 本年排名 | 上年排名 | 公司名称（中英文） | 营业收入/百万美元 | 利润/百万美元 | 国别 |
|---|---|---|---|---|---|
| 1 | 2 | 荷兰皇家壳牌石油公司（ROYAL DUTCH SHELL） | 484489.0 | 30918.0 | 荷兰 |
| 2 | 3 | 埃克森美孚（EXXON MOBIL） | 452926.0 | 41060.0 | 美国 |
| 3 | 1 | 沃尔玛（WAL-MART STORES） | 446950.0 | 15699.0 | 美国 |
| 4 | 4 | 英国石油公司（BP） | 386463.0 | 25700.0 | 英国 |
| 5 | 5 | 中国石油化工集团公司（SINOPEC GROUP） | 375214.0 | 9452.9 | 中国 |
| 6 | 6 | 中国石油天然气集团公司（CHINA NATIONAL PETROLEUM） | 352338.0 | 16317.0 | 中国 |
| 7 | 7 | 国家电网公司（STATE GRID） | 259141.8 | 5678.1 | 中国 |
| 8 | 10 | 雪佛龙（CHEVRON） | 245621.0 | 26895.0 | 美国 |
| 9 | 12 | 康菲石油公司（CONOCOPHILLIPS） | 237272.0 | 12436.0 | 美国 |
| 10 | 8 | 丰田汽车公司（TOYOTA MOTOR） | 235364.0 | 3591.3 | 日本 |
| 11 | 11 | 道达尔公司（TOTAL） | 231579.8 | 17069.2 | 法国 |
| 12 | 13 | 大众公司（VOLKSWAGEN） | 221550.5 | 21425.5 | 德国 |
| 13 | 9 | 日本邮政控股公司（JAPAN POST HOLDINGS） | 211018.9 | 5938.8 | 日本 |

（续）

| 本年排名 | 上年排名 | 公司名称（中英文） | 营业收入/百万美元 | 利润/百万美元 | 国别 |
|---|---|---|---|---|---|
| 14 | 18 | 嘉能可国际（GLENCORE INTERNATIONAL） | 186152.0 | 4048.0 | 瑞士 |
| 15 | 35 | 俄罗斯天然气工业股份公司（GAZPROM） | 157830.5 | 44459.6 | 俄罗斯 |
| 16 | 29 | 意昂集团（E. ON） | 157057.1 | -3085.4 | 德国 |
| 17 | 23 | 埃尼石油公司（ENI） | 153675.5 | 9538.5 | 意大利 |
| 18 | 17 | 荷兰国际集团（ING GROUP） | 150570.7 | 6590.7 | 荷兰 |
| 19 | 20 | 通用汽车公司（GENERAL MOTORS） | 150276.0 | 9190.0 | 美国 |
| 20 | 22 | 三星电子（SAMSUNG ELECTRONICS） | 148944.4 | 12059.1 | 韩国 |
| 21 | 24 | 戴姆勒股份公司（DAIMLER） | 148138.8 | 7879.7 | 德国 |
| 22 | 16 | 通用电气公司（GENERAL ELECTRIC） | 147616.0 | 14151.0 | 美国 |
| 23 | 34 | 巴西国家石油公司（PETROBRAS） | 145915.0 | 20121.0 | 巴西 |
| 24 | 19 | 伯克希尔—哈撒韦公司（BERKSHIRE HATHAWAY） | 143688.0 | 10254.0 | 美国 |
| 25 | 14 | 安盛（AXA） | 142711.8 | 6012.3 | 法国 |

资料来源：http：//www. fortunechina. com/fortune500/。

**表1-6　2012年《财富》世界500强美洲企业前25名排名**

| 本年排名 | 上年排名 | 公司名称（中英文） | 营业收入/百万美元 | 利润/百万美元 | 国别 |
|---|---|---|---|---|---|
| 2 | 3 | 埃克森美孚（EXXON MOBIL） | 452926.0 | 41060.0 | 美国 |
| 3 | 1 | 沃尔玛（WAL-MART STORES） | 446950.0 | 15699.0 | 美国 |
| 8 | 10 | 雪佛龙（CHEVRON） | 245621.0 | 26895.0 | 美国 |
| 9 | 12 | 康菲石油公司（CONOCOPHILLIPS） | 237272.0 | 12436.0 | 美国 |
| 19 | 20 | 通用汽车公司（GENERAL MOTORS） | 150276.0 | 9190.0 | 美国 |
| 22 | 16 | 通用电气公司（GENERAL ELECTRIC） | 147616.0 | 14151.0 | 美国 |
| 23 | 34 | 巴西国家石油公司（PETROBRAS） | 145915.0 | 20121.0 | 巴西 |

（续）

| 本年排名 | 上年排名 | 公司名称（中英文） | 营业收入/百万美元 | 利润/百万美元 | 国别 |
|---|---|---|---|---|---|
| 24 | 19 | 伯克希尔—哈撒韦公司（BERKSHIRE HATHAWAY） | 143688.0 | 10254.0 | 美国 |
| 26 | 15 | 房利美（FANNIE MAE） | 137451.0 | -16855.0 | 美国 |
| 27 | 25 | 福特汽车公司（FORD MOTOR） | 136264.0 | 20213.0 | 美国 |
| 31 | 28 | 惠普（HEWLETT-PACKARD） | 127245.0 | 7074.0 | 美国 |
| 32 | 30 | 美国电话电报公司（AT&T） | 126723.0 | 3944.0 | 美国 |
| 34 | 49 | 墨西哥石油公司（PEMEX） | 125344.1 | -7358.0 | 墨西哥 |
| 35 | 70 | 瓦莱罗能源公司（VALERO ENERGY） | 125095.0 | 2090.0 | 美国 |
| 36 | 66 | 委内瑞拉国家石油公司（PDVSA） | 124754.0 | 2640.0 | 委内瑞拉 |
| 37 | 37 | 麦克森公司（MCKESSON） | 122734.0 | 1403.0 | 美国 |
| 46 | 21 | 美国银行（BANK OF AMERICA CORP.） | 115074.0 | 1446.0 | 美国 |
| 50 | 41 | 威瑞森电信（VERIZON COMMUNICATIONS） | 110875.0 | 2404.0 | 美国 |
| 51 | 36 | 摩根大通（J. P. MORGAN CHASE & CO.） | 110838.0 | 18976.0 | 美国 |
| 55 | 111 | 苹果公司（APPLE） | 108249.0 | 25922.0 | 美国 |
| 56 | 57 | CVS Caremark 公司（CVS CAREMARK） | 107750.0 | 3461.0 | 美国 |
| 57 | 52 | 国际商业机器公司（INTERNATIONAL BUSINESS MACHINES） | 106916.0 | 15855.0 | 美国 |
| 60 | 39 | 花旗集团（CITIGROUP） | 102939.0 | 11067.0 | 美国 |
| 61 | 53 | 康德乐（CARDINAL HEALTH） | 102644.2 | 959.0 | 美国 |
| 63 | 62 | 联合健康集团（UNITEDHEALTH GROUP） | 101862.0 | 5142.0 | 美国 |

资料来源：http：//www. fortunechina. com/fortune500/。

表1-7 2012年《财富》世界500强欧洲企业前25名排名

| 本年排名 | 上年排名 | 公司名称（中英文） | 营业收入/百万美元 | 利润/百万美元 | 国别 |
|---|---|---|---|---|---|
| 1 | 2 | 荷兰皇家壳牌石油公司（ROYAL DUTCH SHELL） | 484489.0 | 30918.0 | 荷兰 |
| 4 | 4 | 英国石油公司（BP） | 386463.0 | 25700.0 | 英国 |
| 11 | 11 | 道达尔公司（TOTAL） | 231579.8 | 17069.2 | 法国 |
| 12 | 13 | 大众公司（VOLKSWAGEN） | 221550.5 | 21425.5 | 德国 |
| 14 | 18 | 嘉能可国际（GLENCORE INTERNATIONAL） | 186152.0 | 4048.0 | 瑞士 |
| 15 | 35 | 俄罗斯天然气工业股份公司（GAZPROM） | 157830.5 | 44459.6 | 俄罗斯 |
| 16 | 29 | 意昂集团（E. ON） | 157057.1 | -3085.4 | 德国 |
| 17 | 23 | 埃尼石油公司（ENI） | 153675.5 | 9538.5 | 意大利 |
| 18 | 17 | 荷兰国际集团（ING GROUP） | 150570.7 | 6590.7 | 荷兰 |
| 21 | 24 | 戴姆勒股份公司（DAIMLER） | 148138.8 | 7879.7 | 德国 |
| 25 | 14 | 安盛（AXA） | 142711.8 | 6012.3 | 法国 |
| 28 | 27 | 安联保险集团（ALLIANZ） | 134167.5 | 3538.7 | 德国 |
| 30 | 26 | 法国巴黎银行（BNP PARIBAS） | 127460.0 | 8412.2 | 法国 |
| 33 | 38 | 苏伊士集团（GDP SUEZ） | 126076.5 | 5566.0 | 法国 |
| 39 | 32 | 家乐福（CARREFOUR） | 121734.1 | 515.9 | 法国 |
| 40 | 67 | 挪威国家石油公司（STATOIL） | 119560.5 | 14055.1 | 挪威 |
| 44 | 51 | 西班牙国家银行（BANCO SANTANDER） | 117408.4 | 7440.3 | 西班牙 |
| 45 | 83 | EXOR集团（EXOR GROUP） | 117297.1 | 700.8 | 意大利 |
| 47 | 47 | 西门子（SIEMENS） | 113348.9 | 8561.9 | 德国 |
| 48 | 33 | 意大利忠利保险公司（ASSICURAZIONI GENERALI） | 112627.6 | 1190.4 | 意大利 |
| 49 | 69 | 卢克石油公司（LUKOIL） | 111433.0 | 10357.0 | 俄罗斯 |
| 52 | 56 | 意大利国家电力公司（ENEL） | 110560.4 | 5767.6 | 意大利 |
| 53 | 46 | 汇丰银行控股公司（HSBC HOLDINGS） | 110141.0 | 16797.0 | 英国 |
| 58 | 43 | 法国农业信贷银行（CRÉDIT AGRICOLE） | 105155.7 | -2044.0 | 法国 |
| 59 | 61 | 乐购（TESCO） | 103839.3 | 4484.4 | 英国 |

资料来源：http：//www. fortunechina. com/fortune500/。

表1-8　2012年《财富》世界500强亚洲企业前25名排名

| 本年排名 | 上年排名 | 公司名称（中英文） | 营业收入/百万美元 | 利润/百万美元 | 国别 |
|---|---|---|---|---|---|
| 5 | 5 | 中国石油化工集团公司（SINOPEC GROUP） | 375214.0 | 9452.9 | 中国 |
| 6 | 6 | 中国石油天然气集团公司（CHINA NATIONAL PETROLEUM） | 352338.0 | 16317.0 | 中国 |
| 7 | 7 | 国家电网公司（STATE GRID） | 259141.8 | 5678.1 | 中国 |
| 10 | 8 | 丰田汽车公司（TOYOTA MOTOR） | 235364.0 | 3591.3 | 日本 |
| 13 | 9 | 日本邮政控股公司（JAPAN POST HOLDINGS） | 211018.9 | 5938.8 | 日本 |
| 20 | 22 | 三星电子（SAMSUNG ELECTRONICS） | 148944.4 | 12059.1 | 韩国 |
| 29 | 31 | 日本电报电话公司（NIPPON TELEGRAPH & TELEPHONE） | 133076.9 | 5923.5 | 日本 |
| 38 | 40 | 日立（HITACHI） | 122419.4 | 4397.1 | 日本 |
| 41 | 58 | JX控股公司（JX HOLDINGS） | 119258.1 | 2160.6 | 日本 |
| 42 | 48 | 日产汽车（NISSAN MOTOR） | 119166.3 | 4324.3 | 日本 |
| 43 | 60 | 鸿海精密工业股份有限公司（HON HAI PRECISION INDUSTRY） | 117514.4 | 2777.0 | 中国 |
| 54 | 77 | 中国工商银行（INDUSTRIAL & COMMERCIAL BANK OF CHINA） | 109039.6 | 32214.1 | 中国 |
| 64 | 45 | 本田汽车（HONDA MOTOR） | 100663.5 | 2678.4 | 日本 |
| 65 | 82 | SK集团（SK HOLDINGS） | 100394.4 | 1510.3 | 韩国 |
| 66 | 50 | 松下（PANASONIC） | 99373.2 | -9779.6 | 日本 |
| 68 | 86 | 马来西亚国家石油公司（PETRONAS） | 97355.4 | 21915.3 | 马来西亚 |
| 74 | 81 | 日本生命保险公司（NIPPON LIFE INSURANCE） | 90782.5 | 2848.4 | 日本 |
| 77 | 108 | 中国建设银行（CHINA CONSTRUCTION BANK） | 89648.2 | 26180.6 | 中国 |
| 81 | 87 | 中国移动通信集团公司（CHINA MOBILE COMMUNICATIONS） | 87543.7 | 11702.5 | 中国 |
| 83 | 98 | 印度石油公司（INDIAN OIL） | 86015.7 | 882.0 | 印度 |

（续）

| 本年排名 | 上年排名 | 公司名称（中英文） | 营业收入/百万美元 | 利润/百万美元 | 国别 |
|---|---|---|---|---|---|
| 84 | 127 | 中国农业银行（AGRICULTURAL BANK OF CHINA） | 84802.7 | 18859.5 | 中国 |
| 87 | 73 | 索尼（SONY） | 82237.2 | -5783.6 | 日本 |
| 91 | 139 | 来宝集团（NOBLE GROUP） | 80732.1 | 431.3 | 中国 |
| 93 | 132 | 中国银行（BANK OF CHINA） | 80230.4 | 19208.3 | 中国 |
| 95 | 128 | 泰国国家石油有限公司（PTT） | 79689.6 | 3455.7 | 泰国 |

资料来源：http：//www.fortunechina.com/fortune500/。

## （二）发展中国家的跨国公司发展历程及其特征

1. 发展中国家和地区的跨国公司发展历程及特征

发展中国家和地区的跨国公司起始于20世纪20年代。1928年，阿根廷的美洲工业机械公司率先在巴西建立了一个制造汽油泵的子公司，差不多与此同时，该公司又在智利和乌拉圭开办工厂，在纽约和伦敦设立贸易机构。在第二次世界大战前，还只有少数几个发展中国家到国外投资经营，但从20世纪60年代起，发展中国家和地区的跨国公司开始真正崛起，并发展成为一股日益强大的国际经济力量。

在20世纪60年代，拉丁美洲的阿根廷、巴西、墨西哥和委内瑞拉，亚洲的印度、韩国、新加坡、菲律宾和我国的香港、台湾地区的跨国公司已陆续到国外或境外开设企业。发展中国家和地区跨国公司的扩展是当时从传统经济向现代经济演变过程中经济结构转化的必然产物。

在20世纪70年代，发展中国家跨国和地区公司发展迅速，以人力、金融、技术、资本为特征的对外直接投资加入到其他国家的生产活动中去，从而扩大了跨国公司的数量和规模。到了20世纪70年代末期，发展中国家和地区跨国公司的母公司已有963家，国外子公司近万家，分布在125个国家和地区，它们的对外直接投资累计总额至少达50亿~100亿美元。其中，拉丁美洲发展最快，所占份额在1970—1975年间达到43%。

日益引起人们注意的是，发展中国家和地区的跨国公司在20世纪80年代中发展更加迅速。发展中国家和地区的直接对外投资额在20世纪80年代的前五年占全世界国际直接投资的1.6%，提高到后五年的3.2%。20世纪80年代，亚洲部分国家如韩国、新加坡，以及部分地区如我国的台湾、香港在吸收外资、开拓外资的战略下迅速成为亚洲“四小龙”，为迅速扩大对外直接投资打下了坚实的经济基础。

发展中国家和地区的跨国公司占全球对外直接投资流量的比例从20世纪80年代中期的不到6%，在1990年后增加到约11%，但2002—2003年期间则降到7%（年平均为460亿美元）。它们约占全球对外直接投资外流存量的10%，该存量2003年增长了8%，达到8590亿美元。按占固定资本形成总额的比例衡量，某些发展中国家的对外投资已超过了部分发达国家。例如，2001—2003年，与美国（6.6%）、德国（4.1%）和日本（3.2%）相比，新加坡为36.3%，智利为7.4%，马来西亚为5.3%（见表1-9）。

**表1-9 2001—2003年各国家和地区对外直接投资占其固定资本形成总额的百分比（%）**

| 国家和地区 | 比　值 | 国家和地区 | 比　值 |
|---|---|---|---|
| 新加坡 | 36.3 | 瑞典 | 27.4 |
| 中国香港 | 28.2 | 法国 | 22.0 |
| 中国台湾 | 10.5 | 英国 | 19.0 |
| 智利 | 7.4 | 美国 | 6.6 |
| 马来西亚 | 5.3 | 德国 | 4.1 |
| 印度 | 1.0 | 日本 | 3.2 |
| 中国内地 | 0.8 | 希腊 | 1.8 |
| 巴西 | 0.2 | | |

资料来源：《2004年世界投资报告：转向服务业》。

发展中国家和地区的企业以多年来经济迅速发展所积累起来的实力和小规模经济、特有技术或适用技术、低工资成本和管理营销技能等特殊的竞争优势，加大对外直接投资力度，加快企业的跨国发展进程。来自新兴经济体雄心勃勃的跨国公司越来越多地出现在世界的舞台上，这些在发展中国家成长起来的公司正在不断地加快对外直接投资的步伐，而对外直接投资的大幅增长，也预示着发展中国家跨国公司的崛起。

在《2006年世界投资报告》公布的全球最大100家非金融类跨国公司中，有5家公司来自发展中国家和地区。几乎所有的来自发展中国家的大型跨国公司都设在亚洲。中国跨国公司的崛起更加引人注目，在全球100家最大的发展中国家跨国公司排序中，来自中国（含香港、台湾）的跨国公司占一半，为50家。

从发展中国家跨国公司的发展来看，这些公司大多数都是在国内市场残酷竞争中取得成功的。而在这些新兴本土市场，这些本地公司实际上每天都要和本地的竞争对手及西方跨国公司展开竞争。这些新兴的跨国公司必须要以在美国或欧洲未听说过的价格水平盈利，这种价格优势正是企业实力的体现。

在技术资产和能力方面，发展中国家跨国公司可能落后于发达国家的竞争对手，但是它们的商业模式和才能往往更适合于发展中国家东道国。与发达国家跨国公司相比，发展中国家投资者的一个关键优势就是他们能够更快更多地熟悉发展中国家东道国的经济环境，这使得东道国能够更方便地从这些公司吸收外国直接投资。由于来源国和东道国企业之间的技术鸿沟比较小，也增加了跨国公司境外分支机构向东道国企业更大的技术溢出机会。

2. 中国跨国公司发展历程

中国企业的跨国经营始于1979年，1992年后有了较大的发展。2000年，中国确立实施“走出去”战略，极大地调动了各类企业“走出去”的积极性。2002—2007年，中国对外直接投资得到快速发展，非金融类对外直接投资总额从25亿美元上升到187亿多美元，增长近7倍，从世界第26位上升到13位，居发展中国家首位。据商务部统计，2008年上半年，中国非金融类对外直接投资257亿多美元，同比增长229%。2007年年底，中国非金融类对外直接投资存量937亿多美元，当年流量同比增长6.2%。

在对外直接投资区域分布方面来看，与中国对外贸易集中于发达国家和地区不同，中国对外直接投资多数集中于发展中国家和地区；从账面统计来看，中国对外直接投资存量分布以亚洲、拉丁美洲最为集中，特别是拥有地缘和人缘之便的亚洲，吸收的中资境外企业数量最多、中国对外直接投资存量最高。但在资源投资和东道国宽松市场准入政策的作用下，对非洲的直接投资近年来增长最为显著。在产业分布方面，中国对外直接投资按存量衡量以第三产业居多，第一产业次之（主要是采掘业）。

2012年，排行榜中有中国大陆企业69家，如果加上香港、台湾两个独立关税区的企业，中国共有79家（香港企业4家，台湾企业6家）上榜。2012年，日本企业上榜的共68家。中国大陆企业的数量第一次超过日本，仅次于美国（美国132家企业上榜）。2012年《财富》世界500强中国企业前25名排名与营业收入见表1-10。

1994年，中国仅有中国银行、中国化工进出口公司和中国粮油进出口公司三家企业上榜。2001年，中国加入世贸组织全国和融入全球经济以来，中国企业在该全球大企业排行榜的地位不断攀升。2001年，中国内地11家上榜，美国197家和日本88家企业上榜。2006年入世5年后，中国内地企业已经有22家上榜，美国162家、日本67家企业上榜。

值得关注的是，国际金融危机以来，中国经济一枝独秀，中国企业在该榜单上的地位则急剧攀升。2009年中国大陆42家企业进《财富》世界500强排行榜，美国139家，日本71家；2010年中国大陆57家企业上榜，美国和日本分别为133家和68家。2011年中国大陆企业上榜数量69家，第一次超越日本。

**表 1-10　2012 年《财富》世界 500 强中国企业前 25 名排名**

| 排名 | 上年排名 | 公司名称（中英文） | 营业收入/百万美元 | 总部所在城市 |
|---|---|---|---|---|
| 5 | 5 | 中国石油化工集团公司（SINOPEC GROUP） | 375214.0 | 北京 |
| 6 | 6 | 中国石油天然气集团公司（CHINA NATIONAL PETROLEUM） | 352338.0 | 北京 |
| 7 | 7 | 国家电网公司（STATE GRID） | 259141.8 | 北京 |
| 43 | 60 | 鸿海精密工业股份有限公司（HON HAI PRECISION INDUSTRY） | 117514.4 | 台北 |
| 54 | 77 | 中国工商银行（INDUSTRIAL & COMMERCIAL BANK OF CHINA） | 109039.6 | 北京 |
| 77 | 108 | 中国建设银行（CHINA CONSTRUCTION BANK） | 89648.2 | 北京 |
| 81 | 87 | 中国移动通信集团公司（CHINA MOBILE COMMUNICATIONS） | 87543.7 | 北京 |
| 84 | 127 | 中国农业银行（AGRICULTURAL BANK OF CHINA） | 84802.7 | 北京 |
| 91 | 139 | 来宝集团（NOBLE GROUP） | 80732.1 | 香港 |
| 93 | 132 | 中国银行（BANK OF CHINA） | 80230.4 | 北京 |
| 100 | — | 中国建筑工程总公司（CHINA STATE CONSTRUCTION ENGINEERING CORPORATION） | 76023.6 | 北京 |
| 101 | 162 | 中国海洋石油总公司（CHINA NATIONAL OFFSHORE OIL） | 75513.8 | 北京 |
| 111 | — | 中国铁道建筑总公司（CHINA RAILWAY CONSTRUCTION） | 71443.4 | 北京 |
| 112 | 95 | 中国中铁股份有限公司（CHINA RAILWAY GROUP） | 71263.4 | 北京 |
| 113 | 168 | 中国中化集团公司（SINOCHEM GROUP） | 70990.1 | 北京 |
| 129 | 113 | 中国人寿保险（集团）公司（CHINA LIFE INSURANCE） | 67274.0 | 北京 |
| 130 | — | 上海汽车集团股份有限公司（SAIC MOTOR） | 67254.8 | 上海 |
| 142 | 145 | 东风汽车集团（DONGFENG MOTOR GROUP） | 62910.8 | 武汉 |
| 152 | 149 | 中国南方电网有限责任公司（CHINA SOUTHERN POWER GRID） | 60538.3 | 广州 |
| 165 | 197 | 中国第一汽车集团公司（CHINA FAW GROUP） | 57002.9 | 长春 |
| 169 | 229 | 中国五矿集团公司（CHINA MINMETALS） | 54509.1 | 北京 |
| 194 | 221 | 中国中信集团有限公司（CITIC GROUP） | 49338.7 | 北京 |
| 197 | 212 | 宝钢集团有限公司（BAOSTEEL GROUP） | 48916.3 | 上海 |
| 205 | 250 | 中国兵器工业集团公司（CHINA NORTH INDUSTRIES GROUP） | 48153.9 | 北京 |
| 216 | 211 | 中国交通建设股份有限公司（CHINA COMMUNICATIONS CONSTRUCTION） | 45958.7 | 北京 |

资料来源：http：//www. fortunechina. com/fortune500/。

## 二、跨国公司的发展阶段

### （一）跨国公司形成的最初时期

现代意义上的跨国公司是在19世纪末出现的。跨国公司的形成却与资本主义国家在19世纪以前的海外殖民扩张以及资本和商品输出有直接关系。

在工业革命以前，西方资本主义国家进行海外扩张主要基于三种动机：①通过贸易和金融活动满足国内需求；②获得新的领土或财富；③为国内资本输出寻求新渠道。工业革命明显改变了资本主义国家的对外贸易和殖民活动。这些国家中企业的对外投资动机也发生了变化，以促进贸易为主转向更多地为国内工业发展寻找原材料和矿产资源。大规模工厂体制的引进对私人企业的发展和现代公司管理制度的形成产生了意义深远的影响。同时，工业革命导致企业之间和企业内部专业分工的细化，加强了技术进步、货币资本和管理技能在社会化大生产中的作用。这一切都为跨国经营奠定了物质基础，进而孕育了跨国公司。

英国跨国公司问题专家邓宁认为，在19世纪，有三种对外直接投资对跨国公司的形成产生了直接影响。

1. 私人企业家的对外直接投资

在这一时期，受美国发展前景和优惠投资政策的吸引，欧洲国家的许多商人向美国投资，甚至移民。这些欧洲企业家投到美国的资本数额并不大，但却带去了大量的技术专长和管理经验。

2. 金融资本家的作用

在19世纪，金融资产的跨国交易与技术或企业家投资没有多大关系。英国是首先大规模输出资本的国家，它先在拿破仑战争之后资助了欧洲的重建，接着在19世纪20年代大规模投资于拉丁美洲。由欧洲资本资助的海外公司可分为三种类型：①通过伦敦证券市场筹集资金而成立的独立公司；②由东道国企业家或管理人员成立的公司；③以英国为基础的投资集团。

3. 生产性企业的海外扩张

这类企业多数来自制造行业。它们或者先向另一国家出口然后投资建厂生产，或者在母国注册成立公司但在另一个国家从事生产经营活动。在多数情况下，这类企业的生产是为东道国当地市场提供商品。在美国早期的企业海外投资中，制造业投资占了很大比重。

从严格意义上说，跨国公司是在19世纪70年代至第一次世界大战之间形成的。技术进步和组织结构创新在跨国公司的形成中起到了十分重要的作用。早期跨国公司进行对外直接投资有两个主要动因：一是为了获得新市场；二是为了获得新资源。

## （二）两次世界大战之间的逐渐成熟时期

第一次世界大战之后，跨国公司的发展出现了与前一时期完全不同的特征。

第一，西欧国家的跨国经营活动增长缓慢，而美国的跨国公司有了长足发展并逐渐成熟起来。主要发生在欧洲的两次世界大战导致欧洲参战国卖掉部分海外投资企业，尤其对前苏联的投资大幅度减少。1929 年发生的严重经济危机，以及以后持续多年的经济萧条，进一步限制了欧洲主要资本输出国的跨国经营活动。相关情况见表 1-11。

**表 1-11　按资本输出国或地区分类的对外直接投资额**（单位：百万美元）

| 国别或地区 | 1914 年 | | 1938 年 | |
|---|---|---|---|---|
| | 投资额 | 所占百分比（%） | 投资额 | 所占百分比（%） |
| 北美 | | | | |
| 美国 | 2652 | 18 | 7300 | 28 |
| 加拿大 | 150 | 1 | 700 | 3 |
| 西欧 | | | | |
| 英国 | 6500 | 45 | 10500 | 40 |
| 德国 | 1500 | 10 | 350 | 1 |
| 法国 | 1750 | 12 | 2500 | 9 |
| 比利时、意大利、荷兰、瑞士、瑞典 | 1250 | 9 | 3500 | 13 |
| 其他国家 | | | | |
| 俄罗斯 | 300 | 2.1 | 450 | 1.7 |
| 日本 | 300 | 2.1 | 750 | 2.8 |
| 澳大利亚、新西兰、南非 | 180 | 1.2 | 300 | 1.1 |
| 合计 | 14582 | 100 | 26350 | 100 |

资料来源：约翰·H. 邓宁著《跨国企业与全球经济》，爱迪森—威斯利出版公司，1993 年版，第 117 页。

第二，对外直接投资流向发展中国家的比重增加。美国跨国公司在发展中国家的直接投资活动包括墨西哥湾和中东地区的新油田、非洲的铁矿、智利的硝酸盐、圭亚那的铝土矿，尤其是南非的有色金属。英国则增加了对英联邦国家的投资，以图重新占领因战争失去的出口市场。到1930年，英国的对外直接投资，60%投在英联邦国家内，22%投在拉丁美洲地区，18%投在欧洲；美国的对外直接投资，2/3投在美洲大陆，1/3投在欧洲（参见表1-12）。

**表1-12 按资本输入国或地区分类的对外直接投资额**（单位：百万美元）

| 国别或地区 | 1914年 | | 1938年 | |
|---|---|---|---|---|
| | 投资额 | 所占百分比（%） | 投资额 | 所占百分比（%） |
| 发达国家 | | | | |
| 北美 | | | | |
| 美国 | 1450 | 10 | 1800 | 7 |
| 加拿大 | 800 | 6 | 2296 | 9 |
| 欧洲 | | | | |
| 西欧 | 1100 | 8 | 1800 | 7 |
| 欧洲其他国家 | 1400 | 10 | 400 | 2 |
| 澳大利亚和南非 | 450 | 3 | 1950 | 8 |
| 日本 | 35 | 0.2 | 100 | 0.4 |
| 发展中国家 | | | | |
| 拉丁美洲 | 4600 | 33 | 7481 | 31 |
| 非洲 | 900 | 6 | 1799 | 7 |
| 亚洲 | 2950 | 21 | 6068 | 25 |
| 中东 | 400 | 3 | 621 | 3 |
| 合计 | 14085 | 100 | 24315 | 100 |

资料来源：约翰H. 邓宁著《跨国企业与全球经济》，爱迪森—威斯利出版公司，1993年版，第118页。

第三，跨国经营方式多样化，出现了纵向一体化经营或多样化经营跨国公司。这一时期的国际经贸环境远远不如1914年以前。由于经济萧条和战争等因素，许多国家提高了关税并加强了进口管制。这促使了企业用跨国生产代替出口贸易。根据英国学者邓宁的研究，这一时期企业的跨国经营中，内部交易的规模和数量都大幅度增加；而且，跨国收购与兼并活动的增长快于新建企业的增长。这类跨国采购活动在很大程度上是主要资本输出国的国内寡头垄断企业为加强市场地位采取的一种战略，由此产生的一个结果是国际性卡特尔快速发展起来。

**（三）1945—1960年：第二次世界大战后的恢复发展时期**

第二次世界大战以后，跨国公司的发展进入了一个新时期。这一时期跨国公司的发展大体上分两个阶段：1945—1960年为第二次世界大战后恢复发展时期；20世纪60～90年代为全球化发展时期。

在第二次世界大战后的15年中，跨国公司发展的一个明显特征是美国跨国公司的发展占据了主导地位。1960年，世界最大的5个对外投资大国是美国、英国、荷兰、法国和加拿大。从对外直接投资的行业分布看，虽然各国不尽相同，但普遍集中在制造业和以资源为基础的行业。

第二次世界大战后初期跨国公司发展的一个趋势是对外直接投资更多地流向发达国家。在两次世界大战期间，流向发达国家的直接投资的比例大约是1/3，到1960年这个比例升至2/3。美国跨国公司的投资重点是加拿大和西欧。英国的跨国公司主要向英联邦国家发展，其中澳大利亚、加拿大和南非是投资重点。

**（四）20世纪60—90年代：全球化发展时期**

20世纪60年代以来，世界政治经济环境发生了较大变化。日本经济崛起，发展成足以与美国和欧洲经济抗衡的一个经济大国；20世纪70年代初的石油危机大大提高了石油输出国在世界经济中的地位；亚洲和拉丁美洲的一些发展中国家和新兴工业化国家的经济高速发展，全球公司和真正意义上的跨国公司都是在这一时期发展起来的。从总体上看，这一时期跨国公司发展的特点主要表现在三个方面：①跨国公司的跨国经营目标由获得新市场和生产资源转向优化跨国生产经营活动布局和以获取战略性资产为主的对外直接投资；②跨国经营的组织形式更加丰富，各种非股权安排的合作形式和跨国战略联盟如雨后春笋般发展起来；③跨国公司从事跨国经营活动的态度和战略发生了变化，普遍采用更加灵活有效的经营手段。

从跨国公司对外直接投资的流向来看，20世纪70年代以来，由发达国家投向发展中国家的对外直接投资明显增多。20世纪70年代以前，对外直接投资主要在西方发达国家之间流动。亚洲由于经济高速增长，投资环境不断改善，成为吸引对外直接投资的一个重要地区。发展中国家和新兴工业化国家的跨国公司也有了长足发展。1970—1994年发展中国家年平均对外直接投资发展见表1-13。

**表1-13　1970—1994年发展中国家年平均对外直接投资**（单位：亿美元）

| | 1970—1979年 | 1980—1984年 | 1985—1989年 | 1990—1994年 |
|---|---|---|---|---|
| 世界 | 277.05 | 495.23 | 1363.81 | 2155.02 |
| 发展中国家（地区） | 3.04 | 24.67 | 84.25 | 218.57 |
| 发展中国家占全世界比重（%） | 0.3 | 5.0 | 6.2 | 10.1 |

资料来源：http：//unstats.un.org。

# 第四节 跨国公司与全球化进程

## 一、全球化的含义

目前,"全球化"这个使用频率非常高的概念,由于学术界对其内涵有不同的理解,还没有一个被普遍接受的定义。

1996年联合国贸发会议题为《全球化和自由化》的讨论会中关于全球化的定义可概括如下:"全球化是世界各国在经济上跨国界联系和相互依存日益加强的过程,运输、通信和信息技术的迅速进步有力地促进了这一过程。"㈠

世贸组织1995年度报告指出:"对全球化的定义和描述,首先应着重'质'而不是'量',它是不同国家的市场和生产日益变得更加相互依存的过程,这是由于货物和服务贸易的发展以及资本和技术的流动所造成的。"㈡

联合国贸发会议1997年度报告指出:"全球化的概念既指货物和资源日益加强的跨国界流动,也指一套管理不断扩大的国际经济活动和交易网络的组织结构的出现","但今天的世界经济与超国家范式相距还很远,对现状较为恰当的描述是全球在经济上的相互依存,市场、生产和金融活动的跨国界联系已加强到如此地步,以至任何一国的经济都不能不受到国界以外的政策和经济发展的影响。"㈢

"全球化"包含了经济、文化、社会和政治方面的内容,经济全球化只是其中的一部分,但又是最为重要的基础部分,全球化的进程必然从经济领域开始。从这个角度来看,全球化可以看做是经济全球化,一般包括贸易全球化、金融全球化、技术全球化、生产全球化等内容。

## 二、经济全球化的动因

艾德阿德·安尼南特认为,"经济全球化的推动力主要有这样三个:①技术进步,特别是交通和通信技术的进步;②人们有利用机会的动机,特别是在与其他国家进行贸易、移民、投资、知识的获取等相互活动的时候;③20世纪70年代以来,政策自由化程度的提高以及因此而发生的国际贸易和投资壁垒的降低。"

---

㈠ 参见 Globalization and Liberalization, p. 240, UNCTAD/ECDC/PA/4/Revl, N. Y. and Geneva, 1996。

㈡ 参见 WTO, International Trade: Trends and Statistics 1995, p. 19, Geneva, 1995。

㈢ 参见 UNCTAD, Trade and Development Report 1997, pp. 70 ~ 71, N. Y. and Geneva, 1997。

科技革命是经济全球化的引擎与物质条件，以现代交通、通信和信息技术为代表的现代科学技术大大加速了经济全球化的进程，并使全球化达到了前所未有过的深度和广度；管理创新是经济全球化的微观基础，在完整的价值链条中，企业的合理定位过程乃是利用企业自身信息、知识和其他资源优势创造附加价值，并赢得客户青睐的过程；市场经济是经济全球化的体制条件，在市场经济下，国际贸易和国际资本流动的最大障碍化为乌有，贸易与资本的流动构成了经济全球化的基本内容；贸易与投资自由化是经济全球化的政策条件，世界各国先后在金融、电信、信息技术等领域达成了贸易自由化和市场准入的协议，为贸易与资本的全球流动奠定了基础，并加速了贸易与资本的全球流动。

## 三、经济全球化的起源与发展

全球化并不是新现象，它的源头可以追溯到1492年哥伦布发现美洲新大陆。与此同时也掀开了近代殖民主义扩张的历史。伴随着欧洲殖民主义扩张，以互通有无为目的的商品贸易从早先的欧洲拓展到亚洲、美洲和非洲沿海地区，世界市场雏形初步形成。按照对经济全球化或世界经济发展过程起决定性作用的科技革命的影响来划分，经济全球化大致经历了四个阶段：

第一阶段：商品国际化阶段。该阶段始于18世纪60年代，是经济全球化的萌芽阶段。18世纪60年代起产生在西欧的第一次科技革命，大大推动了生产力的进步，为资本主义进一步在世界范围内扩张奠定了基础。

第二阶段：兴起阶段——资本国际化阶段。该阶段约始于19世纪70年代，主要特征是各国通过资本输出实现国际联系。19世纪70年代，以电气技术和化学技术为代表的第二次科技革命大大推动了社会生产力的发展，特别是交通运输业和邮政电信业的巨大变革，为世界市场的最终形成和资本国际化提供了技术基础。

第三阶段：生产国际化阶段。该阶段约从第二次世界大战结束起至20世纪80年代中期。在第三次科技革命的推动下，对外直接投资迅速增长是这一阶段最典型的特征，而其中90%以上被跨国公司所控制。

第四阶段：金融国际化阶段。20世纪80年代中后期，以航天技术、生物技术和信息技术为代表的、始于20世纪70年代的第四次科技革命，推动世界经济进入高速发展期。

## 四、经济全球化的基本特征

### （一）贸易全球化是经济全球化重要的表现形式

从贸易总量上看，1820年出口仅占世界产量的1%，而到1913年这个比率上升到

8.7%；1998 年全球服务贸易出口额已达 1.29 万亿美元，在世界贸易总额中所占比重接近 20%[㊀]；20 世纪末世界服务贸易额占到全球贸易额的1/3强。

**（二）20 世纪 80 年代以来，随着信息革命的深入和解除管制运动的兴起，金融交易轻松地跨越了地理和政策障碍，把世界连接成为一体**

20 世纪 80 年代的统计表明，当时 60% 的跨太平洋外汇交易，50% 的跨大西洋外汇交易借助于通信卫星完成。20 世纪 90 年代后半期，通过卫星技术进行的境外交易的比例更是迅猛上升。信息革命为金融全球化提供了技术上的可能，金融效率得以极大提高。

**（三）跨国公司成为推动经济全球化的重要力量**

目前全球跨国公司已达 4.45 万家，其设立在境外的分支机构达 27.6 万家之多。这些跨国公司控制着全世界 1/3 的生产、2/3 的世界贸易和 70% 的对外直接投资和 70% 以上专利和其他技术转让。传统观念认为由“国家生产”的产品，正在成为“公司生产”的产品，于是真正意义上的全球化产品脱颖而出。在联合国贸易和发展会议公布的《2002 年世界投资报告》中显示：目前在世界各地大约有 6.5 万家跨国公司，其麾下共有 8.5 万家子公司。

**（四）国际组织在经济全球化进程中起到了推动和规范的作用**

跨国公司的生产经营活动从一国走向了全球，制定、实施、规范全球经济贸易活动规则就显得尤为必要和紧迫，多边国际组织的重要性大为增强。国际货币基金组织、国际复兴开发银行（即世界银行）和世界贸易组织是调节世界经济关系的“三驾马车”。世界银行负责对发展中国家贷款和提供技术援助。国际货币基金组织负责确定成员国国际收支平衡是否发生了问题及其严重程度，并实施有关救助。世界贸易组织负责协定和多边贸易协议的实施、管理和运作，并促进其目标的实现，同时为诸边贸易协议的实施、管理和运作提供框架。

## 五、跨国公司的全球资源套利驱动

从跨国公司的跨国经营实践来看，企业之所以选择跨国经营，有全球资源套利动机的驱动。这主要有以下几种解释。

**（一）跨国公司通过内部贸易在全球合理配置资源，以实现其全球资源套利的目的**

根据联合国有关资料统计，20 世纪 90 年代，全球跨国公司内部贸易占世界贸易总额的比例为 33%，美国跨国公司的内部贸易达到 36%，日本和德国分别达到 23% 和

㊀ 参见《人民日报》，1999 年 5 月 19 日。

33%（见表1-14）。

**表1-14　对外直接投资与企业内部贸易指数**　　（单位：亿美元）

| | 世　界 | 美　国 | 日　本 | 德　国 |
|---|---|---|---|---|
| 外国直接投资总额（$a$） | 2500 | 712 | 298 | 248 |
| 跨国公司分支机构销售量（$b$） | 5355 | 1636 | 626 | 532 |
| 公司间出口（$c$） | 1646 | 163 | 86 | 208 |
| 总出口（$d$） | 4940 | 448 | 374 | 623 |
| $b/$（$d—c$）（%） | 1.6 | 5.7 | 2.2 | 1.3 |
| $e/d$（%） | 0.33 | 0.36 | 0.23 | 0.33 |

注：对外直接投资总额截至1995年，其他截至1992年。

资料来源：国际清算银行，1997年6月9日，第67、23页。

美国和日本的公司内部贸易非常流行，20世纪末美国和日本的货物出口贸易中，约有1/3是公司内部贸易；进口货物贸易中，公司内部贸易的比重美国也占了1/3，而日本约占1/4。美国和日本的公司内部贸易占货物贸易的比重见表1-15。

**表1-15　美国和日本的公司内部贸易占货物贸易的比重（%）**

| | 出　口 | | 进　口 | |
|---|---|---|---|---|
| | 1990年 | 1999年 | 1990年 | 1999年 |
| 美国 | 32.8 | 36.5 | 43.7 | 39.4 |
| 以国内为基地的母公司 | 23.1 | 27.7 | 16.1 | 17.2 |
| 以国外为基础的母公司 | 9.7 | 8.6 | 27.6 | 22.2 |
| 日本 | 16.6 | 30.8 | 14.7 | 23.6 |
| 以国内为基地的母公司 | 14.5 | 28.6 | 4.2 | 14.8 |
| 以国外为基础的母公司 | 2.1 | 2.2 | 10.5 | 8.8 |

注：美国的数据是1998年的。

资料来源：Lowe（2001）；Japanese Ministry of Economics，Trade and Industry；OECD calculation。

与跨国公司的外部贸易相比，公司内部贸易有以下特点：

1. 隐蔽性强

公司内部贸易的目的之一是为了避开外部市场，所以其信息的透明度很低。大部分跨国公司均视其内部贸易资料为公司的经营秘密，所以要获得详细而又准确的公司内部交易数据是十分困难的。

2. 依研究密集度划分，具有研究密集度较高的产业（如电子电器、化学品、药品等）的内部出口率（即母公司内部出口额占母公司销售总额的百分比）要比研究密集

度较低的产业（如建筑材料、食品、纺织品等）高

其原因是处于研究密集度较高产业内的跨国公司在海外经营主要依靠技术和管理上拥有的某种优势，公司内部化收益，包括节约外部市场交易成本、维持技术垄断优势等，远比那些研究密集度低的公司要大㊀。

3. 公司内部贸易的产品构成主要是最终产品，其次是有待加工或组装的中间产品

公司贸易的内部化率与产品加工程度呈正相关关系，即产品的加工程度越高，其内部化率越高；反之，则内部化率越低。半制成品内部化率高于初级产品内部化率的原因是显而易见的。因为初级产品的流动通常一次即可到位，而半制成品在转换成最终产品之前一般要经过多道加工程序，所以会在跨国公司内部母子公司之间和各子公司之间多次流动。

4. 公司内部贸易的价格并不是由国际市场上的供求关系所决定的，而是采用转移定价的方式进行

一般来讲，跨国公司实施国际贸易的内部化是其追求利润最大化的必然结果。具体而言，跨国公司的内部贸易大致可达到这样一些目的：①降低交易成本；②降低外部市场交易造成的经营不确定风险，增强公司生产协调与反应的灵活性和经营的稳定性；③维护和增强公司拥有的垄断优势；④充分利用转移定价机制谋取利益。

**（二）跨国公司通过转移价格在全球合理配置资源，以实现其全球资源套利的目的**

转移价格是跨国公司内部进行购买和销售的价格。公司内部价格不必等于会计成本，它可能远远低于或高于会计成本，在某些情况下它与实际成本甚至没有直接联系㊁。跨国公司利用公司内部贸易和转移定价在跨国直接投资中谋取利益的途径大致有以下几条。

1. 减少税负

减少税负是跨国公司制定转移价格时所考虑的主要目的之一。减少税负主要包括减少所得税和减少关税两种。世界上各国的所得税率高低不一，跨国公司可以利用转移价格把盈利从位于高税率国家的公司转移到位于低税率国家的公司，以减少整个公司集团的纳税总额。

㊀ 研究密集度是指单位销售额中所包含的研究与开发费用。这里内部出口率数据可参阅皮尔斯（Pierce）《海外生产与出口实绩的实证研究》一文，载于英国里丁大学“国际投资和企业研究”讨论文稿；或卡森（Mark Casson）等著的《多国公司与世界贸易》，1986年版，第29页。

㊁ J S Arpam，L H Radeough. 国际会计与跨国公司．陈颖源，等译．中国经济出版社，1988年版，第237页。

2. 调拨资金，提高资金的使用效率

跨国公司在海外投资，大都希望尽早收回投资。但许多国家（尤其是发展中国家）对外汇都实行不同程度的管制。对此，跨国公司经常运用转移定价来绕过这些限制。例如，用高价向设在东道国的子公司售货，或者以高利率贷款的方式将资金以利息的形式调出。由于大多数发展中国家对外商投资利润的汇出实行一定的限制，而对国际贸易中的外汇支付则限制较少，因此，跨国公司较多地在内部贸易中运用转移定价的方式来避开东道国的管制，调拨资金。

3. 避免外汇风险或获取汇率波动所致的收益

跨国公司在从事全球化经营中，一般都会遇到各国汇率随时可能波动所致的外汇风险。但它可以操纵转移价格避免这类风险或获取汇率波动可能带来的收益。例如，当预期某东道国的货币将贬值时，母公司就可设法让其在该国的子公司增加当地的债务，同时提前向母公司或位于货币相对坚挺国家的其他子公司支付货款；反之，则设法让该子公司减少当地的债务，同时推迟向母公司或位于货币相对疲软国家的其他子公司支付货款。

4. 调整子公司的账面利润水平

跨国公司可以根据各种经营需要，通过转移价格来人为地调整子公司的账面利润水平。具体的表现有：①当子公司因利润增加而将与当地合伙人分享盈利时，跨国公司常利用转移定价调低子公司的账面利润；②当子公司丰厚的利润可能诱使新的竞争者进入特定市场时，跨国公司会利用转移定价来掩盖子公司真实的盈利水平，以避免招致更多的竞争对手；③当子公司的高额利润可能使公司内员工提出增加工资和更多的福利要求时，跨国公司也会利用转移定价有意使账面呈现低利甚至亏损状态；④有时子公司的利润水平可能确实不高，但为了在东道国更方便地融资、获取投资项目或得到当地政府的优惠条件，跨国公司又会通过转移定价有意调高子公司的账面利润，使其在当地树立良好的形象。

5. 增强子公司的市场竞争能力

当跨国公司的子公司在某东道国立足未稳时，跨国公司便可充分发挥整体优势，集中力量，以转移价格向子公司低价供货，高价收购，增强子公司的市场竞争能力，帮助子公司开拓新的市场或扩大原有的市场份额。

虽然已有越来越多的国家开始对跨国公司的转移定价手段予以重视并积极采取行动加以控制，但由于跨国公司的复杂性，以及对某些物品（如知识产权）的“正常价格”难以确定，所以限制转移定价措施的有效性常难以令人满意。另外，跨国公司运用转移定价避税案往往牵涉两国政府之间的交涉，一般很难得到对象国税务当局的全力配合，因为这涉及两国各自的国家税收和独立的经济利益。凡此种种，使得转移价格现象依然普遍存在。如何有效地实施对公司内部贸易及转移定价的管理仍是个有待深入研究的课题。

## 小　结

有关跨国公司的研究已有几十年历史。然而，迄今为止，尚未形成统一名称。在英文文献中，有关跨国公司的名称多种多样，其中最常见的有四种：国际公司、多国公司、全球公司和跨国公司。不同名称虽然都表示从事跨国经营活动的企业，但其内涵却存在较大差别。这种差别产生于跨国公司在不同发展阶段上的演变历史，以及不同的企业跨国经营战略。

跨国公司的概念也比较多。联合国在《联合国跨国公司行动守则》给出的定义是：跨国公司，是指一个企业，组成这个企业的实体设在两个或两个以上的国家，而不论这些实体的法律形式或活动范围如何；这种企业的业务是通过一个或多个决策中心，根据一定的决策体制经营的，因而具有一贯的政策和共同的战略；企业的各个实体由于所有权或别的因素有联系关系，其中一个或一个以上的实体能对其他的实体的活动施加重要影响，尤其是可以同其他实体分享知识、资源以及分担责任。

跨国公司的经营绝大多数都伴随着对外直接投资活动。对外直接投资是指一国（地区）的居民实体在其本国（地区）以外的另一国的企业中建立长期关系，享有持久利益，并对之进行控制的投资。对外直接投资一般具有投资风险性大、超越贸易壁垒、带动技术出口、管理经验的国际传播和推动东道国经济增长的特点。

驱动跨国公司对外直接投资的因素有政策自由化、技术进步和企业管理变革。

发达国家的跨国企业已遍布全球，并控制了全球1/3的生产总值与50%以上的世界贸易，以及80%以上的国际技术贸易。跨国公司已经成为经济全球化过程中的一个重要载体和推动力量。

第二次世界大战后，发展中国家和地区的跨国企业基于各种不同的比较优势正在崛起。它们正以多年来经济迅速发展所积累起来的实力和小规模经济、特有技术或适用技术、低工资成本和管理营销技能等特殊的竞争优势，在对外直接投资总格局中已占有一席之地。

“全球化”包含了经济、文化、社会和政治方面的内容，经济全球化只是其中的一部分，但又是最为重要的基础部分，全球化的进程必然从经济领域开始。从这个角度来看，全球化可以看做经济全球化，一般包括贸易全球化、金融全球化、技术全球化、生产全球化等内容。推动经济全球化的主要力量有技术进步、人们有利用机会的动机和政策自由化程度提高以及因此而发生的国际贸易和投资壁垒的降低。

## 思 考 题

1. 20 世纪 60 年代之后，跨国公司的发展过程中主要呈现出哪些特点?
2. 驱动跨国公司对外直接投资的因素是什么?
3. 国际经济合作过程中主要有哪些具体的合作方式?
4. 经济全球化的基本特征是什么?
5. 经济全球化发展过程经历了哪几个阶段?

## 案 例 分 析

[案例分析一]

### 联想集团跨国并购案例分析

[背景材料]

2004 年 12 月 8 日，联想集团在北京宣布，以总价 12.5 亿美元的现金加股票收购 IBM PC 部门。协议内容包括联想集团获得 IBM PC 的台式机和笔记本的全球业务，以及原 IBM PC 的研发中心、制造工厂、全球的经销网络和服务中心，新联想在 5 年内无偿使用 IBM 及 IBM-Think 品牌，并永久保留使用全球著名商标 Think 的权利。介此收购，新联想一跃成为全球第三大 PC 厂商。

在 2003 年 11 月至 2004 年 12 月 8 日签订协议历时近 1 年零 3 个月的过程中，联想集团组织了强大的谈判队伍。在联想集团内部，收购涉及了所有部门，包括人力资源、财务、行政、供应链、IT、研发等各个部门都派出了专门小组全程跟踪谈判过程。每个小组由 3 ~4 名成员组成，总人数接近 100 人。除此之外，联想集团为完成尽职调查，还聘请了阵容强大的专业公司进行协助谈判。2003 年年底，聘请麦肯锡为战略顾问，全面了解整合可行性。2004 年春节过后，聘请高盛担任并购顾问，之后又聘请安永、普华永道为财务顾问，奥美作为公关顾问。

2003 年 11 月至 2004 年 5 月，联想集团的谈判小组主要的工作就是全面了解 IBM PC 业务情况和提出相关的商业收购方案，如收购范围、收购价格、支付方式、合作方式等。2004 年 6 月至 2004 年 10 月，双方在第二阶段谈判针对各个问题进行讨价还价，最主要的就是价格。从整个谈判过程中，IBM PC 业务的专利和品牌一直为谈判重点，这些专利和品牌，收购后联想集团如何用、用到什么程度，双方争议都很大。联想集团通过不懈努力，最终获得了其全部想要的东西。

并购 IBM PC 后，联想集团的首要任务就是扭转 IBM 全球 PC 业务的颓势。IBM 在 1992 年推出 ThinkPad，这是业界首款笔记本，而在 2003 年 IBM PC 事业部建立 Think-

Centre 台式计算机生产线，可随后其台式计算机一直处于亏损中。为扭转原 IBM 全球 PC 业务的颓势，联想集团开出了“四剂药”：①在全球范围内推行交易型模式；②改善 IBM 台式计算机的盈利能力；③加强全球供应链的效率，解决 IT 系统支持不到位的问题；④提升联想在全球的品牌知名度。

2005 年 5 月 1 日，联想集团宣布正式完成收购 IBM PC 全球业务后，联想集团的高级管理层也发生了变化。柳传志退居幕后，担任联想控股董事长。杨元庆接替柳传志担任联想集团董事局主席，前 IBM 高管斯蒂芬·沃德（Stephen Ward）出任联想 CEO 及董事会董事。国际化的联想集团也理应由国际化的人才来担任，同时也为了更好地树立其国际形象。

2005 年 5 月 1 日至 2005 年 9 月底，为保证 IBM PC 业务的研发骨干、销售骨干等不会动荡流失以及各业务成功融入联想集团，在力求稳定的前提下，新联想将全部业务划分为联想国际、联想中国两部分，联想国际主要指原 IBM PC 业务。经过了 4 个月的安抚期，联想集团对组织架构进一步调整。联想集团宣布从 2005 年 10 月 15 日开始，联想中国与联想国际合并，并行成统一的组织架构，以便提高运营效率和决策速度，实现更加清晰的分工和更加专业的业务能力。联想集团在力求稳定的前提下，又过了 3 个月的适应，完成了组织架构的再造。随后联想集团开始了第二阶段的整合，市场和销售的整合，开始实质性地对供应链流程进行改革，目的是提高运营效率、提高产品品质和改善服务。

IBM 历史悠久，做事规范、制度与流程成熟，但决策缓慢，这一点和 PC 行业规模大、利润低的现状形成反差。而联想集团以市场或客户为导向，供应链管理并非其强项。阿梅里奥入主后，随后又有 6 名原戴尔高管加入联想集团，形成新联想的高管团队。阿梅里奥上任后，除了裁员，最大的手术就是在供应链方面。从 2006 年开始，联想集团逐步将 IBM 和联想系统关掉，升级为 SAP 系统。从 2007 年 1 月至 2008 年 10 月进行 6 次 IT 系统平台发布，依次使用 SAP 核心平台运营联想各大区商务、供应链、财务等核心系统。

到 2007 年 4 月，出现业绩拐点，联想集团随之又再一次重组，在 2007 年 4 月 19 日，联想集团宣布将在全球裁员 1400 人，为公司节省 1 亿美元。2007 年 5 月，联想集团在全球各大区实现全面盈利，同时也出现公司的战略转折点。2007 年 7 月 26 日，联想集团宣布，将投资 3100 万美元，在印度和墨西哥各建一个工厂。同年 11 月底，在波兰建厂，这也是联想集团最初的三个海外工厂。以上旨在提高和完善供应链效率，以更好地服务当地消费者。

到 2007 年 1 月，联想集团在印度建立了 44 家联想品牌零售店，当地渠道发展也很顺利。随即在新兴市场推广开来，如越南等东南亚市场。在新兴市场取得成功，联想集团的第二战役选择了德国。2006 年 4 月，联想集团通过改善供应链流程，整合 4P 营销、变渠道拉动型改为厂家推动型业务模式，强力推行交易型模式在德国的改革，联想集团在德国试点成功了。

随着联想集团 2007 年 11 月 1 日公布的 2007—2008 年财年第二季度财报的公布，联想集团第二季净利润达到 1.05 亿美元，净现金储备总额为 17 亿美元。随着联想全球各区已获得持续性盈利，良好的业绩表明联想集团已完成了并购的整合阶段，开始进入了盈利性增长的第三阶段——文化融合阶段。如何让外国文化相信中国文化、中国的成功经验，同时吸收更多的海外优秀人才，需要联想内部互相信任，取长补短，做好协调、沟通。在 2008 年 1 月 3 日，联想集团向 15 个国家和地区推出消费电脑品牌 Idea，开始全面进军全球消费市场。

（资料来源：blog. sina. com. cn/s/blog，跨国并购案例之联想篇。）

[案例思考题]

1. 联想集团作为发展中国家的企业并购美国企业，如何保证技术资源不至流失，同时能够持续扩展公司的核心技术资源？

2. 联想集团并购 IBM PC 台式计算机和笔记本业务如何发展具有发展中国家经济特点的公司业务？

[案例分析二]

## 华为收购美国 3Leaf 受挫案例分析

[背景材料]

华为技术有限公司（以下简称"华为"）是一家总部位于中国广东深圳市的生产销售电信设备的员工持股的民营科技公司，于 1988 年成立于中国深圳，是电信网络解决方案供应商。华为的主要营业范围是交换、传输、无线和数据通信类电信产品，在电信领域为世界各地的客户提供网络设备、服务和解决方案。2010 年 5 月，华为斥资 200 万美元收购了 3Leaf 的部分资产，华为方面透露，2010 年 9 月华为向美国商务部递交申请，并获得批准。2010 年 11 月，华为自愿向美国外国投资委员会递交了正式申请，然后却遭到 5 位美国众议员联名致信奥巴马政府，宣称华为收购 3leaf 案会损害美国的国家安全。2011 年 2 月 11 日，美国外商投资委员会曾要求其自愿放弃这一收购，但 2 月 14 日华为表示拒绝，称将等待美国政府作出决定。

虽然结果不被看好，但是华为方面表示："华为将坚持走完所有程序，直到产生明确的结论，无论这个结果最终是否有利于华为，我们想借这次机会请求美国政府全面地调查华为。" 2011 年 2 月 19 日晚间，华为在美国发布声明表示服从美国外商投资委员会的建议，撤销对 3Leaf 某些特定资产的收购申请。

200万美元无论对美国还是对华为来说都是冰山一角，但是美国为什么把这200万美元并购案看得如此重视，并最终以妨碍国家安全为由，拒绝华为的收购？从上述案例中我们可以看出日后中国企业在美国的投资环境将日益恶化。美国某报社曾表示：中国可以买我们的国债，但是绝不能投资我们的企业。笔者认为类似的情况不会仅仅发生在美国，金融危机过后，以美国为首的一些发达国家逐渐开始实行贸易保护主义，类似华为的情况很有可能在其他的地方再次发生，此次案件无疑为中国企业跨国并购敲响警钟。

华为收购3Leaf部分资产案以及近几年中国企业跨国并购失败的案例让我们清楚地认识到中国企业跨国并购存在以下几个方面的风险。

（1）政治风险。长期以来由于意识形态和经济制度的差异，发达国家对中国企业的国外经济活动采取特别谨慎的态度。中国经济的快速发展，使中国在世界上的地位日益突出，因此中国企业国外并购很容易受到被并购企业所在国家或地区抵制。另外，与某些发展中国家的利益冲突，尤其在世界工厂地位以及全球市场份额中存在竞争和摩擦，也会对中国企业的国外并购造成一定障碍。

（2）法律风险。各国法律一般对外资并购均有管制性规定，目的是防止国外企业在本国形成垄断，以保证本国经济安全，所以在跨国并购中，大宗交易往往会遇到法律障碍。目前，我国熟悉国外法律法规的专业性人才还比较缺乏，相关的行业协会和为并购服务的专业化组织不健全，不能有效地为企业跨国并购提供法律、财务等方面的法律支持，因此存在法律法规风险。

（3）文化差异引发的风险。各国文化由于历史和制度等方面的不同，在不同国家和地区之间，文化存在一定的差异，一些西方国家在人权问题、用工制度、薪酬、企业管理等方面，对中国多有非议。另外，中国企业并购当地企业后，要让当地员工接受企业整体文化存在一定的困难。

（4）市场风险。市场风险包括估价风险、资金风险等。对于估价风险来说无疑是并购成功与否的关键。在并购过程中，双方企业最直接也最关心的问题就是并购价格的数额，而成交价格支付的多少与目标被并购企业在市场上的价值和今后的收益利润的多少有着直接密切的联系。因此对目标企业的价值评估是并购整个过程的核心工作。充足的资金是一个跨国并购能否成功的基本保障。一个企业要实施跨国并购，在资金上肯定有强烈的要求，动辄几千万甚至上亿美元的并购资金交易是家常便饭，然而大部分企业都不可能完全通过自有资金的支付来完成这样一项大型的并购活动，于是进行并购的企业便选择了债务融资、权益融资、卖方融资、杠杆收购等方式来完成并购活动。由于各国利率与汇率时常变动，巨大的资金将面临利率风险和汇率风险。

（资料来源：宋强：浅析中国企业跨国并购风险——基于华为收购3Leaf部分资产案。《经济师》2011年第4期。）

[案例思考题]

1. 如何理解本案例中我国企业跨国并购中的风险管理问题？哪些风险管理问题具有一般性，哪些问题是与我国经济发展背景密切相关的？

2. 如何通过此类收购案例理解跨国并购过程中的东道国政策的不确定性？

## 本章参考文献

[1] 王志乐. 2012 跨国公司中国报告 [M]. 北京：中国经济出版社，2012.

[2] 王志乐. 静悄悄的革命：从跨国公司走向全球公司 [M]. 北京：中国经济出版社，2008.

[3] 王志乐. 著名跨国公司在中国的投资 [M]. 北京：中国经济出版社，1997.

[4] 张纪康. 跨国公司与直接投资 [M]. 上海：复旦大学出版社，2011.

[5] 樊秀峰，等. 国际投资与跨国公司 [M]. 西安：西安交通大学出版社，2008.

[6] 张毅. 跨国公司在华直接投资的战略演讲 [M]. 武汉：华中科技大学出版社，2008.

[7] 李凡. 跨国公司投资案例研究 [M]. 天津：南开大学出版社，2011.

# 第二章 跨国公司现象的理论解释

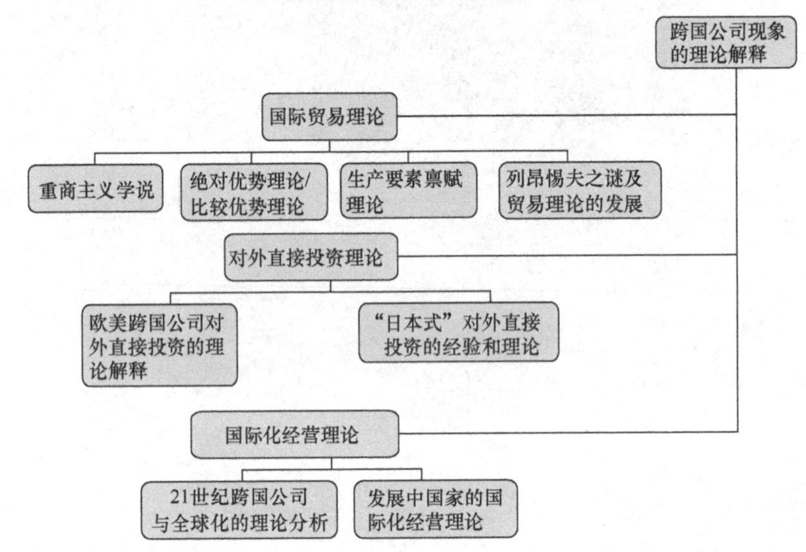

在经济全球化的浪潮中，跨国公司具有特殊的地位。它设立在海外的分公司或子公司，一方面接受母公司的管理；另一方面，它又是东道国经济的重要组成部分。正是由于这种特殊的地位，跨国公司成为跨国的资源配置者，打破了国家的界限，把国外市场变成了国内市场的自然延伸，从而把各国经济直接联系起来。

第二次世界大战后，由于新科技革命的推动，跨国公司迎来了蓬勃发展的黄金时代。20 世纪 70 年代，全球的跨国公司约有 7000 家，到 90 年代则有 3.66 万家，现在约有 8 万家。它们的附属机构（即国外子公司和办事处）有 90 多万家。据统计，2011 年跨国公司的国外分支机构雇用了约 6900 万名职工，销售额达 28 万亿美元，增加值达 7 万亿美元。事实上，目前跨国公司的生产总值约占世界总产值的 40%，贸易额占世界贸易的 50%，世界工业研究与发展的 80%、专有生产技术的 90%、世界技术转让的 75% 以及对发展中国家技术贸易的 90%，都是由跨国公司完成的。

对跨国公司现象的理论解释，一般认为可分为三类：一是研究国际商品贸易产生的原因及商品贸易流向的理论，即通常所说的国际贸易理论；二是研究跨国公司扩张原因的理论，即通常所说的对外直接投资理论；三是研究企业战略与决策的综合理论，即国际化经营理论。本章将从上述三个层面展开，阐述跨国公司现象的理论解释。

## 第一节　国际贸易理论

企业的跨国经营是随着经济全球化的发展而发展的。从经济全球化发展的历程来看，大致可以归纳为商品的国际化、资本的国际化及生产的国际化三个阶段。企业的国际化经营的最初阶段实际上就是商品在国际间的交换活动。因此，国际贸易理论就成为解释企业跨国经营现象的最基本理论之一。在这方面的理论中，最早出现的是 16—17 世纪的重商主义理论，之后又有以早期国际分工为基础的亚当·斯密的绝对优势理论和大卫·李嘉图的比较优势理论，以及具有现代意义的赫克歇尔—俄林的生产要素禀赋说等理论。

### 一、重商主义学说

国际贸易理论的基本内容是从传统的重商主义开始的。重商主义学说是 15—17 世纪欧洲资本原始积累时期代表商业资产阶级利益的经济思想，可分为早期重商主义和晚期重商主义。重商主义学说的共同特点是：

（1）绝大多数人把货币看成是财富的唯一形式，认为国内贸易只是一种货币转手活动，并不能增加国家财富，除了开采金银矿藏外，获取财富的唯一途径是发展国际贸易。

(2) 大力主张国家干预经济活动，要求政府用法律手段保护国内工商业，为其提供各种便利条件，促其加速发展，壮大国际贸易。

(3) 主张实行少买多卖的原则，力争贸易顺差，以便吸收更多外国货币，增加国家财富和增强国力。

(4) 以流通领域为研究对象，认为利润或利益来自流通过程，而不是来自生产过程。

历史上，重商主义代表了商业资本的利益和要求，对于理解乃至推进国与国之间的商品贸易起到了一定的作用。他们提出的许多重要概念为后人研究国际贸易理论与政策打下了基础。但重商主义无法解释如何实现国与国之间的贸易利益；同时，重商主义者对贸易问题的研究完全离开生产领域，忽视了对生产要素的分析，因而不能正确解释许多基于跨国公司活动的国际商品贸易现象。

总体来说，重商主义学说是一种侧重点在解释国家间和政府政策，特别是针对贸易政策施加影响的理论，以致到20世纪80年代发展出所谓新重商主义的理论和政策现象，也是值得注意的发展趋势。

## 二、绝对优势理论

亚当·斯密（Adam Smith，1723—1790）是资产阶级古典经济学派的主要奠基人之一，也是国际分工和国际贸易理论的创始者。他在1776年出版的《国民财富的性质和原因的研究》（简称《国富论》）一书中，批判了重商主义，创立了“自由放任”的自由主义经济思想理论。在国际贸易方面，他提出了主张自由贸易的绝对优势理论(The Theory of Absolute Advantage)。

亚当·斯密认为，适合于一国内部的不同职业、不同工种之间的分工原则，也适用于各国之间。在他看来，国际分工是各种形式分工中的最高阶段。他主张，如果外国的产品比自己国内生产的便宜，那么最好是输出在本国有利的生产条件下生产的产品，去交换外国的产品，而不要自己去生产。每一个国家都有适宜于生产某些特定产品的绝对有利的生产条件，如果每一个国家都按照其绝对有利的生产条件（即生产成本绝对低）去进行专业化生产，然后彼此进行交换，则对所有交换国家都是有利的。

在他看来，国际分工的基础是有利的自然禀赋或后天有利的生产条件，因为自然禀赋或后天有利的生产条件可以使一个国家生产某种产品的成本绝对低，在对外贸易方面比其他国家处于优势地位。各国生产各自具有优势的产品然后进行交换，会使各国的土地、劳动和资本得到最有效的利用，进而会大大提高劳动生产率，增加物质财富。所以他的国际贸易理论被称为绝对成本理论或绝对优势理论。

亚当·斯密的绝对优势理论有力地说明了国际贸易不只对贸易的单方有利，而是能给双方都带来利益。这一观点与他的自由放任的经济学观点是一脉相承的。亚当·斯密坚信，市场机制可以最有效地实现资源的优化配置，从而实现社会福利的最大化。这一观点成为后来主流经济学的核心和基石。但亚当·斯密的贸易理论建立在贸易的一方具有绝对优势的基础上，它不能回答一个落后国家在所有产品上都不具有绝对优势或一个先进国家在所有产品上都具有绝对优势时，是否会发生对外贸易活动以及贸易对双方是否有利这一棘手问题；直到大卫·李嘉图对国际贸易理论作了更为确切的描述之后，才形成了古典国际贸易理论的基本框架。

## 三、比较优势理论

大卫·李嘉图（David Ricardo，1772—1823）是英国产业革命深入发展时期的经济学家。他继承和发展了亚当·斯密的绝对优势理论，他在1817年出版的主要著作《政治经济学及赋税原理》中，提出了比较优势理论（The Theory of Comparative Advantage)。

大卫·李嘉图在论证自由贸易的利益时，发展和修改了亚当·斯密的绝对优势理论。他认为在国际分工与国际贸易中起决定作用的，不是绝对成本而是比较成本。亚当·斯密的理论暗含着一个假定，就是贸易双方各有一种成本低于另一方的商品能在国际间销售。但是一个国家如果连一种具有成本优势的产品都没有，国际贸易能否发生？如果发生，贸易双方的利益又如何呢？大卫·李嘉图以比较优势理论回答了这些问题。

比较优势理论强调，是一国生产条件和生产能力的比较优势而不是绝对优势决定了一个国家将生产和应该生产哪种产品。当两个国家都分别生产本国拥有比较优势的产品时，那么两个国家都能从贸易中获益。

值得指出的是，比较优势理论同样可以在企业层面来解释一家企业不仅在国内发展而且能够在海外发展的经济现象，也就是说，企业能够发展为跨国公司的基本内核是企业相对当地同类企业生产层面上的绝对优势和比较优势，从而导出了跨国公司借以发展的不完全市场的相关条件。

然而，比较优势理论未能清楚地说明究竟是哪些因素引起了各国劳动效率的差异，从而它也就不能解释某些商品贸易、某些产业乃至某些企业发展的区位现象。

## 四、生产要素禀赋理论

瑞典经济学家赫克歇尔（Eil Filip Heckscher 1879—1952）和他的学生俄林（Beltil

Gotthard Ohlin，1899—1979）将亚当·斯密和大卫·李嘉图的研究整合为一体，创立了较完整的生产要素禀赋学说（Factor Endowment Theory），又叫做赫克歇尔—俄林原理（The Heckschor- Ohlin Theorem），或简称赫—俄原理（H—O 原理）。

生产要素禀赋理论把商品交换比例的决定由劳动这一种因素扩展到各种天赋资源或要素，即生产要素禀赋，指出生产要素禀赋是贸易的基础。他们认为，不同商品需要不同的生产要素比例，但不同的国家所拥有的生产要素相对来说是不同的。每个地区应生产那些所需生产要素相对丰富的商品，不应生产那些需要大量稀缺资源的商品。一个地区如果密集地利用其相对比较充裕的生产要素去生产某种商品，通过交换就能得到比较利益，这是一种要素利益。国与国之间的贸易只是地区之间贸易的特例。一个国家只有充分利用它所拥有的生产要素，发挥优势进行生产，才能取得比较利益。俄林的生产要素禀赋理论也被称为新古典贸易理论。1977 年，俄林因其对国际贸易理论所做的贡献，与詹姆斯·米德一起获得了诺贝尔经济学奖。

为了理论分析的方便，赫—俄学说作了如下的一些假定：①在各个区域或国家内部，生产诸要素是完全自由流动的，但在区域和国家之间，它们是不能自由流动的；②假定货物流通中的一切限制都不存在；③假定只有商品贸易，贸易是平衡的，出口恰恰足以支付进口；④假定生产诸要素是完全可以分割的，单位生产成本不随着生产的增减而变化，因而没有规模经济的利益；⑤假定只有两个区域或两个国家；⑥假定两国技术水平相同，生产函数相同。

生产要素禀赋理论开拓了针对各类生产要素决定国际分工和国际商品贸易的理论探索，其中，也隐含了将劳动质量和技术作为要素禀赋差异的考虑，而这一点正是日后分析跨国公司全球发展的重要着眼点。

## 五、列昂惕夫之谜及贸易理论的发展

按照生产要素禀赋理论，一个国家拥有较多的资本，就应该生产和输出资本密集型产品，而输入在本国生产中需要较多使用国内比较稀缺的劳动力要素的劳动密集型产品。20 世纪 50 年代，对赫—俄原理确信无疑的美国学者列昂惕夫（Wessily Leontif），利用投入—产出分析方法对美国的对外贸易商品结构进行具体计算，其目的是对赫—俄原理进行验证。他把生产要素分为资本和劳动力两种，对 200 种商品进行分析，计算出每百万美元的出口商品和进口替代商品所使用的资本和劳动量，从而得出美国出口商品和进口替代商品中所含的资本和劳动的密集程度。其计算结果见表 2-1。

**表 2-1　对国内资本和劳动的需要量**

| 计算结果＼年份<br>项目 | 1947 年 | | 1951 年 | |
|---|---|---|---|---|
| | 出口商品 | 进口替代商品 | 出口商品 | 进口替代商品 |
| 资本/美元 | 2550780 | 3091339 | 2256800 | 2303400 |
| 劳动/(人·年) | 182.313 | 170.004 | 173.91 | 167.81 |
| 人均年资本量 | 13991 | 18184 | 12977 | 13726 |

从表 2-1 可以看出，1947 年美国进口替代商品单位劳动力所需的资本与出口商品的资本量相比是 18184:13991 = 1.30，即高出 30%；而 1951 年的比率为 1.06，即高出 6%。尽管这两年的比率的具体数字不同，但结论基本相同，即这两个比率都说明美国出口商品与进口替代商品相比，前者更为劳动密集型，据此显然可以认为美国出口商品具有劳动密集型特征，而进口替代商品更具有资本密集型特征。这个验证结论正好与赫—俄原理相反。正如列昂惕夫的结论所说："美国之所以参加国际分工是建立在劳动密集型生产专业化的基础上，而不是建立在资本密集型生产专业化的基础上。"

列昂惕夫发表其验证结论后，西方经济学界大为震惊，因而将这个不解之谜称为"列昂惕夫之谜"，并掀起了一个验证和探讨"列昂惕夫之谜"的热潮。为解开这个谜，一些研究者提出了一些答案。例如，美国人对资本密集型产品存在偏好，因此尽管资本丰裕，但价格偏高；另一种解释是美国发生生产要素密度逆转，由于美国资本相对丰裕，劳动力相对稀缺，故劳动密集型产品价格随劳动力价格的上升而上升，因此就促进企业在生产中投入较多的资本要素，如农业机械化，这样使以前劳动密集型产品生产转变成资本密集型产品生产；又有人认为劳动力的质量不仅仅是劳动的时间问题，还有劳动者素质的要求等。围绕着对"列昂惕夫之谜"的解释和第二次世界大战后国际贸易领域出现的新情况、新特点，许多学者又提出了比较新颖的理论，或者进一步解释"列昂惕夫之谜"，维护赫—俄学说的适用性；或者赋予生产要素以新的内涵，修正和发展赫—俄学说。其主要观点有以下一些。

**（一）需求偏好相似理论**

需求偏好相似理论（Theory of Demand Preference Similarity），又称需求偏好相似说，或称收入贸易说，是瑞典经济学家斯塔芬·林德（S. Linder）于 1961 年在其论文《论贸易和转变》中提出的。该理论是用国家之间需求结构相似来解释工业制成品贸易发展的理论。需求偏好相似理论认为，赫—俄原理只适用于工业制成品和初级产品之间的贸易，而不能适用工业制成品之间的贸易。这是因为前者的贸易发展主要是由供给方面决定的，而后者的贸易发展主要是由需求方面决定的。

该理论认为，工业制成品生产的初期是满足国内的需求，一旦国内市场大到可以使工业得到规模经济和竞争的单位成本时，才会想到扩大销售范围，将产品推向国际市场。由于该产品是为满足国内市场喜好和收入水平而生产的，故该产品多出口到那些喜好相似的国家。这些国家的需求结构和需求偏好越相似，其贸易量就越大。如果这些国家的需求结构和需求偏好完全一样，一国可能进出口的商品，也就是另一国可能进出口的商品。

### （二）产业内贸易理论

产业内贸易理论（Theory in Industry Trade）是20世纪70年代中期以来兴起的国际贸易理论，是由美国经济学家格鲁贝尔（H. G. Grubel）和澳大利亚学者劳埃德（P. J. Lloyd）在其1975年合著的《产业内贸易：差别产品的国际贸易理论和计量》一书中提出的。该理论是对当代社会大量存在的各国间的产业内贸易现象进行分析和解释的一种理论。产业内贸易理论把当代国际贸易分为两大类：一是产业间贸易。这是在具有完全不同类型的生产要素禀赋的国家之间进行的贸易，如发展中国家用初级产品交换发达国家的工业制成品。这类贸易可以用传统的生产要素禀赋论加以解释。二是产业内贸易。这是具有相似生产要素禀赋的国家进行的贸易，如美国和日本之间进行的电子产品和小汽车的贸易。这类贸易就要用新的产业内贸易理论来解释。

产业内贸易理论由国际产品异质性、需求偏好相似、规模经济优势三个原理作为支柱。它们之间的关系是：产品异质性有可能满足不同层次、不同习惯消费者的需求，因而是产业内贸易的动因；需求偏好相似使厂商有利于克服由于社会政治制度、政策、文化的不同而造成的市场隔离，便于产品进入外国的市场，因而是产业内贸易的保证；规模经济优势能让可进行大规模生产的国家在产品成本方面有竞争优势，有条件占领国外市场而获利，因而是产业内贸易的利益来源。

### （三）技术差距理论

技术差距理论（Technological Gap Theory），又称技术差距模型（Technological Gap Model），是由美国学者波斯纳（M. V. Posner）于1961年在《国际贸易与技术变化》一文中提出的，旨在探讨技术差距或技术变动对国际贸易的影响。

该理论认为，技术实际上是一种生产要素，但是在各个国家的发展水平不一样，这种差距可以使技术领先的国家具有技术上的比较优势，从而出口技术密集型产品。随着技术被进口国模仿，这种比较优势消失，由此引起的贸易也就结束了。技术差距理论认为比较优势来自国际技术差异。

技术是应用于生产和服务的知识、技能、工艺的总和。技术创新有两种形式：一种是用新的更经济的方法生产现有产品（新的工艺）；另一种是生产全新的产品，如等离子彩电、3G移动电话等。当然，这两种形式密切相关，许多新产品是工艺和发明的组合。

一国由于在技术进步上领先于竞争对手，拥有了技术进步和技术创新带来的比较优势，技术进步创造了一个准垄断的地位，其他国家要模仿和复制创新国的新技术和新产品就会有一个“模仿时间差”，贸易就发生在“模仿滞后”的时间差内。随着技术被模仿，新技术在国际上成为标准化的技术，新技术的动态优势就会逐渐丧失，两国的生产函数再次接近，生产与贸易格局将由赫—俄理论的静态条件所决定，这时比较优势将偏向于劳动力成本较低的国家或地区。

技术创新不断地创造新的技术差异，并带来比较优势，从而对贸易产生深刻影响。近年来，新技术差异的出现与老技术差异消失的速度比以前任何时期都要快，技术学习与模仿速度加快。在半导体技术方面，按照摩尔定律，技术更新的周期已降为几个月，一般技术的更新速度也只有几年。

**（四）人力资本学说**

人力资本学说是美国经济学家西奥多·舒尔茨（Theodore W. Schultz）于1958年提出的。他在长期的农业经济研究中发现，促使美国农业产量迅速增长的重要原因已不是土地、劳动力或金融资本存量的增加，而是人的知识和技能的提高。同时，他发现工人工资的大幅增长中有一部分尚未得到解释，他将这一部分归功于人力投资的结果。于是，1960年，舒尔茨在一次著名的经济学会演说中首次明确提出了人力资本的概念，指出由于人力资本这个第三要素的存在促成了经济的大幅度增长。

这一学说强调了新的生产要素，即人力资本，把人力资本独立于资本和劳动力，从而作为影响比较优势的一个重要因素。事实上，劳动力是有内在区别的，古典贸易理论只是笼统地讲劳动力，不区分熟练劳动力和非熟练劳动力。但在实际中，管理人员、技术专业人员、高级熟练工人对比较优势有着重要的贡献，这种通过在人力资源上的投资所形成的高素质劳动力能在技术和技能密集型产品的生产上为国家创造优势。因此，可以考虑把技术或劳动技能作为第三个单独的生产要素，也可以修改资本的含义，考虑劳动技能的作用，把实物资本与人力资本结合起来，成为一项新的生产要素。

以上四个类型的解释理论，都包含了对技术要素的讨论。“列昂惕夫之谜”实际上突出了生产要素中技术要素的地位和作用，这也正是跨国公司得以发展的基础。

## 第二节　对外直接投资理论

对外直接投资（Foreign Direct Investment，FDI）是指一个国家（地区）的投资者（包括自然人和法人）到国（境）外直接开办工矿企业或经营其他企业，将资本直接投放到生产经营中去并取得企业经营控制权的经济活动。其所投资本既包括资金，也包括机器设备等有形资本和技术、管理等无形资本。取得国外企业的经营控制权是指购买外国企业股票并达到一定比例，从而拥有对该外国企业进行控制的股权。按照国际货币基金组织的定义，只要拥有25%的股权，即可视为对外直接投资。美国规定，凡拥有外国企业股权达10%以上者均属对外直接投资。

对外直接投资是资本国际流动的一种重要形式，也是跨国公司最重要的活动形式。第二次世界大战后，对外直接投资及跨国公司迅速发展，成为国际经济关系中的重要现象，引起了众多国际经济学者的注意。自20世纪50年代以来，西方学者开始从各个角度进行理论探索，使得一些解释对外直接投资和跨国公司行为的理论应运而生。

## 一、欧美跨国公司对外直接投资的理论解释

### （一）不完全市场竞争理论

不完全市场竞争理论，又称垄断优势理论（Monopolistic Advantage Theory），是最早研究对外直接投资的独立理论。所谓市场的不完全性指的也就是市场上存在着不完全竞争，存在着一些障碍和干扰，如关税和非关税壁垒的存在，少数卖主或买主能够凭借控制产量或购买量来影响市场价格决定的现象的存在，政府对价格和利润的管制等。正是由于上述障碍和干扰的存在，严重阻碍了国际贸易的顺利进行，减少了贸易带来的益处，从而导致企业利用自己所拥有的垄断优势通过对外直接投资参与国际市场竞争。

该理论产生于20世纪60年代初，在这以前基本上没有独立的对外直接投资理论。1960年美国学者海默（Stephen Hymer）在他的博士论文《国内企业的国际经营——对外直接投资研究》中提出了以垄断优势来解释对外直接投资的理论，以后美国学者查尔斯·金德尔伯格（Charles Kindleberger）又对这一理论进行了发展和补充，成为著名的海—金理论。

海默认为，完全竞争是一种纯粹的情况，现实中并不多见，而存在更多的是不完全竞争。在完全竞争的条件下，企业不具有支配市场的力量，因而不需要对外直接投资，因为这并不会给投资企业增加优势。而市场的不完全竞争性才有可能使跨国公司在国内获得垄断优势，并通过直接投资在国外生产加以利用。金德尔伯格进一步研究了市场不完全性作为对外直接投资先决条件的重要性。他指出：对外直接投资的存在，是以存在着商品或要素市场的不完全性，以及政府或企业对竞争的干预所导致的市场不完全性为前提的。而企业的垄断优势，至少可以从四种不完全市场中产生：①由产品差异、营销能力的不同所导致的商品市场不完全；②由专利保护、专有技术和管理水平的不同所导致的市场不完全；③由企业规模经济，如水平一体化或垂直一体化所导致的市场不完全；④由于政府干预、政府政策，如税收、利率和汇率等政策所导致

的市场不完全。

在这里，海默提出了两个重要的前提和概念：一个是市场不完全性；另一个是企业特定优势。他从分析市场的不完全性出发，说明了跨国公司之所以能在对外直接投资中获益，主要是因为具有当地竞争者所没有的企业特定优势，而这些优势足以抵消由于在国外经营可能带来的各种额外成本而产生的劣势。

海—金理论突破了传统理论的许多框框，提出了新的思路，将跨国企业的研究从流通领域转到了生产领域，较好地解释了美国跨国公司对外直接投资的动机和条件。在实践中，该理论一方面适用于分析大型跨国公司对外投资成功的优势所在；另一方面着重解释跨国企业的初始行为决策，因此可以帮助企业分析在对外直接投资决策中，是否具备一定的投资优势，从而具备成功的一些必要条件。

**（二）产品生命周期理论**

产品生命周期理论（Product Life Cycle Theory）是美国哈佛大学教授雷蒙德·弗农（Raymond Vernon）提出的，这一理论既可以用来解释产品的国际贸易问题，也可以用来解释对外直接投资。

雷蒙德·弗农认为，产品生命周期的第一阶段是创新阶段或称为新产品阶段。在这个阶段，由于创新国垄断着新产品的生产技术，因此，尽管价格偏高，也有需求，产品的需求价格弹性很低，生产成本的差异对公司生产区位的选择影响不大，这时最有利的安排就是在国内生产，并通过出口满足国外市场的需要。第二阶段是产品成熟阶段。这时产品的生产技术基本稳定，市场上出现了仿制者和竞争者，产品的需求价格弹性增大，降低成本成了竞争的关键。这时由于国外劳动成本低于创新国，同时也为了避开关税壁垒，创新国企业开始进行对外直接投资，在国外建立子公司进行生产。投资地区一般是那些收入水平和技术水平与创新国相似，但劳动力成本低于创新国的国家和地区。第三阶段是产品的标准化生产阶段。在这一阶段，价格竞争显得更为重要，因为产品的生产技术已经普及，而且创新国的优势也已丧失，此时只能将生产进行转移。在一般情况下，企业都将生产向低收入、低成本的国家和地区转移，产品返销到跨国公司母国或其他国外市场。

根据产品生命周期理论，企业从事对外直接投资是遵循产品生命周期，即产生→成熟→衰退的一个必然步骤。假定世界上有三类国家：一是新产品的发明国，通常为发达国家；二是发达程度略低的国家，通常为较发达国家；三是落后国家，通常为发展中国家。雷蒙德·弗农认为，新产品随其产生→成熟→衰退将在这三类国家间进行转移，其转移过程见图 2-1。图中横轴表示时间 $t$，纵轴表示净出口、净进口的数量。

图 2-1 中的第一阶段，即 $[t_1, t_2]$。技术尚处于发明创新阶段，所需的主要资源是发达的科学知识和大量的研究经费，新产品实际上是一种科技知识密集型产品，而

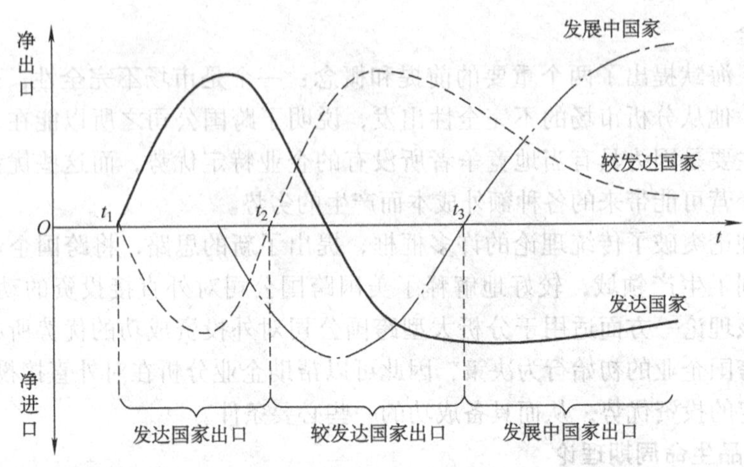


图 2-1 新产品随其产品生命周期的转移

只有少数科学研究发达的国家才拥有这些资源，从而拥有新产品生产的比较优势。因此，新产品往往首先出现在少数发达国家。新产品最初的出口对象主要是一些较发达国家，主要原因有三：①较发达国家的市场与发达国家的市场相似，这些国家存在着对发达国家产品的需求；②由于销售迅速增长，产品价格因大批量生产而下降；③较发达国家的收入水平较高，购买力也较强。

图 2-1 中的第二阶段，即 $[t_2,\ t_3]$。技术成熟以后，大量生产成为主要目标。这时所需资源是机器设备和先进的劳动技能。产品从知识密集型变成技能密集型或资本密集型。资本和熟练工人充裕的国家开始拥有该产品生产的比较优势，并逐渐取代创新国而成为主要生产和出口国。较发达国家政府提高关税或规定进口限额，鼓励发达国家的企业在其国内投资。基于这些原因，发达国家的企业在这一阶段作出在较发达国家直接投资的决策。于是产品开始在较发达国家生产，发达国家对外出口的速度开始减慢甚至下降。在这一阶段，发达国家继续向没有该产品生产基地的国家，特别是发展中国家出口。但当较发达国家的生产达到足够的规模，成本下降，他们进而开始向发达国家出口。

图 2-1 中的第三阶段，即 $t_3$ 以后阶段。一方面，产品的技术已完成了其生命周期，生产技术已经被设计到机器或生产装配线中，生产过程已经标准化，操作也变得简单。另一方面，生产该产品的机器本身也成为标准化的产品而变得比较便宜。因此，到了这一阶段，技术和资本也逐渐失去了重要性，而劳动力成本则成为决定产品是否有比较优势的主要因素。此时，创新国既丧失了技术上的比较优势，又缺乏生产要素配置上的比较优势，不得不开始进口；而发展中国家丰富的劳动力资源呈现出不可比拟的比较优势，开始出口该产品。

### （三）内部化理论

内部化理论（Internalization Theory）的思想渊源可以追溯到科斯（Coase）和威廉姆森（Williamson）的交易费用理论。科斯在《企业的性质》一文中指出，市场交易是有一定成本的，而企业内部组织是一种提高效率的有效方法。当市场交易所需成本高于企业内部协调成本时，企业内部交易活动将取代外部市场交易活动。威廉姆森则进一步指出，企业组织机构的革新能够大大减少企业内部控制的损失，组织机构的革新包括创造一个内部市场。而相对于通过内部化所建立的企业内部市场而言，不确定性的结果将会提高外部市场的交易成本。威廉姆森的论述已经非常有助于解释大型企业的增长，被广泛地应用于国内多厂企业的分析。但真正把这些思想应用于解释对外直接投资和跨国公司，并首先提出内部化理论的却是巴克利（P. J. Buckley）和卡森（M. Casson）。

1976年，英国学者巴克利和卡森合著了《跨国公司的未来》，系统地提出了内部化理论。内部化理论仍然以市场的不完全性作为理论分析的前提，但其分析的方法和结论与海默的垄断优势理论很不相同。它强调的不是市场的不完全性如何导致企业拥有垄断优势，而是强调市场的不完全性如何使企业将垄断优势保留在企业内部，并通过企业内部的使用而取得优势的过程。当这一过程超越国界时便会形成跨国公司。

内部化理论认为，中间产品市场上的不完全竞争，是导致企业内部化的根本原因。这些中间产品，不只是半成品、原材料，更为重要的是专利、专用技术、商标、商誉、管理技能和市场信息等知识产品。由于中间产品市场的不完全性，企业在进行知识产品的外部交易时，存在着泄密的危险和定价的困难，企业为了克服这些障碍需要付出高昂的交易费用，所以外部市场对于中间产品的交易既是昂贵的又是低效的，企业不得不以内部交易机制来取代外部市场，将知识产品的配置和使用置于统一的所有权之下，并在对外直接投资中加以利用，从而降低交易费用，使企业的技术投资获得充分的补偿。

### （四）国际生产折衷理论

国际生产折衷理论（The Eclectic Theory of International Production）又称国际生产综合理论，是20世纪80年代由英国著名跨国公司专家、里丁大学国际投资和国际企业教授约翰·邓宁（John H. Dunning）提出的。在《国际生产和国际企业》一书中，邓宁系统地整理和阐述了他的理论，并将其动态化，形成了目前关于跨国公司和对外直接投资研究领域影响最大的理论框架。

国际生产折衷理论认为，一个企业要从事对外直接投资必须同时具有三个优势，即所有权优势、内部化优势和区位优势，简称OLI优势。

（1）所有权优势（Ownership Advantage）。所有权优势是指企业所拥有的大于外国企业的在所有权方面的优势。它主要包括技术优势、企业规模优势、组织管理优势、金融和货币优势以及市场销售优势等。

(2) 内部化优势(Internalization Advantage)。内部化优势是指企业在通过对外直接投资将其资产或所有权内部化过程中所拥有的优势。也就是说,企业将拥有的资产通过内部化转移给国外子公司,可以比通过市场交易转移获得更多的利益。企业到底是选择资产内部化还是资产外部化取决于效用的比较。

(3) 区位优势(Location Advantage)。区位优势是指企业在具有上述两个优势以后,在进行投资区位要素选择上是否具有优势,也就是说可供投资地区是否在某些方面较国内优越。区位优势包括:劳动成本、市场需求、自然资源、运输成本、关税和非关税壁垒、政府对外国投资的政策等方面的优势。

如果一家企业同时具有上述三个优势,那么它就可以进行对外直接投资。因此,邓宁的国际生产折衷理论可以用如下的公式概括,即

所有权优势 + 内部化优势 + 区位优势 = 对外直接投资 (2-1)

按照邓宁的理论,这三种优势的组合能够很好地回答下面两个问题:其一,一个公司相对于其他公司来说是否具有直接投资的优势;其二,公司是否可以通过出口、技术转移或其他途径开拓这些优势。因此,这三组因素是解释企业国际经营活动的关键因素。邓宁利用这三种优势的不同组合说明跨国公司在技术转让、出口和对外直接投资三种方式之间的选择依据(见表2-2)。

**表2-2 企业优势与国际化经营方式选择的关系**

| 企业优势 / 国际化经营方式 | 所有权优势 | 内部化优势 | 区位优势 |
|---|---|---|---|
| 对外直接投资 | √ | √ | √ |
| 出口 | √ | √ | |
| 技术转让 | √ | | |

该理论可以表述如下:若公司拥有所有权优势,但无力内部化也无法利用国外区位优势时,将选择技术转让方式;如果公司拥有所有权优势,并具有内部化能力,则可选择国内生产后出口;进一步,若国外区位优势有吸引力,则可能选择对外直接投资。

国际生产折衷理论实际上是一种综合理论。它吸收了过去20年中出现的各种对外直接投资理论的特长,并结合区位理论解释跨国公司从事国际生产的能力和意愿,解释它们为什么在对外直接投资、出口或技术转让这三种参与国际市场的方式中选择对外直接投资。这一理论目前已成为世界上在对外直接投资和跨国公司研究领域中最有

影响的理论，并被广泛用来分析跨国公司对外直接投资的动机和优势。

## 二、“日本式”对外直接投资的经验和理论

“日本式”对外直接投资理论源于日本一桥大学的经济学家小岛清（Kiyoshi Kojima）教授。20世纪70年代中期开始，小岛清教授在运用国际贸易理论中的赫克歇尔—俄林原理的资源禀赋差异导致比较成本差异的原理来分析、研究日本企业对外投资经验和特点的基础上，发表了大量关于对外投资的论著（其代表作为《对外直接投资论》），对日本与其他发达国家（主要是美国）对外直接投资问题进行比较研究，提出了著名的“日本式”对外直接投资理论，即所谓的边际产业扩张论。

### （一）“日本式”对外直接投资的特点

小岛清认为，“日本式”对外直接投资具有与美国大型跨国公司不同的特点，主要体现在：

1. “日本式”对外直接投资的重心在于开发海外的自然资源

由于日本的国内资源严重短缺，利用海外资源补充本国资源的短缺是日本企业走上国际化道路的主要动因；同时，将本国已属于“边际性生产”（即劳动密集型生产）的产业转移到海外。这种按边际性优势（或劣势）的顺序进行的海外直接投资，有利于投资国的跨国经营，并有利于东道国发展具有潜在比较优势的产业，投资国生产的产品可以就地销售，也可向母国或第三国目标市场出口。因此，东道国多接受这种投资。对比之下，美国企业的对外直接投资始于比较优势产业，投资于西欧、加拿大等市场，目的是抑制当地竞争者，占领市场。

2. “日本式”对外直接投资的主体是中小企业

这些中小企业以与东道国家技术差距最小的产业依次进行投资，该投资不是以技术优势为武器，而是以投资者激烈竞争为前提。投资者提供的技术以适用技术为主，便于东道国吸收利用、开发劳动密集型产品、增加就业、扩大出口。因此，深受东道国的欢迎。相对而言，美国企业的对外直接投资，依靠垄断性的技术优势，击败竞争对手，争取投资市场。

3. “日本式”对外直接投资大多采用合资经营方式

合资经营的方式能够加大投资扩散效应，日本企业有时也采用产品分享方式（Product on Sharing Method）那样的非股权安排（Non-equity Arrangement）。而美国企业的对外直接投资往往采取独资经营方式，建立控制全部股权的“飞地式”（Enclave）的子公司，容易激起东道国民族主义情绪。20世纪70年代以来，美国也不得不接受与当地企业合作的合资经营方式。

4. “日本式”对外直接投资是“顺贸易导向的投资”（Pro-trade Oriented Invest-

ment）

这即按“边际产业”顺序进行对外直接投资，符合比较成本与比较利润率相对应的原则，有利于扩大双方的比较成本差距，也利于贸易扩大。

总之，小岛清的“日本式”对外直接投资是以互补贸易、创造和扩大贸易为目的，而不是取代贸易。

**（二）小岛清对外直接投资理论的主要内容**

小岛清运用比较优势原理，把贸易与对外直接投资结合起来，以投资国和东道国的比较成本为基础，着重分析对外直接投资的贸易效果，提出了对外直接投资的边际产业扩张论。其主要内容包括：

1. 在对外直接投资的特点上

边际产业扩张论认为，对外直接投资不单是货币资本的流动，而是资本、技术、经营管理知识的综合体由投资国的特定产业部门的特定企业向东道国的同一产业部门的特定企业（子公司、合办企业）的转移，是投资国先进生产函数向东道国的转移和普及。

2. 在投资主体上

该理论认为，对外直接投资应该从本国的边际产业（或边际性企业、边际性生产部门）开始依次进行。所谓边际产业（也称为比较劣势产业）是指在本国内已经或即将丧失比较优势，而在东道国具有显在或潜在比较优势的产业或领域。另外，同大企业相比，中小企业更易趋于比较劣势，成为边际性企业，因此中小企业更要进行对外直接投资。

3. 在投资方式上

该理论主张应从与对方国家（即东道国）技术差距最小的产业或领域依次进行投资，不以技术优势为武器，不建立拥有全部股份的“飞地式”的子公司，而采取与东道国合办的形式，或者采用非股权安排方式，如产品分享方式。

4. 在投资的国别选择上

该理论积极主张向发展中国家的工业投资，并要从差距小、容易转移的技术开始，按次序进行。在小岛清看来，从比较成本的原理角度来看，日本向发达国家（美国）的投资是不合理的。他认为，几乎找不出什么正当理由来解释日本要直接投资于美国小汽车等产业，如果说有，那也仅限于可以节省运费、关税及贸易障碍性费用以及其他交易费用等。与其这样，不如由美国企业向日本的小型汽车生产进行投资，日本企业向美国的大型汽车生产进行投资，即实行所谓“协议性的产业内部交互投资”。

5. 在投资的目的和作用上

该理论认为，对外直接投资的目的在于振兴并促进东道国的比较优势产业，特别是要适应发展中国家的需要，依次移植新工业、转让新技术，从而分阶段地促进其经济的发展。对外投资应起“教师的作用”：应当给当地企业带来积极的波及效果，使当地企业提高劳动生产率，教会并普及技术和经营技能，使当地企业家能够独立进行新的生产。在成功地完成了“教师的作用”之时，就应该分阶段地转让所有权。

6. 在投资与贸易的关系上

“日本式”对外直接投资所带来的不是取代贸易（替代关系），而是互补贸易、创造和扩大贸易。也就是说，这种投资不会替代投资国国内同类产品的出口，反而会带动相关产品的出口，是一种顺贸易导向型的对外直接投资。为什么会这样呢？因为这种投资将投资国技术、管理等优势移植到东道国，东道国的生产效率得到改善，生产成本降低，创造出盈利更多的贸易机会。与投资前对比，投资国可以以更低的成本从东道国进口产品，且扩大进口规模，给东道国留下更多的利益。

小岛清的边际产业扩张论是在当时的对外直接投资相关理论无法解释和指导日本的对外投资活动的背景下提出的。与从企业发展论或产业组织论的角度研究对外直接投资的欧美主流理论不同，小岛清从国际分工角度研究对外直接投资问题，这对主流学派是一个重大冲击。实践证明，它对日本企业的对外直接投资的确起到了积极的促进作用。在日本企业对一些发展中国家的投资中，很少出口高技术，可能就是受到小岛清理论中的“从技术差距最小的产业依次进行移植”的影响。但是，小岛清所概括的理论只是在一定程度上反映了日本在特定历史时代的特点，很难说具有长期的普遍意义，而日本本身的情况也在发生变化，小岛清在《对外贸易论》中也认为：在不久的将来，日本企业也可能发展成为巨大的跨国公司，以其尖端的新产品向国外扩张，进行美国式的经营。

## 第三节　国际化经营理论

20 世纪 80 年代以来，国际市场和国际经营环境发生了巨大变化，跨国公司的经营活动也处于动态调整之中，这就引发了对跨国公司理论的进一步研究，如跨国公司新的兼并浪潮，跨国公司战略管理、战略联盟以及网络组织形式研究，对发展中国家尤其是新兴工业化国家的跨国公司直接投资行为进行研究等。特别是近年来，跨国公司在国际经营活动中的战略联盟及众多的合同安排形式的急剧发展，打破了以往以企业内部组织为边界的企业形式，出现了边界模糊的虚拟企业形式。这一方面向传统观点提出了挑战，另一方面又显示了新的理论发展方向。

## 一、21世纪跨国公司与全球化的理论分析

经过20世纪80年代后期和90年代初期国际社会的剧烈动荡，以及近10年来全球经济的迅猛发展，世界格局朝多极化、区域集团化和全球化方向发展的趋势继续加强，特别是在经济活动全球化上更是取得了令人瞩目的发展。这一趋势既意味着世界资源的配置和利用会更加合理，有利于各国经济的发展，世界各国相互依存的状况会进一步加深，世界经济将进一步趋向一体化；也可能意味着，以西方经济运行模式为基础的国际市场运行规律会进一步得到强化，以发达国家政治、文化观为特色的价值观念会随着经济活动的全球化渗透到全球各国，形成新的纷争，甚至争斗。虽然与其他任何事物一样，全球化也会存在两重性，且在事物的发展过程中，事物的两重性还会相互转化，但从总体上看，经济全球化的步伐可能还会加快，这也就意味着国际商务活动的范围将继续扩大，深度会继续加深，承担着经济全球化“重任”的跨国公司在国际商务活动中的作用将更加突出，全球性的竞争还会继续加强。

近些年，关于跨国公司的理论依然在不断演进，比较突出的是从企业管理的角度进行的研究，包括战略管理理论、战略联盟理论以及战略选择权理论。

### （一）战略管理理论

关于跨国公司战略管理的研究起源于20世纪70年代初。美国学者斯托普福德（J. M. Stopford）与威尔士（L. T. Wells）于1972年在《管理多国企业》一书中，引入外销比例和外销产品多元化程度这两个战略变量，并考察它们与国际部、产品部、矩阵式和混合式等企业组织结构之间的关系，将钱德勒（A. D. Chandler）关于组织战略和组织结构相关的研究拓展至国际范畴。他们着重研究两个问题：一是跨国公司怎样改变其组织结构以适应复杂的战略；二是哪些因素影响跨国公司把外国合作者纳入其分支机构的决策。通过对187家美国跨国公司的分析，他们宣称企业战略组织结构及控股权选择之间具有紧密的联系。此后的研究实际上是沿着这两个方向在发展：一个是组织理论的研究，偏重于分析企业战略与组织结构的关系，以及组织结构的演进规律；另一个是权变理论的研究，偏重于分析组织战略、组织结构或管理模式与环境之间的关系，强调企业业绩是企业组织适应环境的结果。两个方向的研究均以战略关系研究为中心，从不同的侧面突出了战略管理与协调的重要性，因而也被人们称为跨国公司战略管理学派。根据巴特列特（Christopher Bartlett）和戈歇尔（Sumantra Ghoshal）等人的研究，战略管理学派所阐述的是环境、战略和组织结构之间的动态调整和相互适应。跨国公司的战略，就是选择或开辟能够发挥其独特竞争优势的环境，而这一战略的实现有赖于企业目标、政策和各职能部门紧密一致的协调。

迈克尔·波特（Michael E. Porter）对战略管理学派的思想作了更为细致的分析，

提出了行业内的“五力竞争模型”“供应链模型”“国家竞争优势的钻石模型”。他把产业部门视为基本的竞争环境，并用“价值链”的概念去描述跨国公司的战略形成过程和竞争优势来源。所谓价值链，是指企业要生存发展，必须为企业的股东和其他利益集团（员工、顾客、供货商、所在地区、相关行业）创造价值，如果把企业这个“黑匣子”打开，可以把企业创造价值的过程分解为一系列互不相同但又互相关联的经济活动，或者称之为“增值活动”，其总和即构成企业的价值链，每一项经营管理活动就是价值链条上的一个环节。不管是生产性还是服务性行业，其基本活动都可以用价值链来表示；但不同的行业其价值链的具体构成不完全相同，同一环节在各行业中的重要性也不同。价值链的每个环节所要求的生产要素相差很大，而不同国家的要素结构又不同，因此，考察一个国家的比较优势就应当以价值链的具体增值活动环节为分析单位。在一个企业众多的价值活动中，并不是每一个环节都创造价值，真正创造价值的是企业的战略环节，企业的竞争优势实际上是企业在某些战略环节上的优势。企业要保持对某一产品的垄断优势，关键是保持这一产品价值链上战略环节的垄断优势，而不需要在所有价值活动上都保持垄断优势。

战略管理学派把跨国公司跨国经营的发展态势作为研究的出发点和归宿，突破了传统的跨国公司理论范畴，促使跨国公司研究的重点由存在机制逐步向发展机制转移，因此激发了人们对有关跨国公司理论问题的重新认识。

[扩展阅读]

### 为什么耐克公司不生产耐克球鞋？

耐克公司是在1964年由美国俄勒冈大学的长跑运动员费尔·那待和他的教练比尔·波曼合伙创建的。自从1958年费尔跟波曼练长跑以来，费尔经常对波曼教练埋怨买不到高质量的运动鞋。为了帮助费尔出成绩，波曼教练根据长跑运动特点设计了一种新式球鞋，但是图样送到美国的几家大鞋厂之后，却没有一家愿意接受试制。于是，费尔和波曼在1964年组建了“蓝带体育用品公司”，每人投资300美元，委托日本的一家鞋厂按波曼的图样试制了300双球鞋。球鞋以希腊神话中长跑报捷的胜利之神“耐克”为名，商标图案是花35美元请一个学生设计的。最初的球鞋储存在费尔父亲家的地下室里，每逢比赛，由费尔和波曼带到田径运动场上去推销。1972年，奥运会田径预赛在美国俄勒冈举行，费尔和波曼说服了部分马拉松赛跑运动员穿着耐克球鞋参赛。结果，其中有4名进入了预赛前七名。费尔和波曼趁机大做广告，耐克球鞋从此声名大振，不断发展壮大。

耐克公司1994年的销售额已经达到38亿美元，产品销往81个国家和地区，但是耐克公司本身并不制造耐克球鞋。从耐克的最初发迹到以后的成长发展，依靠的都不是球鞋行业的制造环节。事实上，耐克公司只有一家规模很小的制鞋厂。97%以上的耐克球鞋的生产都采取在第三世界国家合同承包、加工返销的方式进行，然后由耐克公司收购，由耐克公司独家在发达国家销售。

耐克赖以成长壮大的秘密在其对产品设计和广告营销环节的控制。原因主要是高档球鞋行业的战略环节是产品设计和营销控制，而制造环节相对简单，创造价值主要取决于新产品开发和营销组织管理。耐克球鞋在市场上主要依靠其“最佳设计”和高档名牌为号召，以巨款聘请著名体育明星，在美国电视节目收视率最高的黄金时间投放广告，成功地塑造和保持了耐克球鞋的高档名牌形象，使耐克球鞋售价长期保持在100多美元一双的高价。1993年，美国最出名的篮球明星迈克尔·乔丹（Michael Jordan）穿着耐克球鞋，率领美国芝加哥公牛队第三次蝉联美国NBA篮球联赛冠军，为耐克提供了其他竞争者难以企及的影响，进一步巩固了耐克作为美国体育鞋行业头号企业的地位。

由于广告销售需要大量固定投资，存在着巨大的经济规模效应，耐克1993年的广告费高达3亿美元，产品销量低的小企业无法与像耐克这样的大公司竞争。在广告形象对顾客选购起主要作用的高档球鞋市场，耐克的高额广告费用就形成了市场进入壁垒。

与之相对的是低档球鞋，顾客挑选的主要决定因素是价格。由于球鞋生产的经济规模效益并不显著，小企业的生产成本并不高于大企业，这就造成了低档球鞋由众多小企业供应、高档球鞋则为几大巨头控制的局面。

（资料来源：李桂芳. 为什么耐克公司不生产耐克鞋 [J]. 管理现代化，2003。）

### （二）战略联盟理论

跨国公司缔结的国际性战略联盟也称为合作性安排，是一种新的国际竞争形式，是指两个或两个以上的跨国公司出于对整个世界市场的预期目标和企业各自总体经营目标的需要，而采取的一种联合的经营方式。在这种行为过程中，联合是自发的、非强制的，联合各方仍旧保持着本公司经营管理的独立性和完全自主的经营权，彼此之间通过达成各种各样的协议结合成一个松散的联合体。

近年来，公司间的各种战略联盟急剧增多，出现了界限模糊的混合型国际企业经营方式。这里，国际企业可以被看做是一个由彼此套牢的准市场关系组成的联合体。许多学者从交易成本、技术创新、公司结构以及竞争战略等方面，多视角地对战略联盟进行探讨和分析，见仁见智。但是，无论哪一个理论学派都强调环境变化因素在战略联盟发展中的决定性作用，且都承认跨国公司战略联盟的发展是跨国公司对国际经济、技术以及环境变化的一种战略反应，是国际复杂竞争环境变化的产物。

战略联盟对跨国公司理论研究产生了很大影响。现在，单就跨国公司的个别现象的讨论或单纯讨论跨国公司母、子公司之间关系的文章越来越少，而更多地是认同企业间既竞争又合作的现实，由此观察跨国公司自身所形成的或所参与的群体网络，并分析这些网络和群体行为。不同国家的企业及其员工之间结成全球性战略联盟或网络，这本身就使企业有一种长远的竞争优势。面对企业之间、国家之间和市场之间边界日益模糊的新发展趋势，传统的跨国公司理论也受到很大冲击。以国际生产折衷理论为例，邓宁正试图扩充其理论体系，以便分析在跨国经营过程中因企业间交易增多、中间市场相互依赖程度提高、区域间资源分布格局变化而产生的竞争优势，从而反映因各种相互依赖活动而出现的外部经济效果。基于战略优势的分析，马克奇里（Mucchielli）对邓宁的折衷范式进行了修改，用以解释包括国际战略联盟在内的跨国公司经营活动形式。在马克奇里的框架中，OLI 优势分别变成了竞争优势、比较优势（东道国）与战略优势，而在活动方式中加进了国际战略联盟方式，见表 2-3。

**表 2-3　在竞争优势、比较优势和战略优势下的战略活动**

| 企业优势 / 经营方式 | 竞争优势 | 比较优势 | 战略优势 |
|---|---|---|---|
| 对外直接投资 | + | + | - |
| 出口 | + | - | - |
| 国际战略联盟 | + | + | + |
| 技术转让 | + | - | + |

按照马克奇里的解释，公司间战略联盟的实现，必须有多种战略优势作为基础，而对外直接投资成为一种战术性的活动。事实上，近年来，战略联盟等国际合作安排方式的迅速发展已经对传统的跨国公司理论产生了很大的冲击。在联盟战略下，许多昔日的竞争对手变成了今日的合作伙伴，并由此形成了群体网络。相应地，跨国公司被尝试性定义为由外部组织网络所包容的内部差别化网络组织。对这种组织的深入研究，势必将导致跨国公司理论的根本变革。

**（三）战略选择权理论**

在标准的投资决策理论中，跨国公司何时进行对外投资可以通过建立在成本—收益分析基础上的净现值法（Net Profit Value，NPV）计算加以确定。并且，跨国公司可以将外部的不确定性视做内生变量，通过某些对外直接投资活动来分散所面临的风险。梅耶（Myers）等人提出的选择权理论认为，现在进行的投资相当于跨国公司购买了某种权利的选择权，因此对现在的投资进行评估时必须考虑这种选择权的价值。现在的投资可以从未来可能的投资选择中体现出其价值，即现在的投资相当于未来投资的一个“平台”。进入 20 世纪 90 年代后，经鲍尔曼（Bowman）、哈瑞（Hurry）和柯伽特

(Kogut) 等人的努力，选择权理论被运用于跨国公司的战略制定，形成了战略选择权理论。

这一理论认为，在环境不确定的条件下，跨国公司决定现在不投资也许是一个更好的选择，因为一旦决定现在就投资意味着放弃了不投资的选择权，而在某些情形中这种不投资的选择权可能是很有价值的。例如，许多外部信息必须随着时间的推移才能得以披露；并且，即使现在按标准的评估方法计算，某些项目的净现值可能为正，但如果跨国公司决定推迟投资，可能会因为等待和观望而获得更多好处。

影响跨国公司对外投资的时机选择的因素除不确定性或风险外，还有投资的可逆转性和投资的可推迟性两个因素。如果投资是不可推迟的，且完全可逆转，则跨国公司可以现在就决定投资。如果投资是可推迟的，且是不可逆转的，则跨国公司只有当现在投资所能获得的净现值大于为了获得更多的信息而推迟投资所带来的净现值时，才可决定现在就投资，否则应决定推迟投资。

黎伏莉（P. Rivoly）和塞罗里奥（E. Salorio）将战略选择权理论与邓宁的国际生产折衷理论结合起来，在将不确定性作为外生变量的前提下，进一步探讨了跨国公司对外投资的时机确定问题，认为投资的可逆转性与跨国公司的内部化优势相联系，投资的可推迟性与跨国公司的所有权优势相联系。如果对外直接投资是完全可逆转的，那么跨国公司就没有理由推迟净现值为正的对外直接投资项目。跨国公司的内部化优势越强，则投资后变卖收现就越困难，对外直接投资的可逆转性就越差。因此，较强的内部化优势将提高在不确定环境下推迟对外直接投资决策所带来的选择权的价值，即较强的内部化优势提高了用“等待”来替代现在就投资的可能性。跨国公司的所有权优势越强，则在不确定的环境下通过推迟投资而获得的选择权的价值就越高，跨国公司对外直接投资项目的可推迟性就越强。

## 二、发展中国家的国际化经营理论

前述的跨国公司理论可以说都是以发达国家跨国公司为研究对象的，形成了跨国公司理论研究的主流。自20世纪70年代以来，发展中国家跨国公司有了长足发展。而发展中国家跨国公司与发达国家跨国公司在特征、竞争优势和投资动机等方面有明显的差异，这引起了一些西方学者的注意，并开始了专门以发展中国家跨国公司为对象的研究工作，形成了一些解释发展中国家跨国公司投资行为的理论成果。

### （一）小规模技术理论

最早研究发展中国家跨国公司的学者是美国经济学家、哈佛大学商学院教授路易斯·威尔士（Louis R. Wells）。他于1977年发表了题为《发展中国家企业的国际化》一文，对发展中国家跨国公司的行为特征进行了分析和总结，并进行了相应的解释。

1983 年，麻省理工学院出版社出版了他的著作《第三世界跨国公司》，该书提出了解释发展中国家对外直接投资现象的理论——小规模技术理论（Small Scale Technology Theory）。威尔士认为，发展中国家跨国公司的竞争优势主要表现在三个方面：

（1）拥有为小市场需要服务的劳动密集型小规模生产技术。低收入国家制成品市场的一个普遍特征是需求量有限，大规模生产技术无法从这种小市场需求中获得规模效益，而许多发展中国家的跨国公司正是开发了满足于这种市场需求的生产技术而获得竞争优势的。

（2）接近市场的优势。发展中国家的跨国公司更多投资于与地理位置相近或生产条件相似的地区，在原材料等生产要素的获得、适应当地市场方面具有优势。特别是在民族产品的海外生产上颇有优势。民族产品的生产往往利用母国资源，可以降低生产成本。

（3）产品低价格优势。与发达国家的跨国公司相比，发展中国家的跨国公司更倾向于节约广告等销售费用，采用低价营销策略。

小规模技术理论被西方理论界认为是发展中国家跨国公司研究中的早期代表性成果。威尔士把发展中国家跨国公司竞争优势的产生与这些国家自身的市场特征结合起来，一方面在理论上给后人提供了一个充分的分析空间，对于分析经济落后国家企业在国际化初期阶段怎样在国际竞争中争得一席之地是颇有启发的。但另一方面，威尔士显然继承了弗农的产品生命周期理论，认为发展中国家生产的产品是处于产品生命周期中第三阶段的产品，是发达国家早已成熟的产品。虽然这些产品的生产也具有创新性质，但这种创新来源于实际生产工艺的某些个别环节的改革，或是对从国外引进的大规模生产技术的调整，使之适宜于小规模生产，而现实经济由于存在着相应的市场条件，因而发展中国家的跨国公司具有生存和发展的空间。

**（二）技术地方化理论**

英国经济学家拉奥（Sanjaya Lall）在对印度跨国公司的竞争优势和投资动机进行了深入研究之后，在其著作《新跨国公司——第三世界企业的发展》一书中提出了发展中国家跨国公司的技术地方化理论（Technology Localization Theory），从技术变动的角度对发展中国家跨国公司的行为进行了解释。

在拉奥看来，即使发展中国家跨国公司的技术特征表现在规模小、标准技术和劳动密集型等方面，但这种技术的形成不是对发达国家技术的被动模仿和复制，而是包含着企业内在的消化、改进和创新活动，这种创新活动形成了发展中国家跨国公司的特有优势：

（1）在发展中国家形成的技术知识，是在不同于发达国家的环境下得到的，这种独特的环境往往与一国的要素价格及其质量相联系。

(2) 发展中国家生产的产品适合于他们自身的经济条件和需求，相应地也适应相同收入水平国家的消费需求。因此，发展中国家企业能够在较低的技术水平基础上形成特有优势。

拉奥对比了发达国家、发展中国家的跨国公司的竞争优势来源的不同方面（见表2-4），这种优势不仅可以带动它们对其他发展中国家的对外直接投资，而且发展中国家企业对成熟技术的创新还可以促进他们对发达国家的直接投资。与威尔士相比，拉奥更强调企业技术引进的再生过程，即发展中国家对外国技术的消化、改进和创新。正是这种创新给企业带来新的竞争优势。

**表 2-4　发达国家、发展中国家的跨国公司竞争优势的来源**

| 发达国家的跨国公司 | 发展中国家的跨国公司 |
|---|---|
| 企业/集团规模大 | 多以企业集团化形式出现 |
| 靠近资本市场 | 技术适合于第三世界的供求条件 |
| 拥有专利或非专利技术 | 产品差异 |
| 产品差异化 | 营销技巧 |
| 营销技巧 | 适合当地条件的管理技术 |
| 管理技术和组织优势 | 低成本投入（尤其是管理和技术人员） |
| 低成本投入 | "血缘"关系 |
| 对生产要素和产品市场的纵向控制 | 东道国政府的支持 |
| 东道国政府的支持 | |

## （三）技术创新产业升级理论

技术创新产业升级理论（Technology Innovation Upgrade Industry Theory）是英国里丁大学教授坎特威尔（John Cantwell）及其学生托兰惕诺（Paz Estrelia Tolentino）在研究新兴国家和地区的企业对外直接投资迅速增长现象的基础上，于20世纪80年代后期提出的。

该理论认为：发展中国家和地区跨国公司的对外直接投资受其国内产业结构升级和内生技术创新能力提高的影响。发展中国家的产业升级说明发展中国家企业技术能力的稳定提高，这种技术能力的提高是一个不断积累的结果，而且与它们对外直接投资的增长直接相关。根据他们的研究，发展中国家的对外直接投资遵循下面的发展顺序：在产业分布上，首先是以自然资源开发为主的纵向一体化生产活动，然后是以进口替代和出口导向的横向一体化为主；从海外投资的区位选择上看，首先是利用种族联系和地缘便利，在周边国家进行直接投资，随着海外投资经验的积累，种族和地缘因素的重要性下降，逐步从周边国家向其他发展中国家扩展直接投资，最后在经验积累的基础上，为获得更为复杂的技术，开始向发达国家投资。随着工业化程度的提高，一些新兴工业化国家和地区的产业结构发生了明显的变化，技术能力也得到迅速提高，使其在对外投资方面不再局限于传统产业的传统产品，而开始从事高科技领域的产品生产和开发活动。

以投资区位拓展为基础的阶段性发展，说明了发展中国家的海外投资逐步从关系依赖型走向技术依赖型，而且对外投资的产业也逐步升级。该理论由于比较全面地解释了20世纪80年代以后发展中国家，特别是亚洲新兴工业化国家和地区的对外直接投资现象，因而具有一定的普遍意义。这对发展中国家的经济国际化具有重要的指导意义，发展中国家（企业）虽然不具备国际竞争的绝对优势，但依然可以通过技术的积累和不断提高参与国际竞争。该理论同时对发展中国家对外直接投资的区位选择提供了思路。

## 小　结

本章从国际贸易理论、对外直接投资理论和国际化经营理论三个层面阐述了对跨国公司现象的理论解释。跨国公司的生产经营活动与国际贸易、国际投资等活动是紧密联系在一起的，因此，了解国际贸易、国际投资及国际化经营理论，是理解跨国公司发生、发展及其经营模式与经营战略变化的重要理论基础。

国际贸易理论着重于解释贸易产生的原因及贸易流向。最古老的贸易理论是重商主义理论，认为贸易是获取财富的重要方式；绝对优势理论和比较优势理论以劳动作为成本大小的依据，分别以一国的市场成本绝对低廉或相对低廉作为贸易发生的先决条件，分析了贸易给参与国带来的福利；生产要素禀赋理论则将贸易的决定由劳动一种因素扩展到各种天赋资源或要素，认为生产要素禀赋是贸易的基础；需求偏好相似理论、产业内贸易理论、技术差距论以及人力资本理论等新贸易理论则从不同方面对第二次世界大战以后国际贸易领域出现的新情况、新特点进行了解释。

对外直接投资理论则主要是研究跨国公司扩张的原因。欧美和日本都是跨国公司对外投资发展最为迅速的地区，但其对外扩张的理论解释却有所不同。欧美跨国公司直接投资的理论主要有不完全市场竞争理论、产品生命周期理论、内部化理论、国际生产折衷理论等；而指导日本企业对外投资的主要理论则是小岛清的边际产业扩张论。

国际化经营理论则考察了企业战略与决策对企业跨国经营的决定作用。经济全球化为跨国公司提供了更为广阔的发展空间，不但发达国家的跨国公司迅速扩张，发展中国家的跨国公司也迅速发展。本章的最后，分别考察了发达国家和发展中国家跨国公司扩张的理论解释，前者包括战略管理理论、战略联盟理论及战略选择权理论；后者包括小规模技术理论、技术地方化理论及技术创新产业升级理论。

## 思考题

1. 试运用比较优势理论解释比尔·盖茨尽管自己打字速度快于打字员，依然要聘用打字员的原因。

2. 试述弗农的产品生命周期理论的主要观点，并解释该理论对发展中国家企业的对外直接投资有何借鉴意义。

3. 试述邓宁的国际生产折衷理论的主要观点，并分析跨国公司如何选择不同的国际化方式。

4. 理解“价值链”的概念，并分析其对企业国际化经营的意义。

5. 分析发展中国家对外直接投资的竞争优势的来源。

## 案例分析

［案例分析一］

### 华为的全球化战略

［背景材料］

华为技术有限公司（以下简称“华为”）是一家总部位于中国广东深圳市的生产销售电信设备的员工持股的民营科技公司，于1987年成立于中国深圳，是电信网络解决方案供应商。华为的主要营业范围是交换、传输、无线和数据通信类电信产品，在电信领域为世界各地的客户提供网络设备、服务和解决方案。2011年，华为销售总收入达2039亿元人民币，同比增长11.7%，净利润116亿人民币，成为全球最大的综合通信设备商之一。在2011年10月27日出炉的最具全球竞争力中国公司20强中，华为名列榜首。过去几年来，华为在海外市场的表现尤为突出，其平均海外业务收入增长超过了70%。在2011年11月8日公布的2011年中国民营500强企业榜单中，华为技术有限公司名列第一。

目前，华为已经初步成长为一个全球化公司。华为的产品和解决方案已经应用于全球140多个国家，服务全球运营商50强中的45家及全球1/3的人口。在美国、印度、瑞典、俄罗斯及中国等地设立了12个研究所和31个培训中心。海外市场实现销售收入1204亿元，华为当前65%的营业收入来自国际市场，且主要受北美、俄罗斯等地区销售业绩推动。华为被看做是中国本土企业自主创新和全球化运营的最佳典范。

1. 在欧洲市场的拓展

2000年，华为STM64光传输系统成功应用于德国PFALZKOM本地网和BERLICOM城域网。2001年开始，以10G SDH光网络产品进入德国为起点，通过与当地著名代理商合作，华为产品成功进入德国、法国、西班牙、英国等发达国家。2003年，华为的销售额约为3000万美元，2004年达到5000万美元。

华为承认，在欧洲市场的拓展是把自己送进了学校，任正非将此看做为“把华为送到海外市场去磨炼”，他指出：“我们的游击作风还未褪尽，而国际化的管理风格尚未建立，员工的职业化水平还很低，我们还完全不具备在国际市场上驰骋的能力，我们的帆船一驶出大洋，就发现了问题。我们远不如朗讯科技（Lucent）、摩托罗拉（Motorola）、阿尔卡特（Alcatel）、诺基亚（Nokia）、思科（Cisco）、爱立信（Ericsson）那样有国际工作经验。我们在国外更应向竞争对手学习，把他们作为我们的老师。”

华为在21世纪初的几年内持续优化自己的管理，这包括：建立起执行管理团队（Execute Management Team）；针对全球50大运营商建立一对一的全球系统部；整合产品线以提供更为完整的解决方案。2005年起，华为还在欧美主流商业杂志上投放广告，如《Economist》《Business Week》《Total Telecom》《CRN》《IT Week》等。华为通过商业广告推广自己的理念——“技术恒变，沟通永存”，广告语为“We hear you.”

华为最终在2005年12月26日成为英国电信公司的设备供应商。在成为英国电信“21世纪网络”的供应商后，华为在欧洲市场的名声得到大幅提升。路透社、法新社等欧洲主流媒体称，华为已经迅速崛起，加入到世界级电信设备供应商的行列。华为还在2005年11月与全球最大移动通信运营商沃达丰集团（Vodafone）签订了全球采购框架协议。在2006年2月的西班牙巴塞罗那3GSM全球大会上，华为与沃达丰联合宣布，在未来5年内为沃达丰运营的21个国家提供定制手机。

2.“全球合资”战略

美国是任正非认定的真正意义上的全球主流市场。1999年，华为在美国的通信走廊达拉斯开设了一个研究所，专门针对美国市场开发产品。2002年6月4日，华为在美国得克萨斯州成立全资子公司Future wei，向当地企业销售宽带和数据产品。就像它在西欧市场一样，华为在美国市场的竞争力首先体现在性价比。华为芯片以前直接进口一片需要200美元，而自己设计、到美国加工生产，一片只要10多美元。

2003年3月20日，华为与美国3Com公司宣布成立一家全球性合资公司——华为3Com通信技术有限公司（简称H3C），3Com投资1.6亿美元获得合资公司49%股权。根据协议，在中国和日本市场将以合资公司的品牌销售数据产品，其他市场则以3Com品牌销售。

任正非相信，与3Com建立全球合资公司对华为具有战略价值，他指出：“3Com的驰名品牌及其全球性经销渠道，对合资公司是直接和长远的贡献。合资公司将大大加快华为新兴企业网络业务的全球化进程，这将允许我们在世界几乎每一个主要国家销售我们开发的产品。”

华为在2004年8月与德国西门子公司组建了另一全球性合资公司，专注于TD-SCDMA技术及产品的开发、生产、销售和服务。合资公司取代了思科成为西门子数据产品的制造商，但这曾一度引起3Com公司总裁布鲁斯的不悦。因为按照华为与3Com的协议，中国和日本以外的全球市场应该交给3Com来运作。

华为说服3Com的方法是：“华为与3Com的合资公司每赚100美元中就有3Com的49美元，这100美元通过西门子则更容易赚到，为什么非要你们自己去做呢?”很快，通过西门子渠道的销售量超过了3Com，2004年华为欧洲市场数据产品销售额突破了1亿美元。

在2006年2月，华为与电信巨头北电网络（Nortel）宣布成立合资公司，由北电持有多数股份，总部设在渥太华。合资公司的主要业务是面向全球市场开发超级宽带接入解决方案。北电网络拥有百年历史，在北美市场拥有较大影响力，与Verizon、Qwest等北美大型电信运营商保持着良好合作关系。2001年网络泡沫破灭后一直处于简单调整期，2004年曾因假账问题险被纽约证券交易所摘牌。华为在2005年的销售收入已达到82亿美元，与北电网络差距不大，且保持了良好的盈利性。华为希望，与北电网络的全球合资能够帮助其在北美市场获得更大增长机会。

在完成一系列全球合资布局后，华为对比了花费4年时间、数亿元资金打通英国电信认证体系的收益。思科总裁钱伯斯将华为视做“第四代竞争对手”，华为则看到，“培养一个贵族需要三代时间”。在实现公司全球化运营方面，华为希望新的增长点会来自于这些全球合资公司，而且会有效化解华为自身在这些领域内的风险。

现在，华为建立起了一对多、多对多的全球合资体系，任正非期望能够以全球视野把握好合资公司短期与长期利益的平衡，在合适的时候能够完成“金蝉脱壳”。

华为在2005年11月以2800万美元的价格将合资公司2%股权转让给3Com公司，后者以51%股份获得合资公司控制权。华为所得到的承诺是，原来由3Com负责的20多个国家，包括北美市场将全部开放给华为。2006年11月，华为将在合资公司中的49%股权以8.8亿美元给华为，自身专注于原华为3Com合资公司的运营。

3. 华为的全球架构

华为的产品和解决方案已经应用于全球100多个国家，以及35个全球前50强的运营商；在海外市场设立了20个地区部，100多个分支机构；在瑞典斯德哥尔摩、美国达拉斯及硅谷、印度班加罗尔、俄罗斯莫斯科，以及中国的深圳、上海、北京、南京、西安、成都和武汉等地设立了研发机构，通过跨文化团队合作，实施全球异步研发战略。

华为产品和解决方案涵盖移动（HSDPA/WCDMA/EDGE/GPRS/GSM，CDMA2000 1xEV-DO/CDMA2000 1X，TD-SCDMA和WiMAX）、核心网（IMS，Mobile Softswitch，

NGN)、网络（FTTx，xDSL，光网络，路由器和 LAN Switch）、电信增值业务（IN，mobile data service，BOSS）和终端（UMTS/CDMA）等领域。

华为加入了 83 个国际标准组织，如 ITU、3GPP、3GPP2、OMA、ETSI 和 IETF 等。在过去的几年里，在光纤传输、接入网络、下一代网络、IP QoS 和安全领域，华为已经提交了 800 多篇提案。近年来，华为也已经成为 3GPP 扣 3GPP2 的积极参与者，并在核心网络、业务应用和无线接入领域提出了 1500 多项提案。华为担任 ITU-TSG11 组副主席、3GPP SA5 主席、RAN2/CT3 副主席、3GPP2 TSG-C WG2/WG3 副主席、TSG-A WG2 副主席、ITU-R WP8F 技术组主席、OMA GS/DM/MCC/POC 副主席、IEEE CaG Board 成员等职位。

华为连续多年蝉联中国企业专利申请数量第一和中国发明专利申请数量第一。截止到 2011 年，华为累计申请中国专利 36344 件，国际 PCT 专利 10650 件，外国专利 10978 件，共获得专利授权 23522 件，其中 90% 以上为发明型专利。在云计算相关技术上拥有中国专利 685 件、欧洲专利 226 件、美国专利 107 件。2011 年，华为研发费用支出为人民币 236.96 亿元，近十年投入的研发费用超过 1000 亿元。

结束语：

华为所在的通信设备产业竞争激烈，行业领导地位长期被爱立信、诺基亚、思科、摩托罗拉等跨国公司占据，这无形中加大了华为参与主流行业竞争的难度。华为的业务涵盖了移动、宽带、IP、光网络、电信增值业务和终端等众多领域，它几乎要在每一个细分市场领域内与不同优势的跨国公司展开正面竞争。然而，在这些领域，华为拥有许多专利和知识产权，已初步具备面向未来转型发展的先发优势，能够为客户提供一揽子通信解决方案和服务。

（资料来源：根据项兵《华为的全球化战略》http：//www.doc88.com 及相关资料整理。）

**[案例思考题]**

1. 华为公司全球化战略的特点是什么？
2. 华为公司获取持续竞争力的动力来自什么？

**[案例分析二]**

## 沃尔沃并购完成交割　吉利成为中国首个汽车跨国企业

**[背景材料]**

北京时间 2010 年 8 月 2 日下午，福特汽车公司在英国伦敦举办的交接仪式上，正式把沃尔沃资产交割给吉利控股集团，完成沃尔沃轿车公司的交割手续，吉利集团为收购沃尔沃轿车公司开出了票据并支付了 13 亿美元现金。根据双方之前在瑞典哥德堡签署的协议，吉利以 18 亿美元收购沃尔沃轿车公司 100% 股权。至此，中国民营企业最大规模的海外并购案走完法律程序。吉利控股集团同时宣布，大众汽车北美区首席执行官斯蒂芬·雅克布将加入沃尔沃轿车公司并接任总裁兼首席执行官一职。此前，吉利集团董事长李书福宣布自己将出任沃尔沃轿车董事长，沃尔沃轿车前总裁兼首席执行官汉斯担任副董事长。按惯例，一家企业的海外营业收入超过企业总收入的30%，这家企业就可以认定为跨国公司。因此对年销售收入超百亿美元的沃尔沃轿车完成并购后，年销售收入20亿美元的吉利集团一跃成为中国首个跨国汽车企业。

为了兑现“恢复沃尔沃昔日辉煌”的承诺，李书福为沃尔沃组建了一支汽车企业运营“梦之队”。李书福此前就曾表示，他不会派出一支中国团队去接管沃尔沃。新沃尔沃超豪华的管理团队将体现出跨国企业管理层高起点、国际化的特点。李书福认为，“中国企业收购沃尔沃，使中国拥有具备国际竞争力的世界知名汽车品牌，可以一举进入国际高端汽车市场并占有一定份额，同时可以掌握部分汽车核心技术。”李书福说，“这对中国从世界上最大的汽车消费市场变成汽车强国具有重要意义。”不过，即便拥有了雄厚的资金背景，建立了豪华的管理团队，吉利沃尔沃这场“蛇吞象”式的并购，最后会不会以消化不良收场，仍然令人担忧。

国务院发展研究中心金融研究所副所长巴曙松对吉利沃尔沃并购案评价说，“对中国来说，资源、技术、品牌和营销渠道是并购的主要目标，因为利润空间日益微薄的中国制造业必须依赖资产并购来提升在产业链中的地位”，“中国现在进行海外并购，并不缺乏资金，缺乏的是清晰的战略眼光和整合能力”。

据了解，吉利计划使沃尔沃在中国的汽车销量在中国有大幅增长，并在中国建立生产基地，使沃尔沃产能5年内达到60万辆。分析认为，当前年产能仅为40万辆的吉利集团，要实现上述目标，最大的瓶颈是没有充足的产业工人后备。事实上，目前吉利正在紧锣密鼓地进行人才储备工作。吉利近年来已经创办了7所学校培养职业技术人员和汽车研发人员，目前吉利旗下直接投资或是合作办学的在校生已达4万人，还在不断扩充中。

专家认为，吉利收购沃尔沃目前只是完成了法律程序，摆在李书福团队面前的还有诸多问题需要解决。资金来源充裕和管理团队的建立给新沃尔沃运营开启了一个良好局面，但是跨国企业文化融合问题，在竞争白热化的中国汽车市场沃尔沃如何胜出、如何通过收购沃尔沃提高中国汽车产业的技术水平，这些都是摆在李书福和整个中国汽车产业面前的新挑战。

（资料来源：章苒、张遥、章利新，中国新闻网，2010年08月02日。）

**[案例思考题]**

1. 如何解释吉利收购沃尔沃的动机？
2. 关注并购沃尔沃后吉利企业的发展，收集吉利的相关资料，判断吉利国际化经营战略的实施效果。

## 本章参考文献

[1] 林康．跨国公司与经营［M］．北京：对外经济贸易大学出版社，2000.
[2] 毛蕴诗．跨国公司战略竞争与国际投资理论［M］．广州：中山大学出版社，1997．
[3] 于斌．跨国管理［M］．天津：南开大学出版社，2004.
[4] 谭力文．国际企业管理［M］．武汉：武汉大学出版社，2004.
[5] 梁能．国际商务［M］．上海：上海人民出版社，1999.
[6] 刘海云．跨国公司经营优势变迁［M］．北京：中国发展出版社，2001.
[7] 王林生，范黎波．跨国经营理论与战略［M］．北京：对外经济贸易大学出版社，2003.
[8] 金润圭．国际企业管理［M］．北京：中国人民大学出版社，2005.
[9] 巴特利特，戈歇尔［M］．跨国管理——教程、案例和阅读材料．赵曙明，译．大连：东北财经大学出版社，2000.
[10] 朱巧玲、董莉军．西方对外直接投资理论的演进及评述［J］，中南财经政法大学学报，2011（5）．
[11] 李珮璘．新兴经济体对外直接投资理论研究评述［J］，上海经济研究，2009（10）．
[12] 张为付、武齐．我国企业对外直接投资的理论分析与实证检验［J］，国际贸易问题，2007（5）．
[13] Giroud，Axele，Hafiz Mirza. Factors determining supply linkages between transnational corporations and local suppliers in ASEAN［J］. *Transnational Corporations*，2006（15）．
[14] A Cuervo-Cazurral，M Genc. Transforming disadvantages into advantages：developing-country MNEs in the least developed countries［J］. Journal of International Business Studies，2008（39）．
[15] Bonaglia F，Goldstein A，Mathews，J A. Accelerated internationalization by emerging markets multinationals：The case of white goods sector［J］. Journal of World Business，2007（42）．
[16] Y D Luo，R L Tung. International expansion of emerging market enterprises：A spring board perspective［J］. Journal of International Business Studies，2007（38）．
[17] Teece D L. Transactions cost economics and the multinational enterprise［J］. Journal of Economics Behavior and organization，1986（7）．

# 第三章 跨国公司运行的国际环境

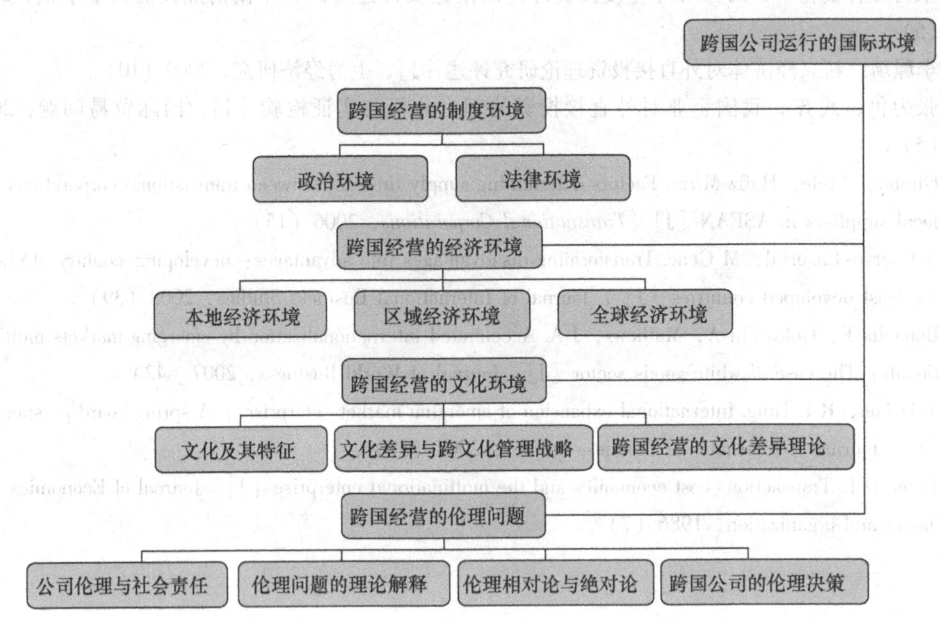

能否创造性地适应环境是一家公司经营成败的基础。跨国公司面对的国际环境与母国环境相比具有更大的差异性、复杂性和不确定性。另外，由于经营管理层的知识、经验、阅历等的局限，使得他们在经营跨国公司时就会面临更大的风险。因此，在进行国际化经营的过程中，需要对国际环境的多种变量进行更加精心的调查研究，这也就决定了跨国经营比在母国经营需要在实践中付出更大的努力。

## 第一节 跨国经营的制度环境

影响跨国公司经营活动的环境因素多种多样，但一国的政治经济体制及其相关的法律法规是影响跨国公司跨国经营决策首当其冲的问题，对这个问题的研究结果常常是决定跨国公司是否在一国开展经营活动。

### 一、政治环境

#### （一）政体与政党制度

西方国家的政体主要可以分为两类：君主立宪政体（包括议会制和二元制两种）和民主共和政体（包括议会制和总统制两种形式）。

君主立宪政体是以君主为国家元首的政权组织形式，君主一般由世袭产生。君主立宪政体又可以分为议会制和二元制。在议会制下，国家的行政大权不是由君主直接支配的，而是由内阁掌握，君主主要代表国家进行礼仪活动。在二元制下，国家虽然也制定宪法，设立议会，但君主集立法、行政、司法和军事大权于一身，是权力中心和最高的实际统治者。

民主共和政体主要分为议会共和制和总统共和制。议会共和制以议会为国家政治活动的中心，是国家的最高权力机关，政府及其内阁由议会中占多数席位的一个或几个政党的联盟组成，对议会负责。

总统共和制政体则表现为，国家最高权力由总统和议会按不同职能分别执掌和行使；总统共和制下，总统和议会分别由选举产生，任期限定，内阁由总统组织并对总统负责（又称之为组阁），总统既是国家元首又是政府首脑，与议会之间有权力制约关系。

政党制度主要可以分为三种：一党制、两党制和多党制。

世界各国的政体与政党制度主要可以划分为上述的几种类型，但各国在具体的运作中又各具特点。作为跨国公司的经营者，必须了解不同国家的政治体制和运作方式，把握各政党的政治主张以及它们对经营活动的影响，尽可能考虑其政治发展的长远方向。

**（二）政府政策与社会局势的稳定性**

由于跨国公司的经营活动在多个国家展开，其经营业绩就会明显地受到所在国政府政策的影响。所在国政府政策的稳定性和连续性，也是决定跨国公司经营状况的重要因素。如果所在国政府的政策变化是渐进且可以预见的，企业就有足够的时间进行调整和适应；如果政策经常发生剧烈的变化，这常常会导致跨国公司经营困难。所在国政策的不稳定性主要体现在：①政权的频繁更替；②社会动荡。

**（三）民族主义与政府干预**

民族主义旨在维护本国民族工业的发展和经济的独立自主，保护民族经济和民族文化。民族主义常常让人们以怀疑的眼光看待外资企业，使外资企业受到严格的审查和控制。号召国民只买国货，控制外资的投资形式、规模、领域，实施限制性关税和配额以及其他形式的贸易壁垒，这些是民族主义的主要表现形式。

**（四）国际关系**

跨国公司业务跨越多个国家和地区的特点，使得这些不同国家和地区之间的政治经济关系也成为影响跨国公司经营的重要因素。特别是随着当今全球范围内的研发、生产、销售体系的建立，这一因素变得越来越不容忽视。

## 二、法律环境

一国的法律是在该国进行经营活动所要遵循的基本规则。跨国公司在不同国家开展业务的特点使得它不但要了解本国的法律，而且要了解其他与自身经营活动相关的国家的法律，还要了解国家间签订的双边或多边的国际公约。

**（一）世界主要法律体系**

当代世界大多数国家施行的法律体系，主要包括英美法系、大陆法系。

英美法系是判例法。该法律体系的特点是：法院依据传统、风俗习惯、过去类似案例的判决和解释，以及法院对成文法律法规的裁决解释等，对案例进行判决。英美法系起源于英国，主要流行于英国、美国、加拿大以及英联邦的其他国家。

大陆法系是一种成文法。该法律体系的特点是：法院依据各个时期编纂在一起的一些非常详尽的法典与条文对案例进行判决。大陆法系将整个法律系统分为三个相对独立的部分，即商法、民法和刑法。大陆法体系起源于古罗马法，主要流行于德国、法国、意大利、西班牙、日本和绝大多数拉丁美洲国家。我国的法律体系属于大陆法系，但具有自己的特色。目前，世界上有70多个国家使用这种法律体系。

**（二）国际法律争端中的司法管辖权**

在国际经济交往中为什么会出现司法管辖权的问题呢？这首先要了解国际法律体系中遵循的一些基本法律原则：

(1) 主权原则。各国政府有权按照自己认为合适的方式管理自己的国家，不受外界的干涉。

(2) 国籍原则。每个主权国家都有权对其公民行使司法权力，不论其公民身处何地。

(3) 地域原则。每个主权国家都具有在它的司法管辖区域内行使司法权力的权力，不论个人或企业属于哪一个其他国家。

(4) 保护原则。每个主权国家都具有对危害其国家安全的行为进行司法裁判的权力，不论这种行为发生在国内还是国外。

在国际经济交往中发生争端时，哪种法律体系具有司法管辖权是跨国公司开展经营活动必须注意的问题。常见的争端双方可能发生在政府之间、政府与公司之间，以及公司之间。因此，在国际间的商业争端发生时，最重要的是明确采用哪一国的法律。司法管辖权通常由以下方法中的一种来决定：①根据合同中所包含的司法管辖权条款；②根据签订合同的地点；③根据合同的执行地。如果签订的合同或法律文书中规定了司法管辖权条款，那么在出现争端时就可以很明确地决定司法管辖权。

**(三) 解决国际经济争端的途径**

根据各国的法律规定和国际商业司法实践，解决国际争端的主要方式有四种，即协商、调解、仲裁和诉讼。协商是争端双方在彼此尊重和理解的基础上，通过积极的磋商，寻求彼此都能够接受的解决方案的过程。协商的优点是：无需经过仲裁和司法程序，节省时间和费用，而且灵活性大，有利于维持相互关系和进一步的发展。调解是由争端双方都接受的第三方从中调解分歧，达成共识的过程。调解也无需经过复杂的仲裁和诉讼程序，调解人或机构与争端双方的所有会议都是保密的，有助于保护当事人的秘密和公共形象，争端解决后也有助于双方恢复关系。因此，许多国际商业争端也都通过这一途径加以解决。在协商和调解均告失败的情况下，人们更愿意采用仲裁而不是诉讼的方式来解决争端。仲裁是指由双方同意的第三方裁定事情的是非曲直，作出双方都接受的裁决。诉讼是解决国际商业争端的最后一种手段。它是指当事人一方向有管辖权的一国法院起诉，请求其按照法律规定作出裁决。诉讼的最大特点是具有强制性。诉讼会产生高额的费用，耗费大量的时间，还会让事态持续恶化。解决争端最好的办法就是协商和调解，在这两种方法都不起作用的情况下，再进行仲裁和诉讼。

## 第二节 跨国经营的经济环境

在跨国经营中面临的经济环境主要包括本地经济环境、区域经济环境和全球经济环境（见图3-1）。

## 一、本地经济环境

本地经济环境是指跨国公司所在东道国的经济环境，主要包括东道国的经济体制、经济发展水平和发展阶段、市场规模、基础设施、技术与人力资源环境、金融外汇环境、竞争环境等。

### （一）经济体制

经济体制是一国对资源的配置方式、组织形式和管理体系。世界上曾经存在过两种单纯的经济体制：单纯的市场经济体制和单纯的计划经济体制。但是，随着“冷战”的结束和世界经济的融合，这两种体制已经不存在了。

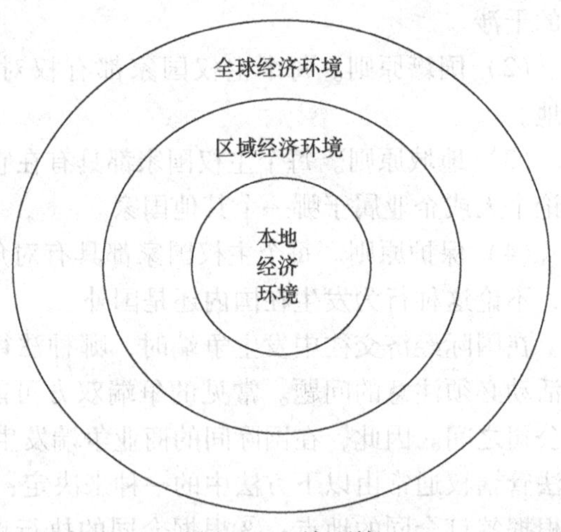


图3-1　经济环境

资料来源：Syedh. Akhter，Global Marketing，Copyright 1995 by Southwestern College Publishing an ITP Company，p13。

### （二）经济发展水平和发展阶段

一国的经济发展水平和发展阶段，不但影响和反映着一国的消费需求和层次，而且还影响和反映着一国经济发展的模式和特点。罗斯托（w. w. Rostov）在其著作《经济发展阶段论》中，把世界各国的经济发展分为六个阶段：

（1）传统社会阶段。在这一阶段，农业是国民经济的主体，缺乏现代科学技术，工业落后，能源与基础设施状况较差。

（2）“起飞”前的准备阶段。在这一阶段，逐步将现代科技运用于农业和工业生产，政府开始重视教育和基础设施投资，国民文化程度逐渐提高。

（3）“起飞”阶段。在这一阶段，新技术在工农业生产中得到广泛应用，发展速度较快，需要进行大量的投资以满足工业的不断扩张。

（4）成熟阶段。在这一阶段，现代科学技术渗透到各个经济领域，国家的经济结构日趋合理，企业的竞争力不断提高，企业及其产品逐步走向国际市场。

（5）高度消费阶段。在这一阶段，由于生产与消费的日渐成熟，社会生产和主导部门转向耐用消费品制造业和服务业，现代科技进一步运用于控制环境污染以及其他社会福利方面。

（6）追求生活质量阶段。在这一阶段，不再主要以有形产品的数量来衡量社会成就，而是以享受服务的多少和生活质量状况为衡量成就的标志。

处于前三个阶段的国家可称为发展中国家，而处于后三个阶段的国家则被称为发达国家。

### （三）市场规模

市场是由那些有购买力并且愿意购买的人组成的。市场规模的大小主要取决于人口和购买力。人口是构成市场的基本要素之一，可以从下面几个方面加以考察：①人口总数；②人口增长率；③人口年龄结构；④人口分布。当今，城市化和地区发展不平衡导致人口的流动仍在不断改变着国家或地区的人口分布，从而影响不同地区的消费特点、规模。购买力是构成市场的另一个基本因素，可以从以下几个方面加以考察：①国民生产总值；②人均国民收入；③收入分配结构；④家庭收入。

### （四）基础设施

基础设施是指那些为生产生活提供服务的公共设施，主要包括铁路、公路、港口、通信、能源、金融服务、环境保护、社会保护等方面。基础设施的数量和质量直接影响一国经济的运作效率和增长潜力，也是跨国公司投资决策的重要考察内容。

### （五）技术与人力资源环境

现代科学技术的开发与应用水平、现代科技人才的数量在一国或地区的经济发展中占据着越来越重要的地位。它不仅在宏观上影响和反映着一国的科技水平和综合国力，而且在微观上影响着企业的研发、生产、营销和管理模式，影响着人们的生活观念、态度和方式。

### （六）金融外汇环境

跨国公司的跨国业务运作离不开跨国资金运作，此时，东道国及本国的货币政策和通货膨胀率，国际金融外汇市场的汇率变动等都会影响跨国公司的经营业绩。因此，跨国公司必须对东道国的国际收支、货币政策、外汇储备、外汇管制情况及未来的发展趋势有一个整体的把握，采取必要的措施，尽量避免金融风险给公司经营业绩带来的损失。

### （七）竞争环境

跨国公司在开展跨国经营的过程中，必然会面临目标市场上各类竞争者的激烈竞争。因此，在正式进入目标市场之前，必须对目标市场的竞争状况进行评估。例如，目标市场现有哪些竞争企业或品牌？他们的市场地位和盈利水平如何？现有品牌是否满足了目标市场的需求？各竞争者的战略和目标是什么？各竞争者的优势和劣势是什么？若本公司加入该目标市场，现有竞争者的反应会如何？

## 二、区域经济环境

经济全球化、区域集团化是当今世界经济的发展趋势，一国的经济发展难以脱离区域经济的发展。在区域分工与协作的基础上，通过生产要素的区域流动，推动区域经济整体协调发展的过程。区域经济是一国经济发展的必然趋势，也是经济全球化发展的必经阶段。

### （一）区域经济一体化的主要形式

按照区域经济一体化程度的不同，大致可以划分为下面几种形式：

1. 特惠贸易协定

特惠贸易协定（Preferential Trade Arrangements）是指在实行特惠贸易安排的成员国之间，通过协定或其他形式，对全部或部分商品规定特别的关税优惠。这是经济一体化的最松散和较低级的一种形式。

2. 自由贸易区

自由贸易区（Free Trade Area）是指两个或两个以上的国家或地区或单独关税区组成的区内取消关税和其他非关税限制，区外实行保护贸易的特殊经济区域或经济集团，如北美自由贸易区（NAFTA）、美洲自由贸易区（FTAA）、中欧自由贸易区（CEFTA）、东盟自由贸易区（AFTA）、欧盟与墨西哥自由贸易区、中国—东盟自由贸易区以及正在洽谈中的中日韩自由贸易区。

3. 关税同盟

关税同盟（Customs Union）是指两个或两个以上的国家或地区完全取消关税或其他壁垒，并对非同盟国家实行统一的关税税率而缔结的同盟，如东非共同市场、西非关税同盟、南部非洲关税同盟和20世纪70年代初期的欧洲经济共同体等。

4. 共同市场

在关税同盟（Common Market）的基础上，共同市场取消对生产要素流动的限制，允许商品、服务、劳动力、资本在成员国间自由流动，如南方共同市场、中美洲共同市场、加勒比共同体、欧洲共同市场等。

5. 经济同盟

经济同盟（Economic Union）是在共同市场的基础上的进一步一体化。它是在实行关税、贸易和市场一体化的基础上，进一步协调成员国之间的经济政策和社会政策，并拥有一个制定这些政策的超国家的共同机构。

6. 完全经济一体化

完全经济一体化（Complete Economic Integration）是经济一体化的最高级形式，不仅包括经济同盟的全部特点，而且各成员国还统一所有的重大经济政策，如财政政策、货币政策以及有关贸易和生产要素流动的政策。在这个一体化组织内，各成员国的税率特别是增值税率和特别消费税率基本协调一致；建立统一的中央银行，使用统一货币；取消外汇管制，实行同样的汇率管理；有共同的组织管理机构等。例如欧洲联盟（European Union）就是一个完全经济一体化组织。

## （二）当今世界主要的区域经济组织

自20世纪50—60年代地区经济一体化组织在欧洲出现以来，世界各地的区域经济合作组织迅速兴起，并且在国际经济贸易中起着越来越重要的作用。其中在欧洲、北美和亚太地区出现的经济联盟对区域经济乃至世界经济贸易的发展都产生了巨大的影响。当今世界的区域经济一体化组织主要有以下几个：

1. 欧盟

1993年11月1日，《马斯特里赫特条约》正式生效，欧洲联盟正式成立，成为一个具有经济和政治双重性质的组织。欧洲联盟的宗旨是："通过建立无内部边界的空间，加强经济、社会的协调发展和建立最终实行统一货币的经济货币联盟，促进成员国经济和社会的均衡发展"，"通过实行共同外交和安全政策，在国际舞台上弘扬联盟的个性"。2002年1月1日零时，欧元正式流通。3月1日，欧元成为欧元区国家唯一法定货币。2003年4月16日，在希腊首都雅典，欧盟与捷克、塞浦路斯、爱沙尼亚、匈牙利、拉脱维亚、立陶宛、马耳他、波兰、斯洛伐克和斯洛文尼亚10个完成入盟谈判的候选国签署入盟协议。2004年5月1日上述10国成为欧盟的正式成员国。2007年1月1日，罗马尼亚和保加利亚两国加入欧盟。2009年12月1日，《里斯本条约》（《欧盟宪法》的简本）正式生效。欧盟经历了6次扩大，现有28个成员国，人口5亿，国民生产总值达16万亿美元以上。

2. 北美自由贸易区

北美自由贸易区（North American Free Trade Area，NAFTA）是包括加拿大、墨西哥和加勒比海诸国在内的北美共同市场。1988年1月2日，美国、加拿大两国正式签订《美加自由贸易协定》，建立美加自由贸易区，1989年1月1日正式生效。按照这个《协定》，两国将在10年内分三次取消一切关税，大幅度降低非关税壁垒。1992年8月，美国、加拿大及墨西哥三国签署了《北美自由贸易协定》。1994年1月1日，该《协定》正式生效，北美自由贸易区成立。该《协定》决定自生效之日起，15年内逐步消除贸易壁垒，实施商品和劳务的自由流通。十多年来，已发展成为囊括了4.2亿人口和11.4万亿美元的国民生产总值、当今世界上最大的自由贸易区。

3. 与中国有关的区域经济组织

（1）中国—东盟自由贸易区（China and ASEAN Free Trade Area，CAFTA）。2002年11月4日，中国和东盟领导人在柬埔寨首都金边签署了《中国—东盟全面经济合作框架协议》，标志着建立中国—东盟自由贸易区的进程正式启动。该进程将分为三个阶段进行：①第一阶段（2002—2010年），启动并大幅下调关税阶段。自2002年11月双方签署以中国—东盟自贸区为主要内容的《中国—东盟全面经济合作框架协议》始，至2010年1月1日中国对东盟93%的产品的贸易关税降为零。2005年7月20日，双方减少7445个税号产品的关税。2007年1月，双方签署了自贸区《服务贸易协议》，于7月顺利实施。2009年8月15日，《中国—东盟自由贸易区投资协议》签署。②第二阶段（2011—2015年），全面建成自贸区阶段，即东盟与中国贸易的绝大多数产品实现零关税，与此同时，双方实现更广泛深入的开放性服务贸易市场和投资市场。2010年1月1日，中国—东盟自由贸易区正式建立。③第三阶段（2016年之后），自贸区进入巩固完善阶段。中国—东盟自由贸易区已经成为一个涵盖11个国家、19亿人口、GDP达6万亿美元的巨大经济体，是目前世界人口最多的自贸区，也是发展中国家间最大的自贸区。

（2）亚太经济合作组织（Asia-Pacific Economic Cooperation，APEC）。当前规模最大的多边区域经济集团化组织，是非世界性、政府间的国际组织。其运作是通过非约束性的承诺与成员的自愿，强调开放对话及平等尊重各成员意见，不同于其他经由条约确立的政府间组织。1989年11月5日—7日，澳大利亚、美国、加拿大、日本、韩国、新西兰和东盟6国在澳大利亚首都堪培拉举行亚太经济合作会议首届部长级会议，标志着亚太经济合作会议的成立。1993年6月改名为亚太经济合作组织。1991年11月，中国以主权国家身份，中国台北和香港（1997年7月1日起改为“中国香港”）以地区经济体名义正式加入亚太经合组织。现亚太经合组织共有21个成员，总人口达26亿，约占世界人口的40%；国内生产总值之和超过19万亿美元，约占世界的56%；贸易额约占世界总量的48%。

（3）金砖国家（BRICS）。传统“金砖四国”（BRIC）由巴西、俄罗斯、印度和中国构成。2010年12月，中国作为“金砖国家”合作机制轮值主席国，与俄罗斯、印度、巴西一致商定，吸收南非作为正式成员加入“金砖国家”合作机制，“金砖四国”变为“金砖五国”，并更名为“金砖国家”（BRICS）。2011年4月五国发表了《三亚宣言》，正式签署《金砖国家银行合作机制金融合作框架协议》。现金砖国家国土面积占世界领土面积近30%，人口占世界的42%，五国国内生产总值约占世界总量的18%，贸易额占世界的15%。

## 三、全球经济环境

当今，全球经济发展主要表现出以下几方面的主要特征。

### （一）世界经济曲折前进，发展不平衡

在世界经济走出衰退、逐步稳定增长的大环境下，世界经济发展不平衡日益明显。美国GDP占世界经济的比重已从2002年的31%下降至2011年的21%，但仍然是世界经济发展的“火车头”。根据世界银行的数据，中国2011年GDP占世界经济的比重达到10%，超过法国、英国、德国、日本，成为世界第二大经济体。全球经济增长的亮

点主要集中于新经济地区的崛起，发展中国家特别是亚洲发展中国家和地区仍是世界经济增长最活跃的地区。

### （二）国际贸易与国际投资波折起伏，发展不平衡

世界贸易增长的稳定性令人担忧。世贸组织“多哈回合”多边贸易谈判受阻，经济区域集团化趋势加强，贸易保护主义抬头，世界贸易进入摩擦多发期，国际贸易环境朝着合作和保护两重性并存的方向发展。

对外直接投资流量的增长率超过了任何其他世界经济主要综合指标。对外直接投资已经超过贸易，成为组织国际化生产和服务国际市场的重要方式，并有力促进了世界经济增长。但是，进入21世纪以来，全球对外直接投资总额在总体发展中也表现出较大的波动。经过连续三年下跌，2003年降到5600亿美元，其中主要原因之一是流入发达国家的对外直接投资额减少。2003年流入发达国家的对外直接投资较上年锐减25%，仅为3670亿美元，其中流入美国仅为300亿美元，为1992年以来最低水平。经过2003—2012年十年的发展，全球对外直接投资水平已有明显提高，但依然呈现波动状态。根据联合国贸易和发展会议组织发布的2012年度《全球投资趋势监测报告》，2012年全球对外直接投资额从2011年的1.6万亿美元减少至1.3万亿美元，降幅高达18%，再次回到与2009年低谷时相当的水平。2012年流入发达经济体的对外直接投资出现了32%的大幅减少，同比下降约2700亿美元，其中流入欧盟和美国的外资降幅均在35%左右。而2012年中国吸引外资近1200亿美元，在历史较高水平。总体来看，美国仍为世界第一大投资国，中国发展较快紧随其后，而欧盟和日本则有所减少，发展中国家占据了前所未有的地位。

### （三）各国经济间的依赖性加强

各国经济间的依赖性加强是经济全球化的必然结果。经济全球化就是要打破国与国之间的界限和壁垒，通过国际分工与协作，达到合理利用全球资源、发挥国家优势和区域优势、共同促进世界经济繁荣的目的。区域经济一体化，国际贸易、国际投资、跨国公司的发展都是各国经济紧密联系的有利证据。

### （四）全球竞争与合作不断加强

随着各国市场经济的发展和对外开放，一个行业领域不但会聚集众多的国内企业，同时许多外国公司也会加入到竞争的行列当中。这样就使得市场竞争日益激烈，竞争范围不断扩大，竞争层次多样化。在国际市场竞争不断加剧的同时，国际合作也得到了长足的发展。

### （五）世界经济关系更加错综复杂

世界经济关系的复杂性不但表现在世界各国经济本身的依赖性和相互关联，也表现在政治与经济相互连接而产生的复杂性。由于世界各国经济发展不平衡，再加上各

国经济发展战略的差异、对国际关系发展目标的差异以及对本国经济、就业等的保护等，使各国在政治、经济、文化等领域常常发生矛盾和冲突，而经济手段则成为国际谈判与较量最常使用的筹码。这些都使得世界经济关系更加错综复杂。

## 第三节　跨国经营的文化环境

跨国公司在进行国际化经营过程中遇到的一个重要挑战是文化环境的差异给经营带来的困难。文化对公司经营的影响，不仅表现在文化对政治、法律制度等的影响，同时也表现在由于文化差异性导致的公司员工在工作价值观、态度和行为等方面的多样性。这些差异性要求跨国公司的经营者必须针对不同的文化环境，调整自身的经营行为，适应环境，发挥优势。

### 一、文化及其特征

虽然跨国公司文化环境研究的主题并不是对文化本身进行深入的探讨，但是了解文化的含义、分类、特点、结构等，对跨国公司经营者在多样性的文化环境中观察、理解各种文化现象，提高跨国经营的能力还是大有裨益的。

#### （一）文化的定义

被誉为“人类学之父”的爱德华 B. 泰勒（Adward B. Tyler）在其代表作《原始文化》将文化定义为：“文化是一个复合的整体，它包括知识、信仰、艺术、道德、法律、风俗以及作为社会成员而获得的其他方面的能力和习惯”。

文化可以从广义和狭义两个层次进行定义。广义的文化是指在历史发展过程中人类的物质和精神力量所达到的程度和方式。而狭义的文化是指以社会意识形态为主要内容的观念体系，是政治思想、道德、艺术、宗教、哲学等意识形态所构成的领域。

#### （二）文化的分类

可以从多个角度和层次对文化进行分类。按文化本身的领域，可以将文化分为物质文化、行为文化和精神文化；按文化本身的层次，可以将文化分为显性文化和隐性文化；按文化在社会中的地位和作用，可以将文化分为主文化、亚文化和反文化。

#### （三）文化的一般结构

文化结构是文化的各个要素之间相对稳定的联结方式。文化的一般结构可以分为三层，见图 3-2。

1. 表层：以物质财富和精神财富的形式表现出来的“文化产品”

现在，物质财富基本都是一定的精神成果的反映，同时精神财富也都通过物质产品表现和传承下来。比如，一个地区或种族的建筑及其艺术风格、雕塑产品及其艺术思想、汽车产品及其设计理念、软件产品及其设计构思等都同时反映了该地区或种族的物质文化和精神文化。

2. 中间层：人们在活动中表现出来的文化活动方式

文化活动方式是文化系统的最重要要素。活动方式的差异是文化产品差异的原因，如风俗习惯、工作流程、权力结构关系、言谈举止、人际交往礼仪等方面的差异。

3. 核心层：文化观念

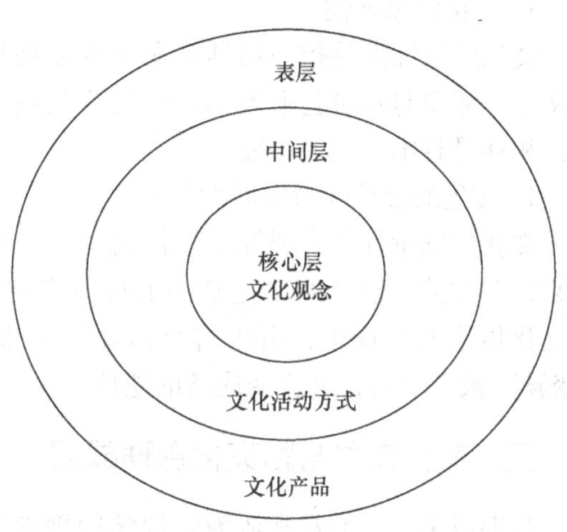


图 3-2　文化的一般结构

文化观念是拥有该文化的人们对外部世界、自身以及自身与外部世界的关系的基本理解和看法。比如，日本人强调团队意识，而美国人的个人主义色彩更浓厚，这是由两国人民对社会人际关系的不同看法决定的。

对于任何一个文化系统来说，这三个基本要素都不可或缺，它们相互联系、不可分割。文化产品是活动方式的产物，又是文化观念的体现；活动方式是文化产品产生的前提，又是建立在一定的文化观念基础上的；文化观念是活动方式的升华，又要通过文化产品和活动方式具体地体现出来。

**（四）文化的特性**

把握公司文化的特性是做好公司文化管理工作的重要前提。许多思想家、学者和公司管理人员都对公司文化的特性进行了总结，主要可以概括为以下几个方面。

1. 文化的习得性

文化的习得性是指人们的文化观念、行为方式是在后天的成长过程中从经验和学习中获得的。其中对个体观念的形成因素中最为重要的是家庭、学校、交际圈和社区。文化的习得性是进行文化塑造与变革的前提。

2. 文化的共享性

文化的共享性是指文化是一定社会范围内全体社会成员所共同具有的。由于文化的这种“一定范围内的共享性”特点，使得在拥有同一文化的社会群体内部表现出观念、行为模式的一致性，而拥有不同文化的社会群体之间体现出的观念和行为模式的差异。

3. 文化的象征性

文化的象征性是指一切具体文化现象都只不过是一定文化类型的反映或象征。语言文字、雕塑与建筑艺术等都是一定文化的表现形式。例如，太极拳是中华文化的象征，相扑是日本文化的象征。

4. 文化的继承性与发展性

文化的继承性与发展性是指任何一代人所拥有的文化，都是经过前人累积和沉淀下来，并在前人创造的文化基础上进行再创造和再发展的。文化不是静止和孤立的，在文化传承的过程中，由于自身需要和外来文化的冲击常常会发生某些变异，这种"变异"被继承后，又会变成新的遗传因子，传给下一代人。

## 二、文化差异与跨文化管理战略

长期以来，人们常常认为管理学的理论原则似乎是一种普遍性真理。但随着跨国公司经营实践以及"比较管理学"的发展，人们逐渐认识到在跨国经营过程中，必须重视管理的艺术层面，针对不同的社会文化背景对管理方式、方法进行调整。外部环境是制定公司战略的基础因素之一，很明显，文化对公司经营的外部环境的影响又会影响到公司的战略规划、战略执行、营销管理和商务交往等方面。

文化对公司管理的影响，还体现在对跨国公司内部环境的影响。文化因素会直接影响人们的工作态度、时间观念、效率观念、公平观念、风险意识、竞争意识等方面的行为方式，最终影响员工和组织的业绩。

在跨国公司的跨文化管理战略中，苏珊·西格尔-霍恩（Susan Segal-Horn）与戴维·福克纳（David Faulkner）提出了四种管理文化多样性的方式（见图3-3），并且指出"对文化差异性的积极管理，其目标是达成群体、部门和团队之间的'文化适应'。文化适应性意味着以一种相互可以接受的形式对文化进行整合。"

象限Ⅰ是全球中心主义战略倾向。这是一种将全球市场视为一个市场，但同时又重视每个地区细分市场差异性的文化管理战略，努力实现全球化与本地化之间的平衡。全球中心主义战略力图达成母公司与子公司文化之间的最佳整合，使不同子公司、不同部门、不同文化的员工之间相互学习，形成文化间的协同效应，充分发挥文化多样性的优势。

象限Ⅱ是多中心主义战略倾向。这种文化战略的实质是，承认文化多样性，但放弃对不同国家文化进行整合的努力。在多中心主义战略的引导下，母公司对各地区的子公司广泛授权，鼓励各子公司实行本地化的生产和营销，母公司对各子公司的行动很少进行控制和整合。这就导致各子公司常常仅仅关注自身的经营业绩，而忽视整个公司的全球经营目标。

象限Ⅲ是母国中心主义战略倾向。这种文化战略认为在本国有效的经营理念和管理方式在国外也应当是有效的，忽略文化的差异性，将母公司的文化和管理方法强行推广到下属分公司。这种文化战略的好处是，可以使母公司加强对子公司的控制，母公司的整体战略思想也可以得到贯彻执行。其弊端是，各子公司缺乏经营自主权，从而降低了对当地市场的敏感度，反应迟缓。另外，母国的文化与管理方式常常与其他国家的文化发生冲突。

| 母公司占统治地位 \ 文化整合 | 能 | 不能 |
|---|---|---|
| 不能 | 象限Ⅰ<br>全球中心主义 | 象限Ⅱ<br>多中心主义 |
| 能 | 象限Ⅲ<br>母国中心主义 | 象限Ⅳ<br>文化冲撞 |

图3-3　四种文化适应形式

资料来源：转引自 Susan Segal-Horn and David Faulkner, The Dynamics of International Strategy, International Thomson Business Press, 1999, p99。

象限Ⅳ是文化冲撞。表明母公司既想要推广自己的文化和管理方式，但又缺乏整合不同文化的能力，文化管理失败。这种文化整合的失败，常常导致一家跨国公司退出在一国的经营活动。例如，在20世纪80年代，可口可乐公司由于不能适应印度的政治文化，被迫退出了印度市场。

## 三、跨国经营的文化差异理论

要对文化进行有效的管理，必须对文化间的差异进行深入的了解。由于文化所涵盖的内容非常广泛，人们在区分不同的文化时就难以找到一定的尺度来进行比较。下面简单介绍一下国际上目前流行的几种文化差异理论。

### （一）霍夫斯泰德文化差异模型

霍夫斯泰德（Hofsted）是跨文化比较管理研究领域的先驱。霍夫斯泰德概括了与工作相关的文化价值观的内容，主要包括以下四个方面：权力距离、不确定性回避、个人主义与集体主义、男性主义与女性主义。

1. 权力距离

权力距离（Power Distance）是指社会成员对社会中或组织中存在的不公平的权力分配的接受程度。在强调公平与平等的社会中，社会或组织成员之间的权力距离就小；在强调等级的社会中，社会或组织成员之间的权力距离就大。根据霍夫斯泰德的调查结果，权力距离大的国家和地区有日本、韩国、印度尼西亚、法国、意大利、印度、马来西亚、菲律宾、墨西哥、委内瑞拉、新加坡、巴西、哥伦比亚等，权力距离小的国家有美国、加拿大、澳大利亚、英国、爱尔兰、新西兰、丹麦等。

权力距离的大小，直接影响到组织的结构和管理风格。权力距离小的国家，其特点为：组织具有明显的扁平结构；上下级之间的关系较为平等；领导方式是一种参与式的，头衔、身份、礼仪在商业活动中并非十分重要。权力距离大的国家，其特点为：组织结构属于瘦长型结构；下级对上级要非常尊重，具有明显的不平等，常常导致并强化专制式的领导风格和家长作风；注重商务礼仪。权力距离不同的社会其关键性差异见表3-1。

**表3-1　权力距离小的社会与权力距离大的社会的关键性差异**

| 权力距离小的社会 | 权力距离大的社会 |
| --- | --- |
| 社会上的不平等应缩小 | 世上存在不平等的秩序，每人在世界上都有自己恰当的位置，人们地位的高低由该秩序保护 |
| 所有的人都应当相互依赖 | 一些人应当独立，大多数人应依靠他人 |
| 等级制度意味着角色的不平等，建立它是为了便利 | 等级制度意味着存在不平等 |
| 上级认为下级是“和我一样的人” | 上级认为下级是“和我不同类的人” |
| 下级认为上级是“和我一样的人” | 下级认为上级是“和我不同类的人” |
| 上级是可以接近的人 | 上级是不可接近的人 |
| 权力的运用应当正当、合法，并服从于权力运用的好坏与否的判断标准 | 权力的差异是社会的基本事实，与其正当合法性不相关 |
| 一切人都拥有平等的权力 | 掌权者是被赋予了特权的人 |
| 掌权者应试图看上去比实际上掌握的权力要小 | 掌权者应试图尽可能地表现出有权的样子 |
| 体系应遭谴责 | 失败者应遭谴责 |
| 改变一个社会体系的方法是重新分配权力 | 改变一个社会体系的方法是废黜掌权者 |
| 不同权力层次的人们较少感到威胁，应准备去信任他人 | 他人是对一个人权力的潜在威胁，他人不能被信任 |
| 有权者与无权者之间存在着潜在的和谐 | 在权者与无权者之间存在着冲突 |
| 无权者之间的合作可以建立在团结的基础上 | 无权者之间的合作很难做到，因为他们缺乏人际忠诚的规范 |

资料来源：根据人民网文章《网络与跨文化传播问题初探》整理。

2. 不确定性回避

不确定性回避（Uncertainty Avoidance）是指一定文化环境中的社会成员对不确定和模糊环境感到威胁的程度，以及通过各种机制和手段来回避不确定性的态度。弱不确定性回避文化能够容忍个人的冒险行为，人们对受到环境威胁的压力小；而强不确定性回避文化中的人则相反，他们对不确定性带来的威胁的压力大，试图建立各种机制来防范不确定性。不确定性回避程度高的国家主要有德国、日本等。不确定性回避程度低的国家主要有美国、英国、加拿大等。不确定性回避弱的社会与不确定性回避强的社会的关键性差异见表3-2。

**表3-2 不确定性回避弱的社会与不确定性回避强的社会的关键性差异**

| 不确定性回避弱的社会 | 不确定性回避强的社会 |
| --- | --- |
| 对生活中所固有的不确定性比较容易接受，并把它当做每天都会出现的事 | 生活中固有的不确定性被认为是必须要不断克服的威胁 |
| 悠闲自在和较小的精神压力 | 有较大的忧虑和精神压力 |
| 时间是自由的 | 时间是金钱 |
| 努力工作并不是一种美德 | 有一种内在的动力，要努力工作 |
| 不赞成有进取心的行为 | 接受自我和他人的有进取心的行为 |
| 在情感表露方面较少 | 更喜欢较多的情感表露 |
| 冲突和竞争可以维持在公平合理的水平上并加以建设性地利用 | 冲突和差距可以引出攻击，因而应该加以避免 |
| 可承受容纳更多的不同意见 | 专注于强烈要求一致 |
| 不认为离经叛道是一种威胁，显示出更大的容忍 | 离经叛道的人和思想是危险的，不能容忍他们处于主导地位 |
| 环境中较少民族主义 | 民族主义是普遍的 |
| 对较年轻的人有更积极的印象 | 较年轻的人被猜疑 |
| 在生活中更愿意去冒险 | 在生活中主要考虑的是安全 |
| 强调的是相对主义、经验主义 | 追求的是终极的绝对真理和价值 |
| 规范应该尽可能少 | 需要书写成文的规章 |
| 如果规范不能坚持，我们应该改变它 | 如果规范不能坚持，我们就是罪人，应当悔悟 |
| 信仰存在于知识渊博者和常识中 | 信仰存在于专家和他们的知识中 |
| 有权威者的存在就在于服务于公民 | 一般的公民没有资格与有权威者相比 |

资料来源：根据人民网文章《网络与跨文化传播问题初探》整理。

### 3. 个人主义与集体主义

个人主义（Individualism）是指一个松散的社会结构，假定其中的人们都只关心自己和最亲密的家庭成员；而集体主义（Collectivism）则是在一个紧密的社会结构中，人们分为内部群体与外部群体，人们期望自己所在的那个内部群体照顾自己，而自己则对这个内部群体绝对忠诚。在集体主义倾向浓厚的国家中，归属是人们的主要社会需要，人们重视群体和谐，在组织中，雇员的忠诚比效率更为重要。在个人主义倾向浓厚的国家中，人们重视个人的创造性和成就，强调自主和独立，在组织中，效率比忠诚更重要。集体主义倾向浓厚的国家主要有日本、韩国、新加坡、意大利、巴基斯坦、阿拉伯国家、拉美和西部非洲的一些国家。个人主义倾向浓厚的国家主要有美国、加拿大、英国、澳大利亚、丹麦、瑞士等。集体主义社会与个人主义社会的关键性差异见表3-3。

**表3-3 集体主义社会与个人主义社会的关键性差异**

| 集体主义社会 | 个人主义社会 |
|---|---|
| 在社会中，人们出生于一个大家庭或氏族，大家庭或氏族保护他们，代价是他们的忠诚 | 在社会中，每个人应照顾自己和直系家庭 |
| "我们"意识居主导地位，重视群体和谐 | "我"的意识居主导地位，重视个人独立自主 |
| 个性以社会体系为基础 | 个性以个人为基础 |
| 存在着个人对组织和单位的情感依赖 | 存在着个人对组织和单位的情感独立 |
| 加入组织出于道德 | 加入组织出于一种计划打算 |
| 强调的是属于某个组织，成为其成员是理想 | 强调的是个人的首创和成就，获得领导者地位是理想 |
| 生活受到所在组织和氏族的参与、介入，观点是事先预定的 | 每人都有私生活和自己观点的权力 |
| 由组织或氏族提供专门知识、秩序、义务和安全 | 在社会体系中追求自主、多样性、快乐和个人金融上的安全 |
| 友谊事先由稳定的社会关系所决定，但需要在这些关系内的威望 | 需要的是一种特殊的友谊 |
| 信仰由群体的决定来安排 | 信仰由个人的决定来安排 |
| 价值标准在群体内和群体外有区别（特定性） | 价值标准应适用于所有人（普遍性） |

资料来源：根据人民网文章《网络与跨文化传播问题初探》整理。

4. 男性主义与女性主义

在男性主义（Masculinity）社会中，更多的人崇尚果断、顽强、自信、关注事业成功、积极进取甚至不惜承受残酷的竞争等以男性为代表的品质，而在女性主义（Femininity）社会中，主导价值观则看重谦虚、忍让、以柔克刚、强调合作、重视生活质量等以女性为代表的品质。通常认为，男性主义较强的国家主要有日本、德国、意大利、阿根廷、墨西哥等。女性主义较强的国家主要有西班牙、葡萄牙、新西兰、挪威等。男性主义社会与女性主义社会的关键性差异见表3-4。

表 3-4　男性主义社会与女性主义社会的关键性差异

| 男性主义社会 | 女性主义社会 |
| --- | --- |
| 男人应当表现自己的权威和自信，妇女应当教养孩子 | 男性不必表现自己的权威和自信，而是也能承担教养孩子的角色 |
| 社会中的性别角色是明显不同的 | 社会中的性别角色是相对流动的 |
| 男人应当主导社会 | 性别之间应当平等 |
| 表现权威和自信是价值所在 | 生活质量是重要的 |
| 生活是为了工作 | 工作是为了生活 |
| 钱和物是重要的 | 人和环境是重要的 |
| 独立是理想 | 相互依靠是理想 |
| 雄心提供动机 | 服务提供动机 |
| 羡慕获得成功者 | 同情不幸者 |
| “大的”“快的”是美 | “小的”“慢的”是美 |
| 出风头的阳刚之气（男性化）值得欣赏 | 不分男女气质，阳刚和阴柔并具是理想 |

资料来源：根据人民网文章《网络与跨文化传播问题初探》整理。

霍夫斯泰德提出的文化分析的这四个维度，未必概括了不同国家文化之间的所有差异，但是以此作为参照，有助于我们认识不同国家和民族之间的文化差异。

**（二）多维跨国经营文化差异理论**

川普涅尔与特纳认为，文化是群体共享的思维系统，是人们认识世界和改造世界的一种方法。每种文化都需要解决以下三个方面的问题：①我们在处理与他人关系中产生的问题；②在时间流失中产生的问题；③在处理与环境关系中产生的问题。针对这三个方面的问题，川普涅尔与特纳提出了社会文化的七个维度。

1. 通用性与特定性

通用性是以共同规则为基础的价值取向，人们对“真”与“好”的认识是普遍的。特定性是以情境为基础的价值取向，人们对“真”与“好”的认识是依据特定的情境而定的。也就是说，通用性社会强调的是规则的普遍适用性，而具体性社会强调的则是特定的关系和情境。

倾向于高通用性的国家主要有美国、英国、澳大利亚、瑞士及北欧的部分国家。倾向于高特定性的国家主要有中国、日本、韩国、俄罗斯、印度尼西亚以及阿拉伯国家等。

2. 集体主义与个人主义

集体主义文化的核心是“群体取向”的价值观，在这种价值观下，个人被视为群体的一部分，强调群体责任，重视群体凝聚力。年龄和身份是组织中心里联系的重要部分。个人主义文化的核心是“自我取向”的价值观。在这种价值观下，个人将自己视为一个独立的个体，强调个人责任，重视个人的表现，崇尚英雄。

3. 中性和情感性

中性文化是指人们对情感的控制强的文化。在这种文化背景下，人们常常控制和掩饰自己的思想和情感，他们往往表现冷静，并避免过分热情的行为。情感性文化是指人们对情感的控制弱的文化。在这种文化背景下，人们常常通过各种方式表达自己的情感，情感的流露也非常自然，不欣赏冷漠无情，行为热情奔放。

倾向于中性文化的国家主要有日本、韩国、印度、印度尼西亚等。在这些国家从事商业活动，要与对方多进行沟通，沉着冷静，注意观察、了解对方的想法。倾向于情感性文化的国家主要有法国、瑞士、墨西哥、荷兰等。

4. 具体型与扩散型

在具体型文化中个人生活与工作的关联程度小，私人生活与工作是严格区分的。在扩散型文化中个人生活与工作的关联程度大，工作与私人生活常常无法分开。

倾向于具体型文化的国家主要有美国、瑞典、英国等。倾向于扩散型文化的国家主要有中国、日本、韩国、墨西哥等。

5. 成就型与因袭型

在成就型文化中，人们通过个人的工作表现和成就来赢得身份和社会地位。在因袭型文化中，人们依据出身、年龄、性别及社会联系等来赢得身份和社会地位。

倾向于成就型文化的国家主要有美国、澳大利亚、瑞士、挪威等。在这些国家中，管理层的年龄和性别没有限制，上司要通过工作表现来赢得尊重，并且只有在公事上才能够运用职务权力。倾向于因袭型文化的国家主要有阿根廷、泰国、埃及、沙特阿拉伯、日本等。在这些国家中，个人的背景、年龄和性别是进入管理层的重要参考因素，下属通过对上司的尊重来表明对组织的义务，职务权力往往被人们普遍接受。

6. 时间取向

在对待时间的态度上，不同文化的人们也表现出很大的差异。对时间的态度差异大致可以从两个方面加以比较：一是对时间长期取向与短期取向的差异；二是对过去、现在和未来的重视程度。

对时间持短期取向的文化重视的是短期内的效果和成就，如美国和英国。在这种文化中，人们强调“准时”和“秩序”，“时间就是金钱”是人们普遍奉行的观念，重视短期利益。对时间持长期取向的文化重视的是长期的效果和成就，如中国、法国、瑞士等。在这种文化中，人们常常在一个时间内做很多事情，工作安排也是大致的，人们不太注意“准时”的概念，重视长期的目标和利益。

在具有未来倾向的社会文化氛围中，人们普遍认为组织的变化是必要并且有益的，始终处于静止不变的组织则行将没落，即对于其中的人和组织而言，竞争能够激励并产生更好的业绩；社会尊重个人首创能力，个人行为能够影响未来的共识，不论管理者还是企业员工都认为努力工作就会造就未来的成功。而在具有向后看倾向的社会文化氛围中，社会尊重历史，注重已经创造的辉煌，作为社会人倾向于依照传统精神办事，甚至承认外在的精神和意志。在市场竞争中，遵守既定的产业发展路线，在这样的文化氛围之下，企业的突破性战略策划意义不大，而组织或资源多变的企业也容易引起员工和社会的质疑。这两种文化倾向分别具有各自的特点，包括优势与劣势。

7. 内因控制与外因控制

内因控制与外因控制反映的是人们对环境改变的不同反应，是环境支配我们还是我们支配环境。

内因控制的文化对环境采取的是积极改变的态度，在这种文化环境下，人们相信环境能够被改变，重视目标、战略计划和企业的运作方式，如美国、英国、澳大利亚等。外因控制的文化对环境采取的是和谐相处的态度，在这种文化背景下，人们认为环境对未来具有最重要的影响，重视对环境的适应性以及人们之间的和谐和义务，如中国、日本、德国等。

## 第四节　跨国经营的伦理问题

伦理是指在一定社会文化环境中，人们在日常生活中应当遵循的行为准则和价值观。在开展国际化经营中，由于社会环境的不同，不同国家的人们的伦理观是有差异的，这种差异使得公司伦理问题成为跨国公司经营者常常遇到并且必须慎重处理的问题。

### 一、公司伦理与社会责任

公司伦理就是公司及其员工在经营活动中应当遵循的行为准则和价值观念。无论是否意识到，伦理决策已经渗透到组织生活的方方面面。例如，“公司是否应当在利润下降或亏损时进行裁员？这些被解雇的员工可能短时间内无法获得新的收入来维持生活。”

跨国公司伦理是跨国公司在从事跨国经营中面对的特殊的伦理问题。由于各国社会文化与制度的差异，跨国公司常常会遇到各国道德伦理差异带来的尴尬处境，在一国适用的价值观或行为准则可能在另一国家受到抵制。

社会责任是与公司伦理密切相关的一个概念，是公司对社会负有的超越利润目标的责任和义务。也就是说，公司的社会责任是指企业在创造利润、对股东利益负责的同时，还要承担对员工、对消费者、对社区和环境的社会责任。

## 二、伦理问题的理论解释

对于“什么样的行为是符合道德和伦理的”这一问题的不同回答，产生了伦理哲学中两个基本的思维体系——道义论和目的论。

道义论认为，判断一种行为是否符合道德和伦理，关键是看行为本身是否符合道德，而不管行为的结果如何。从道义论出发，即使行为的目的和结果是好的，也不能采取不道德的行为。目的论认为，判断一种行为是否符合道德和伦理，关键是看行为的结果如何，而不管行为的本身是否道德。从目的论出发，只要行为的目的和结果是好的，可以采取灵活的行为方式。最流行的目的伦理论是“功利主义论”，该理论认为，只要行为的结果是给“最多的人带来好的结果”，就是道德的行为。

根据唐纳德森的观点，道德语言是阐述人们进行伦理决策和解释其伦理选择的基本方法，是用以评价决策、行为是否符合伦理道德的基本结构。他描述的六种道德语言包括：①善与恶，即行为本身的善与恶，不论行为的结果如何；②自制，即是否能够有效控制自身的思想和行为，如“节欲”；③福利最大化，即是否使最多的人福利最大化；④避免伤害，即是否避免了不愉快的结果；⑤权利/义务，即是否享有了权利、履行了义务；⑥社会契约，即是否遵守了文化或组织中人们共同遵守的准则。

## 三、伦理相对论与绝对论

伦理相对论认为，人们对“什么是合乎道德伦理的行为”的看法是不一致的，并且这些不同的看法都应当是合理的。也就是说，不存在道德伦理的绝对标准，不同文化价值观下的道德伦理标准都应当得到认可。以伦理相对论为指导，就要求跨国公司的经营管理者必须遵循经营所在地的伦理观念，入乡随俗。伦理绝对论认为，人们对“什么是合乎道德伦理的行为”的看法是一致的，也就是说，存在不受文化和国家界限影响的基本道德准则。

跨国公司在经营中应遵守的行为准则见表3-5。

表 3-5 跨国公司在经营中应遵守的行为准则

| 尊重基本人权和自由 |
| --- |
| （1）尊重人的基本生存权、自由权、安全权及隐私权 |
| （2）不因种族、肤色、性别、宗教、语言、民族出身、政治信仰而进行歧视 |
| （3）尊重个人自由（如宗教、观点） |
| （4）尊重当地文化价值与标准 |
| 降低对当地经济政策的任何负面影响 |
| （1）与当地经济与发展政策保持一致 |
| （2）避免对通货和国际收支的不良影响 |
| （3）遵守有关当地股权参与的政策 |
| （4）为照章纳税提供真实的信息 |
| （5）公平纳税 |
| （6）使用当地原材料 |
| （7）将利润再投资于当地经济 |
| 保持高标准的当地政治参与 |
| （1）避免非法卷入当地政治 |
| （2）不进行行贿或其他不当的支付 |
| （3）不干预当地政府的内部关系 |
| 转移技术 |
| （1）扩大向发展中国家的技术转移 |
| （2）适应当地需求调整技术 |
| （3）尽量从事当地研究与开发（R&D） |
| （4）给予使用公平的营业许可 |
| 保护环境 |
| （1）遵守当地环境保护法规 |
| （2）积极保护环境 |
| （3）修复公司经营对环境的损害 |
| （4）帮助建立当地标准 |
| （5）准确地估计公司对环境的影响 |
| （6）彻底公开经营对环境的影响 |
| （7）建立监测环境影响的标准 |
| 消费者保护 |
| （1）遵守当地消费者保护法规 |
| （2）保证准确适当的安全说明 |
| 雇用行为 |
| （1）遵守东道国相关的人力政策和雇用法律 |
| （2）在所需要的领域帮助东道国创造就业职位 |
| （3）增加当地就业机会，提高就业标准 |
| （4）向当地雇员提供稳定的就业和职位保障 |
| （5）提供平等的就业机会 |
| （6）尽可能优先雇用当地居民 |
| （7）向所有层次的当地雇员提供培训机会 |
| （8）晋升当地人到管理岗位 |
| （9）尊重当地集体谈判的权利 |
| （10）与当地集体谈判单位合作 |
| （11）发布工厂关闭的通告 |
| （12）在集体合同谈判时，不以撤离相要挟 |
| （13）向终止雇用的工人提供收入保障 |
| （14）遵守或改进当地雇用标准 |
| （15）保障雇员充分的健康和安全标准 |
| （16）向雇员提供与职业相关的危害健康的信息 |

资料来源：Getz 1990 and Frederick 1991。

## 四、跨国公司的伦理决策

正如前文所说，公司伦理已经渗透到公司决策的许多方面。在跨国公司面对多样性的政治、法律、文化环境的时候，公司伦理决策的结果尤其应当引起决策者的重视。

首先应当进行的是经济分析，即分析决策是否能够使公司盈利。跨国公司经营者在进行经济分析之后，还必须考虑行为在法律和伦理方面的结果。具体的决策流程见图 3-4。

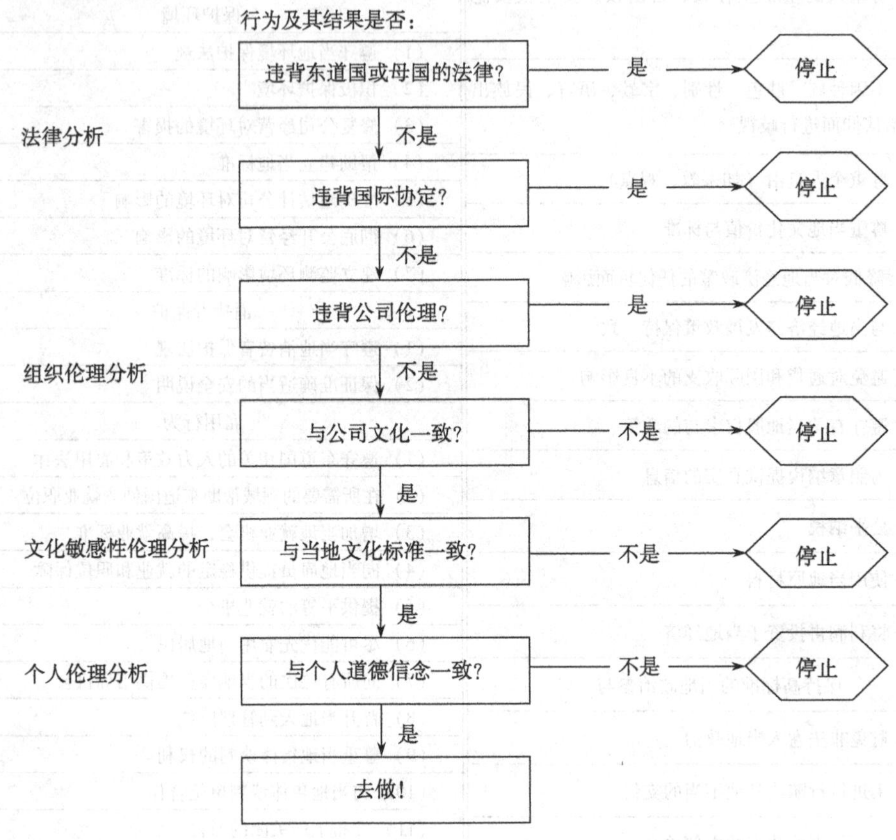


图 3-4　在跨国管理中进行伦理决策的决策点

资料来源：约翰·B. 库伦．跨国管理．第 2 版．机械工业出版社，2003 年，第 93 页。

在对决策进行法律分析的过程中，首先要考虑决策是否违背东道国的法律，这是跨国公司能否在该国从事经营活动的基础。另外，在必要的情况下还要考虑母国的法律规定。此外，还要考虑是否违背国家间的双边或多边协定。

跨国公司管理者在进行经济和法律分析之后，还必须进行伦理分析，这主要包括：组织伦理与文化分析、东道国文化分析和个人伦理分析。

如果决策者奉行了公司的伦理价值观，那么要想使决策取得成功，还必须考虑决策及其行为是否符合或尊重当地的文化习俗。这是决策能否达到其市场效果的重要一步。

最后，应当注意的是，决策者必须对自己作出的决策负责。

虽然该模型不能为伦理问题提供一个正确的答案，但是有助于跨国公司管理者理解跨国经营决策所涉及的多方面因素，从而更好地决策。

## 小　结

跨国公司面对的国际环境与母国环境相比具有更大的差异性、复杂性和不确定性，这主要体现在政治环境、经济环境、法律环境、文化环境、人文统计环境、技术环境等方面。

影响跨国公司经营活动的环境因素多种多样，但一国的政治经济体制及其相关的法律法规常常是决定跨国公司是否在该国开展经营活动最直接的影响因素。一国的政治环境主要包括：政体与政党制度、政府政策与社会局势的稳定性、民族主义与政府干预、国际关系等内容。一国的法律环境主要包括：本国的法律、东道国的法律、其他与自身经营活动相关的国家的法律以及国家间签订的双边或多边的国际公约。只有在能够适应和积极遵守东道国政治法律制度的情况下，跨国公司的国际化经营才可能顺利进行。

在跨国经营中面临的经济环境主要是指本地经济环境、区域经济环境和全球经济环境。本地经济环境是指跨国公司所在东道国的经济环境，主要包括东道国的经济体制、经济发展水平、市场规模、基础设施、竞争环境、技术与人力资源环境、金融外汇环境等。区域经济环境是指一定地理区域范围内的国家或地区，由于经济间内在联系、民族文化传统的相似性以及社会发展的需要，在经济发展到一定阶段后就会形成一定形式的经济联合体，这种经济联合体就构成了特定的区域经济环境。按照区域经济一体化程度的不同，大致可以划分为特惠贸易协定、自由贸易区、关税同盟、共同市场、经济同盟、完全经济一体化。当今世界的区域经济一体化组织主要有：欧盟、北美自由贸易区、中国—东盟自由贸易区等。全球经济环境在“冷战”以后出现了一系列重大的变化，主要表现在：世界经济、国际贸易、国际投资曲折前进、发展不平衡；各国经济间的依赖性加强；全球竞争与合作不断加强；世界经济关系更加错综复杂。

文化对公司经营的影响，不仅表现在文化对政治、法律制度等的影响，同时也表现在不同国家消费者行为与偏好之间的差异、商业礼仪的多样性，以及由于文化差异性导致的公司员工在工作价值观、态度和行为等方面的多样性。为了在复杂的国际文化环境中顺利开展经营活动，跨国公司的经营者必须研究不同国家文化的结构特点，制定相应的跨文化管理战略。这些战略可能包括：全球中心主义战略倾向、多中心主义战略倾向、母国中心主义战略倾向等。一些国际问题专家提出了分析国家间文化差异的理论模型，这些模型有助于跨国公司的经营者更好地了解国家间、地区间的文化差异，建设性地适应当地文化。这些模型包括：霍夫斯泰德文化差异模型、多维跨国经营文化差异理论等。

伦理是指在一定社会文化环境中，人们在日常生活中应当遵循的行为准则和价值观。与伦理的一般定义相对应，公司伦理就是公司及其员工在经营活动中应当遵循的行为准则和价值观念。在不同的文化环境下，人们对“什么是应该做的”“什么是道德的”的观念并不一致，在一国适用的价值观或行为准则可能在另一国家受到抵制。社会责任是与公司伦理密切相关的一个概念，它是指公司对社会负有的超越利润目标的责任和义务。一些伦理理论为我们分析和了解不同社会环境中的伦理价值差异提供了指南，包括目的论、道义论和唐纳德森提出的六种道德语言。一家公司的社会责任常常是由公司的高层管理者群体的伦理价值观所决定的。跨国公司经营者进行项目决策时，在经济分析之后还必须考虑行为的法律适应性，另外还有伦理决策方面的结果——包括组织伦理与文化分析、东道国文化分析和个人伦理分析。

## 思考题

1. 一国的政治环境优劣主要体现在哪些方面？
2. 一国的经济环境主要可以从哪些方面加以考察？
3. 文化的分类主要有哪几类？它的一般结构是什么？文化具有哪些特点？
4. 文化差异对跨国公司管理的影响有哪些？
5. 跨国公司管理者应当如何进行伦理决策？

## 案例分析

[案例分析一]

### 雀巢公司——婴儿奶粉事件

瑞士雀巢公司是世界上最大的食品加工企业之一，全球年均销售额达80亿美元。在过去的10多年中，由于雀巢公司被指控与第三世界婴儿死亡有直接或间接关系，其产品成为国际上联合抵制购买的对象。

1974年，一名英国记者在一份公开发表的报告中指出，奶粉制造商在第三世界国家向没有能力正确使用其产品的消费者进行强行推销，对这些国家婴儿死亡负有责任。这份长达28页标题为《雀巢谋害儿童》的报告谴责雀巢公司怂恿母亲放弃母乳而改用奶粉喂养婴儿的不道德行为。

尽管经营婴儿奶粉国际业务的公司有多家，仅雀巢公司成为关注的焦点。这一事件提出了一些对跨国公司来说至关重要的问题。在讨论这些问题之前，有必要进一步分析对雀巢公司提出的指控，以及雀巢公司作出的辩解。

一、指控

对婴儿奶粉的指控集中在这类产品的广告和营销是否在第三世界国家中起到劝阻母乳喂养和鼓励滥用这类产品的作用，从而导致婴儿营养不良和死亡。下面是一些有关的指控：

（1）一位秘鲁护士提供的报告指出，在秘鲁北部丛林深处的亚马逊部落中发现了婴儿奶粉。在那里，唯一水源是一条污染严重的河流，洗衣水和厕所污水直接排入河中。用这种水溶解奶粉喂婴儿，导致婴儿周期性腹泻与呕吐。

（2）在第三世界国家中，许多父母稀释奶粉以增加数量。有些父母甚至认为奶瓶也有营养成分，仅仅在奶瓶中加水喂养婴儿。结果导致婴儿严重营养不良。

（3）一位医生汇报了目睹的事实：在一个农村家庭中，一个婴儿出生时体重 7 磅，而 4 个月后体重只剩下 5 磅。他的姐姐 18 个月大时体重仅 12 磅，这应是正常婴儿在 4 个月时的体重。这两个婴儿从未接受过母乳喂养，从出生起就基本靠奶瓶喂养。对于一名 4 个月大的婴儿，一罐奶粉通常用 3 天。而这两个婴儿的母亲说，她用一罐奶粉喂养这两个婴儿两周。

（4）在墨西哥农村、菲律宾、中美洲地区，以及整个非洲，采用母乳喂养的情况急剧减少。批评家认为，这在很大程度上是婴儿奶粉进行大量广告和促销活动的结果。各种广告和促销活动产生的影响，是使人们认为用奶粉喂养婴儿是一种时髦事情，也是更好的方式。

二、辩解

为在第三世界国家推销婴儿奶粉辩解的观点有：

（1）雀巢公司声称他们从未宣传用奶粉喂养代替母乳喂养。公司所有产品附带的说明中都指出母乳喂养是最好的，并几十年如一日鼓励母乳喂养。公司从 1913 年起就提供一本教育手册，名为《婴儿哺乳与健康》，鼓励母乳喂养。

（2）然而，公司的确认为婴儿奶粉在提供婴儿所需营养中具有积极作用。一是补充作用，婴儿在母乳之外还需要适当食物补充营养。二是当母亲不能够或不愿意用母乳喂养时，奶粉可以起到替代作用。

（3）一位医生指出，节食的母亲或因经济条件差而饮食不足的母亲如果仅用母乳喂养，则婴儿在 3 个月时发育速度明显减慢。如果这时母亲改用其他辅助方法喂养，则可能对儿童产生有利影响。这些辅助喂养方法包括甜度高的浓缩奶、米粥汤等。

（4）发展中国家的母亲常常缺乏足够的食物摄取量。在菲律宾，贫穷家庭中处于哺乳期的母亲一天约产生一品脱奶，而美国的母亲通常一天可产生二品脱奶。显然，如果菲律宾的母亲不增加婴儿的辅助饮食，婴儿就会营养不良。

(5) 第三世界国家中许多贫困女性用奶粉喂养婴儿，因为她们必须在田里或工厂里做工，很难保证母乳喂养。

(6) 婴儿喂养问题在很大程度上与断奶期有关。营养充足的西方国家女性的体重平均比欠发达国家女性的体重高出20～30磅。即使如此，在西方国家，婴儿在5～6个月时，也不能仅仅依赖母乳喂养。认为第三世界国家女性可以完全靠母乳喂养婴儿1～2年，并保证婴儿健康发育纯属无稽之谈。因此，婴儿在5～6个月以后都要增加营养。

(7) 断奶食品分为谷类食品和商品化奶粉。传统上，谷类食品包括玉米、大米或小米面粉与水混合煮成的粥。其他断奶食品包括糖水和捣烂的香蕉。采用谷类食品作为断奶食品存在两个问题：一是营养品质低；二是存在微生物污染。食品的污染可能产生于水、器皿、保存方法，甚至谷物本身。

(8) 第三世界国家的营养问题，实质上并不是喂养方式的选择，而是在母乳基础上是否能够根据需要补充具有足够营养的食物。在当地获得具有足够营养的食物作为母乳的辅助食品，指导人们采用正确的喂养方式，是问题的关键。

三、问题的解决

1974年，雀巢公司逐个区域考察了市场营销活动，意识到发展中国家人们的生活方式正在发生变化。无线广播和电视的影响不断扩大。于是，公司决定减少在大众媒体上的婴儿奶粉广告，并于1978年在世界范围取消了这类广告。接着，雀巢公司开始利用无线广播和电视等传媒进行全面的健康教育，确保婴儿的母亲，尤其是农村地区的母亲，能够正确使用公司的产品。

雀巢公司在讨论世界卫生组织（World Health Organization）有关婴儿奶粉规定时表示："公司完全支持世界卫生组织的规定，一如既往地提倡母乳喂养，并保证在市场营销中杜绝劝阻母乳喂养的行为。公司愿意与它所经销产品的所有国家政府和健康专家保持建设性对话，以实现为母亲和婴儿健康服务的目标。"

1977年，婴儿奶粉行动联盟（The Infant Formula Action Coalition）发起了联合抵制购买雀巢公司多种产品的运动。这次运动的目的是在第三世界国家终止婴儿奶粉的促销活动。婴儿奶粉行动联盟会同其他几个世界组织成功地说服了世界卫生组织制定法规，管制在第三世界国家从事婴儿奶粉的广告和经销活动。1981年，世界卫生组织成员国表决，以114票赞成，3票弃权，1票反对通过了这项法规。这项长达8页的法规督促在世界范围内禁止婴儿奶粉的广告和促销，呼吁终止向医生散发免费产品样品或礼物，以便借助医生宣传用奶粉代替母乳的行为。

1981年5月，雀巢公司宣布支持此项法规并期待每个国家制定自己的相关法规。

然而，到1983年年底，在世界卫生组织157个成员国中，只有25个国家制定了这类法规。于是，雀巢公司决定在没有制定有关法规的国家执行世界卫生组织的法规。1982年2月，公司公布了营销人员规则，表明对这项法规的理解，以及遵守法规应注意的事项。1982年5月，雀巢公司成立了雀巢婴儿奶粉监察委员会（The Nestle Infant Formula Audit Commission），负责监督营销人员执行这项法规的情况。同时，公司不断与世界卫生组织会晤，寻求对这项法规更准确的解释。

雀巢婴儿奶粉监察委员会对这项法规中含混不清之处作出了更详尽的解释。以此为依据，雀巢公司在1982年10月修正了营销人员规则。法规中的其他问题，如警告性说明，仍没有统一答案。雀巢在1983年10月采用它的警告性说明标签时，向世界卫生组织进行了咨询。根据该组织的建议，雀巢公司编写了一份教育性材料。

然而，雀巢公司与一些国际性机构如国际联合抵制购买雀巢产品委员会（International Nestle Boycott Committee）在对法规的解释上有许多分歧。1984年初，联合国儿童基金会召集了一次雀巢公司和国际联合抵制购买雀巢产品委员会共同参加的会议，并促成双方达成一项联合声明。

国际联合抵制购买雀巢产品委员会宣布停止对雀巢产品的联合抵制行动，雀巢公司保证继续支持世界卫生组织的法规。

四、雀巢公司对世界卫生组织法规的支持

雀巢公司在执行世界卫生组织的法规中作出的努力和取得的进步主要表现在以下几方面：

（1）1981年5月，公司在世界卫生组织的法规公布后立即表示拥护，并在1981年7月向美国国会表明这种态度。

（2）指示所有员工、代理人和经销商从1982年2月起在所有经销雀巢婴儿奶粉的第三世界国家执行这一法规。

（3）根据法规中相关条款的要求，成立监察委员会，以确保法规的执行。

（4）表示愿意与关心此事的教育、国际机构和社会组织负责人对话。

（5）根据雀巢婴儿奶粉监察委员会的建议，修订营销人员规则。

（6）针对如何解释法规、如何更好地执行特定条款等问题征求世界卫生组织、联合国儿童基金会及婴儿奶粉行动联盟等机构的咨询。

五、雀巢公司的政策

早在20世纪70年代初期，雀巢公司就开始逐个地区检查婴儿奶粉的市场营销实践。到1987年，公司停止了所有针对消费者的广告和直接送给母亲样品的促销活动。在1982年修订的规则中，公司把世界卫生组织法规中的条款作为公司政策，其中包括：

(1) 不做一般公众性广告。

(2) 不向母亲送寄样品。

(3) 在销售中不付佣金和红利。

(4) 在商标中不采用婴儿图像。

(5) 不在销售地点做广告。

(6) 不用钱和物来鼓励产品促销活动。

(7) 除三种特定情况，不向医生送发样品。这三种情况是：①新产品或新产品配方；②新毕业的医生；③样品数量限制在两罐以内。

(8) 对真正需要母乳替代品的婴儿，限制供货数量。

(9) 在所有商标和附带材料中，写明母乳喂养的重要性和优越性。

(10) 在商标和教育性材料中，明确指出婴儿奶粉使用不当可能导致危险。

在制定并实施了这些政策后，雀巢公司仍能维持在第三世界国家中的市场份额。到1988年，仍有人指控雀巢公司把在产科病房散发免费婴儿奶粉作为促销策略，违背了世界卫生组织的规定。雀巢公司和美国家用产品协会拒绝了这一指控，并强调公司遵守了世界卫生组织和每个国家的有关法规。

六、热点事件链接

作为雀巢公司重要的商业伦理行为，近年来该公司积极树立其社会形象。例如，在“2012年国际母乳喂养周”期间，雀巢公司与中国营养学会妇幼营养分会一起召开“促进早产儿母乳喂养成果研讨会”，宣布由雀巢支持、国内四家三甲医院共同参与的“母乳强化剂在早产儿母乳喂养中应用的多中心研究”的研究成果，积极肯定早产儿母乳喂养对早产儿生长和健康具有益处。雀巢表示：“全力支持世界卫生组织有关母乳喂养到6个月的建议，鼓励遵循医生或健康机构的指导，在给孩子添加辅食的同时也坚持母乳喂养。”雀巢自2011年开始，还先后向全国21家大型医院和妇幼保健院的新生儿科捐赠了雀巢母乳营养补充剂。

七、问题

这一事件提出了很多问题，例如：跨国公司如何处理对其产品的世界范围联合抵制购买问题？为什么美国决定不支持世界卫生组织的法规？世界卫生组织正确还是雀巢公司正确？更重要的问题涉及跨国公司在发展中国家市场营销的责任。无论是否有意，雀巢公司的市场营销活动对许多人的行为产生了影响。或者说，雀巢是改变文化的机构。当它或任何其他公司成功地把新的观念引入到文化中，文化会发生变化。这种变化对已建立的行为模式可能是有益的，也可能是有害的。问题的关键是，当跨国公司的市场营销活动在改变文化时，它们应该对文化承担什么责任？

（资料来源：http：//www.21cbpc.com. 中国乳业（China Dairy）2012（8）《雀巢全力支持母乳喂

养，持续关注早产儿母乳喂养》。)

**[案例思考题]**

鉴于雀巢公司的经历，你如何建议该公司或其他公司在跨国经营中保护自己？

**[案例分析二]**

## 松下电器在蒂华纳的经营

松下电子产业有限公司于1918年在大阪成立，今天松下电器已是世界上最大的生产家用、工业和商业电子产品的制造商之一。蒂华纳位于墨西哥的下加利福尼亚州，毗邻美国。1993年这里的电视机年产量为500万台，大约占美国市场销售量的一半。如果再加上华雷斯（墨西哥北部奇瓦瓦州的一个边境城市，正对美国得克萨斯州的埃尔帕索）的东芝、Thompson-RCA，齐尼斯（Zenith）和飞利浦，他们就占了美国电视机销售收入的大部分。到1996年年底，MIBA、索尼、日立、三洋、JVC和三星预计每月共生产100万台电视机，使蒂华纳成为当时世界上最大的电视机制造区。

松下电器于1979年在蒂华纳成立了一家加工、组装电视机的子公司。1979年选址时，蒂华纳的运输成本低，工会活动比较温和。当然，蒂华纳也有不利因素，劳动力、能源的成本高，而且蒂华纳还有每月约6%的极高的雇员流动率问题。

1994年1月1日，《北美自由贸易协定》开始执行，美国、墨西哥两国之间立刻降低了很多产品的关税及非关税壁垒。1999年，美国可免税进入墨西哥的出口品比例将从1994年的1/2升到2/3。《北美自由贸易协定》的原产地规则规定，汽车必须有62.5%的部件产自北美，但电视机仅需要占总价值33%的显像管是北美的产品。显像管（阴极射线管或CRT）约占电视机总成本的1/3（实际上依型号的不同，占30%～50%），外壳占1/3，剩余的1/3成本由印制电路板、零部件和组装成本组成。如果阴极射线管是由美国制造的，那么，与和调谐器一起装在有底盘的电视机外壳内的显像管相比，节省了5%的关税。仅进口显像管一项就有15%的关税。另外，MIBA可以通过加利福尼亚的长滩港（Long Beach）进口免税的显像管到墨西哥，再把组装好的电视机运回美国。把长滩港、洛杉矶港和下加利福尼亚地区的工厂结合在一起，能够更好地控制原材料和零部件从亚洲原产地的运送，同时也降低了运往美国的陆地运输成本。还有，松下和同在蒂华纳的邻居三洋公司也都有可能从蒂华纳的三星购买显像管了。松下的购买政策不仅重视成本，还注重质量、准时送货及足够的生产能力。

许多新的投资地区也出现了。得克萨斯南部的墨西哥地区，尤其是雷诺萨（Reynosa），也像蒂华纳一样有吸引力，因为那里新修了一条通往底特律的高速公路。从雷诺萨到蒙特雷（Monterrey）走高速公路仅用两小时。蒙特雷是受聘到蒂华纳工作的墨西哥杰出的工程师和技术人员的发源地。蒂华纳的雇员薪水很高，雇员流动性每月约为10%。而雷诺萨的雇员薪水较低，间接雇员的薪水是美国或蒂华纳同样雇员的一半，雇员流动性每月约为2%。另外，得克萨斯与加利福尼亚不同，他们非常愿意进行来料、来件加工装配，认为这是他们业务的一部分，而加利福尼亚对下加利福尼亚不是很友好。

加利福尼亚的松下电器还受到亚洲国家的影响和冲击。与亚洲的低成本生产商相比，1994年墨西哥作为美国市场的供应基地，节省了2%的运输费用，美国对组装的电视机还征收5%的税，这两项之和为7%。如果亚洲国家，像马来西亚、印度尼西亚或中国，有10%的劳工成本优势，那他们就能与墨西哥的组装和运输成本优势相竞争。印度尼西亚的工资比墨西哥低2/3；中国的工资（包括工人宿舍）比墨西哥低1/4；马来西亚的工资比墨西哥低1/3。此外，墨西哥附近没有晶体管、集成电路、寄存器及原材料的来源，这些零部件主要来自于新加坡、马来西亚、日本和中国的台湾、香港。另外，对外国投资者尤其是日本的跨国公司来说，亚洲国家通常比墨西哥更具吸引力，因为他们能提供更优惠的政府投资激励措施、贸易管理体制和部件及其他产品原料的供应网络。

在《北美自由贸易协定》实施的同一年，墨西哥的国内又发生了一些惊人的事情。整个1994年，人们很担忧墨西哥的公众安全问题和政治稳定性。1994年1月1日墨西哥的恰帕斯州（Chiapas）发生叛乱。蒂华纳地区总统候选人路易丝·多纳米·卡罗西欧（Luis Donaldo Colosio）被暗杀后，一个执政党的领袖在墨西哥城被暗杀。被绑架的商人数目也持续上升。12月，墨西哥比索突然贬值40%。重新获得外国投资者的信任，同时应付墨西哥国内日益普遍的对人权和政治改革的要求，构成了墨西哥政府面临的重大挑战。

乐观的一面是，1994年8月的墨西哥大选是该国最廉洁的一次选举，但在政府机构的中间层仍然盛行许多滥用职权的现象。

局势的变化使得松下电器在北美的经营面临着种种挑战。松下是否应该在下加利福尼亚继续进口亚洲零部件，同时试用三星的显像管呢？是否应当把将来的工厂设在得克萨斯州的边界呢？是否应在1995年决定在中国或印度尼西亚重设或增建工厂呢？那里的工资比墨西哥要低得多，而且零部件工厂就在跟前。

（资料来源：http：//res. cem360. com。）

[案例思考题]

1. 蒂华纳的松下电器的经营受到哪些宏观环境的影响？这些宏观环境后来发生了哪些变化？

2. 宏观环境的变化对该公司的经营政策带来哪些影响？

[案例分析三]

## 松下电器的环境经营

松下电器（中国）有限公司（以下简称“松下公司”）成立于1994年，初期经营采用与中国本地企业合资形式，于2002年实现了独资经营，主要负责开展家电和系统商品的批发和售后服务活动。

松下公司一直以来推行“环境经营”战略，于1970年成立了公害调查委员会，以强化企业环境管理。2006年3月27日，松下公司与其他66家会员公司共同签署了《企业社会责任北京宣言》（简称《北京宣言》），郑重承诺“将致力于企业社会责任，在规范企业自身发展的同时，用实际行动响应中国政府共建和谐社会的号召”。2007年9月26日，松下公司在北京召开的“松下集团中国环境论坛2007”上正式发布了中国环境贡献企业宣言，承诺从2007年4月到2010年3月开展为期三年的“中国绿色计划”。

2012年1月23日，松下电器取得了中环联合认证中心颁发的最高等级产品的环保认证“中国环境标志”（Ⅰ型、Ⅱ型）。节能技术的应用能使得电冰箱节电达8.3%～9.2%，空调节电达10.1%～43.8%，洗衣机节电达2.1%～51.9%。

经相关市场调研，节能越来越成为消费者选购电器时考虑的一大因素。松下电器的“环境经营”在为节能事业作出贡献、树立企业良好的社会形象的同时，也对产品的销量有一定的促进作用。

（资料来源：http://tech.xinmin.cn，林坤．松下的环境经营［J］．新经济导刊，2008（6）。）

[案例思考题]

松下电器的环境经营体现了其发展经营的什么战略？通过松下电器的案例，谈一谈跨国经营面临哪些伦理问题以及跨国公司要承担的社会责任。

## 本章参考文献


［1］约翰B库伦．多国管理战略要径［M］．赵树峰，译．北京：机械工业出版社，2003.

［2］张新胜．国际惯例学［M］．北京：中国人民大学出版社，2002.

［3］肖前．马克思主义哲学原理［M］．北京：中国人民大学出版社，1994.

［4］史蒂夫·莫滕森．跨文化传播学：东方的视角［M］．关世杰，胡兴，译．北京：中国社会科学出版社，1999.

［5］陈晓萍．跨文化管理［M］．北京：清华大学出版社，2005.

［6］Raymond Vernon. 国际经济中的经理［M］．李晓光，陈运涛，译．北京：清华大学出版社，2000.

［7］菲利普R凯特奥拉，约翰L格雷厄姆．国际市场营销学［M］．周祖成，等译．北京：机械工

业出版社，2003.
[8] 赵放．国际市场营销学［M］．北京：机械工业出版社，2004.
[9] 甘碧群．国际市场营销学［M］．北京：高等教育出版社，2001.
[10] 包铭心．国际管理：教程与案例［M］．北京：机械工业出版社，1999.

# 第四章 跨国公司的国际市场进入模式

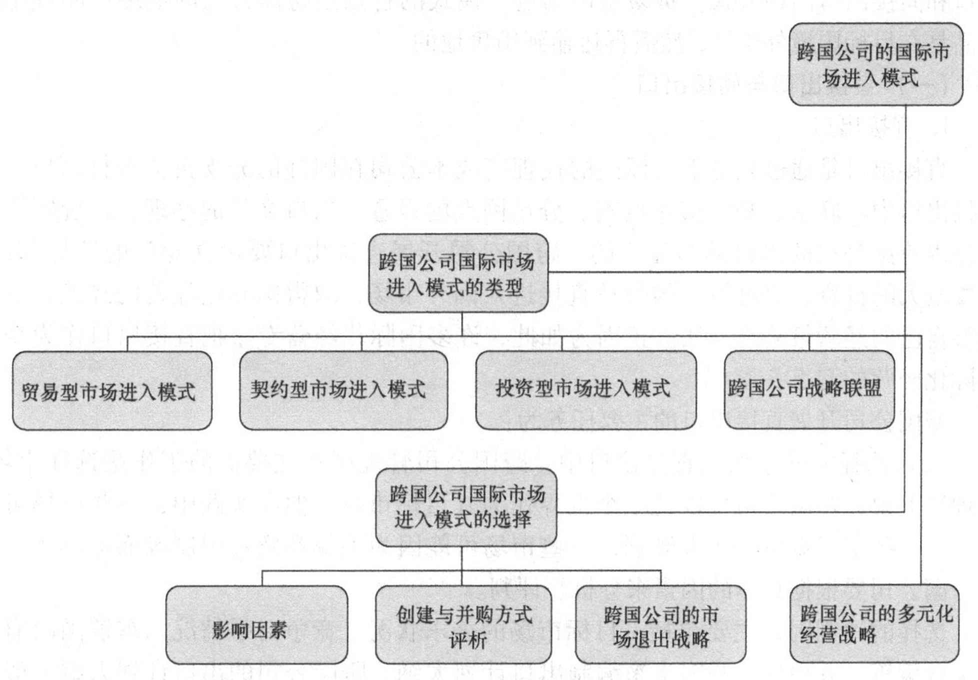

# 第一节 跨国公司国际市场进入模式的类型

国际市场的进入模式被理解为一种制度安排，也就是企业将产品、技术、人力、管理经验和其他资源转移到其他国家的方式。跨国公司要进入国际市场，有很多可供选择的方式。例如，可以在本国生产，然后将最终产品出口；也可以将技术、资本、人力等资源转移到外国开展直接投资等。在这里我们主要介绍贸易型市场进入模式、契约型市场进入模式和投资型市场进入模式。

## 一、贸易型市场进入模式

贸易型市场进入模式，又叫做出口市场进入模式（Export Entry Modes），分为直接出口和间接出口两种方式。贸易型市场进入模式的特点是跨国公司的最终产品或中间产品是在目标国境外生产，然后再运输到销售地的。

### （一）直接出口与间接出口

1. 直接出口

直接出口是通过立足于目标国的代理商或本公司在国外的分支机构进行出口。在直接出口中，联系客户、市场调查、分销网点的设置、出口文件的办理、定价等工作都是由跨国公司的出口部门完成的。跨国公司开展直接出口要设立专门的贸易部门，需要较大的投资，但可使跨国公司直接进入国外市场，取得国际化经营的经验，及时调整自己的经营策略与方法。正因为如此，许多国际化经营专家把直接出口作为企业国际化经营的起点。

跨国公司开展直接出口的主要任务为：

（1）选择海外市场。直接出口中，跨国公司管理层首先要做的工作是选择市场。从理论上说，跨国公司可以把整个世界作为其目标市场，但在实践中，一些市场可能太小，一些市场竞争可能太激烈，一些市场可能因为关税和贸易限制等而进不去，所以跨国公司要根据具体的因素来分析、评判。

选择的评判因素主要包括：目标市场的需求状况、竞争对手情况、东道国政府的相关政策等，并根据这些因素来编制出口计划大纲。跨国公司的出口计划大纲一般包括：出口政策承诺说明，出口形势分析，营销组合方案，在主要目标市场开展出口等。

（2）选择目标市场的代表。跨国公司必须选定具有代表性的目标市场。如果市场很大，跨国公司实力也很雄厚，就可以在当地建立其自己的销售子公司，然后向子公司出口，并对子公司的营销活动加以控制。在每一个目标市场，跨国公司都可以有几个分销候选人，这些候选人的名单可以从不同渠道获得，如东道国的商务部、公司母国在东道国的使领馆以及东道国的商会、银行、运输公司等。跨国公司在得到候选名单以后，必须收集每一候选分公司的信息以便从中选择最好的公司。跨国公司需要了解这些公司是否会买进产品销售、是否有仓库、销售人员的数量、销售历史以及这些分销公司在营销和付款方面的表现。跨国公司在作最终决定以前还需实地考察，建立对分销商的全面了解等。在许多国家，一旦签了合同，当地法律可能使公司难以中止合同另找分销商。在一些市场，跨国公司可能找不到令其接受的分销商候选人，在这种情况下，也许不得不接受竞争对手的分销商。

（3）直接出口的定价。跨国公司直接出口的定价涉及面较广。例如，跨国公司必须决定是以美元报价还是以其他货币报价？报的是离岸价还是到岸价？出口应以整个成本定价还是以边际成本定价？公司如何处理关税和其他附加费用等。

2. 间接出口

制造商通过本国的中间商出口其产品称为间接出口。间接出口是利用本国的经销商或者代理商从事出口业务，这时制造商与国外市场无直接联系，也没有直接的涉外业务活动，不必专设机构与雇用专职人员经营出口，既可以节省费用，又不必承担出口风险；但无法获得国际化经营的直接经验，信息反馈不及时，无法控制产品进入外国市场的过程。中小制造厂商限于实力与经验，大多采用间接出口。在间接出口中，出口销售与国内销售区别甚微。其产品是由别的公司带到海外去的，因此其分销问题与国内销售中的分销问题区别甚微。

间接出口的具体操作方法主要有以下三种。

（1）利用出口管理公司出口。该方法的主要优点为：①跨国公司以通过出口管理公司的业务和经验立即得到海外市场的知识和关系；②跨国公司不必承受自己发展出口技能方面的负担，实现经营成本的节约；③跨国公司能利用出口管理公司的信用。美国有1000多家出口管理公司。由于出口管理公司能提供规模经济和其他国际营销优势，所以已成为美国国际贸易的重要力量。出口管理公司不仅能为小公司服务，而且能为大型的跨国公司服务。美国出口管理公司1/3的客户是年销售额超过5000万美元的公司，1/8的客户是年销售额超过5亿美元的公司。即使通用电气公司，其下属的机场照明部也利用出口管理公司出口。

（2）合作出口。合作出口可由当地行业协会牵头，也可由一些大型企业牵头建立合作出口协会，使相互竞争的公司在出口营销方面进行合作。协会可以充当所有成员公司的出口工具，使成员公司以联合阵线的方式出现在国际市场，并形成较大的规模经济。通过合作，跨国公司可以更有效地联合调查海外市场，并更有效地占领海外市场。

(3) 寄生出口。寄生出口涉及两家利益不同的公司，一家是销售者，另一家是寄托者。销售者是实际从事出口的公司，它通常是建立了出口设施和海外销售渠道的大公司。美国波格—瓦纳公司的出口销售和利润中，有1/6来自寄生出口。美国施克(Schick) 安全刀片公司在进入德国市场遇到阻碍以后，通过尝试寄生出口，摆脱了困境。尽管寄生出口比前两种方法更有灵活性，但采用这一方法的跨国公司应该考虑销售条件、促销安排、市场覆盖、终止等方面的问题。寄生出口的具体操作方法有两类：①销售方按佣金提成的方式销售寄售方的产品，如同代理或出口管理公司；②销售方买下寄售方的产品，如同独立的分销商。但哪种操作方法更恰当则取决于两家公司的具体情况。

**(二) 出口市场开拓障碍分析**

在当今的世界经济环境下，跨国公司开拓出口市场的主要障碍在于关税壁垒与非关税壁垒。

1. 关税壁垒

关税壁垒是指用征收高额进口税和各种进口附加税的办法，以限制和阻止外国商品进口的一种手段，是贸易壁垒的一种。16—17世纪，欧洲推行重商主义政策的国家曾经运用关税壁垒阻止外国制成品的进口，以保护本国工场手工业的发展，实现对外贸易的出超。19世纪，欧洲后起的资本主义国家，为了对抗英国工业品的大量输入，也曾运用关税壁垒，以保护本国工业发展，促进产业革命的实现。现在部分发达国家与发展中国家以保护民族工业的发展为名，仍在运用关税壁垒，抵制他国产品的正常销售，对跨国公司的出口贸易形成了一定的干扰。但在多边贸易体制的框架下，各国关税的下调是一种必然的趋势，关税壁垒对跨国公司的影响力将不断下降。

2. 非关税壁垒

通常非关税壁垒主要包括：对特定商品的进口配额或数量限制；对特定产品的进口限令；海关限制；汇率限制等。此外，对出口补贴的限制也阻碍了跨国公司对一些发达经济体市场的开拓。在关税不断下调的背景下，非关税壁垒对国际贸易的影响力在不断加强。根据美国贸易代表办公室公布的《2013年贸易政策议程及2012年年报》，越来越多的国家把非关税作为保护国内产业的重要措施。报告还列举了非关税壁垒的一些新的例子，如本地化贸易壁垒。该报告指出，在过去的几年中，美国在不断地遭受着来自贸易伙伴的"本地化贸易壁垒"。所谓本地化贸易壁垒是指以进口商品、服务或外国拥有或开发的知识产权为代价来保护或扶持国内的产业、服务提供方和知识产权的措施。本地化贸易壁垒是一种不易被发现的贸易壁垒，这种非关税壁垒不合理地区分了国内及国外商品。例如，本地化壁垒要求跨国公司必须消费本国生产的产品或本国提供的服务，或采用不合理的多重质量评定标准，甚至要求跨国公司使用本地的基础设施提供服务等。排挤外国的产品和劳务不仅将阻碍外国的直接投资，而且还会诱使相关贸易国家采取报复性措施。针对这些情况，世贸组织一直在倡导消除非关税壁垒，并鼓励实行非歧视性的贸易政策。

## 二、契约型市场进入模式

契约型市场进入模式，又叫做合同进入模式（Contractual Entry Modes）。合同进入模式是跨国公司通过与目标国的法人实体签订长期的非权益性合同，使公司的技术或人力从本国转移到外国。授权经营是跨国公司契约型进入模式的主要类型，是指本国公司（授权方）允许外国公司（受让方）使用其无形资产，如专利、商标、公司名等，同时获得版权费或其他回报。通常，这些无形资产的转移都伴随一定的技术服务，以确保资产的适当使用。

### （一）许可证转让模式

许可证转让模式也称授权经营模式，许可证转让方要为受让方提供：专利权、商标权、版权、产品或工艺的专有知识。这些东西可以在某一外国市场使用，或允许授权方在一个区域或几个国家的范围内使用。作为交换，许可证购买方通常承诺在规定的地区推销许可产品或根据产品销量支付许可使用费。

许可证转让模式对转让方的吸引力体现在四个方面：①许可证转让方不需要太多的资本投入，因此即便是规模较小的公司也可以采用这种方式；②许可证转让方式能使转让方快速地扩展海外市场；③有利于转让方快速地得到当地知识；④容易得到东道国政府的青睐。对东道国政府而言，许可证转让方式可以以较少的成本便利地引进国际先进技术，所以许可证转让方式更容易得到东道国政府的批准。

许可证转让模式对转让方的好处有四点。一是转让方不必进行海外市场的资本投资，从而有效地避免了对外直接投资的一些风险与壁垒。如果一个跨国公司发现关税或其他贸易限制使它逐渐丧失东道国目标市场的份额，可以通过许可证转让保持在当地的市场地位。二是有助于转让方实现当地生产，从而节约关税与运输成本。三是有助于转让方进入东道国的一些垄断行业。美国的菲力浦 · 莫利斯公司正是利用了这一方式进入了一些欧洲国家。菲力浦 · 莫利斯公司发现许多欧洲国家都对烟草行业实施垄断经营，要进入这些国家烟草市场的唯一方法就是向东道国企业转让许可证，让当地企业生产与销售它的品牌，最终菲力浦·莫利斯公司成功地进入了6个西欧国家和4个东欧国家的烟草市场。四是除销售提成以外，转让方还能获得：①技术咨询费；②机器、设备、材料、零部件的出售利润；③技术反馈；④工程服务费；⑤管理费等。

授权方采用许可证转让模式会面临的风险有三点。一是可能会在东道国培育潜在的竞争对手。许可证转让不可避免地会面临知识的外溢，在一定时期后受让方会形成独立经营的能力从而可能使授权方损失东道国市场，甚至邻近市场。著名的西屋公司就碰到过来自受让方的挑战。1972 年，美国的西屋公司与法国的法美原子工程公司签订了许可证转让协议。当时，法美原子工程公司在核电方面还是无名之辈，但通过授权经营方式，法美原子工程公司的技术进步十分迅捷。1980 年，法美原子工程公司已成为西屋公司的主要竞争对手，两家公司的合作也宣告结束。西屋公司的总经理承认，法美原子工程公司已具备了绕开西屋专利进行独立设计的能力。随后，西屋公司就把竞争目标调整为“努力比竞争对手保持 6 个月至 1 年的技术领先优势”。二是授权经营模式虽不需要授权方投入巨额的资金，但管理成本不低，利润回报不稳定。许可证转让带来的回报主要受限于受让方的销售额，一般为销售额的 3% ~5%，在一些发展中国家这一比例甚至更低。在受让方经营能力较弱的情况下，授权经营的回报率更低。三是授权方的控制权经常受到挑战。尽管合同详细规定了每一方的责任与义务，但在执行中往往会出现误解和冲突。这类冲突主要集中在：质量控制问题，受让方的销售能力，对专有权地理覆盖范围的解释等。出现这些问题的主要原因在于随着时间、条件的变化，原先能兼顾双方利益的合同条款，可能会变成受让方的桎梏，受让方就会产生摆脱合同约束的冲动。一些发展中国家政府甚至会鼓励这一类违约行为。

**（二）服务合同模式**

服务合同模式主要是指跨国公司通过工程咨询服务、销售与商业服务、管理咨询服务、人员培训等“软技术”转让的方式介入东道国的目标市场。

1. 工程咨询服务

工程咨询服务的范围很广，大到行业规划与地区发展规划，小到工程设计、可行性研究、设备性能的研究与改进等。委托咨询时，首先由委托者提出明确的授权范围，研究问题的重点；然后由咨询公司提出咨询报价，双方签订合同；最后由提供咨询服务的跨国公司向东道国委托者提出建设方案。跨国公司通过工程咨询服务从“上游”就介入了东道国市场。

2. 销售与商业服务

跨国公司在商标、广告、包装、保管、运输、销售技术与售后服务等方面，甚至在出口商品关税、出口服务等方面提供各类服务。

3. 管理咨询服务

跨国公司协助东道国企业制订生产计划，改进企业质量管理，改善企业内部劳动关系，提供加强东道国企业财务管理、行销管理的方案等。通过管理咨询服务，跨国公司不仅能获得进入东道国目标市场的机会，而且能够使东道国企业按自己设定的模式发展。

4. 人员培训

跨国公司重视对东道国当地管理人员的培训，以使他们在生产经营各环节的管理上达到母公司的要求，提高母公司对子公司生产经营活动的协调和控制程度。跨国公司主要针对管理方法、管理技能、技术和公司文化等方面对东道国的管理人员进行培训。在多数大型跨国公司中，培训与管理人员的晋升联系在一起。不同等级的管理人员接受不同类型的培训。因此，管理人员晋升到新的岗位时，往往要通过新的培训计划增加所需要的技能。

### （三）设施合同或生产合同

设施合同或生产合同是通过代理的方式在国外生产。按照这种方式，海外市场销售公司的产品是由另外一家生产商根据合同生产的。由于合同只涉及生产，因此营销工作仍然由跨国公司自己负责。如果跨国公司能找到有能力保质保量生产规定产品的外国生产商，设施合同或生产合同是完全可行的。

其优越性体现在三个方面：一是合同生产使跨国公司不必在海外进行设备投资。在东道国政局不稳或跨国公司海外投资资金不足，或跨国公司的竞争优势是在营销而不在生产方面时，设施合同或生产合同的优越性就会大为显现。例如，宝洁公司在意大利找到了合格的生产厂商，联合利华公司在日本也找到了类似的非食品生产厂商。这样，两家跨国公司都得以从生产投资中解脱而集中精力营销。二是设施合同或生产合同可以使跨国公司避免由于不了解东道国有关劳资方面的法律而卷入劳资纠纷，这些问题常使跨国公司陷于海外经营的窘境。此外，由于产品是当地生产的，在公关活动或争取当地政府采购方面会比较有优势。三是设施合同或生产合同能使跨国公司节约国际化经营的成本。在经营过程中，如果跨国公司觉得海外市场的规模太小或风险太大，终止合同比关闭公司自己的工厂更容易，风险也更小，也可节省运输及管理成本。

当然，跨国公司采用设施合同或生产合同的进入方式也会遇到一些障碍。例如，在一些技术要求较高的行业，很难在发展中的东道国找到合格的海外生产者，质量控制缺乏保障。跨国公司也很难避免绝大部分制造利润流向了当地公司而不是跨国公司本身，特别在营销活动无法带来足够利润时这一问题尤为严重。

## 三、投资型市场进入模式

跨国公司投资型市场进入模式主要包括独资经营模式、合资经营模式。各个跨国公司会根据不同的内外部环境与条件在不同的时点选择不同的模式。

### （一）独资经营模式

外商独资企业（Wholly Owned Enterprise）是指由某一外国的投资者根据东道国的法律，在东道国境内设立的全部资本为该投资者所有的企业。跨国公司独资企业的形式主要包括母公司的分公司、母公司的子公司等。母公司可以通过新建与跨国并购的方式设立独资公司。独资企业是跨国公司对外直接投资的主要经营模式之一。以股权结构为例，20世纪70年代初美国跨国公司设在发达国家的子公司中有72.5%是采用全部股权形式，只有8.4%是少数股权；设在发展中国家的子公司中，全部股权的子公司占52.6%，少数股权的子公司占19.8%。

1. 分公司

分公司（Overseas Affiliate）主要是指一家母公司为扩大生产规模或经营范围在东道国依法设立的、并在组织和资产上构成母公司的一个不可分割部分的国外企业。它在法律上与经济上没有独立性，即不具有法人资格。设立分公司对母公司在纳税上具有一定的优惠。例如许多国家规定，对来自国外分公司的所得或亏损是并入母公司盈亏额一起计算纳税所得的，如果分公司发生亏损，则应在母公司的利润中予以扣除，从而整个公司应税的收益部分减少，也即减轻了税收负担。此外，分公司在汇出红利时，不必缴纳预扣税（Withholding Tax）。所谓预扣税，是指东道国政府对支付给外国投资者的红利或利息所征收的一种税，必须在缴纳后红利或利息才准许汇出东道国。

2. 子公司

从各国的法律来看，对“子公司”很难有一个完全一致的定义。但一般认为国外子公司（Wholly Owned Subsidiary）是指由母公司投入全部股本，依法在东道国设立的独资公司。它虽然受母公司控制，但在法律上是独立的企业法人。由于子公司是一个完整的公司，具有独立性，因此设立手续比较复杂，费用也较高，在税收方面比分公司更为严格。例如，子公司汇出的利润不仅要缴纳所得税，而且必须缴纳利润汇出税，即两次纳税。但是，子公司在避税方面也有更灵活的地方。因为子公司财务独立，自负盈亏，可以不将利润汇回母公司，而汇到避税地的另一子公司，享受“合法”的避税利益。分公司则无此便利，因为分公司即使不将利润汇回母公司，按大多数国家的法律，母公司仍有义务为分公司的利润向母国政府缴税。

按跨国经营中所起的不同作用，子公司可以分为：

（1）车间子公司（Workshop Subsidiary）、分厂子公司（Branch Plant）或中转子公司（Relay Subsidiary）。这些公司即为母公司在海外设立的工厂，生产零部件或从事装配，其设计、研制、营销与管理等均由母公司控制，形同一个车间或分厂，故称之为车间子公司或分厂子公司。如果自主权较大，除面向母公司外，也向第三者供应产品或服务，或将来自母公司的一部分订单再分包给东道国当地的其他工厂，这样的厂商就称为中转子公司。

（2）避税基地公司（Base Company）。其作用在于避税，即在避税地（Tax Haven）设立子公司，将其他子公司的利润汇人，以享受低税或无税之利。

(3) 铜牌公司（Brass Plate Company），又称“空壳公司”（Shell Corporation）。这类公司一般只有一间办公室，聘请一位当地律师，并没有实际业务，只是在办公室门前悬挂标明公司名称的铜牌，一般只起避税的作用。

(4) 中途歇脚公司（Stepping Stone Company）。这即母公司先物色好一个与东道国签订避免双重征税的第三国，设立子公司，将在东道国所得的利润汇入该国后，又立即设法转移到避税港，形同中途歇脚。

对于跨国公司来讲，独资经营模式的好处在于：该种方式能使跨国公司避免外部生产失效而建立具有绝对控制权的海外子公司，形成垂直一体化或水平一体化的内部网络结构，避免来自东道国在经营方面的干扰因素。在一些政治、经济环境较为优越的东道国，跨国公司一般乐意采用独资经营的进入方式。

**（二）合资经营模式**

合资经营是指跨国公司与东道国的企业在东道国法律管辖范围内共同投资组建生产经营企业，并且共同管理、共享利润、共负亏损及经营风险的一种经营方式。合资经营方式又可以分为股权式与契约式两种，一般认为跨国公司传统的直接投资方式为全部股权或多数股权的子公司形式。

合资经营方式是在独资经营方式基础上的质的飞跃。第二次世界大战后，国际政治和经济环境都发生了重大变化，少数发达国家为所欲为的时代一去不复返，一大批发展中国家政治自主、经济独立的日子已经到来。依靠独资经营方式在发展中国家保持技术与经营秘密，不受管理和控制，千方百计获取最大利润并维持其垄断地位，这种情况越来越引起东道国政府和用户的反感和限制，迫使跨国公司考虑新的跨国经营方式。另外从投资的安全性角度来看，合资经营方式也是跨国公司对开放程度不高，法制、法规不健全，政治、经济风险较高的发展中国家开展对外直接投资的首选方式。

1. 基本特征

跨国公司采用的合资经营模式具有以下基本特征：①企业的投资者至少来自两个或更多国家或地区；②组建的合资企业具有东道国国籍的法人地位，是一个独立的经济实体；③各方提供的任何资产都折算成一定股份，并按股权份额分享利润，分担亏损；④根据协议、合同、章程建立合资经营企业的管理组织机构，共同管理企业。

合资经营是以资产为纽带将各方联结起来组成新企业，新企业的具体形式通常有股份有限公司和有限责任公司两种。股份有限公司的全部资本均分为股份，投资者就其认购的股份提供资本，并对公司的债务负有限责任。股份有限公司通过公开发行股票向社会各界筹集资金，扩大资金来源渠道。所以规模较大的合资经营企业通常采用股份有限公司的形式。有限责任公司由两个以上的有限责任股东组成，各股东对公司的债务按各自出资额承担有限责任。有限责任公司不能公开发行股票，股东的出资凭证也不能自由转让。不过有限责任公司开办的法律手续较简便，从申办到开业所需时间较短，注册资本额也不大，所以规模有限的合资经营企业往往采用有限责任公司的形式。

2. 跨国公司采用合资经营方式的优点

跨国公司采用合资经营方式的优点有：①比独资经营更容易进入东道国，能减少或避免政治风险；②合资经营企业除享受对外资的某些优惠外，还可以获得国民待遇；③可以利用东道国当地合伙者与政府及社会各界的公共关系，取得企业生产经营所需的各种资源，顺利开展各种经济业务活动；④对于拥有技术优势的跨国经营企业来说，用工业产权和知识产权折股投资，实际上没有或很少投入资金，企业投产后，相当长时间内原材料、元器件、配套件、中间产品还依赖跨国经营企业供给，从而使外国投资者成了物资供应商，增加了母国产品的出口；⑤合资企业生产的产品往往是东道国进口替代的产品和紧缺的产品，具有稳定的销售市场，能给投资者带来长期、稳定、丰厚的利润。

3. 东道国采用合资经营方式的优点

东道国采用合资经营方式的优点有：

（1）可以弥补东道国资金的不足，且不增加国家债务负担。通过合资方式利用外资，无需还本付息，而且使用期限也很长，一般20~30年，有些可长达50年。

（2）东道国参与合资经营的企业，一般可用厂房、现存设备、场地使用权作为资本投入，还可以用投产后的产品及收入作为提成费、支付引进外方技术的转让费，也可以用补偿贸易的形式从外方进口必需的原材料、中间产品。这样就极大地节省了资金和外汇的支出。

（3）合资经营方式是共同投资、共同管理、共享盈利、共担亏损和风险，所以与合资各方的利益休戚相关，能使外方关心负责投资项目，加强各方的通力合作和协调配合，把合资企业办得更有成效。

（4）引进国外的先进技术，加快国内技术进步的进程。特别是通过引进国外一些高新技术产业和产品，填补国内的空白，尽快缩短在这些行业、领域内与先进工业国的差距。

（5）可以学习和掌握发达国家企业实行的现代化管理方法、技能和经验，并且在东道国国内逐步推广和普及，从而促进管理上台阶、上水平，从管理中获取更大的效益。

（6）外国投资者比较关心产品的出口。有时外国投资者会利用外方现有的国际销售渠道负责产品返销国际市场，帮助东道国企业打入国际市场，扩大出口创汇，解决合资企业的外汇收支平衡问题。

（7）有利于扩大东道国劳动就业的机会，并且有助于提高东道国劳动者的素质。

（8）促进了东道国的经济发展。合资经营企业在组建时，就进行了充分的可行性研究，一般发展前途和投资收益都很乐观，因而能促进东道国经济的发展。同时，一个合资企业往往能带动相关产业和企业的同步发展，从而振兴东道国经济。经济的发展和振兴，最终会为东道国带来各种税收、土地使用费及其他非货币的社会效益。

4. 跨国公司采用合资经营方式的缺点

跨国公司采用合资经营方式的缺点有：

（1）与当地企业容易在经营目标、盈利分配等方面发生冲突。

（2）为了维护与合资企业合伙人的最初协议，而不考虑长期利润或成本问题；而最初的当地合伙人可能由于不再努力而失去当初拥有的某些优势。

（3）专有信息泄漏的风险也会降低通过合资经营获得的效益收益。泄漏可能表现为以下两种主要方式：一个当地的雇员可能决定辞职，并利用其在合资企业中获得的知识建立一个竞争企业；或当地合伙人可能决定毁约，并利用从合资企业中获得的知识作为基础，通过自己的公司服务于当地市场。

（4）合资企业的控制问题。母公司仅凭借其拥有的所有权是无法决定合资企业的行为和管理活动的，控制力的问题会影响企业的业绩。

## 四、跨国公司战略联盟

建立战略联盟是一种较低股权安排或非股权的企业外部联合，在某种程度上能帮助企业实现外部国际市场的内部化，越来越成为跨国公司的重要扩展模式，因此也可以作为一种新型的市场进入模式。20 世纪 90 年代以来，大约 60% 的跨国公司已建立起战略联盟，这种现象在高科技领域尤为突出。

### （一）概念

跨国公司战略联盟（Strategic Alliances of Transnational Corporation），又称公司间协议（Inter Firm Agreement）或国际战略联盟（International Strategic Alliances），是指两个或两个以上的跨国公司为实现某一或若干战略目标，以签订长期或短期契约为形式而建立的局部性互助协作、彼此互补的合伙、合作联合关系，其主要目的就是通过外部合伙关系而非内部增值来提高企业的经营价值。战略联盟的概念是由美国 DEC 总裁霍普兰德（Hopland）与管理学家奈格尔（Nigel）首先提出的。跨国公司之间的战略联盟既有联合开发、交叉许可与交叉分销等非股权形式，如索尼公司与飞利浦公司之间关于制定 CD 盘统一技术标准的协议；也有股权投资方式，如福特公司与马自达公司通过交叉控股建立的战略联盟。因战略联盟一般以契约协议的方式实现，其成员之间主要是合同关系，而不是股权关系，其所有权分散且寿命有限。

**（二）国际战略联盟的性质**

国际战略联盟主要反映了当代跨国公司的柔性竞争与组织创新。

1. 柔性竞争

在经济发展的初级阶段，同类或相同产品的生产服务企业之间的合作往往会被认为是不利于竞争的，常常被称为串谋。随着现代生产经济的发展，企业对内部化与外部交易操作模式产生了怀疑，行业市场内部的竞争从原来的单个企业之间的竞争开始部分地转化为联合、合作企业之间的竞争，即所谓的企业联盟之间的竞争，学术界将其称为合作式竞争（Collective Competition），因为参与合作竞争的企业从中获得了合作分工与风险分散的利益。

2. 组织创新

由于企业规模的扩大、管理层次的增加、协调成本的上升，使得一些跨国公司变得越来越官僚化、低效率。跨国公司战略联盟的组织其经济性在于不涉及组织规模扩大和机构膨胀，避免带来企业组织的僵化，使企业保持灵活的经营机制和资源使用的高效率。战略联盟能够绕开关税和贸易保护主义，避开反垄断法规对企业规模过大的制裁。

企业作为一个信息交换网络，要不断地进行要素的重组；信息传递方式也由单向的"一对多"转为"多对多"；组织的形态从金字塔型向水平化方向发展。大型跨国公司在这种意义上变成了相关企业的结合体，成为市场经济中一种新的经济势力。在这个企业群中，每一个"成员"运行的绩效不仅取决于自身的发展，还取决于企业群所形成的能力以及它与企业群之间的关系，战略联盟体现了当代跨国公司组织创新的方向。

## 五、跨国公司的多元化经营战略

多元化战略又称多角化战略，是指企业同时经营两种以上基本经济用途不同的产品或服务的一种发展战略。跨国公司的多元化战略是相对企业专业化经营而言的，是对跨国公司市场进入模式的总体运用，其内容包括：产品的多元化、市场的多元化、资本的多元化。具有一定实力的跨国企业往往利用国际性经营活动实现经营的多元化，以保证企业收入的稳定，避免市场波动带来的风险。

**（一）产品的多元化**

所谓产品的多元化，是指企业新生产的产品跨越了并不一定相关的多种行业，且生产多为系列化的产品。例如，工业企业可向金融、房地产等其他行业扩展，从而可以占领多个不同行业的市场。在产品多元化经营中，企业可以开发多种不同类型的产品满足顾客不同的需求，也可以生产一种产品的系列品种满足不同层次顾客的需求。

**（二）市场的多元化**

所谓市场的多元化，就是根据国与国、地区与地区在发展、需求、民族文化等方面的差异、所处商业周期的不同，而采用不同的市场开发策略。例如，美国的福特公司针对北美、南美、欧洲以及东南亚市场需求的差异，开发出不同档次的产品，全方位地开展市场争夺，在满足不同地区顾客需求的同时，保证了公司在各个市场的竞争实力。这是市场多元化经营取得成功的范例。

**（三）资本的多元化**

跨国公司的融资结构（Financial Structure）又称资本结构（Capital Structure），是指跨国公司各项资金来源的组合状况。跨国公司的资金来源可分为负债（Debt）和股本（Equity）两类，其中股本的持有者（Equity-holders）又有内外之别。跨国公司可采取多种融资方式实现资本的多元化。

1. 内部融资与外部融资

从资金来源的角度来看，跨国公司内部融资是其凭借内部力量与各子公司闲置资金，在跨国公司内部进行资金的纵横融通使用，以节约资金，降低资金成本。跨国公司外部融资是其从外部筹集资金，一般可分为国内融资与国际融资两大类。

2. 直接融资与间接融资

从融资者与投资者之间的关系来看，直接融资是跨国公司直接从最终的投资者手中获得资金，与融资者之间建立起直接的融资关系，并主要通过发行股票或债券等形式实现融资。间接融资是融资者通过金融中介机构进行的融资活动，一般要出现两份以上的合约，跨国公司不与融资者发生直接的借贷关系，而是通过银行等金融机构实现融资。

3. 权益性融资、负债性融资与股权交换性融资

从跨国公司融资的性质来看，权益性融资是指跨国公司获取所有者权益的融资，包括普通股融资与优先股融资，即股权融资。负债性融资是跨国公司以债务人的身份对外借款的融资，包括发行债券融资、向银行等金融机构借款融资、商业信用以及其他应收应付款与租赁融资等。权益性融资是指跨国公司通过发行证券给予投资者某种权利，允许其利用持有的债券转换成股票的一种融资行为。

最佳的资本结构不仅有效地决定了跨国公司的市场价值，而且决定企业的融资成本、产权分配、治理结构、企业行为与资本市场运行，进而影响资本市场的运行。

# 第二节 跨国公司国际市场进入模式的选择

## 一、影响因素

决定与影响跨国公司选择国际市场进入方式的因素，除了各种进入方式本身的特性和它们所共同具有的三个问题：控制、风险与灵活性外，还有两类因素：第一类为跨国公司的内在因素，第二类为外部环境因素，下面简要介绍一下。

### （一）跨国公司的内在因素

1. 技术水平

跨国公司的技术水平是决定跨国公司国际市场进入方式的最重要因素之一，一般可以用研究与开发（Research and Development，R&D）的支出水平来衡量跨国公司的技术水平。美国学者戴维逊与麦克费崔奇的研究表明，当跨国公司的 R&D 的开支占销售的比例从 2% 增加至 5% 时，对外直接投资的发生频率也从 0.74 上升到 0.82，毕竟对外直接投资方式对知识资产的控制力较强。另外，跨国公司 R&D 的开支越大就越倾向于选择全股子公司。技术水平的衡量与对外直接投资频率之间的关系见表 4-1。

**表 4-1 技术水平的衡量与对外直接投资频率之间的关系**

| 产品年龄 | R&D 占销售的比例（%） | 直接投资的频率 |
|---|---|---|
| 1 | 2 | 0.74 |
| 5 | 2 | 0.68 |
| 10 | 2 | 0.65 |
| 15 | 2 | 0.63 |
| 1 | 5 | 0.82 |
| 5 | 5 | 0.78 |
| 10 | 5 | 0.76 |
| 15 | 5 | 0.74 |

资料来源：滕维藻．跨国公司战略管理．上海人民出版社，1992。

上述研究也表明 R&D 开支很大的企业比研究与开发开支较小的企业更为经常地进行对外直接投资。此外，跨国公司的技术水平也直接影响到它对占有不相同股份份额的直接投资选择。

斯托普福特（Stopford）和威尔斯（Wells）发现研究与开发的开支与合营企业之间存在着反向关系。也就是说，跨国公司的研究与开发的开支越大，就越倾向于选择全股子公司。

总之，跨国公司拥有的技术水平越高，就越倾向于采用控制性强的进入方式。

2. 产品年龄

按照产品生命周期理论，企业对最新产品采取以出口为主、对外直接投资为辅的政策；随着产品的成熟，逐渐转而采取以对外直接投资或许可证交易为主、出口为辅的政策。

新产品最初是根据母国市场的需要而开发的。随着它在国内市场的成功，出口逐渐增加。在这个阶段，即使有对外直接投资，一般也是为扩大出口服务的。随着产品年龄的增加，跨国公司对外直接投资发生的频率逐渐下降，更多地要在不同股份份额的直接投资和许可证交易之间作出选择。一般的趋势是：产品越成熟，企业越是选择控制程度低的进入方式。即对于较为不成熟的产品，企业倾向于选择全股子公司的方式；对于较为成熟的产品，企业则倾向于选择合营企业或许可证交易。

3. 产品在母公司战略中所占的地位

产品是否属于母公司的重点对跨国公司的进入方式选择具有重要影响。跨国公司一般对属于其重点发展行业内的产品更多地采取控制性强的进入方式；对于非重点发展行业内的产品则更多地采用许可证交易，即使进行对外直接投资，也往往更多地采取拥有较少股份份额的合营企业方式。

4. 商标与广告开支

商标知名度很大的跨国公司常常选择控制性强的进入方式。因为当地合伙者很可能会损害跨国公司商标的名誉，这给当地合伙者造成的损失远远小于给作为商标所有者的跨国公司造成的损失。商标的知名度除了取决于产品本身的性质外，还取决于产品宣传。因此，商标的知名度或企业广告的开支越大，控制性强的进入方式就越有效。

5. 对外直接投资的固定成本

对外直接投资的固定成本是指跨国公司在国外市场上的生产、销售和管理等所需的投资和其他开支。当固定成本相对于跨国公司的规模来说很大时，跨国公司就比较倾向于采用许可证交易或合营企业的方式以减少资本支出；当固定成本较小或能为跨国公司所承担时，跨国公司就倾向于采用全股子公司。

跨国公司向已设子公司的东道国再次投资时，所需要的固定成本较小，它就较为倾向于采用全股权方式。而对尚未建立子公司的外国市场，或虽然已经有了子公司但其行业与新的投资不相关，跨国公司采取全股子公司的概率就较低。

6. 企业的国际经营经验

新兴的跨国公司由于缺乏经验而避免进行对外直接投资，常常先通过中间商来出口。随后又在国外建立自己的销售子公司来加强对出口的控制，并且也开始进行许可证交易。在通过出口和许可证交易而获得了外国市场的风险、市场潜力和收益的信息以及有关的知识和经验后，它才开始从事对外直接投资。

因此，跨国公司对所选择的进入方式的控制程度与跨国公司所积累的国际经营上的经验呈正相关的关系。

**（二）外部环境因素**

1. 母国与东道国的社会文化差异

在一般情况下，母国与东道国之间的社会文化差异越大，不确定性也越大，跨国公司就越倾向于采用控制程度低的进入方式，以减少资产的暴露，增强灵活性。

2. 东道国的管制

东道国对外国直接投资的审查程序虽然不排除外国直接投资的可能性，但审查过程和审查机构提出的必要条件常常增加了外国直接投资的成本，以至使外国直接投资的吸引力相对减弱。因此，在具有严格审查程序的国家，跨国公司更多地采用出口或许可证交易的方式。

3. 跨国公司和东道国谈判地位的演变

决定跨国公司和东道国的谈判地位的一个重要因素是在一个特定行业中竞争的跨国公司的数量。在一个特定行业中，随着相互竞争的跨国公司数目的增加，跨国公司所得到的所有权的水平逐渐下降。

跨国公司以直接投资的方式进入外国市场的两种具体做法是并购与创建。这两种方式有很大的差别，各有优缺点，跨国公司在选择对外直接投资时必须加以全面考虑。从理论上讲，创建投资（Green Field Investment）又称绿地投资，是指建立一个新的企业，尤其是新的工厂，或对其他实际资产的投资。并购（Acquisition）是指一个企业通过购买另一个企业现有企业的股权而接管该企业。按母公司与被并购企业之间的行业关系，并购划分为横向并购（Horizontal Acquisition）、纵向并购（Vertical Acquisition）以及复合并购（Conglomerate Acquisition）。所谓横向并购，是指企业对生产或销售相同或相似商品的目标企业进行并购的行为。横向并购较容易形成垄断，许多国家对这类并购实行限制。所谓纵向并购，是指相互买卖投入和产出的两个公司之间的并购行为，或指一个公司将与本公司生产的前后工序相关的公司并购过来的行为。这类并购的目的通常是低价扩大原材料的供应或者扩大产品的销路。所谓复合并购，是指在生产技术和工艺上没有直接的关联关系，产品也不完全相同的企业间的并购行为。这种并购是跨国公司实现全球发展战略与多元化战略的手段。2011 年，跨国并购上涨 53%，达

5260亿美元。这一增长由大额交易（交易额超过30亿美元）数目的增加引起（从2010年的44起升至2011年的62起）。这反映出股票市场资产价值的提高与运作买家资金实力的提升。尽管绿地投资额已连续两年下跌，但2011年稳定在9040亿美元，在发展中经济体和转型经济体的绿地投资仍占总额的2/3以上，持续了金融危机以来并购增长但绿地投资仍占主导的模式。[㊀]

## 二、创建与并购方式评析

### （一）新建企业

新建企业其所有权全部属于投资者，投资者提供全部资金，独立经营，获取全部利润。

1. 新建企业的优点

新建企业的优点主要有：

（1）有效克服进口限制，能比出口更深入地打入目标国市场。盈利机会要比使用许可证贸易更多，并且可以更深入地熟悉当地的销售网络和经营方法，节约原材料、产成品的运输成本，容易享受东道国政府的投资优惠政策等。

（2）新建方式能有效控制生产技术的外溢，保证公司知识资产的合理回报。

（3）新建方式是一种比较初始的对外直接投资方式，在开拓发展中的新兴国家市场方面具有较强的可控性。

2. 新建企业的缺点

新建企业耗资大，速度慢，周期长，不确定性大。特别是在许多国家实施各种吸引外资政策的影响下，新建企业成为国际企业实施全球化战略的一种重要方式。但随着时间的推移，其弊端日益显现，新建企业在对外直接投资中的主体地位已为并购所取代。

### （二）跨国并购

目前国际企业的跨国并购领域广泛，规模巨大。这种空前的并购规模将有可能导致一个行业、一个区域甚至全球经济模式的重大转变。

跨国公司采取跨国并购方式的优点主要有：①并购可以使企业迅速进入目标国市场；②并购可以迅速扩大产品种类；③并购与“当地化”战略相辅相成；④并购可以从被并购企业的资产价值低估中获取好处。

跨国公司采取跨国并购方式的缺点主要有：①并购过程中价值评估困难；②各国企业在地理、传统、文化、企业形象等方面存在差异，并购很难使两个企业间的差异

---

㊀ 《2012年世界投资报告》。

很快得到大的改善，并购后往往会出现貌合神离的局面，导致企业面临经营控制不灵的风险；③并购使企业出现两极分化，会造成“太少的企业、太少的竞争和太高的价格”的格局，从而形成产品市场价格上涨，要素市场失业者众多，而企业则会出现惰性滋生、创新动机减弱、因规模过大而产生效率低下等问题。

并购与新建方式的优缺点比较见表4-2。

**表4-2 并购与新建方式的优缺点比较**

| 方式 | 优 点 | 缺 点 |
|---|---|---|
| 并购 | 可迅速切入目标市场 | 成本高，难撤离 |
| | 可利用原有管理与营销渠道 | 股权价值和收益受汇率变动影响 |
| | 获得原有技术和其他经营资源 | 购买价格可能存在超值支付风险 |
| | 经营带来的不确定性和风险性较小 | 管理上协调困难 |
| | | 需要雄厚的人才力量和国际经营管理能力 |
| 新建 | 没有旧企业遗留问题 | 投资大，建设时间长，回收久，难撤离 |
| | 没有资产高估风险 | 文化冲突影响企业运作 |
| | 技术不易泄露 | 商标、信誉、市场开发不确定性大 |

## 三、跨国公司的市场退出战略

跨国公司在作出投资进入决策时，也应考虑将来如何退出的问题，即所谓的撤资，或称放弃。不论自愿与否，跨国公司决定关闭、清理部分或全部退出其在目标国的投资项目或者设施，就是撤资。撤资大体有以下三种情况。

### （一）自然撤资

在目标国投资所设的企业，经过多年营运已届老龄，在当地的发展前途又不大，故不再继续投入资金，不再继续更新技术设备，反而故意多发红利，或通过其他方式抽走资金，使企业自然萎缩“死亡”，称为自然撤资（Natural Divestment）。自然撤资一般发生在处于衰退阶段的产业中，是伴随行业发展替代的必然现象。

### （二）战略撤资

为了在跨国公司内部调整资源配置，使之更趋合理，决定在某个国家停办经济效益差、缺乏竞争性的行业，以支持全球战略目标，称为战略撤资（Strategic Divestment）。该类情况大多属于投资失败，即一个国外分支机构在盈利水平、投资回报与成长等方面，没有达到预期的效果，迫使母公司放弃该分支机构。有关资料显示，近两年来，在经济发展前景不明和资金链吃紧的压力下，多数跨国公司基于实际的考量，开始实行战略性收缩，以期回笼资金，抵御国际金融危机的冲击。例如，美国三大汽车企业抛售了沃尔沃、路虎、捷豹等高端品牌。战略收缩普遍成为跨国公司应对国际金融危机的一种理性选择。

**(三) 被迫撤资**

由于目标国的企业环境已经或即将发生重大转变，不利于继续经营，决定撤出，称为被迫撤资（Forced Divestment）。例如，东道国的地方保护主义盛行，通过行政手段对跨国公司的进入、用人、经营等方面实行种种限制，或不重视对知识产权保护的做法，加剧了东道国商务环境的法规风险，迫使部分跨国公司从东道国市场撤资。另一类被迫撤资则源自于东道国外资政策的正常调整。例如，为了与 WTO 规则接轨，我国的外资政策将从税收激励为主转向以公平竞争机制为主的规则政策，将逐步通过调整改革，取消内外资企业在税种、税率与税收待遇上的差别，改变内外税法分立的状况，逐步取消内外税制等各种差别，创造一个公平合理的市场竞争环境。一些缺乏核心技术优势、对优惠政策较为依赖的加工贸易型中小跨国公司将被迫退出中国。

值得注意的是，撤资并不是一件简单的事情，退出战略也是跨国经营中值得研究的重要课题，须知“进入”固不易，“退出”也很难。

## 小　　结

本章介绍了跨国公司国际市场进入模式的主要类型，对影响跨国公司国际市场进入模式选择的主要因素作了归纳，并对跨国公司部分国际市场进入模式作了评析。

跨国公司国际市场进入模式的主要类型包括三种。贸易型市场进入模式的主要特点是跨国公司的最终产品或中间产品是在目标国境外生产，然后再运输到销售地；契约型市场进入模式是指跨国公司通过与目标国的法人实体签订长期的非权益性合同，使公司的技术或人力从本国转移到外国；投资型市场进入模式主要包括独资经营模式、合资经营模式等。跨国公司的战略联盟是一种较低股权安排或非股权的企业外部联合，在某种程度上能帮助企业实现外部国际市场的内部化，越来越成为跨国公司的重要扩展模式，因此也可以作为一种新型的市场进入模式。跨国公司的多元化经营战略是相对企业专业化经营而言的，是跨国公司市场进入模式的总体运用，其内容包括：产品的多元化、市场的多元化、资本的多元化。具有一定实力的跨国企业往往利用国际性经营活动实现经营的多元化，以保证企业收入的稳定，避免市场波动带来的风险。

影响跨国公司市场进入模式的因素主要包括：跨国公司的内在因素、外部环境因素。跨国公司的并购与创建方式各具优缺点，需根据不同情况作出选择。跨国公司的撤资是对跨国公司市场进入结果的观察与阶段性结论，主要包括自然撤资、战略撤资、被迫撤资。

## 思考题

1. 一家家电企业面临国内市场饱和、竞争激烈的局面，希望能通过海外拓展保持企业的发展势头。但公司过去从未外销过产品，缺乏参与海外市场的经验。你认为该公司应采取什么方式打入海外市场？

2. 请说明寄生出口对销售者和寄托者的利弊。

3. 举例说明通过许可证转让进入海外市场的利弊。

4. 跨国公司多元化经营战略的内涵是什么？

5. 跨国公司开展跨国并购的收益有哪些？

6. 跨国公司的撤资有哪些形式？

## 案例分析

### 中国远洋的跨国并购

[背景材料]

2008年，希腊成为欧元区最先遭受金融危机冲击的国家，经济增长速度急转直下。深陷债务危机的希腊政府决定推行私有化改革，第一站对准了受到严重冲击的海运业。私有化的目标就是协调港口的运作活动、建设、土地，从而促进其发展方向。比雷埃夫斯港曾经是地中海的一颗明珠，当时失去了往日的风采。港口一片冷清，货物吞吐量由最高时的每年140多万标箱下降到40万标箱。希腊政府向全球发出邀约，希望出售比雷埃夫斯港专属经营权来实现救市。在应邀的六家世界级航运公司中，中国远洋运输集团（以下简称“中国远洋”）最终胜出。但是，比雷埃夫斯和中国远洋的结合在最初却并不那么美好。2008年，中国远洋与比雷埃夫斯港务局签约，获得了比雷埃夫斯港二号和三号码头35年的特许经营权。希腊把拯救比雷埃夫斯的希望寄托在了中国远洋的身上，期待来自中国的物流能够改变比雷埃夫斯糟糕的经营状况。2002年，美国波士顿码头的经营也曾陷入危局，正是中国远洋的到来，让波士顿港重获新生。作为全球第二大跨国航运集团，中国远洋不仅拥有世界上第二大船队，航线遍布全球，而且有着丰富的码头管理经验。但是，当中国远洋来到比雷埃夫斯的时候，面对的却是满目疮痍。在中国远洋来比雷埃夫斯港之前，关于业务的所有事情都要等，集装箱要等，客户要等，所有的人都要等。可是，问题还远不止这些，除了经营上的困境，中国公司的到来还遭到了希腊工人的极度排斥。他们担心中国人来管理，大批中国工人的引进，会抢去他们的工作机会，所以他们那时候群情激昂，高呼口号，要中国远洋滚回去。面对这种腹背受敌的困窘，中国远洋决定所有欧洲航线都必须双向经停比雷埃夫斯港，这是中国远洋全面接管之后，比雷埃夫斯港二号码头迎来的第一批货源。中国远洋不仅把自己的船队调往比雷埃夫斯港，而且还对比雷埃夫斯港进行了全新的改建，投入5000万欧元进行了二号码头的改建，花费5500万欧元购买了六台新桥吊和16台新轨道吊等现代化装卸设备。中国远洋注重的是解决问题，而不是以一种高高在上的管理者自居，他们带着一种创新的理念来到希腊。中国远洋不仅给希腊带来了中国的货物，还带来了中国速度。中国远洋明白要想吸引航运公司停靠码头，就必须提高装卸速度。中国远洋对招聘的新员工进行了系统的业务培训，装卸速度由原来的每小时每个班6个自然箱提高到13个自然箱，再提高到16个、18个、22个，打破了地中海地区的装卸纪录，甚至提高到了39个自然箱，超过了欧洲的平均装卸水平。随后比雷艾夫斯就像一个磁铁一样，吸引越来越多的客户和更多的线路，马士基、地中海航运公司等全球30家航运公司纷纷停靠比雷埃夫斯港。中国远洋不仅让比雷埃夫斯重获新生，也为失业率居高不下的希腊创造了600多个就业机会。仅仅在中国远洋全面接管三个月之后，比雷埃夫斯二号码头就实现了扭亏为盈。如今，每月货物吞吐量超过10万标箱，进出港船只达到120多艘次，已经接近了历史最好水平，地中海的这颗明珠正在重新散发光彩。

自2001年中国加入世界贸易组织以来，中国企业跨国并购的规模在不断扩大，并购的领域也在向多元化发展。根据中国商务部的统计，我国非金融类对外直接投资额呈现持续增长态势。从2003年的28.5亿美元上升到2010年的590亿美元，增长了20倍。中国企业的跨国并购之所以能够快速增长，不仅是因为自身需求的急剧增长，更重要的是，在经济全球化的背景下，跨国并购给目标国带来了资金、市场、就业，帮助他们分享中国经济强劲增长带来的发展机会。

（资料来源：中央电视台《跨国并购》，2011。）

**[案例思考题]**

1. 中国远洋在并购希腊比雷艾夫斯港的初期遇到哪些问题？
2. 你认为中国远洋成功并购希腊港口的主要原因有哪些？
3. 你认为中国企业开展跨国并购的潜在障碍有哪些？

## 本章参考文献

[1] 金润圭．国际企业管理［M］．北京：中国人民大学出版社，2005.
[2] 杨海涛．国际企业管理学［M］．广州：暨南大学出版社，2003.
[3] 许望武．中国外资企业管理［M］．北京：北京大学出版社，2003.
[4] 李雪欣．中国跨国公司论［M］．沈阳：辽宁大学出版社，2002.

[5] 谭立文．国际企业管理［M］．武汉：武汉大学出版社，2001.
[6] 巴克利，等．跨国公司的未来［M］．北京：中国金融出版社，2005.
[7] Stewart Johnston，Houndmills，Basingstoke，Hampshire. Headquarters and subsidiaries in multinational corporations：strategies，tasks，and coordination［M］．Palgrave Macmillan，2005.
[8] Mike Geppert，Michael Mayer. Global，national，and local practices in multinational companies［M］. Houndmills Basingstoke Hampshire，2005.

# 第五章
# 跨国公司的组织结构

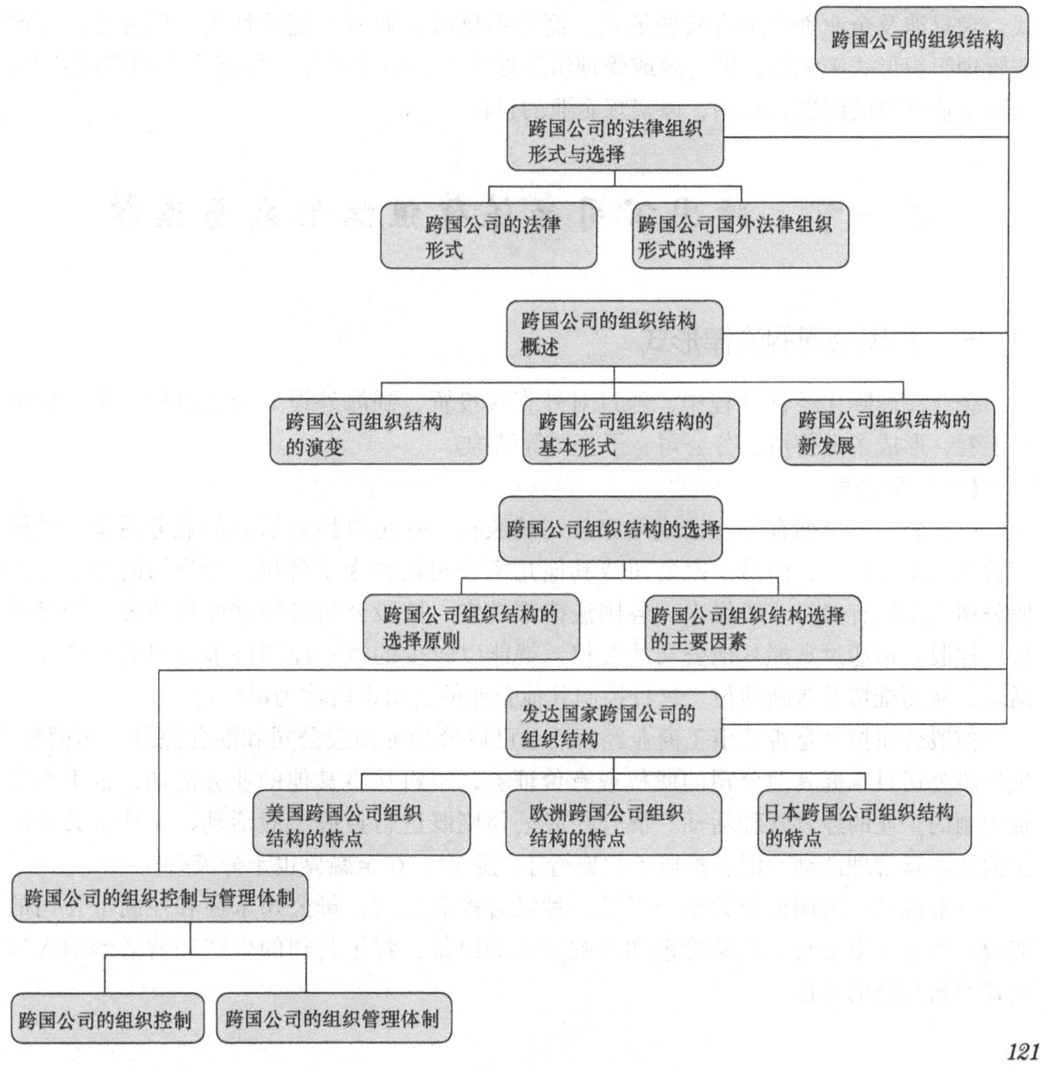

跨国公司的组织结构
跨国公司的法律组织形式与选择
跨国公司的法律形式
跨国公司国外法律组织形式的选择
跨国公司的组织结构概述
跨国公司组织结构的演变
跨国公司组织结构的基本形式
跨国公司组织结构的新发展
跨国公司组织结构的选择
跨国公司组织结构的选择原则
跨国公司组织结构选择的主要因素
发达国家跨国公司的组织结构
美国跨国公司组织结构的特点
欧洲跨国公司组织结构的特点
日本跨国公司组织结构的特点
跨国公司的组织控制与管理体制
跨国公司的组织控制
跨国公司的组织管理体制

跨国公司的结构合理与否，是决定公司经营战略能否顺利实施的重要因素。跨国公司的组织结构服从于跨国公司的战略需要。当跨国公司的战略为了适应新的国际环境而发生变化时，跨国公司的组织结构也要相应进行调整，甚至重新进行设计，以保证跨国公司的战略得到圆满的实施。如果跨国公司的组织结构保持某种形态不变，或者发生某种意外的变化，也会对跨国公司的战略产生很大的影响。跨国公司应从战略的角度出发，设计企业的组织及其结构。

跨国公司需要建立一定的组织结构开展国际化经营，包括法律组织形式和管理组织形式两种。前者是从法律组织形式来说的，由于法律对各类企业的法律地位、设立程序、相应的权利义务等都有不同的规定，故企业有不同的法律形式，即法律组织形式，它只涉及企业资产所有权的形式，而并不反映企业所有制的性质。后者是从行政或管理组织形式来说的，即行政或管理组织形式的作用主要在于提高企业的管理效率，改善企业资源的配置和利用，以实现企业的目标。

## 第一节　跨国公司的法律组织形式与选择

### 一、跨国公司的法律形式

企业在国际化经营过程中，经过对外直接投资，到海外设立分支机构，从法律形式上看，形成了母公司、分公司、子公司等结构。

#### （一）母公司

一家公司如果拥有另一家或几家公司的股权，并足以控制后者的业务活动，则该家公司就是母公司，而另一家公司或其他几家公司就称为子公司。母公司的形成与控股公司的发展有关。一般说来，各国法律都规定，控股公司必须掌握其他公司的控制权。控股公司通过掌握其他公司的股权，就能以较少的资本控制许多公司的生产经营活动，从而维持其垄断地位。这种控制其他企业的公司也就称为母公司。

控股公司按其是否从事工商业经营活动可以分为纯控股公司和混合控股公司两种。纯控股公司只掌握其他公司的股权或有价证券，不再从事其他的业务活动，也不参与被控制的企业的经营管理活动。混合控股公司则既进行控股参股活动，又从事其他的工商业经营管理活动。混合控股不仅盛行于制造业，在金融界也十分流行。

一般说来，跨国公司的母公司是一种混合控股公司，母公司掌握和控制子公司的股权，通过人事参与、战略管理和大政方针的决策，将子公司的生产经营活动纳入母公司经营战略的轨道。

### （二）分公司

海外分公司由母公司直接设立，或由母公司在国内的子公司设置。分公司（Branch）的设立必须是在东道国法律允许的条件下，向当地政府申请登记，领取营业执照。分公司只是母公司国外业务的派出机构，为母公司所有，其本身在法律上和经济上都没有独立性，在法律上也不是一个法人。分公司的基本特征是：使用总公司的名称，没有自己独立的名称；股份资本完全属于母公司；没有独立的资产负债表；以总公司名义，受其委托进行业务活动；其清偿责任不限于分公司资产，而是整个母公司的资产。

### （三）子公司

海外子公司按当地法律设立，由母公司控制，但在法律上是一个独立的法人。作为法人组织，子公司有自己独立的名称和章程；有自己的资产负债表；可以自主召开股东大会和董事会；有独立自主的经营权。在子公司结构中，子公司可以直接向母公司总经理或董事会汇报业务，不需要经过地区总部或国际部等中间管理环节。子公司拥有较大的自主权。虽然子公司仍然必须遵守母公司的一些要求，并向后者汇报和请示，但母公司不对子公司的经营负直接责任。

分公司与子公司的特征及区别可用表5-1说明。

**表5-1 分公司与子公司的比较**

| 类型<br>序号 | 分 公 司 | 子 公 司 |
|---|---|---|
| 1 | 设立不复杂，只需得到当地政府同意批准，但批准可能随时被取消 | 须依当地法律设立，注册费用较低，成立之后不易被取消 |
| 2 | 母公司对之有完全控制权，不利于公司形象的建立 | 控制权在子公司管理层，有较佳公司形象，但母公司难以控制 |
| 3 | 资本全部来自母公司，母公司承担分公司的全部债务 | 能适应本地资产参股，偿还责任限于子公司资产 |
| 4 | 分公司亏损可以从母公司盈利中扣除。若盈利汇回母公司时无需缴付预扣税，在当地所付所得税享有租税扣抵待遇 | 亏损不得自母公司盈利中扣除，股息派与母公司时须缴付预扣税，享有租税扣抵待遇 |
| 5 | 在天然资源开发上享有租税上的减免待遇 | 无此项待遇 |

## 二、跨国公司国外法律组织形式的选择

从法律形式上看，跨国公司在国外投资设置生产经营机构时可以有两种选择，即设置分公司或子公司。

### （一）分公司

从法律意义上讲，分公司只是母公司的一部分，不是独立的法律实体，不具有所在国的法人资格，本身也没有独立的名称，全部的生产经营活动由母公司统一指挥。因此，分公司在所在国不被视为当地的公司，而是外国公司。

企业在国外设置分公司的有利方面，主要有以下四点：

（1）设置程序简单。分公司不是独立的法人，在设置上只需以母公司的名义向所在国有关管理部门申办即可。

（2）管理机构精炼。分公司在所有的经营决策上均服从于母公司，不需要过多的管理部门与层次，只需保证顺利地执行母公司的决策即可。

（3）直接参与母公司的资产负债。分公司自己不具有资产负债表，其收益与亏损都反映在母公司的资产负债表上，而且直接分摊母公司的管理费用。

（4）与母公司合并纳税。分公司作为母公司的一部分，其收入必须与母公司的收入合并纳税。

企业在国外设立分公司也有不利的方面，主要有以下三点：

（1）母公司要为分公司清偿全部债务。在特殊情况下，所在国的法院还可以通过诉讼代理人对母公司实行审判权。

（2）母公司在设置分公司时，所在国的有关部门往往会要求其公开全部的经营状况，这不利于母公司保守其财务秘密。

（3）所在国往往关心自己本国的企业，一般很少关心国外分公司的经营状况。

### （二）子公司

子公司是指那些资产全部或部分地为母公司所拥有，但根据所在国法律在当地登记注册的独立的法人组织。从经营形式上看，子公司可以是母公司的独资企业，也可以是合资企业。

企业在国外设置子公司有利的方面是：①子公司可以使母公司以相同的资本额控制更多的企业，即母公司原用于控制分公司的百分之百的股份，可以分成若干部分分别控制不同的子公司；②子公司独立承担债务责任，减少母公司的资本风险；③子公司可以有较多的资金来源渠道，充分利用所在国的资金市场；④子公司可以享受所在国的税收优惠政策，同时，子公司之间、子公司与母公司之间可以充分利用转移价格、转移利润，达到少纳税或不纳税的目的；⑤子公司具有所在国企业的形象，可以被当

地所接受，在经营业务上也很少受到限制。

企业在国外设置子公司不利的方面是：①子公司在国外注册登记的手续比较复杂，需要经过严格的审查程序；②子公司在所在国除了缴纳所得税以外，还必须缴纳利润汇出税——预扣税；③子公司不能直接分摊母公司的管理费用。

**（三）子公司与分公司的选择**

跨国公司在设置国外组织机构时，需要从企业的实力、社会形象、预期经营状况以及所在国的法律，综合地加以考虑，采用更为合适的组织机构形式。

一般来讲，企业实力雄厚、国际知名度高，可以选择分公司的形式，以利于借助母公司的名誉，打入国外新的市场。如果预期企业在国外的机构初期面临亏损，则需要选择分公司形式，以减少总体的亏损。但是，如果所在国的法律对分公司的形式有较严格的限制时，则需要考虑采用子公司的形式。

总之，跨国公司要从上述因素出发，综合分公司与子公司各自的利弊，以实现企业总体目标为目的，选择最适合企业利益的国外组织机构形式。

# 第二节　跨国公司的组织结构概述

## 一、跨国公司组织结构的演变

跨国公司组织结构的演变，是指跨国公司组织结构总体形态的演变。国内企业随着市场的需求，向海外寻求发展，逐步成为跨国公司，开辟了新的区域性市场、新的产品系列、新的职能，甚至新的技术或财务活动。这些都要求企业在管理组织上发生相应的变化，以适应新的需求。跨国公司组织结构的基本轨迹是先在销售部下设出口部，接着经历了母子结构阶段、国际部阶段，然后进入到全球性的组织结构阶段。每一阶段都是对上一阶段的适应和改进。就个别跨国公司来说，组织结构的演进并不一定要逐次经历这些阶段，演进的速度也因企业而异。

**（一）出口部阶段**

当一家企业通过产品出口初入外国市场时，由于对海外贸易业务不熟悉，往往将其产品委托给本国独立的贸易公司经销。但是，随着企业产品的国外销售量不断增大，这种外销方式不仅使企业损失了一大笔由贸易公司所得的产品销售利润，而且由于企业未能与消费者直接接触，不利于及时捕捉国际市场的信息和提高产品的国际竞争力。这时，企业将在销售部下组建自己的出口部，委派中级管理人员担任出口部经理，如果企业的经营重点放在产品的出口上，那么它还可以进一步在国外建立销售、服务机构和仓储设施。

日本厂商在通过出口进入外国市场方面采取了与他国不同的做法。长期以来，日本企业一直依赖大型综合商社为其提供出口服务，而不建立自己的出口部。综合商社是日本特有的从事国内外贸易和海外投资的垄断企业，对日本经济贸易的发展起了极其重要的作用，其中三井物产、三菱商事、伊藤忠商事、住友商事、丸红、日商岩井、东洋棉花、兼松江商事、日棉实业这九大商社的进出口额占日本总进出口额的45%左右。

**（二）母子结构阶段**

当企业在外销市场上遇到激烈的竞争，受到关税壁垒和各种非关税壁垒的限制，并且，当企业的国际业务从单一的出口转为包括出口、许可证贸易和国外生产在内的综合性业务时，企业内部各部门之间就会产生许多利益冲突。在这样的情况下，仅仅设有出口部难以解决这些冲突，促使企业在国外设立销售机构，进而在国外设立子公司，就地生产和销售。这时，企业才开始演变成为真正意义上的跨国公司。尽管当时企业的海外子公司数量很少，规模也还不大。

母子结构是欧洲早期跨国公司所普遍采用的组织形式。绝大部分的欧洲跨国公司，由于其国内市场容量狭小，生产规模稍一扩大就有可能越过本国国境，因此在组织结构发展的早期，就对国外业务和国内业务给予同等的重视。但是因为那时的运输和通信手段还不发达，要建立更加高度一体化的组织还不可能，故而多采用母子公司结构。一直到20世纪60年代，欧洲一些著名的跨国公司仍然保持着这种结构。

美国的跨国公司也曾经采用母子结构。例如，20世纪20年代前后，福特公司就曾在欧洲许多国家设立分厂。但是对大多数的美国跨国公司来说，母子结构只是组织结构形式发展过程中的一个过渡阶段。因为美国企业在成为跨国公司之前，由于国内市场容量大，企业规模已经相当庞大；在成为跨国公司之后，投资对象除其他美洲国家以外，主要是远隔大西洋的欧洲国家，若采用母子结构，显然不适合美国母公司与欧洲子公司之间的联系，所以较多地采用了国际部结构。

**（三）国际部阶段**

随着企业国外子公司数量的增加、经营规模的扩大，各子公司之间会产生利益冲突，使跨国公司难以实现整体利润最大化的目标。加之企业跨国经营日益复杂化，要求企业在国内事业部的基础上建立一个相对独立的国际事业部，简称国际部，统管国外各子公司的组建以及投资、生产、销售等业务活动，协调各子公司的经营活动，按既定的目标评价它们的业绩，而不再仅仅消极地对跨国经营中面临的环境变化作一些简单的反应。

20世纪60年代早期，建立国际部是美国一些大企业最常采用的组织形式。它们往往跳过母子结构阶段，从销售部下设出口部阶段直接发展到国际部阶段。进入 20 世纪 80 年代，大约 2/3 的美国跨国公司仍采用国际部组织来管理其世界范围内的业务。采用这种结构的典型企业是 IBM。

### （四）全球性结构阶段

全球性结构是跨国公司的国外子公司发展到全球性规模时所采用的组织形式。所谓全球性结构，就是把国内一般企业的分部组织形式扩展到全球范围，从全球角度来协调整个企业的生产和销售，统一安排资金和分配利润。它打破了将企业经营分割为国内经营和国外经营，把企业的组织结构分裂为国内结构和国外结构的格局，视世界市场为一个整体。

20 世纪 60 年代中期，那些处于国际部阶段的美国企业发现，在企业内建立国际部，往往使企业最高领导层只重视国外市场经营而忽视国内市场经营，于是一些企业纷纷放弃这种组织形式而采用全球性结构形式。

## 二、跨国公司组织结构的基本形式

### （一）出口部结构

出口部结构是企业在国内组织结构的基础上，在销售部下设立一个出口部，全面负责企业产品的出口业务，并在国外建立销售、服务机构和仓储设施。出口部是责任中心，国外的销售机构也是利润中心。这种组织结构的优点是：有一个统一的对外机构来引导和协调企业的对外经营，有利于了解国际市场行情，扩大企业产品的出口。其缺点是：单一的产品出口受到国外各种关税壁垒和非关税壁垒的限制，简单的出口部结构难以适应企业随后发展起来的综合性业务的要求，并且出口部起初隶属于销售部，倾向于反对到国外设厂生产，容易与国内的其他部门产生利益矛盾。企业出口部结构形式参见图 5-1。

### （二）母子公司结构

母子公司结构是一种直接由母公司总经理或董事会管理国外子公司的组织结构形式。各国外子公司不需要通过任何诸如地区总部或国际部这样的中间环节，而是直接向母公司汇报经营情况。子公司通常生产母公司指定的产品，也可以经销另外的产品，有比较大的经营自主权。母公司对子公司的经营不负直接责任，大多数只是控股公司，与国外子公司之间关系松懈，只注重财务上的联系，母公司的领导权限一般集中于公司总经理。母子公司之间最重要的联系方式是个人访问，即母公司总经理对国外子公司进行定期或不定期的考察，并带有非正式监督的色彩。日本的跨国公司，母公司经理与子公司经理往往保持密切的私人关系，并由此形成一种自上而下的决策系统。

母子公司结构的优点是：国外子公司的经营自由度较大，可以作为一个独立的企

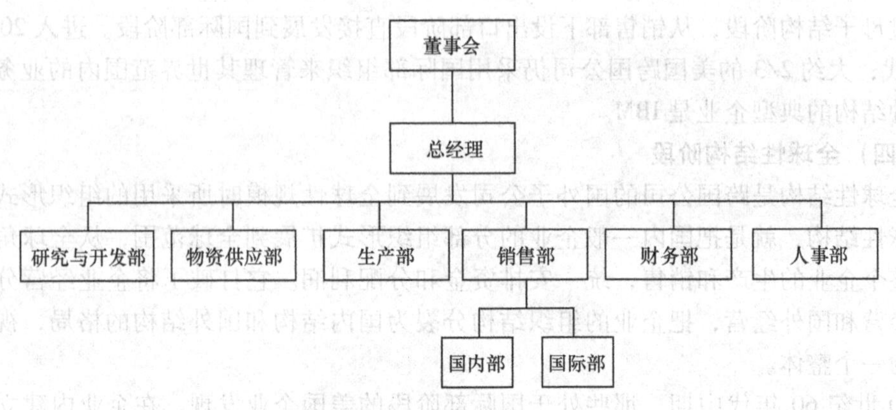

图 5-1 出口部结构示意图

业在特定的环境中进行经营活动，能够迅速调整经营策略以适应所在国市场和政府的要求，易于吸收当地资本，并为所在国提供就业机会。

母子公司结构的缺点体现在两个方面：一方面，国外子公司直接与母公司总部联系容易影响母公司最高管理层的工作效率，而母公司最高管理者的个人知识和能力也将限制其对子公司的有效指导；另一方面，子公司所具有的经营自主权也会使其在制定决策时，往往只着眼于本公司的利益，因而也有很大的局限性。

典型的母子公司结构形式参见图 5-2。

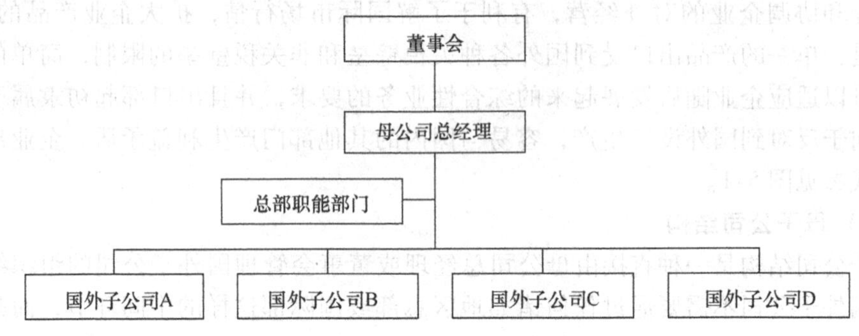

图 5-2 母子公司结构示意图

### （三）国际部结构

所谓国际部结构，是指当跨国公司的国外子公司达到一定数量和规模时，所设立的、与其他国内事业部处于同等地位的、由企业副总经理负责并受企业总经理直接领导的经营母国以外一切业务的国际部门。国际部通常直接负责母国以外各国子公司的经营管理，并涉及母公司的出口、许可证贸易和海外直接投资活动。有的跨国公司还单独成立一个国际公司，担负着与国际部同样的职责。国内产品部与国际部并列的组织结构形式参见图 5-3。

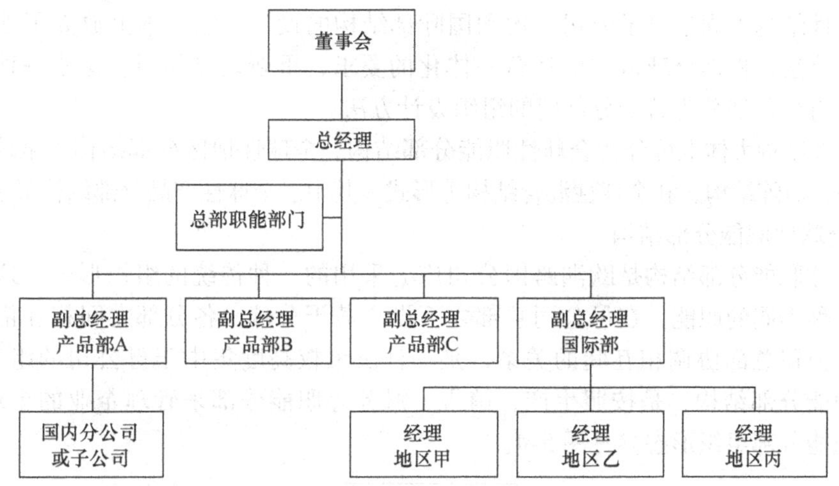


图 5-3　国际部结构示意图

国际部结构的特点是：国外子公司一般不与企业总部建立直接的汇报关系，不直接接受母公司最高管理者的指示，而是在遇到重大的决策问题时向国际部报告。这种联系涉及计划、财务、销售、研究与开发、人事和情报交流等各方面。这时，国外子公司与母公司的联系不再像母子公司结构那样属于非正式接触，转而成为一种正式的联系。

国际部结构的主要优点是：

（1）它能有效协调国外子公司的经营活动，有助于实现整个企业的利润最大化。例如，依靠国际部能加强各子公司之间的联系，使各子公司之间的信息充分沟通，由国际部为各国子公司划分各自的销售市场，能够避免子公司之间的盲目竞争。

（2）由国际部统筹资金，能减少各子公司启筹资金时需要付出的利息。

（3）国际部还可以在各子公司进行相互交易时制定内部转移价格，以降低整个企业的税收负担，使企业整体利益最大化。

国际部结构的主要缺点是：

（1）国际部不可能拥有大量有关子公司所在国环境条件的资料信息，在这种情况下由它来统一制定有关决策就对子公司的发展有所阻碍。

（2）国际部还不是子公司的最高决策机构，情报信息需要经过上下反复的传递过程，容易造成决策不及时，给子公司的经营带来损失。

（3）国际部通常没有自己的研究和开发机构，不得不依赖国内各产品部，容易使跨国公司的国内、国外业务经常发生矛盾。

（四）全球性结构

全球性结构不同于母子公司结构和国际部结构的设计，它基本上放弃了地区上的国内外二分法，根据全球范围的经营一体化的要求，重新划分部门。这是一种在超国家范围内将公司划分为若干分部门的组织设计方法。

全球性结构大体上可分为全球性职能分部结构、全球性地区分部结构、全球性产品分部结构、矩阵结构、和全球性混合结构等形式。其中以全球性产品分部结构最为常见。

1. 全球性职能分部结构

全球性职能分部结构是欧洲跨国公司广为采用的一种传统的组织形式。这种结构是根据各种不同的职能，在母公司总部之下设立若干分部，各分部之间相互依存度较高并由母公司总部协调相互间的关系，是一种决策权高度集中于母公司的组织形式。典型的职能分部结构，是按照生产、销售、财务等职能分部来管理企业的全球业务。全球性职能分部组织形态参见图5-4。

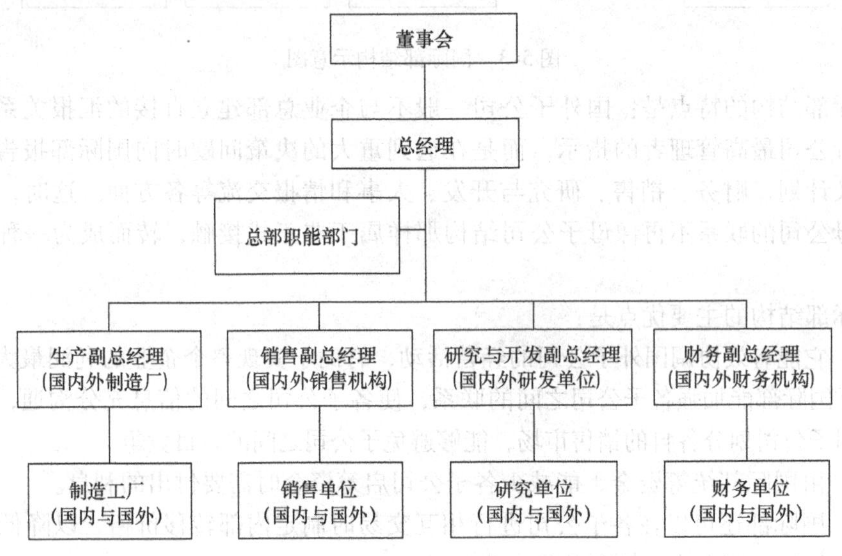


图5-4　全球性职能分部结构示意图

全球性职能分部结构的优点是：①企业的各种业务职能专业化，有利于增强全球范围内的竞争能力；②强调集中控制，成本核算、利润获取均集中在母公司总部，便于协调各部门的利益关系，避免了产品分部结构下以利润为中心的各分部间的冲突。

全球性职能分部结构的缺点是：①不易管理，要求各职能部门中都应具有熟悉不同产品的管理人员，而管理人员的知识和能力毕竟有限，使得企业难以开展产品的多样化经营；②在同一职能部门中，地区间协作困难；③在缺乏必要的信息沟通的情况下，各职能分部的工作相互脱节，生产目标和销售目标会产生差异和矛盾。

全球性职能分部结构比较适合于那些规模较小、产品结构单一、市场相对集中、顾客需求基本相同、销售限制较少、在国际市场没有强劲对手的跨国公司。另外还适合于一些规模虽然较大，但技术特点使企业各种职能部门的内部依存程度较高、要求集中管理的跨国公司，不少采矿企业就属于这种类型。

2. 全球性地区分部结构

全球性地区分部结构采取区域组织结构，主要是为了在企业全球性总体战略的指导下，按各大区域组织本地区的各种产品的生产经营活动以及各项职能工作。这种组织形式就是按照地区设立分部，由母公司副总经理担任各地区分部经理，负责企业在某一特定地区的生产、销售、财务等业务活动，而总公司负责制定全球性经营目标和战略，监督各地区分部执行。全球性地区分部结构参见图5-5。

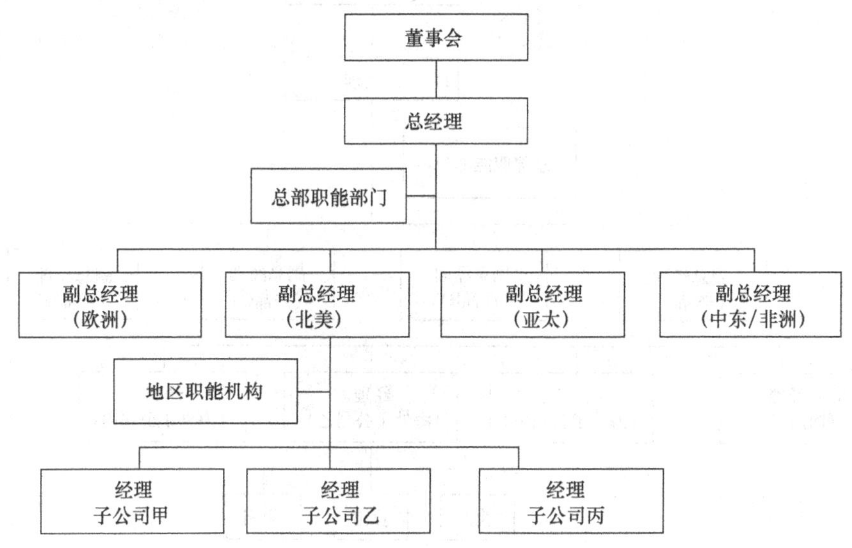


图5-5　全球性地区分部结构示意图

全球性地区分部结构的优点是：①重视国外各子公司作为利润中心的地位，减少了公司总部协调和管理的工作；②有利于国外子公司根据区域内环境的条件，改进自己的生产经营活动方式，充分利用当地的资源，发挥自己的优势。

全球性地区分部结构的缺点是：①当企业产品品种增多时，难以协调多种产品的生产经营活动，不能迅速地与其他地区或本地区其他国家的子公司分享新产品的协同作用；②各地区需要大量的具有国际生产经营经验的管理人员，会造成不必要的人才浪费；③各地区容易增长地区本位主义，忽视全球战略，人为地在区域内部设置地区利益障碍，使得企业总部难以协调与管理。

全球性地区分部结构适用于那些产品成熟、产品高度标准化、地理分布较广的企业和产品线较少、生产技术接近、市场条件相似的企业。

3. 全球性产品分部结构

随着产品品种的增多，产品系列的深化，跨国公司可以根据产品种类和服务的特点，在全球范围内设立若干个产品部，分管每大类产品的生产经营业务。在这种结构中，由企业总部确定企业的总目标和经营战略，各产品部根据总部的经营目标和战略分别制定本部的经营计划。在部门的划分上，企业可以从两种角度加以考虑：一是按不同产品的类别设立部门；二是按照产品的不同加工程度或不同加工工序设立部门。全球性产品分部结构参见图5-6。

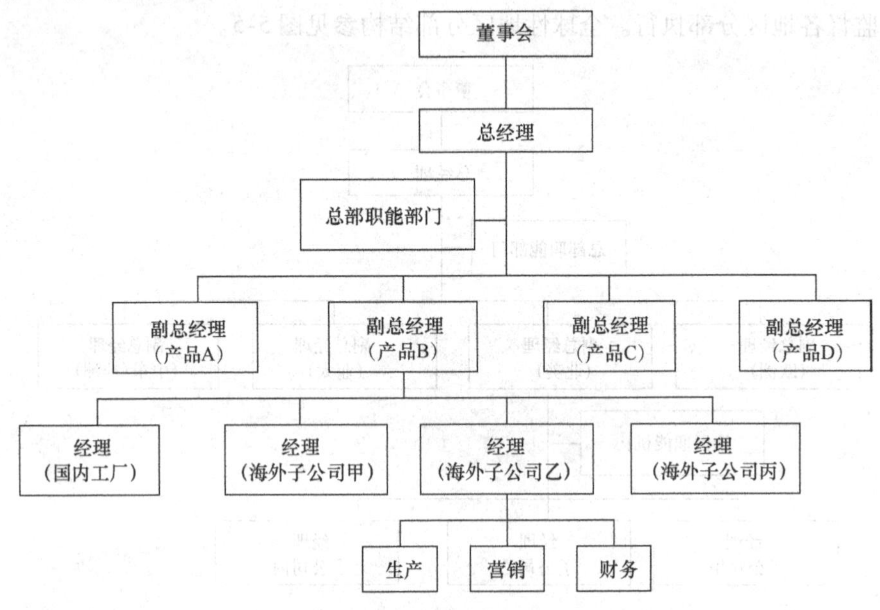


图5-6 全球性产品分部结构示意图

全球性产品分部结构的优点是：①使企业的内部化加深，促使企业把全球作为目标市场，在全球范围内降低产品生产成本；②有利于一家跨国公司在全世界进行同类产品的标准化生产，有利于在不同地区间同一产品的生产技术进行内部转移，促进新产品的研究开发，提高产品的技术优势，促进产品生产与市场营销的统一；③有利于实现产品的全球销售，提高企业各种产品在全球范围内的竞争优势。

一般来讲，全球性产品分部结构适用于产品多样化程度高、生产技术要求高、市场范围较广、技术研究开发较多、消费市场又较为分散并且具有全球性生产经营活动经验的跨国公司。

4. 矩阵结构

矩阵结构是一个具有高度适应性、能灵活地对付市场变化的“方格”式管理组织形式，采用矩阵结构的大多数企业一般以产品与地区作为主线；或以业务和职能部门作为主线；或在一个矩阵结构中包含三条主线，如产品、地区、职能，如果这样，结构就比较复杂，方格就有很多管理线。矩阵结构参见图 5-7。

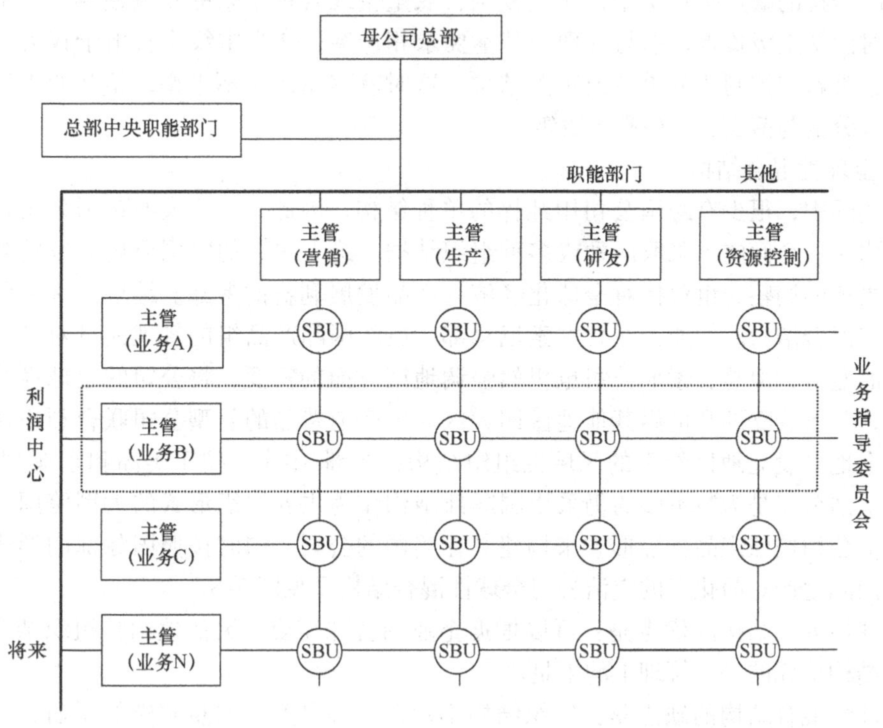


图 5-7　矩阵结构示意图

注：SBU 为战略业务单位（Strategic Business Unit）。

矩阵结构在管理上有三个不同于其他结构的地方：①每一个战略业务单位的主管必须向两个上级汇报工作；②每一个战略业务单位的主管有来自两个部门的员工；③最高层管理人员面临双重结构，必须平衡来自两个方面的压力，处理矛盾与不协调等问题。

采用矩阵结构的主要原因是希望用一种更先进、复杂的组织结构，把按产品、按地区或按职能划分的结构的优点吸收进来，同时也尽可能地减弱或消除按产品、按地区或按职能划分的结构的缺点，如机构、人员的重复设置、不协调以及缺乏全局观念等。因此，当企业受到来自多方面压力，或经营达到一定规模后，采用这种结构的倾向就比较明显。

矩阵结构的优点是：①结构具有较强的高效性与灵活性，业务单位的人员来自两个部门，能够充分地利用两个部门的信息与知识经验；②不同专职部门根据业务开展的需要，派出合适的人员；③战略业务单位可在需要时适时适地地组成或撤销。

矩阵结构的缺点是：①结构比较复杂，双重主线管理带来的双重领导，一个下级要同时对两个上级负责，这与管理的基本要求相冲突；②当主线主管出于权力与利益的考虑，常希望控制业务单位或矩阵结构，这时就容易产生不平衡，相互的责任与任务就难以分清与落实，妨碍整体决策。

5. 全球性混合结构

在实际中，很少有跨国公司用纯粹的单种结构，因此，一些大型跨国公司在设计组织结构时，会倾向于采取两种或多种组织结构。绝大多数的跨国公司采取的战略既包括对当地的调整，也包括对全球化经济与产品发展利益的考虑。结果是许多跨国公司都拥有混合结构。例如，在日本索尼总部，虽然国际产品组的管理人员对其业务实施广泛的监督，但是，索尼公司也仍然强调地区方面的需要，将公司的全球经营划分为日本、北美、欧洲和世界其他地区四大区。生产消费品的巨型公司联合利华拥有在以下三个地区设立地区经理的区域性组织结构：非洲/中东、拉丁美洲和东亚/太平洋地区。宝洁公司是为数不多的仍采用国际部结构作为主要组织形式的大型跨国公司之一。宝洁公司按照产品分部形式来构建其在美国的公司，同时按照国际部的形式来组织其他国际生产。简化了的宝洁公司全球性混合结构图见图5-8。

全球性混合结构的优点是：可以根据企业的特殊需要，灵活地调整组织结构，弥补单项结构造成的经营管理上的不足。

全球性混合结构的缺点是：组织结构不规范，容易产生双重管辖的矛盾，部门之间差异过大，难以协调与管理，增加了企业总部协调的复杂性。

## 三、跨国公司组织结构的新发展

跨国公司的组织结构随着环境的不断变化也在不断发展。近年来出现了一些新型的组织结构，如控股公司结构、国际网络结构、虚拟公司结构、无边界企业结构和关联组织安排等。

### （一）控股公司结构

控股公司结构是由国际核心控股公司和若干个法律上和组织上独立的子公司组成

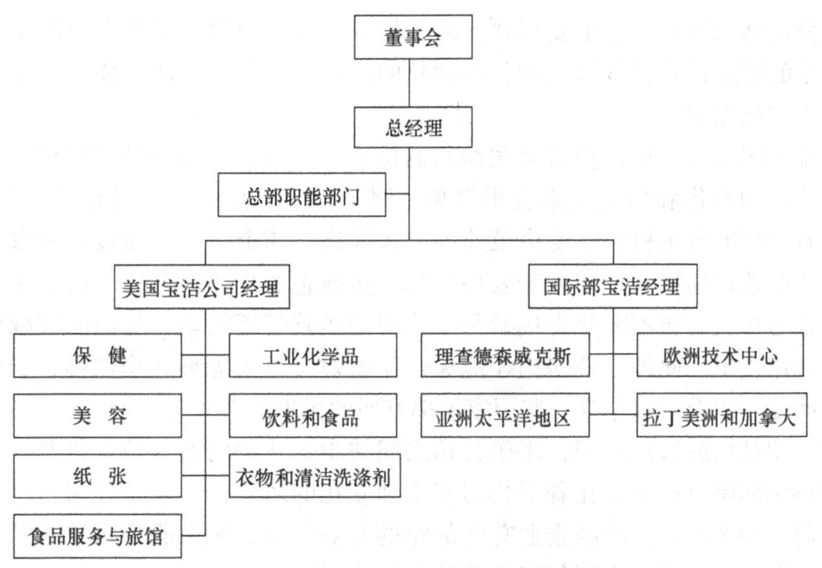


图 5-8　宝洁公司全球性混合结构中的国际部[⊖]

的组织结构。核心控股公司为该组织结构的战略领导核心，各子公司则独立处理各自的经营业务活动。子公司可以是跨国公司原有的国外子公司，也可以是跨国公司后来并购的国外企业。控股公司结构参见图 5-9。

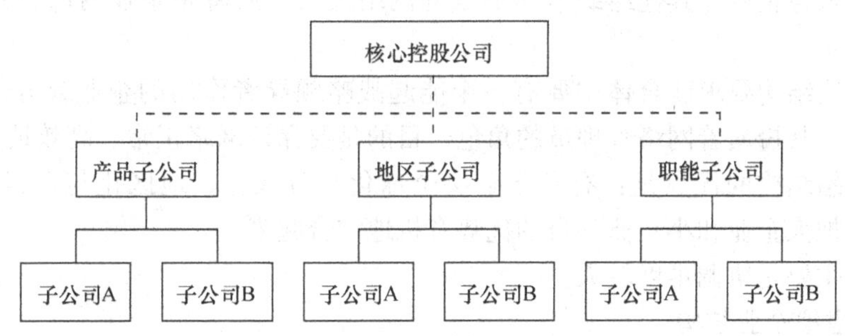


图 5-9　控股公司结构示意图

核心控股公司通过参股、吸收子公司管理人员参与高层管理机构、签订合同，以及建设企业文化和有效沟通等方式来协调和控制与子公司之间的关系。

⊖ 参见：Samuel Humes，Mananging Multinational：Confronting the Global-Local Dilemma，New York：Prentice Hall。

控股公司结构包括两种主要形式：财务控股和管理控股。前者主要限于对子公司的财务资金的管理；后者承担控股公司的总的战略管理任务，而具体经营任务仍由各子公司独立实施完成。

与传统组织结构相比，控股公司结构的优点主要有：①采用控股结构，核心控股公司与子公司的合作和协调关系变得简单、明了；②使跨国公司具有高度的灵活性，子公司具有高度的自主权，能使决策速度大大提高；③企业可以通过并购参股新的国外公司而使企业快速扩张；④便于发挥优势，实施企业总体战略；⑤由于企业的管理宽度大，核心控股公司不需要直接参与子公司的经营管理活动，从而能够减少跨国公司的管理费用支出。此外，该结构还能通过年度财务报表等形式增加母、子公司之间关系的透明度，以及可以享受一些国家税率方面的优惠待遇等。

控股公司结构的缺点在于：①子公司之间缺少正式的沟通和协调机制，会导致子公司之间协调的困难；②存在着子公司完全独立化的风险；③当子公司与母公司的利益发生矛盾或冲突时，会限制企业总体战略的有效实施；④控股公司核心管理层的确定，以及企业文化建设等方面都容易遇到较大困难。

### （二）国际网络结构

随着经济全球化的发展和国际互联网在国际商务活动中的广泛使用，跨国公司，特别是拥有众多子公司和股东的大企业的结构也呈现出网络化发展的趋势。

国际网络结构可以分为企业外国际网络结构和企业内国际网络结构两种。前者是跨越企业界限与企业外其他组织之间形成的网络关系；后者是企业内部各部门之间形成的网络关系。

国际网络结构要求联合体中要有一个能起战略领导者作用的企业或分部，即核心企业或分部，其扮演着网络管理员的角色，目的是要保证网络正常、高效地运行。

国际网络结构的优点是：有利于解决全球化与分权化、地区化与多样化的矛盾，因为它能够把大企业和小企业各自的优势有机地结合起来。

其缺点主要是协调难度较大。

### （三）虚拟企业结构

虚拟企业是依托不同独立企业的核心能力，按价值链建立起来的松散型一体化联合体。

虚拟企业的主要特征有四个：一是虚拟企业的成员可以共享对方的核心能力，相互支持和相互补充；二是虚拟企业掌握现代信息和通信技术，通过网络连接实现合作；三是虚拟企业不必设立职能部门，不必设立专门的协调机构，而是以程序为导向，根据企业合作发展进程对组织结构进行调整；四是虚拟企业以顾客为导向，企业根据顾客消费需求组建相应的虚拟联合体。

虚拟企业的优点有：①表现出高度的适应性和灵活性；②企业能够更迅速地开拓和进入新的市场；③可以节省设立组织机构和协调机构的费用以及管理费用。

虚拟企业的主要缺点有：①难于形成和实施企业总的发展战略；②难于形成企业总的价值观和进行企业文化建设；③存在着企业核心技术扩散或虚拟企业成员单方面获取和利用其他合作伙伴的核心技术而设法保护自己的核心技术的风险。

### （四）无边界企业结构

无边界企业又称为无缝组织，它是建立在打破组织内外部边界基础上的一种松散合作型组织结构。

与母子公司之间、各子公司之间和公司与客户之间的正式规范联系为特征的传统组织结构不同，无边界企业致力于淡化和消除企业边界的限制。该类组织结构以团队为基本单位，企业内部部门之间和员工之间的团队合作方式得到肯定和发展，这种团队还跨越企业本身的界限与企业外部的其他团队组成联合体。

无边界企业结构的优点有：①具有极大的灵活性，可以更好地适应企业国际业务多样化发展的需要；②可以利用企业外不同团队的各自优势，加快新产品研究与开发和开拓市场的速度；③可以通过加强企业内外部人际的沟通与交往，促进劳动效率的提高；④可以减少管理层次，降低管理成本。

无边界企业结构的缺点有：目前还缺乏有效的跨企业的团队管理方法，这种组织结构通常更适合于以产品和市场为导向的企业，而难于形成企业的全球战略和实行全球一体化经营。

### （五）关联组织安排

被称为凯立茨的关联组织，是一种大型的，通常是横向联合的、紧密合作和工作的公司群体。例如，日本三菱集团包括29个核心成员，这些核心成员通过交叉持股、长期商务往来、连锁董事（Interlocking Directorates）和各种社会联系（如许多高级行政管理人员过去都是大学的同学等）相互捆绑在一起。在三菱集团中有三个旗舰式的企业：三菱商事、三菱银行和三菱重工。三菱商事是一家贸易公司；三菱银行为集团经营融资；三菱重工是世界上最主要的制造商之一。此外，还有上百家与三菱相关的公司围绕在三菱集团的周围，大大增强了三菱集团的实力。许多国际管理分析家引用这种凯立茨或关联公司形式的组织安排，来说明日本跨国公司成功的原因。例如，形成关联公司的企业组织虽然在日本全部企业中所占的比重不到1/10，但是它们在东京证券交易所全部股票市值中占了78%，在全部日本对美国高技术公司的投资中占了68%，在美国加利福尼亚州的日本子公司中占了50%以上。很明显，日本的这些关联组织十分具有竞争力。

日本并不是唯一使用这种关联组织安排的国家。美国大型的跨国公司也在创造它们自己的凯立茨关联组织。例如，福特汽车公司现在将其注意力集中于汽车制造和金融服务，而放弃了大多数其他的业务。在研究和开发方面，福特公司与8个联合体相关，这些联合体从事诸如改进工程技术、材料和电动车电池等方面的研究。在零部件生产方面，福特掌握了卡明斯、易克赛尔工业、德库麻国际公司的股权，依靠它们提供引擎（卡明斯）、车窗（易克赛尔工业）、车身、车轮（德库麻国际公司）。在汽车组装方面，福特在欧洲、南非和亚洲的一些公司拥有股权，并运用这种关联组织安排在世界各地生产和销售汽车。在金融服务方面，福特公司拥有7个全股份分公司和子公司，涵盖从消费者信用到商业贷款等广泛的领域。在市场营销方面，福特拥有赫兹公司49%的股权，利用后者以及其他的汽车代理商作为其销售产品的渠道。㊀

福特公司也不是唯一运用关联组织的美国公司。现在越来越多的美国公司正在共同合作以努力提高它们的竞争力，抵消来自外国凯立茨式关联组织的影响。在研究领域，现在美国有250多个R&D联合体，它们共同负担成本，分享信息。例如，美国三大汽车巨头联手，共同研究电动车的新的电池技术。在设计和生产方面，制造商与供货商结成了伙伴。例如，迪尔公司与其供货商如麦克劳克林·博迪公司合作，提高质量、降低成本。在金融领域，大公司如数字设备公司、IBM、诺韦拉斯系统或者拥有其重要供货商的股权，或者贷款给后者，以确保及时得到高质量的零部件。在营销领域，制造商和供货商相互销售产品，彼此提供服务。例如，迪吉特尔设备公司销售克雷研究公司超小型计算机；日本的马自达公司购买福特公司生产的汽车在美国销售。㊁

随着凯立茨式关联组织安排的正面作用的逐步显示和扩散，越来越多的跨国企业会发现，它们自己的组织结构正在与其伙伴或供货商的组织结构巧妙地相互连接起来。这种结构虽然难以直观地描绘出来，但在国际经营的实践中，是非常有用的。

## 第三节 跨国公司组织结构的选择

### 一、跨国公司组织结构的选择原则

#### （一）多样化与一体化原则

跨国公司组织结构面临的重大挑战是如何处理好多样化和一体化的关系。企业的国际化经营，一方面要求企业能根据各国市场的具体环境进行多样化经营，并能根据

㊀ Ford's Keiretsu，Business Week，Jan. 27，1992，p. 55.

㊁ James B Treece，Karen Lawrey Miller，and Richard A Memer. The Partner，Business Week，Feb. 10，1992，pp. 102-107.

市场的变化及时对经营策略和产品生产进行调整，具有灵活性的组织结构将能够使企业更贴近市场、缩短部门间沟通和贯彻管理决策的时间；另一方面，跨国公司为了实现企业的全球战略目标，更有效地利用全球资源和提高企业的整体竞争力，又需要进行一体化经营，把各子公司的多样化经营融合到企业总部的一体化经营的框架中。

### （二）集权与分权原则

授权是组织结构设计的重要内容之一。对于跨国公司而言，集权有利于企业总部对国外子公司或分支机构的控制，有利于实施企业的总体发展战略方案；而分权则有利于子公司的开拓市场，有利于提高企业对市场变化的反应能力。

对于处于发展初期的跨国公司，适宜采用分权式组织结构，给子公司高度的自治权，母公司以利润中心标准对子公司实施控制。而对于实行全球战略的跨国公司，决策权宜集中于企业总部。在实践中，跨国公司通常把研究与开发、财务和人事的决策权集中于总部，把营销权授予各子公司。

集权结构与分权结构的优缺点见表5-2。

**表5-2 集权结构与分权结构的优缺点**

| 项目＼类型 | 集权结构 | 分权结构 |
| --- | --- | --- |
| 优点 | 1. 自上而下的决策指令，具有权威性<br>2. 对关键资源实行集中决策，强化对财务等关键部门的控制<br>3. 生产制造与研发可实现规模经济<br>4. 总部掌握与控制全球战略目标和战略<br>5. 总部的管理能力因可招聘到优秀的人才而得以提高<br>6. 各分支机构的行动能得到统一，全球战略易于实施 | 1. 子公司管理层有较高的自主权<br>2. 对当地市场能深入了解，能迅速对市场变化作出反应决策<br>3. 子公司管理层比较有“企业家精神”<br>4. 子公司有当地企业形象，能较好地融入当地市场<br>5. 能较好地适应当地文化，采取当地习惯的做法<br>6. 子公司的绩效有人负责<br>7. 能适应东道国的某些政策要求 |
| 缺点 | 1. 公司对当地市场需求的适应能力减弱<br>2. 不易根据当地市场的需求情况调整产品<br>3. 各分支机构常常强调自身利益，协调差，合作少<br>4. 分支机构的高级主管常为母公司所派，不熟悉当地市场<br>5. 总部与分支机构的管理关系有时不合理 | 1. 子公司权限过大会使总部全球战略执行起来很困难，目标不易统一<br>2. 各子公司分权运作，易受采取全球一致战略公司的挑战<br>3. 各子公司之间沟通不易，交流与合作很少<br>4. 规模经济效益较难实现<br>5. 子公司重复设置的机构带来整个公司的臃肿和成本增加<br>6. 资源配置上可能过于分散与不经济 |

### （三）成本与效率原则

低成本和高效率是跨国公司选择组织结构类型应该考虑的又一重要原则。低成本可以通过扩大子公司决策经营权，减少管理层次，减少部门间的协调量，避免设备、人员和机构的重复设置，以及提高管理人员的管理能力等方式来实现。合理的组织机构设置，明确的业务部门权责划分，以及完善的激励和控制系统的建立是提高组织效率的重要保证。跨国公司由于经营战略和经营环境限制，并不总能在组织结构设置上实现成本的最低化和效率的最高化。跨国公司必须根据内外部环境的具体情况对成本和效率进行权衡，选择对其最有利的方案。

## 二、影响跨国公司组织结构选择的主要因素

由于国际经营环境的多样性和复杂性，以及跨国公司本身状况的千差万别，造成影响各个跨国公司选择组织结构的因素也会有所不同。但是有一些因素是对所有跨国公司都会起影响作用的。

### （一）企业国际化发展程度

企业国际化发展程度直接影响着跨国公司组织结构的选择。斯托普福特（Stopford）和威尔斯（Wells）对187个美国公司1900—1963年的情况作了广泛的调查研究，提出了企业国际化发展程度与跨国公司组织结构选择的关系模型，即“结构发展阶段模型”，参见图5-10[㊀]。这两位研究者认为，影响组织结构选择的最重要因素有两个：一是企业提供给国际市场的产品的种类多少；二是企业的国际业务对企业总业务的重要程度如何。根据这两个因素可以把组织结构的发展划分为三个阶段。

在组织结构发展的第一阶段，企业刚刚开始从事国际化经营，还没有跨国战略发展方案和国外经营经验，因此企业只是建立自治子公司，无需为了从事国际经营而调整和改变已有的组织结构。当企业的国际业务扩大、国际经营经验增多后，企业的组织结构就进入发展的第二阶段，企业在已有组织结构的基础上设立了主管国际业务工作的国际部。组织结构发展的第三阶段是全球性组织结构。由于企业国外业务占总业务量的比例和国外产品多样化程度的大大提高，已有的组织结构已经不能适应国际化发展的需要，企业开始采用全球性组织结构。全球矩阵结构是全球性组织结构的高级形式。

斯托普福特和威尔斯的调查还显示，在企业国际化发展的实践中，美国和欧洲的跨国公司其组织结构的发展有所区别。

---

㊀ 参见J M Stopford，L T Wells，Managing the Multinational Enterprise，Organization of the firm and Ownership of Subsidiaries，New York，1972。

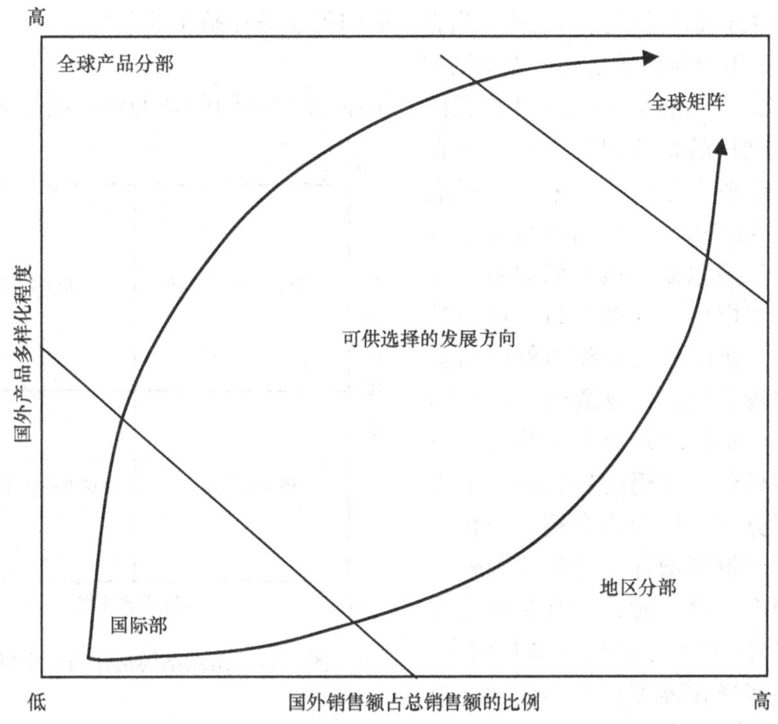


图 5-10 跨国公司组织结构发展阶段模型

美国的企业是按照上述三阶段模型发展的，而欧洲企业组织结构的发展通常是越过第二阶段，由自治子公司阶段直接进入全球性组织结构阶段。欧洲企业采用的自治国外子公司结构持续时间较长，这是因为直到20世纪60年代末为止，欧洲市场的竞争一直相对平和，组织结构无需为适应国际化的发展进行调整。而当竞争压力日益增大后，欧洲企业已经没有时间再按照常规的三阶段发展模式调整组织结构，而是直接进入发展的第三阶段。

结构发展阶段模型的意义，是使跨国公司把组织结构的决策与对企业的国际化发展程度的分析相结合，企业可以根据自己所处国际化的发展阶段大体确定应选择的组织结构类型。但是，他们把影响跨国公司选择组织结构的因素只归结为两类的做法，对于企业进行组织结构决策显然是不够的。

**（二）企业的国际业务规模及在企业整个业务中的重要程度**

企业的国际业务规模常以企业国外产品销售额、产品销售种类和子公司数量等指标来表示。

当企业国外子公司的数量少、业务量小时，企业的经营重点是国内业务，因而适合于采用出口部或自治子公司结构。当企业的国外业务在整个业务中占有重要地位时，企业就需要采用国际部或全球性组织结构。

埃杰尔霍夫（Egelhoff）对24家美国公司和26家欧洲公司的调查结果表明，采用全球性产品结构的企业国外生产占企业总生产的比重平均为61%，采用矩阵结构的企业则达到86%。[㊀]他由此得出了与斯托普福特和威尔斯模型相似的组织结构选择的二维模型，见图5-11。这个模型表明，当企业国外业务和国外产品多样化程度均较低时，企业适合采用国际部结构；当企业的国外业务量增加，但国外产品多样化程度仍还较低时，采用全球性地区分部结构较为合适。当企业除了国外业务量猛增外，企业的国外产品多样化程度也提高时，就有必要考虑采用矩阵结构；而对于国外业务量较少、但国外产品多样化程度较高的企业，适合于采用全球性产品结构。

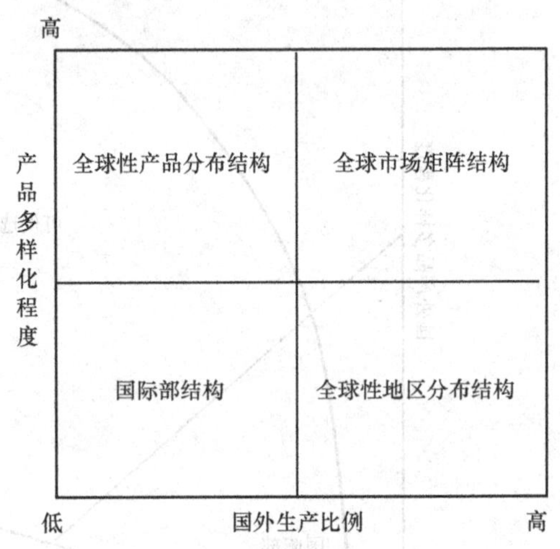


图5-11　组织结构选择的二维模型

**（三）产品市场类型**

国外产品市场的类型同样是影响企业组织结构选择的重要因素。如果一个企业面对的产品市场主要是消费品市场，则选择分权式的组织结构较为适宜，因为它可以使子公司具有最大限度的灵活性和快速反应能力；如果企业面对的是技术密集型产品市场，则选择权力集中式的组织结构较为适宜。

**（四）国家文化差异**

对于同样规模、处于同样发展阶段、拥有同样技术水平但处于不同国家的跨国公司，选用的组织结构类型可能不同，原因是它们的国家文化背景不同。有些国家的企业会倾向于采用集权式的组织结构，而另一些国家的企业则更愿意采用分权式的组织结构。例如，法国和德国的跨国公司与美国的跨国公司相比，选择的组织结构时通常会更多地考虑较少授权和集中管理因素。

---

㊀ 参见 W C Egelhoff, Organization in the Multi-national enterprise, an Information Processing Perspective, Cambridge/Mass. 1988, p12。

### （五）管理人员的质量和数量

采用全球性组织结构的企业对管理人员质量与数量的要求通常比采用自治子公司和国际部结构的高，因为全球性组织结构要求管理人员具有多国管理经验、全局观念和良好的协调能力。当一个企业缺乏合格的、足够的国际管理人员时，会严重阻碍跨国公司采用适当的组织结构类型。

此外，国家的政治和法律、企业的历史等也能成为影响跨国公司选择组织结构类型的重要因素。

由于没有也不可能有一个适合于所有跨国公司选择组织结构的标准，所以跨国公司在作出组织结构类型选择决策时，需要根据各自所处具体环境，综合分析各种影响因素，权衡采用各种组织结构类型的优缺点。

# 第四节　跨国公司的组织控制与管理体制

## 一、跨国公司的组织控制

跨国公司的组织控制通常是指跨国公司对其遍布全球的海外分支机构的控制，主要内容是海外分支机构中的人、财、信息等资源的运用状况和成效控制。跨国公司的组织控制模式、手段和方法是多样化的。但无论选择何种控制模式，都要以能够最大限度地实现战略协同效应和发挥母子公司资源共享优势为目的，要能够保证跨国公司和子公司双方共同利益的最大化和各自利益的平衡。

### （一）跨国公司组织控制方式

跨国公司对国外分支机构的控制，根据控制角度与深度的不同，有战略控制、股权控制、组织控制、人力资源控制、财务控制、文化控制等。

1. 战略控制

战略控制是指在战略实施过程中，根据战略目标和行动方案，对战略实施的过程进行全面监督、检查、评审以及纠偏、调整的过程。跨国公司战略控制的功能是既要保证公司战略实施的稳定性，又要保证战略的实施能够适应环境的变化。

跨国公司的战略控制主要是指在实施公司整体战略时，对其子公司的战略过程所进行的控制，其目的是使跨国公司的整体战略与子公司的战略实现有机地结合起来并得以实现。为了达到这一目的，就要对子公司的战略制定过程和战略实施过程施加有效的影响和控制。

（1）跨国公司对子公司战略制定过程的控制。为了使子公司的发展战略能够反映跨国公司整体经营战略的要求，母公司通常对子公司的战略选择施加直接干预或间接干预。其采用的手段有多种，如在把握子公司绝对控制权的条件下，跨国公司可以对子公司战略目标的制定施加直接影响，直接向子公司下达指令性目标，实行自上而下的战略计划管理方式：或是向子公司提出指导性目标，通过确立或设立决策参数来引导子公司的决策制定过程；对战略方案拟订的影响还表现为通过承诺提供所需要的资源，以达到引导子公司采取跨国公司所期望的战略方案的目的。

（2）跨国公司对子公司战略实施过程的控制。对战略实施的控制主要表现为跨国公司对子公司所需资源的供应控制，如资金、技术和原料的供应等；对子公司关键职能领域的控制，如研发领域、财务管理领域的战略实施；对子公司高层管理人员的控制；对子公司主导产品和业务实行战略控制，如控制主导产品的营销渠道等。

2. 股权控制

股权控制是指通过股权占有对子公司实施的控制。股权占有直接关系着母公司对子公司的控制力度。跨国公司在从事海外直接投资时，设立的分支机构可有多种选择，如在子公司和分公司之间选择、独资公司与合资公司之间选择等。不同形式的选择会导致跨国公司对子公司控制力度的不同。通常跨国公司对分公司和独资公司有着较强的控制力度，对于相对控股的子公司和参股合资公司的控制力度较弱。

在选择国外分支机构的设置时，需要从企业实力、社会形象、预期的经营状况和所在国的法律等方面综合地加以考虑，采用更为合适的组织结构形式。一般来讲，企业实力雄厚、国际知名度高，可以选择分公司或独资公司的形式，以利于借助母公司的声誉，打入新的国际市场；若预期的投资环境具有较大的不确定性，经营风险较大时，则可考虑采用合资的股权结构；如果预期企业在国外的分支机构在初期时会有亏损，则可以选择分公司的结构形式，以减少总体的亏损。

3. 组织控制

组织控制主要是指跨国公司对组织结构设计及设计方法的控制。组织结构的控制目的是为公司战略实施提供组织保证，同时又要保证组织结构能够适应环境的变化。

（1）组织结构的控制。跨国公司的组织结构具有多种表现形式，各种组织结构形式既各有利弊，也各有不同的使用条件和范围。一般来讲，母子公司结构比较适合于国际化经营初期对全球战略和当地战略的强度都不高时：全球性地区分部结构能够有效满足“全球化思维，本土化行为”战略的要求；全球性产品分部结构具有更强的全球视野：国际网络组织结构具有更强的灵活性、适应性和竞争力。

（2）集权与分权的控制。在跨国经营过程中，母子公司在不同管理层次之间的权力分配上有着不同的要求和表现，从而构成了组织权力系统的不同类型，即集权型与分权型两种控制类型。集权型控制是母公司拥有经营决策权，子公司只有一般业务决策权：分权型控制是将经营管理权限下放给子公司。不管是集权制还是分权制的组织体制都有其不同的适用条件。

4. 人力资源控制

人力资源控制是指为使员工的行为更有效地趋向于组织目标而进行的控制。控制工作从根本上来说是对人的控制。由于人的行为是人的价值观、性格、经验和社会背景等多种因素综合作用的结果，而这些因素本身又很难用精确的方法加以描述，这就使得对人力资源的控制成了控制中最为复杂和困难的一部分。

跨国公司总部本身不可能对海外分支机构全面地实行人力资源的集中管理。例如，国外子公司员工的招聘、一般的工资管理、员工培训等方面的决策和管理权通常由于子公司自行负责。跨国公司总部对于子公司人力资源控制的对象主要是子公司总经理和其他高级管理人员和技术人员。对人力资源常用到的控制方法主要是对经理人员的任用、培训、考核和激励等。

5. 财务控制

跨国公司的财务控制是指母公司通过制定财务政策，对于公司内部的财务和会计实行严格的监控和管理。财务控制的目的在于：①通过对子公司财务部门的直接控制，如利润和红利分配，获取期望的利益；②借助各种转移机制，如转移价格机制、提前或延缓支付机制的运用，来实现跨国公司利益最大化目标：③借助发达的金融网络获取对子公司资金供应的控制。

跨国公司财务控制的核心，正是跨国公司与其子公司之间得以形成的联结纽带，即资本控制。这主要是通过财务管理的权限控制、组织控制和人员控制来实现的。

（1）财务管理的权限控制。跨国公司通过建立强有力的母子公司财务控制体系，能够控制和协调各成员企业的活动，这是集权与分权问题的直接体现。其手段可以有集中核算、预算管理、合并报表和资金管理：通过集中核算实现母子公司财务的集约化管理；通过预算管理达到对于公司的“分散权责、集中控制”；通过合并报表达到监控和反馈子公司经营状况的目的；通过资金管理明确对子公司资金管理的集权程度。

（2）财务管理的组织控制。跨国公司通过设置合理的母子公司组织结构实施对财务的有效控制，包括有关财务职能的组织结构和其他牵制财务职能的组织结构。

（3）财务管理的人员控制。跨国公司要具备有效的母子公司财务监管体制，对子公司的重要监督手段是财务监督，要在子公司财务机构和财务人员的职能设置上体现出子公司的财务人员是母公司的财务人员，而不是子公司经理的财务人员。

6. 文化控制

企业文化是企业在长期的创业和发展过程中培育形成并共同遵守的最高目标、价值标准、基本信念及行为规范。它是企业理念、形成文化、物质形态文化和制度形态文化的复合体。优秀的企业文化可以为企业提供优秀的管理理念和管理机制，对企业的发展具有极强的导向和凝聚作用。良好、健康的企业文化能够提高效率，提升品牌含金量，增加产品的价值，从而增强企业竞争力和生命力。因此，输出企业文化就成为跨国公司对国外子公司实施控制的重要手段。

跨国公司通过向子公司移植其管理思想、管理文化、管理制度和管理程序，一方面直接影响子公司管理制度和管理程序的制定和管理方法的运用，使子公司的经营管理与跨国公司的管理体系兼容；另一方面，通过间接的方式影响和调节子公司的经理人员和员工的思想与行为，使子公司的经理人员和员工认同和接受跨国公司的管理制度、经营战略与策略，从而将子公司的管理与跨国公司的管理对接，实现对子公司的控制。

**（二）跨国公司母子公司结构的控制**

跨国公司在从事海外直接投资时，设立的分支机构可有多种选择，如在子公司和分公司之间选择、在独资公司与合资公司之间选择等，不同形式的选择会导致跨国公司对子公司控制力度的不同。因此，在选择国外分支机构设置时，需要从企业实力、社会形象、预期的经营状况和所在国的法律等方面综合地加以考虑。

1. 分公司

从法律意义上讲，分公司只是总公司的一部分，不是独立的法律实体，不具有法人资格。其法律特点主要是：①由总公司授权开展业务，自己没有独立的公司名称；②分公司的全部资本都属于总公司，其债务由总公司负无限责任；③分公司在经济上没有独立性，总公司通过业务直接领导的方式对其进行控制，其全部的生产经营活动都由总公司统一指挥。

由于总公司与分公司同为一个法律实体，因此，虽然分公司设在海外（东道国），仍受总公司所在国（母国）的外交保护。它在东道国公众心中的形象也是外国公司，不能视为当地公司，因此在民族主义潮流高涨的环境中开展业务时相对不利。它从东道国撤出时，只能出售其资产，而不能转让其股权，也不能与其他公司合并。

2. 子公司

子公司是相对母公司而言的。母公司是指通过掌握其他公司一定比例的股票或资产，从而能实际控制其营业活动的公司。受母公司控制的公司就是子公司。子公司是指资产全部或部分地为母公司所拥有，但根据东道国法律在当地登记注册的独立法人组织。从经营形式上看，子公司可以是母公司的独资企业，也可以是母公司的控股子公司。其法律特点是：①它是独立法人，可以有自己的公司名称和章程，可独立进行诉讼活动；②财务独立，自负盈亏，可公开发行股票，并可独立借贷，而分公司则往往需要总公司担保才能在东道国借款；③停业撤出时可出售股权，或与其他公司合并，或变卖资产，以回收投资；④子公司在东道国注册登记，须受东道国法律管辖，不受母公司所在国政府的外交保护。

母公司与子公司是控制与被控制的关系，这种关系主要是通过股权拥有来建立的。股权拥有关系的建立有两种基本方式：①母公司购买其他公司股票并达到控股程度；②母公司自己投资或与其他公司联合投资创办股份公司，并在新建公司中控股。此外，母公司结构的建立还可以通过非股权参与即协议形式。

按照母公司在其子公司中占有的股份即股权拥有量的多少，母子公司结构的类型可分为以下四种：①全部拥有，股权在95%～100%；②多数拥有，股权在51%～94%；③对等拥有，股权为50%；④少数拥有，股权在49%以下。其中，股份全部由母公司拥有的子公司称为全资子公司，母公司持股达到控股程度的子公司称为控股子公司，母公司未达到控股程度的子公司称为参股子公司。

母子公司之间的管理关系也存在着集权与分权的矛盾。子公司的产品技术复杂程度高、多种经营程度高、地域分布广泛、所处经营环境不确定性大，以及母公司国际管理经验少等原因，都会使母公司放权给子公司，使其可以独立进行自主管理。反之，母公司就会实行相对的集权管理。

### （三）跨国公司集权与分权的控制

企业的组织控制，说到底是一个集权与分权的问题。而所谓集中与分散，并不是非此即彼的，在有些决策必须集中的同时，其他决策却可以分散。企业的组织形式，应该体现决策的集中与分散的要求，对集权层面、分权层面以及可以被分散的程度，应有较为明确的划分。

跨国公司为了使组织能够灵活运行，势必将部分决策权授予各子公司，从而产生了集权与分权问题。这是跨国公司组织控制中的核心问题。一方面，跨国公司需要通过集中决策来指导分散在全球的子公司；另一方面，为了使子公司能够灵活运行，以适应东道国的不同环境要求，跨国公司也势必将部分权力授予各子公司。

集权与分权的主要内容是，如何将重要的经营决策权和管理权集中在跨国公司的公司总部，以保证跨国公司的经营思想和战略目标能够真正得到贯彻执行，使各个分支机构根据经营外部环境的不断变化，将具体经营管理活动的管理权适当地下放给跨国公司各分支机构。

1. 集权

跨国公司集权的优势在于，可以统一协调跨国公司的经营活动，节约资源和提高经营效率。为了提高经营资源在各子公司之间的配置效率，必须强化对各子公司的控制，使其运营作业相互协调。集中管理体现在跨国公司的公司总部是最高的统一指挥机构。公司的最高经营决策机构是公司董事会，董事会下设董事长、副董事长和若干个常务董事和非常务董事。跨国公司的最高行政长官是总经理，他对跨国公司的董事会负责，是公司董事会经营决策的具体执行者。目前由于跨国公司经营环境开始发生巨变，为了更好地适应跨国公司经营环境和管理结构复杂化的要求，很多跨国公司开始实行和强调集体领导体制，改变了以董事长和总经理的经营决策负责制的传统方式。电子计算机和通信技术的发展，更助长了集权式管理的倾向。在跨国公司董事会内设立执行委员会、管理委员会、董事长办公室、总经理办公室等机构，作为跨国公司的经营决策中心，负责跨国公司的最高层管理工作，有的跨国公司还设有财务、审计、人事、法律等专门委员会。

但是集权制却使子公司经理人员缺乏工作上的激励满足，很容易产生强烈的挫折感，士气低落，缺乏主动表现的动力，发展下去可能导致子公司经理人员对在其自行决策范围内的问题，亦缺乏积极的表现。实行集权制，需要在母公司与各子公司之间进行大量沟通，费时费钱，又难免因信息失真而导致决策失误，或正确的决策无法被适当地执行等情况的发生，更可能因时间延误导致获利机会的丧失。另外，母公司为了对企业整体进行严密的控制，往往需要搜集大量信息。由于信息处理量的增大，决策就相当费时，无法提高决策的效率。总之，集权制无法提供跨国公司在复杂多变的经营环境中所需的迅速决策与弹性的应变措施。

2. 分权

跨国公司的分权管理，体现在跨国公司的各个分支机构是具体实现公司利润计划的责任和独立核算单位。公司的各个分支机构根据跨国公司的总部经营决策，自己负责产品设计、原材料采购、成本核算、产品制造和产品销售活动。在完成跨国公司总部的经营计划指标后，可以自行决定增加生产数量、品种及采取其他经营管理措施。

分权的优势在于由于母公司与海外子公司相距甚远，联络不便，各国经营环境差异又很大，母公司很难对子公司的日常经营活动进行有效的监督和控制。因此，在企业国际化以后，不仅在组织结构上需要作适当调整，在管理形态与决策过程上也需要适当分权，使海外子公司的经理人员在复杂多变的环境中，无需请示即可迅速采取富有针对性的应变措施，而且分权可以激励子公司经理的创造性与成就感，使其发挥全部潜力，致力于组织目标的达成。

但是，过度的分权往往使企业内部各项决策发生矛盾。例如，在政策执行上常缺乏各部门之间的相互配合，参谋人员的重复雇用，以及对局部有利而对整体并非最有利等现象都会发生。此外，当跨国公司增加海外子公司的决策权时，总部的经理人员必然会因职权下放而丧失一部分利益，引发争权的冲突。因此，除非企业能明确地将母公司与子公司的权限界定清楚，否则，十分容易造成双方在研制开发等方面的重复投资造成经营资源的浪费。

集权与分权决策各有利弊。企业组织机构在设置和决策管理制度的确立中，应该充分利用集中决策的各种优势，采取“在政策上统一，在管理上分权”的管理模式。例如，协调各部门各子公司活动，降低成本，节约开支，从战略和全局的高度制定企业的战略目标，实现企业整体最优。同时，也应考虑分散决策的有利一面，如灵活及时地控制千变万化的国际经营活动，立即作出决策，激发下属机构或部门的经营主动性和积极性，能使公司总部管理层从繁忙的具体工作中解脱出来，专注于全盘战略与发展方向方面的思考与决策。当然在实际中处理集权与分权仍然是比较困难的，布鲁克等学者在研究了九个国家的跨国公司在附属机构组织关系、母公司—子公司决策权以及控制体系后得出“分权其表、集中其实”的结构。这是一种值得借鉴的组织控制准则。

3. 影响集权与分权的因素

（1）国外分支机构发展的阶段。跨国公司对海外子公司的管理方式，应视其进入当地市场时间及业务发展程度的情况而定。

1）导入阶段。初涉海外市场的跨国公司，因对新市场不甚了解，不敢贸然大量投资。为了在最低财务风险下，测试产品在该市场的销售潜力，多采用出口、许可证贸易等方式，将部分产品线导入该市场。在此阶段，母公司常对该市场的产销负完全责任。

2）成长阶段。为了有效把握当地市场机会，母公司势必增加在当地的经营规模，扩大在当地的产品线。因此在当地增设子公司，或加强当地原有子公司的产销规模，并逐渐扩展当地子公司的管理职能。在此阶段，母公司与国外子公司的关系变化很大：先是为配合当地企业的急速发展而给予子公司较大的自主权，又随业务的逐渐稳定转而采取集中控制，再随子公司成长至有足够的经营管理经验时，再一次放权。

3）稳定阶段。在此阶段，子公司享有相当程度的自主权，尤其在当地经营政策的制定与例行管理作业上更是如此，并且常以当地企业的姿态出现，由当地人持有部分股权。

（2）产品特性。产品特性虽然不是影响集权分权的一项很重要的因素，但就整体而言，其间仍存在一定的相关性。

1）产品线的广度。跨国公司的产品线一般分为单一产品线、技术类似和产品相关的多重产品线、技术类似和产品不相关的多重产品线。产品线的广度，对母公司的授权程度有极大的影响。产品多样化程度低的公司一般采用集权式管理，因为产品线较窄，任一产品对企业经营都具有举足轻重的影响，从而母公司对任何影响子公司销售额及利润的决策，均予以特别关注。当然这也因为产品线的狭窄为母公司的集权管理提供了便利。相反，多重产品线的跨国公司，不仅面临地理上的分散，还须应付多重产品种类之间的差异，所以多采用分权式管理。

2）新产品。某项产品对子公司，甚至对当地市场而言，若是新产品，则母公司对其行销决策一般都采用集权式的督导控制。原因有两个：一是考虑整体信誉，避免新产品达不到母公司标准而上市；二是某些制造及进入市场所需的专有技术还需母公司提供。这就是说，为了降低新产品导入市场的风险，集权督导是必需的。其实从子公司的立场来看，由于对该新产品缺乏足够的预算和营销经验，也急需母公司的帮助。不过，如果新产品是针对本地市场开发的，则跨国公司一般会允许子公司自行负责这种新产品的营销决策。

3）产品的技术特性。一般来说，跨国公司的产品和技术开发都集中子母公司。因此，对一些技术复杂的产品线，母公司会采取集权式管理。反之，相对工业性产品而言，日用快速消费品一般采取分权式管理。

(3) 市场差异及竞争情况。由于各国市场环境及消费者偏好等方面的差异，有些产品必须在各国制订不同的营销计划，此时母公司必须对子公司采取分权式管理，以适应当地消费者的特殊偏好。

此外，当国外市场竞争激烈时，许多跨国公司为了应付当地市场的急剧变化，往往采取分权式管理。

(4) 子公司之间相互依赖的程度。跨国公司将其各子公司进行专业化分工、协同生产，以期降低制造成本、保证量、提高市场竞争力时，这种全球性的生产统一调配政策将提高各子公司之间的相互依赖程度。因为任何子公司的生产决策都会对其他子公司产生重大影响，母公司应采取集权式管理，以协调各子公司的决策。总之，如果跨国公司的各个单位在生产、营销、财务方面的相关程度很高，而没有适当加以控制，或子公司之间的业务往来、成本定价方法没有划分清楚，那么，对跨国公司的整体利益必然会产生不利影响。

(5) 对国外投资事业的控制力。跨国公司在海外的子公司若是合资企业，当地股东基于本身的利益，往往会产生与母公司相悖的意见，对跨国公司的全球战略行动产生牵制作用。如果该子公司是刚刚从当地收购的，母公司对当地业务、经营状况及经理人员还不太了解，无法加以充分的指导，会暂时采取分权式管理。

(6) 管理者的个人素质。企业组织是由人构成的，任何组织问题都离不开人的因素，所以管理者的素质对组织结构及权利分配影响极大。

1）母公司高级主管的管理哲学。跨国公司对管理形态的选择与母公司高级主管的管理哲学密切相关。倾向于独裁思想的管理者，较偏好于集权式管理；倾向于民主、自由思想的管理者，则较偏好于分权式的管理。

2）子公司经理人员的管理能力。国外子公司经理人员的管理能力，对母公司与子公司之间的关系影响相当大。母公司在考虑对各子公司授权时，首先要考虑这个问题。尤其在一些具有较大潜力的海外市场，为了充分把握机会，经理人员的能力常被慎重地考虑。如果当地子公司的管理制度不健全或其经理成员不熟悉整个跨国公司的经营状况，则可能会对母公司的许多措施产生牵制作用，母公司就不得不考虑采取集权式管理。反之，母公司则赋予子公司较大的自主权。

总之，集权与分权的决策实际上是一种取舍与权衡。对集权与分权的决策可以从业务性质、功能特点和活动类型三个方面来决定。企业应对每一业务进行仔细分析，搞清每一项业务所需的集权与分权的程度，以决定适合业务的组织结构与工作流程。

企业应对每一业务的功能特点进行剖析，分清不同业务功能需要集权与分权决策的程度，从而决定结构形式和工作流程。例如，对大多数的企业来说，研发、战略制定、财务等业务功能比较需要全球协调与集权管理，而销售等功能则基本上以当地需要为基础，根据当地市场的特点制定决策方案，因此多采取分权与自主权较大的结构形式。而对于生产制造来说，集权与分权的区分比较模糊，全球性生产、区域性生产及当地化生产的要求都有可能，故可以视具体情况决定决策权的问题。

企业还应对每一功能所需的特定活动进行分析，以确定对集权与分权的要求。例如，在整个公司全球战略远景目标的设立上，需要总部一级来进行规划与设想，而对各子公司的具体战略计划，则可以由分支机构制定，再上报总部进行审查与整合。又如在研发功能方面，研究的主题与范围通常由总部决定，研究人员的聘用由总部与分支机构共同决定，而对研究进展的检查与具体管理则由分支机构负责，采用分权制。

## 二、跨国公司的组织管理体制

跨国公司在国外的经营活动，需要从全球角度注视竞争的威胁，并寻找对外渗透的机会。因此，既要考虑加强总部的集中决策和控制，又要充分发挥子公司的灵活性和积极性。对具体的公司来讲，在机构设置时集权与分权的范围和程度首先需要充分考虑。

按照集权与分权的程度区分，跨国公司大致可归结为以下三种不同的管理体制。

### （一）本国中心型组织管理体制

本国中心型（Ethnocentrism）组织管理体制是指母公司对海外子公司的管理采取集权式的计划与控制，这是一种高度集权的管理体制。在这种体制下，跨国公司的一切方针、战略决策以及策略措施等，都由企业总部统一决策，各子公司按照母国总部的要求，统一步调、统一行动，企业总部将其经营计划和方案以命令方式下达给子公司，国外子公司按照总部制定的方针、政策、计划进行生产经营活动，其业绩用企业总部的会计体系和母国的通货进行考核评价。该体制的母公司的目标高于一切，任何子公司的活动都必须为实现母公司目标服务。母公司领导直接听取子公司的汇报，然后发布指示和要求。公司领导者还定期或不定期检查子公司计划的执行情况，协调各子公司的业务活动。

这种管理体制的优点是便于企业统筹安排生产和销售，便于资金的筹措与配置，有利于提高跨国公司的整体效益。其缺点是权力过于集中，下属各子公司缺乏自主权，很难适应多变的国际市场环境。

### （二）多元中心型组织管理体制

多元中心型（Polycentrism）组织管理体制是以各子公司为中心的分权管理体制。由于国际市场环境的复杂多变，跨国公司需要给其子公司以更多的自主权。在多元中心的管理体制下，跨国公司总部仅对重大方针、政策、战略、规划、标准以及投资、财务等有决定权，各子公司是实现利润的独立核算单位，有关生产、技术、销售、供给等问题由各子公司自由决策，企业聘用的子公司经理以当地人为主，子公司的业绩根据东道国的标准衡量，用东道国的货币及结算制度评价。在这种体制下，子公司拥有较大的经营自主权，可以独立地捕捉市场机会以适应环境的变化。这种管理体制适用于市场比较分散，不特别需要统一行动的跨国公司。其优点是能发挥各子公司的积极性，且易受到东道国的欢迎。不足之处在于母公司难以调配资源，各子公司的信息、技术等难以共享。这一体制对于那些市场分散、投资国环境稳定、难以统一行动或无需统一行动的跨国公司比较适用。

### （三）全球中心型组织管理体制

全球中心型（Geocentrism）组织管理体制将集权与分权结合在一起，跨国公司的战略决策及关键性经营决策由总部统一制定，具体的经营活动与管理活动由各子公司自主进行。跨国公司总部与子公司的关系是在保证企业总部有效控制的前提下，给子公司较大的自主权以调动其积极性。这种体制与本国中心型组织管理体制相比有更多的分权，与多元中心型组织管理体制相比有较多的集权。全球中心型组织管理体制淡化了企业的国籍性，而更多着重于适应全球性的经营活动，现已为越来越多的跨国公司所采用。

随着企业规模的进一步扩大，全球中心型组织管理体制成了许多跨国公司的选择。一方面，可以通过合作，使母公司与子公司的经营目标充分实现，双方积极性得以释放；另一方面，也照顾了母国和东道国的利益，缓解了国际性的经济矛盾与政治矛盾。

以上三种管理体制，跨国公司应根据不同情况分别采取。就一般考察，早期的跨国公司由于规模小、产品种类比较单一，多采取本国中心型组织或多元中心型组织管理体制。随着跨国公司的规模不断扩大、产品品类增多、业务庞杂以及管理层次复杂等原因，为保证跨国公司战略目标的实现，需要加强总部的集中管理和控制。但是国际市场竞争十分激烈，市场环境多变，子公司需要有较大的自主权才能与之相适应，并发挥其灵活性和积极性。全球中心型组织管理体制则把高度集权和广泛分权结合起来，充分发挥母公司和子公司的作用。全球中心型组织管理体制目前为规模较大的跨国公司普遍采用。但跨国公司采用哪种管理体制也不是固定不变的。由于管理体制的合理与否对公司的发展、经营的成败有着重要影响，所以跨国公司在其发展过程中必须不断调整集权与分权的范围。

## 第五节　发达国家跨国公司的组织结构

### 一、美国跨国公司组织结构的特点

美国的跨国公司在世界经济舞台上占有重要的位置。早在20世纪50年代，一些专家和学者就意识到，要管理好国际企业必须有一个合适的组织结构。在一些企业，全球观成为议论的焦点。所谓全球性结构（如产品分部结构、地区分部结构、矩阵结构等）对美国公司来说，已不再是一个新鲜名词。但在20世纪60年代，通过大量调查表明，只有少数美国公司采用全球性结构。尽管随着国际业务量的增多，但大多数美国公司的组织结构却发展缓慢，仍以国际部形式来管理国外业务。进入80年代，有些西方学者发现，美国跨国公司组织结构的变动和发展仍然相当缓慢。例如，吉姆斯·哈尔勃特（James Hulbert）和威廉·勃兰特（William Brandt）调查研究了美国、欧洲、日本的跨国公司，被调查的美国公司中有1/3采取全球性组织结构，而2/3的公司仍然采用国际部组织来管理其世界范围内的业务。一些欧洲公司则较多地采用了全球性结构。相关情况见表5-3。究其原因，可能是因为美国具有广阔的国内市场，且国内市场容量相当大，许多美国跨国公司以占领国内市场为主要目标。

**表5-3　美国、欧洲、日本跨国公司的组织结构**

| 跨国公司母国 | 直接报告（%） | 组织结构设计 | | 合　计 |
|---|---|---|---|---|
| | | 国际部（%） | 全球性结构（%） | |
| 美国 | 0 | 67 | 33 | 100 |
| 欧洲 | 39 | 17 | 44 | 100 |
| 日本 | 13 | 87 | 0 | 100 |
| 总计 | 18 | 48 | 34 | 100 |

资料来源：James M Hulbert，William K Brandt. Managing the Multinational Subsidiary，Praeger Publishers，1980。

## 二、欧洲跨国公司组织结构的特点

从历史上看，欧洲跨国公司的组织结构通常习惯于母公司与子公司之间的一种非正式的关系。海外子公司具有高度的自主性，子公司经理直接向母公司的最高管理层报告。其主要原因是，在海外投资的初期，母公司的经理主要关注通过商业冒险尽快取得利润，而不是强调实行管理控制。许多人被派往国外，独立经营企业，他们与母公司之间除了保持一种利润汇付的关系以外，几乎没有其他的关系。

随着欧洲共同市场的出现以及欧洲公司日益国际化，上述情况有了改变。根据劳伦斯·弗兰科（Lawrence Franko）的调查，随着企业经营规模的扩大、地区和产品多样化水平的提高，欧洲公司自身感到了某种压力，必须改变原有的组织结构。母公司与子公司之间的松散的、非正式的“母子关系”，正在被越来越紧密的、正式的关系所替代。如表5-4所示，在127个被调查的欧洲跨国公司中，有70%左右的跨国公司改变了他们的组织结构，而代之以全球性产品分部结构或全球性地区分部结构为基础的事业部制。又如，从表5-3中，我们也可以看到，44%左右的欧洲跨国公司运用了全球性结构，只有少数（17%）的公司仍然沿用国际部形式。总之，欧洲跨国公司比美国公司更倾向于采用全球性结构以管理其业务。

**表5-4 欧洲跨国公司向事业部制变动**

| 母 公 司 | 1972年采用事业部制的公司（%） |
|---|---|
| 瑞士 | 85 |
| 意大利 | 57 |
| 联邦德国 | 60 |
| 法国 | 48 |
| 荷兰 | 84 |
| 比利时和卢森堡 | 67 |
| 瑞典 | 71 |
| 英国 | 80 |
| 平均 | 70 |

资料来源：Lawrence G Franko. The Move Towards a Multi-Divisional Structure in European Organizations, Administrative Science Quarterly 20, 4 (December 1975)。

## 三、日本跨国公司组织结构的特点

日本公司的弹性组织结构、非正式的控制、长期利润导向、终身雇佣、关心雇员福利等，在管理组织中是卓有成效的。日本文化和战略对组织的构造和设计有相当大的影响。

20世纪50年代以来，日本跨国公司就开始对外直接投资，但就海外生产而言，他们仍然是新手。直到1966年，日本海外生产的投资才只有十几亿美元，其中大部分集中于采掘业，而美国公司则高达566亿美元。70年代以后，日本对外直接投资急剧增加，1979年达到127亿美元。对外直接投资的扩展使日本跨国公司重新考虑其组织结构的安排。

20世纪80年代，日本跨国公司处于调整其组织结构的压力之下。他们似乎在追随美国跨国公司的模式。在日本跨国公司发展的初期，出口部门承担了管理海外商务活动，包括生产制造方面的重任。但是，当企业拥有几个海外生产制造子公司时，对新的组织形式的需求就显得十分明显了。从表5-3中可以看到，87%的日本跨国公司采用国际部形式来管理国际业务。鉴于产品出口对日本企业的重要意义，出口部和国际部在日本的跨国公司中往往同时存在。松下公司对国内部分采用“产品事业本部”模式，而对国外部分采用“国际事业部”模式；三菱电梯公司的国内组织由六个“产品事业部”构成，国外部分由“海外事业本部”进行运作；从1987年开始，日本东芝公司撤销海外本部，逐步向国际本部过渡。

综合商社的存在是第二次世界大战后日本产业组织的一个重要特征，它指的是那些具有多种职能、规模巨大、经营多种商品并在对外贸易中占有很大比重的综合性商业垄断组织。综合商社对日本经济贸易的发展起了极其重要的作用，素有日本“国中之国”的桂冠。综合商社在企业集团中的作用是非常重要的。

到1970年，许多商社设置了辅助商社经理一级的高级管理人员工作的综合部门，称为“管理部”“计划部”“业务部”等；同时，采用分权管理组织形式，实行产品事业部制。事业部制确立了盈亏责任制，可以使膨胀了的组织机构更加灵活。20世纪70年代后，综合商社调整了战略和政策，相应地在组织上加强了业务本部和开发本部。在动荡、充满危机的时代，日本综合商社加强了情报收集体制，同时其组织形式也保持了灵活性和弹性。

## 小　结

跨国公司需要建立一定的组织结构开展国际化经营，包括法律组织形式和管理组织形式两种。法律组织形式只涉及企业资产所有权的形式，而并不反映企业所有制的性质。管理组织形式的作用主要在于提高企业的管理效率，改善企业资源的配置和利用，以实现企业的目标。

从法律形式上看，跨国公司主要有母公司、分公司、子公司等结构。跨国公司在设置国外组织机构时，需要从企业的实力、社会形象、预期经营状况以及所在国的法律，综合地加以考虑，采用更为合适的组织机构形式。一般来讲，企业实力雄厚、国际知名度高，可以选择分公司的形式，以利于借助母公司的名誉，打入国外新的市场。同时，如果预期企业在国外的机构初期面临亏损，则需要选择分公司形式，以减少总体的亏损。但是，如果所在国的法律对分公司的形式有较严格的限制时，则需要考虑采用子公司的形式。

跨国公司组织结构的基本轨迹是先在销售部下设出口部，接着经历母子结构阶段、国际部阶段，然后进入到全球性结构阶段。全球性结构又可分为全球性职能分部结构、全球性地区分部结构、全球性产品分部结构、矩阵结构、全球性混合结构等多种形式。跨国公司的组织结构随着环境的不断变化也在发展。近年来出现了一些新型的组织结构，如控股公司结构、国际网络结构、虚拟公司结构、无边界企业结构和关联组织安排等。

跨国公司组织结构的选择一般遵循多样化与一体化原则、集权与分权原则、成本与效率原则等。影响跨国公司组织结构选择的主要因素有：企业国际化发展程度、企业的国际业务规模及在企业整个业务中的重要程度、产品市场类型、国家文化差异、管理人员的质量和数量等。

## 思考题

1. 跨国公司组织结构的演变经历了哪几个阶段？
2. 跨国公司全球性结构组织形式大体上可分几种形式？
3. 跨国公司在选择组织结构时应遵循的原则是什么？
4. 跨国公司全球性地区分部结构的适应范围是什么？
5. 跨国公司全球性产品分部结构的适应范围是什么？
6. 虚拟企业结构的主要特征及优缺点是什么？
7. 发达国家跨国公司组织结构的差异是什么？
8. 跨国公司的组织控制方式有哪些？
9. 影响跨国公司集权与分权管理的因素有哪些？

## 案例分析

[案例分析一]

### 壳牌的组织变革

[背景材料]

英国—荷兰的英荷皇家壳牌公司（Royal Dutch/Shell）（以下简称“壳牌”）是世界上最大的非国有石油公司，其业务遍布世界130多个国家和地区，2002年收入达2350亿美元。1950—1994年，壳牌一直以矩阵结构运营。在此结构下，每个营运公司的主管要向两名上司汇报。一个上司负责营运公司所在的地理区域或国家，而另一个上司则负责营运公司所从事的经济业务（壳牌的业务包括石油勘探和生产、石油产品，化工、天然气和煤炭）。

这种矩阵结构在壳牌有两个十分显著的效果。第一，每个营运公司要满足两个上司的要求，因此决策通常要通过达成共识的方法。因为石油业的大部分重大决策都是涉及大笔资金开销的长期决策，不同观点间的辩论可以分清问题的正反两面，而不是阻碍决策。第二，由于决策过程缓慢，只有最重要的决策才需通过这种流程。结果是各营运公司的负责人享有充分的经营自主权。这种分权有助于壳牌灵活应对当地政府管制、竞争环境和消费者偏好的不同。

这个矩阵结构看似十分理想，但壳牌在1995年宣布了撤销矩阵结构的激进计划。壳牌的管理高层意识到，降低营运成本需要大幅削减总部办公室的间接费用，以及如果恰当的话，去除各国不必要的重复设备。为实现这些目标，高层领导决定按产品大类对公司进行重组。现在壳牌有五个全球主要的产品分部——勘探与生产、石油产品、化工产品、天然气、煤炭。每个营运公司向最相关的全球分部汇报。最终，生产可以集中在规模更大的工厂，使其服务于整个地区，而不是单个的国家。这样，壳牌可以实现更大的规模经济。

国家（或区域）经理仍然存在，但他们的角色和职责有所减弱。现在他们的主要任务是协调同一国家（或区域）不同营运公司之间的关系，以及协调与当地政府之间的关系。营运公司负责人向全球分部领导汇报的责任是直接的，而向国家经理汇报的责任是间接的。此外，简化的汇报体系不再需要一个庞大的总部办公室机构，壳牌精简了1170名人员，使壳牌的成本结构有所下降。

（资料来源：www. go24k. com。）

**[案例思考题]**

英荷皇家壳牌公司在矩阵结构中如何较好地克服多头领导的问题？

**[案例分析二]**

## 杜邦公司的组织机构改革

**[背景材料]**

美国杜邦公司（Du Pont Company）是世界上最大的化学公司，建立至今，已近200年。这200年中，企业的组织机构历经变革，其根本点在于不断适应企业的经营特点和市场情况的变化。杜邦公司所创设的组织机构，曾成为美国各公司包括著名大公司的模式，并反映了企业组织机构发展演变的一般特点。

1. 成功的单人决策及其局限性

历史上的杜邦家族是法国富埒王室的贵族，1789年在法国大革命中没落，老杜邦带着两个儿子伊雷内和维克托逃到美国。1802年，儿子们在特拉华州布兰迪瓦因河畔建起了火药厂。由于伊雷内在法国时是个火药配料师，加上美国历次战争的需要，工厂很快站住了脚并发展起来。

整个19世纪中，杜邦公司基本上是单人决策式经营，这一点在亨利这一代尤为明显。亨利是伊雷内的儿子，军人出身，由于接任公司以后完全是一套军人派头，所以人称“亨利将军”。在公司任职的40年中，亨利挥动军人严厉粗暴的铁腕统治着公司。他实行的一套管理方式，被称为“凯撒型经营管理”。这套管理方式无法传喻，也难以模仿，实际上是经验式管理。公司的所有主要决策和许多细微决策都要由他亲自制定，所有支票都得由他亲自开，所有契约也都得由他签订。他一人决定利润的分配，亲自周游全国，监督公司的好几百家经销商。在每次会议上，总是他发问，别人回答。他全力加速账款收回，严格支付条件，促进交货流畅，努力降低价格。亨利接任时，公司负债高达50多万美元，但亨利后来却使公司成为此业的首领。

在亨利的时代，这种单人决策式的经营基本上是成功的。这主要是因为：①公司规模不大，直到1902年合资时才2400万美元；②经营产品比较单一，基本上是火药；③公司产品质量占了绝对优势，竞争者难以超越；④市场变化不甚复杂。单人决策之所以取得了较好效果，这与“将军”的非凡精力也是分不开的。直到72岁时，亨利仍不要秘书的帮助；任职期间，他亲自写的信不下25万封。

但是，正因为这样，亨利死后，继承者的经营终于崩溃了。

亨利的侄子尤金毫无准备，被推上舵位，显得缺乏经验，不知所措。他试图承袭其伯父的作风经营公司，也采取绝对的控制，亲自处理细枝末节，亲自拆信复函，但他终于陷入公司的错综复杂的矛盾之中。1902年，尤金去世，合伙者也都心力交瘁，两位副董事长和秘书兼财务长终于相继累死。这不仅是由于他们的体力不胜负荷，还由于当时的经营方式已与时代不相适应。

2. 集团式经营的首创

正当公司濒临危机、无人敢接重任、家族拟将公司出卖给别人的时候，三位堂兄弟出面廉价买下。

三位堂兄弟不仅具有管理大企业的丰富知识，而且具有在铁路、钢铁、电气和机械行业中采用先进管理方式的实践经验，有的还请泰罗当过顾问。他们果断地抛弃了“亨利将军”那种单枪匹马的管理方式，精心地设计了一个集团式经营的管理体制。在美国，杜邦公司是第一家把单人决策改为集团式经营的公司。

集团式经营最主要的特点是建立了“执行委员会”，隶属于最高决策机构董事会之下，是公司的最高管理机构。在董事会闭会期间，大部分权力由执行委员会行使，董事长兼任执行委员会主席。高级经营者年龄大多在40岁上下。

公司抛弃了当时美国流行的体制，建立了预测、长期规划、预算编制和资源分配等管理方式。在管理职能分工的基础上，建立了制造、销售、采购、基本建设投资和运输等职能部门。在这些职能部门之上，是一个高度集中的总办事处，控制销售、采购、制造、人事等工作。

由于在集团经营的管理体制下，权力高度集中，实行统一指挥、垂直领导和专业分工的原则，所以秩序井然，职责清楚，效率显著提高，大大促进了杜邦公司的发展。20世纪初，杜邦公司生产的五种炸药占当时全国总产量的74%，生产的无烟军用火药则占100%。第一次世界大战中，协约国军队40%的火药来自杜邦公司。公司的资产到1918年增加到3亿美元。

3. 充分适应市场的多分部体制

可是，杜邦公司在第一次世界大战中的大幅度扩展，以及逐步走向多角化经营，使组织机构遇到了严重问题。每次收买其他公司后，杜邦公司都因多角化经营遭到严重亏损。这种困扰除了由于第一次世界大战后通货从膨胀到紧缩之外，主要是由于公司原有的组织对成长缺乏适应力，问题在于过去的组织机构没有弹性。这使人们认识到：企业需要一种能力，即易于根据市场需求的变化改变商品流量的能力。继续保持那种使高层管理人员陷入日常经营、不去预测需求和适应市场变化的组织机构形式，显然是错误的。一个能够适应大生产的销售系统对于一个大公司来说，已经成为至关重要的问题。

杜邦公司经过周密的分析，提出了一系列组织机构设置的原则，创造了一个多分部的组织机构。在执行委员会下，除了设立由副董事长领导的财力和咨询两个总部外，还按各产品种类设立分部，而不是采用通常的职能式组织如生产、销售、采购等。在各分部下，则有会计、供应、生产、销售、运输等职能处。各分部是独立核算单位，分部的经理可以独立自主地统管所属部门的采购、生产和销售。

在这种形式的组织机构中，自治分部在不同的、明确划定的市场中，通过协调从供给者到消费者的流量，使生产和销售一体化，从而使生产和市场需求之间建立密切联系。这些以中层管理人员为首的分部，通过直线组织管理其职能活动。高层管理人员总部在大量财务和管理人员的帮助下，监督这些多功能的分部，用利润指标加以控制，使它们的产品流量与波动需求相适应。

由于多分部管理体制的基本原理是政策制定与行政管理分开，从而使公司的最高领导层摆脱了日常经营事务，把精力集中在考虑全局性的问题上，研究和制定公司的各项政策。新分权化的组织使杜邦公司很快成为一个具有效能的集团，所有单位构成了一个有机的整体，公司组织具有了很大的弹性，能适应需要而变化。这使杜邦公司得以在20世纪20年代建立起美国第一个人造丝工厂，以后又控制了赛璐珞生产，垄断了合成氨。而且在30年代后，杜邦公司还能以新的战略参加竞争，致力于发展新产品，垄断新的化学产品生产。从20世纪30年代到60年代，被杜邦公司首先控制的、有着重要意义的化学工业新产品有：合成橡胶、尿素、乙烯、尼龙、的确凉、塑料等，直到参与第一颗原子弹的制造，并迅速转向氢弹生产。

4. "三头马车式"的体制

杜邦公司的执行委员会和多分部的管理机构，是在不断对集权和分权进行调整的情况下去适应需要的。例如，20世纪60年代后期，公司发现各部门的经理过于独立，因此杜邦公司的组织机构又发生了一次重大的变更，这就是建立起了"三头马车式"的组织体制。

新的组织体制是为了适应日益严峻的企业竞争需要而产生的。20世纪60年代初，杜邦公司由于过去许多产品的专利权纷纷满期，在市场上受到日益增多的竞争者的挑战；道氏化学、美国人造丝、联合碳化物以及一些大石油化工公司相继成了它的劲敌。再加上它掌握了多年的通用汽车公司10亿多元股票被迫出售，美国橡胶公司转到了洛克菲勒手下，公司又历来没有强大的金融后盾，真可谓四面楚歌，危机重重。1962年，公司的第十一任总经理科普兰上任，他被称为"危机时代的起跑者"。

公司新的经营战略是：运用独特的技术情报，选取最佳销路的商品，强力开拓国际市场；发展传统特长商品，发展新的产品品种，稳住国内势力范围，争取巨额利润。

有了新的经营方针，还必须有相应的组织机构作为保证。除了不断完善和调整公司原设的组织机构外，1967年年底，科普兰把总经理一职史无前例地让给了非杜邦家族，财务委员会议议长也由别人担任，自己专任董事长一职，从而形成了一个"三头马车式"的体制。1971年，他又让出了董事长的职务。

这一变革具有两方面的意义。一方面，杜邦公司是美国典型的家族公司，公司几乎有一条不成文的法律，即非杜邦家族的人不能担任最高管理职务。现在这些惯例却被大刀阔斧地砍去，不能不说是一个重大的改革。虽然杜邦公司一直是由家族力量控制，但是董事会中的家族比例越来越小。在庞大的管理等级系统中，如果不是专门受过训练的杜邦家族成员，已经没有发言权。另一方面，在当代，企业机构日益庞大，业务活动非常复杂，环境的变化速度越来越快，管理所需的知识越来越高深，实行集体领导，才能作出最好的决策。在新的体制下，最高领导层分别设立了办公室和委员会，作为管理大企业的"有效的富有伸缩性的管理工具"。科普兰说："'三头马车式'的集团体制，是今后经营世界性大规模企业不得不采取的安全设施。"

20世纪60年代后杜邦公司的几次成功，不能说与新体制无关。所以，可以毫不夸张地说，杜邦公司成功的秘诀，首先在于使企业的组织机构设置适应需要，即适应生产特点、企业规模、市场情况等各方面的需要。而且，这样的组织机构也不是长久不变的，还需要不断加以完善和发展。

（资料来源：www. hroot. com。）

**[案例思考题]**

通过对杜邦公司的案例分析，总结跨国公司组织结构变迁的规律是什么？

## 本章参考文献

[1] 刘松柏．国际管理［M］．北京：中国经济出版社，2003.

[2] 金润圭．国际企业管理［M］．北京：中国人民大学出版社．2005.

[3] 金润圭．国际企业经营与管理［M］．上海：华东师范大学出版社．2010.

[4] 原毅军．跨国公司管理［M］．大连：大连理工大学出版社．2001.

[5] 徐二明．国际企业管理概论［M］．北京：中国人民大学出版社．1995.

[6] 宋亚非，等．跨国公司管理［M］．大连：东北财经大学出版社，2009.

[7] 王琴．跨国公司商业模式——价值网络与治理逻辑［M］．上海：上海财经大学出版社，2010.

[8] 刘爱东．在华跨国公司组织发展研究［M］．上海：上海人民出版社，2009.

[9] 跨国公司组织结构［M］．上海：上海财经大学出版社，2010.

[10] 陈菲琼．民营企业与跨国公司联盟共生模式研究［M］．杭州：浙江大学出版社，2008.

[11] 阎海峰．跨国公司网络组织［M］．上海：复旦大学出版社，2007.

# 第六章
# 跨国公司的营销管理

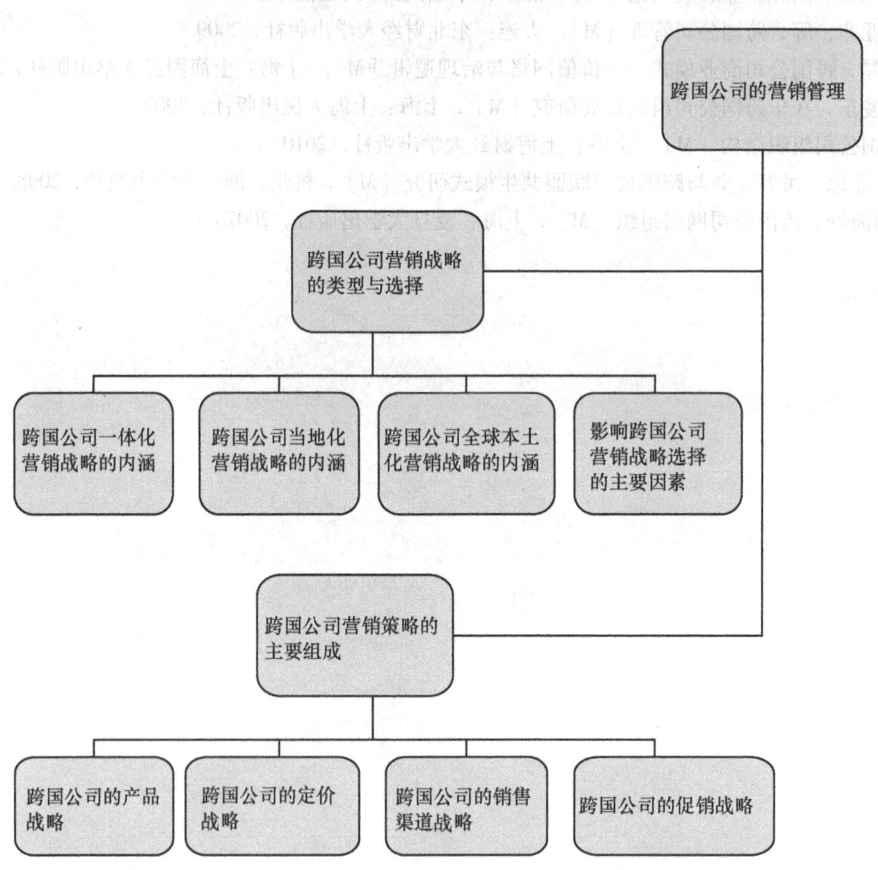

## 第一节　跨国公司营销战略的类型与选择

### 一、跨国公司一体化营销战略的内涵

一体化营销战略不是简单的跨国营销，是一种思维，要求将全球看成一个统一的大市场，强调在营销策略上淡化国家与地区的界限，通过标准化的营销策略服务于全球目标顾客。这种营销方式又被称为标准化营销，其理论假设为：第一，国际市场的同质化与各国消费者偏好一致；第二，实施标准化营销有助于降低成本。一体化营销战略的绩效在于：

（1）实现全球范围内的资源配置。一体化营销策略能根据比较优势，将价值链中采购、生产、研发等各项具体环节在全球范围内进行配置和整合，并且通过规模效应、范围经济与知识积累取得协同效应，从而构筑跨国公司持久的竞争优势。随着许多国际性的技术标准被越来越多的国家和企业所接受，跨国公司生产的产品变成了全球性的标准化产品。产品的标准化使跨国公司更有效地进行专业化研究，从而提高产品质量。广告主题同一、品牌名称同一、外形和包装同一、企业形象同一，有利于提高全球消费者对跨国公司产品的认知和偏好，加强跨国公司在顾客中的形象，使跨国公司的资源得到更有效的配置，大大降低了成本，从而提高了跨国公司的竞争力。

（2）开发世界性的产品。跨国公司在开发产品方面注重人类的共同需求，通过开发世界标准产品，以较低的成本赢得最大数量、最有价值的顾客。

（3）有助于跨国公司实现竞争行动的整合。具体而言，跨国公司在各国的运作是相互联系的，有时需要利用在某些国家市场上获得的资源去支援另一些国家的市场活动。例如，跨国公司可能在某国市场上并不赚钱，但在该市场上的营销可以起到牵制主要竞争对手的作用。

### 二、跨国公司当地化营销战略的内涵

所谓当地化营销，又称适应性营销，是指从各个国家与地区消费者需求的差异性出发，通过营销策略的差异化与当地化来满足目标消费者的多样化需求。当地化营销战略的理论假设为：第一，全球市场是异质的；第二，可以通过差别定价获得准垄断地位。当地化营销战略的绩效在于：

（1）重新细分市场。由于不同市场存在差异，跨国公司都在认真研究目标市场特点的基础上，重新细分市场，重新定位。一般来说，发达国家的产品在发展中国家的

定位高于在本国的定位，这主要是因为相对当地产品而言，发达国家的产品具有较高的价值与品牌优势，当地消费者崇尚进口名牌，愿意付高价得到“情感享受”。

（2）产品当地化，渠道当地化，促销当地化，人员当地化，有助于消除文化差异对国际营销的影响。跨国公司在进入国际市场时常常面临的一个主要难题是文化差异。例如，“Nova”牌汽车在美国很畅销，但在西班牙语国家中无人问津，原因是“Nova”在西班牙语中的意思是“不走”；一家准备充分的企业在巴西销售洗发水，品名为“Evitol”，很快，公司发现自己实际在宣称卖“头皮屑避孕药”。文化差异不只限于语言，还包括宗教、价值观念、行为方式、心理思维、风俗习惯、偏好、法律制度等。例如，英国人习惯喝加奶的咖啡，法国人则喜欢喝不加奶的咖啡，拉丁美洲人喜欢菊花味道的咖啡；中国的自行车主要用作交通工具，而在欧美国家主要用来健身等。这些对跨国经营都可能是潜在的陷阱，跨国公司必须对国外市场的文化差异保持敏感性和适应性，根据当地文化因素的特点，对市场营销组合要素进行适当的修改，以适应市场需求。正是基于以上理由，雀巢公司在不同国家的生产线和广告都是不同的，公司认为在不同的国家，消费者在地理、人口、知识、文化特征上的差异很大，造成其需求、购买力、产品偏好和购物方式各不相同，企业应调整营销战略及规划，以适应每一个国家的消费者的独特需求。

## 三、跨国公司全球本土化营销战略的内涵

在跨国公司的国际化经营中，我们会发现虽然一体化的营销战略有其显著的优点，但如果跨国公司不分条件在全球所有地方执行同一类营销方式，会无视顾客的需要，降低对目标市场的适应能力，使公司最终在东道国丧失竞争力。另外，纯粹的当地化营销策略也可能是昂贵的和无效的。当地化战略可能会提高跨国公司进入国际市场的成本，进而降低公司的竞争力。在此背景下，“全球本土化”这一中间战略模式是大多数跨国公司的理想选择。

全球本土化战略是一种“全球化思考，地方化行动”的战略。它从全球的视角来思考地方的问题，把地方问题纳入全球营销的体系中加以解决。全球本土化战略注重在一些战略性元素，如产品定价、品牌培育、形象塑造等方面，寻求全球宏观和整体上的统一与共性，再辅以“地方化行动”来适应当地的市场环境和文化特色，以确保全球营销的成功。即在与营销环境和当地顾客直接相关的营销要素方面采取适应性的策略。例如，可口可乐公司在全世界销售同样的饮品，但它在特定市场推出的广告都是专门设计的，有着跨文化的感召力。不仅如此，可口可乐公司还销售许多特别为本地市场口味制造的其他饮料。与此类似，麦当劳在全世界连锁店中使用相同的配方、标准化的服务和管理，同时也根据当地人的口味调整食谱。在印度，牛被视为神圣，

麦当劳就供应鸡、鱼、蔬菜汉堡而不是牛肉汉堡；在中国，麦当劳提供符合消费者饮食习惯的快餐食品，并采取诸如给顾客提供身穿唐装的吉祥物——小猫和其他新年福饰、与中国消费者同庆春节、向贫困地区学生捐赠《新华字典》等多种本土化的促销组合策略。

全球本土化营销战略兼容了全球标准化和本土适应性二者的优点，既降低了成本，又适应了不同国家消费者的需求差异，更好地满足了目标市场国消费者的需求，为公司进入目标市场抢占了先机，提高了竞争者进入的门槛。在实践中，不同的跨国公司采取这一战略时的侧重是不尽相同的：有的标准化程度高，有的适应性程度高，这取决于跨国公司对国际市场环境、公司自身的特点、产品的特点、所处的行业情况、竞争者战略等因素的具体取舍。不过，大多数跨国公司在选择这一战略模式进入国际市场时存在着一些共同之处，即先标准化后本土化。先采用标准化战略，如标准化产品、标准化服务、标准化形象、标准化运作与标准化管理等，通过较低的成本、较低的价格，赢得市场进入先机，在此基础上逐步适应东道国市场的文化，渐次本土化。

## 四、影响跨国公司营销战略选择的主要因素

在国际化经营中，跨国公司究竟是采用一体化营销战略、当地化营销战略还是全球本土化营销战略，还取决于以下一些因素：

（1）行业、产品的投资密度。如果跨国公司的某个战略业务单位具有资金密集型的特征，追求投资效益最大化要求进行全球一体化经营。为了使大规模的原始投资有利可图，必须迅速制定并实施面向全球的生产、营销策略。

（2）技术密度。技术密集型产品的运用范围常常限制跨国公司只能在少数地区从事生产。在这种情况下，生产制造场所相对较少，质量、成本新产品投放市场更加容易控制。此时，全球一体化的生产、营销显得十分必然。

（3）降低成本的压力，以及原材料与能源的获取途径。跨国公司一体化经营的一个重要出发点就是在全球范围内合理配置资源，在要素成本较低的地区进行生产，或者通过建立为多国市场服务的大型工厂，来发挥规模经济效益或充分利用生产经验，在营销上采取全球一致的模式。

（4）消费者需求的差异程度。如果跨国公司的产品满足普遍的需求，并且在进入各国生产时几乎不需要作什么调整，那么跨国公司采用一体化的营销模式就十分合适。而由于跨国公司的许多战略业务单位具有很强的国别或地区特性，就必须满足多种消费者，即存在消费者需求的差异，或者产品必须进行适当的调整才能在地方上具有竞争性，那么有必要实施当地化战略。

（5）分销渠道的差异。如果东道国的分销渠道具有较强的自身特点，那么跨国公

司就要实施当地化营销战略。现在，许多跨国公司越来越明确地认识到，谁掌控了销售渠道，谁就能在竞争中获胜。例如，安利在母国的直销模式成为中国政府严令禁止的销售方式。为了尽快适应中国市场环境，安利公司以“店铺＋推销人员”的方式重新开业，将全国的分销中心转化为超市或柜台式店铺，允许经销商开的零售渠道直接销售安利产品，同时在大型商场开设雅美姿专柜。

(6) 市场结构与竞争状况。市场结构的含义，既包括竞争者的集中程度、地方竞争者的市场地位等。如果地方竞争者能够控制相当大的市场份额，并且行业集中度不高，则实施当地化营销策略比较合适。

(7) 东道国政府的要求。东道国政府往往要求跨国公司在当地雇佣管理人员，对再投资提出要求等，迫使其采用当地化战略。

## 第二节　跨国公司营销战略的主要组成

进行成功的国际市场营销需要树立正确的观念。营销包括许多内容，至少应该包括产品、促销、定价和销售渠道四个方面，通常称为营销组合。由于国际市场环境更为复杂，与纯粹国内市场营销相比，跨国公司的国际市场营销组合又增加了很多新的内容。

### 一、跨国公司的产品战略

所谓产品战略，是指公司如何以不同的物品与效用来适应消费者的需求的有关原则。与国内产品决策一样，跨国公司要根据国际市场的产品生命周期进行决策，合理选择产品结构，积极开发新产品。但从国际市场营销的观点来看，仅仅一般化的决策显然不够。跨国公司的决策者必须克服“自我参照系统”的干扰，不能想当然地认为凡在国内市场获得成功的产品必然也会在任何国外市场上获得成功。因此，跨国公司需要树立正确的产品观，制定合适的产品战略，满足国际市场对消费品和生产资料的需要。

对于产品，有两种不同的看法。一种看法是将产品看成是有形的实体，即工厂生产出来的某种有用物品的物质实体，如一台机器、一块手表等。这是一种从生产者的立场出发看待产品的观点，是一种传统的狭义的产品观，在卖方市场阶段十分盛行。改革开放以前，我国长期处于计划经济体制之下，计划与市场相对立，产品供不应求，因此这种狭义的产品观对我国企业很有影响。

另一种看法是将产品不仅看成是有用的实体，而且包括产品实体以外的其他许多特质，如包装、交货期、售前售后服务、商标品牌、企业声誉等。这就是整体产品的观念，认为用户购买某种产品，其目的并不是为了产品实体本身，而是为了一定的使用价值，或是为了满足某种特定的需求和欲望。这是一种现代的广义的产品观，在买方市场阶段非常流行。

一般来说，现代的广义的产品含义应包括三个层次：核心产品、形式产品和延伸产品（见图6-1）。核心产品构成产品的最基本部分。形式产品是指产品的外观、商标、形状、特点、包装等。这是扩大化了的产品核心部分，因而称为产品的形式部分。延伸产品是指送货上门、维修服务、安装及技术指导等产品的销售服务。如果产品的核心部分相同，形式部分又各具特色，不相上下，那么，产品服务就成为能否赢得顾客的决定因素。

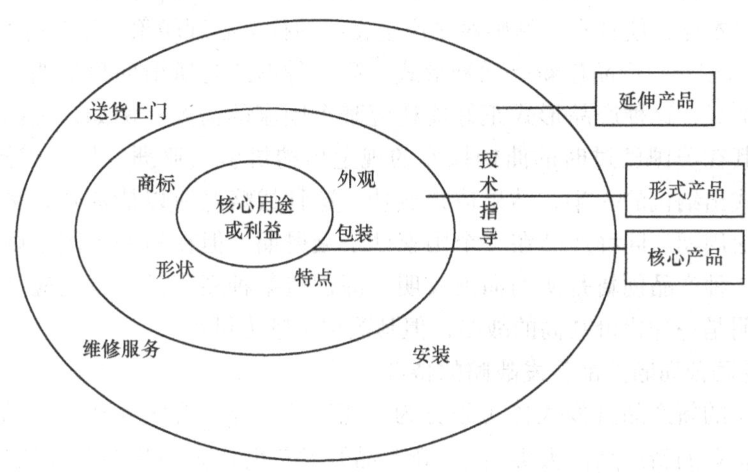


图6-1　现代的广义的产品含义

### （一）现代产品观

随着世界经济的发展和国际竞争的升级，传统的产品观已经寸步难行，让位于现代的产品观；而现代的产品观还会随着时代的发展不断推陈出新。因此，国际企业要进入海外市场，参与国际竞争，应该更新观念，彻底抛弃传统的狭义的产品观，确立现代的广义的产品观；同时，还要注意产品观的创新。可供跨国公司选择的产品战略主要有：

（1）以相同的产品提供相同的效应，以此供应所有市场。例如，某些饮料业、香水业、家具业的跨国公司，在世界各地供应规格相同的产品。这种策略的最大优点在于既可获得生产与营销的规模经济，又可在短时间内调剂各个市场上的供需余缺。但这一战略常常受到需求多样化因素的限制。

（2）供应相同的有形产品，但效用的性质随各国而异。这种策略一般只需改变广义产品的非物质内容，如营销手段。自行车在美国本土被视为青少年的健身工具，而在缅甸农村则被视为运输机器。所以缅甸推销自行车时，要强调产品的扎实与优良的售后服务，而不应该强调时尚。

(3) 改变有形产品，但仍然提供相同性质的效用或功能。例如，在开拓洗发水方面，联合利华利用西方的市场技术，结合中国洗发水的天然成分，根据黑发的特点，推出了夏士莲黑芝麻洗发露，受到了中国消费者的认同。

(4) 既改变有形产品，又改变效用或功能的性质，为适应当地的特殊情况，产品的外形、性能、作用、社会心理印象都要改变。美国的玛特尔公司将洋娃娃销往日本市场，由于开始时维持原有设计，总是打不开销路。后来日本宝宝公司将洋娃娃的外部特征设计日本化，使日本小姑娘对之产生良好的社会心理印象，于是打开了销路。

(5) 产品创新。产品创新有两种形式。第一种形式是所谓向后发明，即重新引入过去的产品形式，这种产品形式正好能适应某个国家的需要。例如，美国国民现金出纳机公司将其在美国已过时的曲柄操作的现金出纳机引入亚洲、拉丁美洲和西班牙，价格只有新式出纳机的一半，结果取得成功。这种战略之所以能成功，是因为产品存在着国际生命周期。同种产品在一个国家处于衰退期，但在另一个国家则可能正处于成长期。第二种产品创新是所谓向前发明，即创造某种新产品，以适应其他国家的需要。产品发明是一种代价甚高的战略，但其盈利也颇为可观。

**（二）跨国公司新产品开发战略的特点**

跨国公司的新产品开发大体可细分为：完全新产品，升级换代新产品，改进式新产品以及本企业的新产品四大类型[㊀]。新产品开发是跨国公司生存与发展的一个关键，难度很大，困难很多，各行业的情况差别甚大，跨国公司新产品的开发具有自身的特点。

1. 在组织上采用专门化的策略

跨国公司一般都拥有新产品开发的职能机构部门，有时这些职能机构部门甚至拥有实体单位。例如，通用汽车公司专门设立产品策略小组负责该公司的新产品开发。这些机构或部门为全球市场开发新产品并负责对新产品的销售方法进行指导、效益评估等工作。其基本职能有：①保证、促进新产品开发的创意来源；②筛选创意方案；③调查并分析筛选出来的方案；④保证将公司资源投入新产品研制，并按顺序开发与推出新产品项目。

2. 新产品开发有明显的地域目标偏重

㊀ 滕维藻．跨国公司战略管理．上海人民出版社，1992 年版。

跨国公司经营的产品项目可按地域特征分为：①地方产品，被认为只在一个国家市场有潜力的产品；②国际产品，有潜力扩展到其他国家的产品；③全球产品，即适用于全球绝大部分国家的产品。

3. 新产品的开发倾向在不同的国家进行，而不像产品寿命周期理论所说的那样仅在母国进行新产品的开发，研究与开发当地化的现象相当普遍

新产品开发当地化的主要优势在于：①容易将东道国当地市场的需求反映到产品中去；②减少产品开发的时间；③增加产品的接受程度；④减少贸易摩擦。其中最关键的就是这种研发行为可以最接近于市场的使用者，真正反映当地消费者的市场需求，跨国公司还可以通过在海外建立研发机构来获取范围经济。

### （三）跨国公司的产品线管理战略

根据市场营销的基本理论，所谓产品线即产品系列，是指满足同一种需求、或销售给同一类客户、或由同一渠道出售、或在价格范围相似的一组密切相关的产品。每条产品线又可以分为若干产品规格与型号，产品线又可以派生出产品线广度、产品线深度以及产品线关联性三个概念。所谓产品线广度就是指企业产品线的数量；产品线深度就是指一条产品线不同规格与产品的平均数量；产品线关联性是指各产品线在最终用途、生产条件、分配渠道等方面的密切相关程度。跨国公司的产品线管理战略主要有产品线的广度管理战略、产品线的深度管理战略。

1. 跨国公司产品线的广度管理战略

跨国公司产品线广度管理战略的核心就是实行产品多样化战略。跨国公司产品多样化策略的理论基础为四象限评价法。这是一种产品组合决策方法，它是根据产品的市场占有率与销售增长率来对产品进行评价。这两项指标为高、低两种，因此就形成由四种组合方法构筑起来的矩阵。这一方法是20世纪70年代美国波士顿公司提出的，因而又被称做波士顿矩阵。每类产品都可以根据市场占有率高低与销售增长率高低分别列入四个象限，然后进行评价。其评价程序如下：

（1）确定区分销售增长率与市场占有率高低的标准。销售增长率的高低，一般是以10%作为临界值，超过者为高增长率，未达标者为低增长率。相对或绝对增长率都可采用。但是鉴于跨国公司销售产品的市场往往是寡占市场，跨国公司一般采用相对市场占有率，以便从比值上看出公司产品与最大竞争对手之间的强弱关系。一般来说，相对市场占有率以1.5为临界值，超过者为高市场占有率，未达标者为低市场占有率，公司就要谨慎行事，以防被对手超过或击败[㊀]。

---

㊀ 参见L S Walsh，International Marking. second Edition，Macdonald & Evans Ltd. . . 1981，Chapter 4。

(2) 根据每一种产品的销售增长率与市场占有率，按标准将产品分为四类，并制作四象限图（见图6-2）。

| 市场占有率 / 销售增长率 | 高 | 低 |
|---|---|---|
| 高 | Ⅰ明星 | Ⅲ 问号 |
| 低 | Ⅱ金牛 | Ⅳ 瘦狗 |

图6-2 波士顿矩阵

处于第Ⅰ象限的产品被称为“明星”，其市场占有率与销售增长率都很高，产品竞争能力强，产品处于成长期，前景看好。处于第Ⅱ象限的产品被称做“金牛”，其特征是市场占有率较高，销售增长率较低但销售的绝对量很大，能为跨国公司提供大量稳定的利润，是公司现阶段的主要财源，但产品已处成熟期，发展潜力不是很大。处于第Ⅲ象限的产品被称为“问号”，其特点为销售增长率高，但市场占有率低，产品现阶段还缺乏竞争力。跨国公司对这类产品的投资与发展都采取慎重对待的态度，以避免过高的风险。“问号”产品一般都有较大的弱点尚待克服。第Ⅳ象限的产品被称为“瘦狗”，这一象限与又胖又大的“金牛”不可同日而语，是只瘦小羸弱的狗，其净收入是负值。在公司经理看来，若勉强维持“瘦狗”产品，将徒增负担。

(3) 确定具体策略。跨国公司总的策略大致是，喂食“明星”产品，尽量提供它成长所需的资源；拿走“金牛”赚的利润，花到需要资金的“明星”或“问号”产品的开发上去；对“瘦狗”产品实行淘汰或停产。具体情况见表6-1。

**表6-1 波士顿矩阵的产品特点与战略运用**

| 象限 | 投资特点 | 收入特点 | 现金流特点 | 战略运用 |
|---|---|---|---|---|
| 明星 | 需要持续投入大量的现金，扩张生产能力 | 由低到高 | 负现金流（净资金使用者） | 不断提高市场份额，如有必要就以牺牲短期收入为代价 |
| 金牛 | 需要保持生产能力的开支 | 高 | 正现金流（净资金贡献者） | 维持市场份额和领先地位，直到投资到达边际效应 |
| 问号 | 需要对初始生产力的大力投入，需要高昂的研发成本 | 由负到低 | 负现金流（净资金使用者） | 评估占领市场细分的概率，如果可行，继续追逐更高的市场份额；如果不可行，重新定义业务或退出 |
| 瘦狗 | 生产能力逐渐枯竭，不需要进行大的投资 | 由高到低 | 正现金流（净资金贡献者） | 有计划、有步骤地退出以最大限度地获取现金流 |

除了上述分门别类的对策以外，跨国公司还会考虑四类产品之间的较佳比例结构。

一些资料表明，如果“明星”产品保持在30%以上，“金牛”产品在35%左右，“问号”产品低于20%，“瘦狗”产品低于10%，则这种产品结构较佳。

2. 跨国公司产品线的深度管理战略

产品线的深度管理战略的基本内容是对已定位的产品进行进一步的市场发展，采用市场渗透策略、市场开拓策略等，而且这些策略随着产品生命周期的不同而不同。

（1）当跨国公司向东道国销售导入期产品的时候，由于销售量少而且销售费用高，企业往往无利可图或者获利甚微。此时跨国公司的营销重点一般主要放在对消费者进行产品思想教育与灌输（Buyer Education），以唤起消费者对产品的兴趣和消费欲望。这是为新产品建立市场份额的关键，具体通过以下三个途径进行：

1）价格导向型的试样促销（Price-induced Sampling）。该方法对于那些经常购买的，具有较低的边际成本，并且其效用经过一次使用后就能明显体现出来的商品尤为适用。由于消费者首次遇到该种产品，所以具有很高的价格敏感性，因此有必要用价格折扣的方法（如发放具有高价值的票证及特殊的试样赠送等）来提高消费者的尝试兴趣。

2）直接销售法（Direct Sales）。该种方法对推销比较昂贵的新产品较为适用。此时，对消费者进行产品思想教育和灌输的任务主要是由一支训练有素的直接销售力量去完成。这支队伍的主要作用是估价消费者的需要并且介绍产品效能，以及帮助消费者想象新产品将怎样满足自己的需要。这种直接推销法的费用很大。在费用处理上，有些公司则采用高定价、高促销的方法，把部分费用由首先确信新产品功用的消费者承担。例如，美国杜邦公司用该种方法推销大量的合成纤维、特殊塑料；IBM公司也用该方法推销个人计算机。

3）渠道推销法（Channels Distribution）。有些新产品通过这种较为间接的渠道推销法也可以达到向消费者进行产品思想教育和减少消费者购买风险的目的。采用此方法的一个基本点是给分销者和零售商以较高的利润，这样他们就会积极地通过对消费者进行产品思想灌输和提供其他服务的方式来促销。

（2）当产品进入成长期，消费者根据他人的购买经验或通过与先行尝试者的交流，不断增进了对新产品性能的了解，有利的销售局面已经形成，销量持续上升，新产品逐渐在市场上站稳了脚跟，生产成本也有了一定的下降，利润趋于最高水平，但许多新的竞争者进入该市场，竞争加剧，营销费用很高。同时整个市场也在扩大，每个企业的扩张并不一定给竞争对手带来太大的威胁。基于产品成长期的这些特点，跨国公司一般采取以下两种营销策略：

1）独特产品战略（Differentiated Product Strategy）。采用这种战略，跨国企业把营销力量集中于发展产品的独特品质上。企业必须在成长期立即建立其在研究、生产领域的独特地位及在消费者心目中树立起本企业是该产品主要供给者的形象。在激烈的竞争中，产品的独特品质能减少消费者对价格的敏感性，这样即使在竞争者不断增多的情况下，企业还能制定较为有利可图的价格。

在实践中，跨国公司的独特产品战略又可以分为两种情况：一种情况是该战略集中于一个特殊的消费者细分市场上。该群消费者很注重产品的特殊品质或效用，那么企业就利用撇脂价格以取得利益。另一种情况是集中于行业范围的独特产品战略，这时企业一般采用中性定价。例如，福特公司在相当大的市场份额中使用中性定价法销售他们的独特产品。采用独特产品战略的跨国公司必须具备两个先决条件：①跨国公司必须找到给其独特产品以很高评价的一种细分市场；②跨国公司必须具有生产和营销独特产品的独特能力。

2）成本导向型战略（Cost Leadership Strategy）。采用成本导向型战略的跨国公司主要集中于取得行业范围的成本最低化，此时渗透价格起着很重要的作用，尤其当企业的成本优势取决于大销售量时，渗透价格有助于跨国公司取得大的市场份额。有时候企业的成本优势并不来自于销量，而来自于促使成本下降的产品设计、产品的变化、广告及广泛的促销。采用该战略的跨国公司往往把营销重点放在树立一个低成本的制造者的形象上，有些企业宁愿牺牲一点独特性也要保证最小的制造成本，这样价格便可以定低一些，起到阻止竞争者模仿的作用。另外，低的成本也会使企业在价格竞争中获利。

实行成本导向型战略的跨国公司也必须具备两个条件：①大部分细分市场必须对价格敏感；②跨国公司必须有足够的资金能在现金回流之前承担大量的投资，以保证将来利润的连续性。

（3）当跨国公司的产品进入成熟期的时候，竞争对手逐渐减少，但竞争达到白热化程度，此时，销量有可能继续增加，但利润开始下降。在该阶段，由于任何一个企业只能通过从竞争对手那里夺取份额的方法来发展自身，所以竞争对价格产生了很大的压力。这一点与成长期有明显的不同，因为竞争者已从成长期的“平行发展”过渡到成熟期的“蚕食发展”。此时，大部分的购买者都是老顾客，对产品已经非常熟悉，由于产品的区别日趋缩小，消费者对品牌的专一程度开始下降，价格敏感度已经达到顶点。在这一阶段跨国公司主要采取产品线的扩张战略，企业从广度与深度上进一步开辟新市场或扩充原有市场。在广度上的扩充方法有：由城市转向农村，从国内转向国外。在深度上的扩充方法有：有针对性地把原来只适应一部分顾客需求的一般性产品转变为能适应各类顾客的特殊需求。在此基础上，再用挖掘边缘性用途、创造新的消费方式等来深化产品线。

（4）当产品进入衰退期时，由于需求的下降和生产能力的过剩，消费者日趋世故、挑剔，企业间的竞争变得日趋惨烈，企业的销售量与利润也不断下降。此阶段跨国公司主要采取以下三种产品战略：

1）紧缩型战略（Retrenchment Strategy）。该战略的特点是对有些细分市场采取部分放弃或完全放弃，以把企业的资源集中在有较强势力的细分市场上。这是一种经过仔细规划并付诸实施的战略，该战略不一定会马上减缓企业的衰退，但能促使企业采取低定价的策略保持市场份额。另外紧缩型战略有助于企业筹集大量资金来巩固市场地位及品牌知名度。这种战略的实质是减少企业竞争中最薄弱环节的资产，收缩生产线，但更稳固。采用该种战略要求跨国公司提前规划，而不是对危机的被动反应。

2）收割型战略（Harvesting Strategy）。该战略的特点是从衰退行业中撤出。与紧缩型战略一样，采取收割型战略也要放弃产品线中最薄弱环节。但两种战略的目标不同，收割型战略不是着眼于产品线的缩短与稳固，而是企业从该行业撤离出来的同时如何取得收入的最大化。采用该战略的跨国公司会进行短期的投资，以保证其在行业中的地位不至于下降得过快，但一般不会作长期投资。企业要设法大量回收现金，为其他更有希望的市场筹资。另一种可供选择的方法为跨国公司放弃某种产品的制造，却依然提供与该产品有关的劳务，以此延长获利的时间。

3）巩固型战略（Consolidation Strategy）。该战略的主要目标是在产品衰退期增强企业的地位，以帮助企业克服危机并使竞争对手退出。一个成功的巩固型战略能使企业在竞争对手纷纷退出的情况下，在重新组成的竞争较为温和的市场上取得较大的市场份额。具体的一些做法是关闭一些效益不高的工厂，同时用高质量、低价格的产品获得竞争对手放弃的每一个市场份额，并在企业独特优势方面增加投资，以树立其在该行业中的绝对优势。采用该种战略的要求是：企业在衰退开始时，还必须具有较强的资金实力，并且拥有很大的市场份额。

衰退期的三种战略说明：即使在产品的衰退阶段，仍有多种改进跨国公司营销状况的策略，但无论采取哪种战略都需要事先进行仔细预测及规划。

## 二、跨国公司的定价战略

价格决策在国际市场营销中占有重要位置。价格制定合理，产品销售顺利，企业就能获利，从而增强跨国公司的竞争能力。在国际市场上，定价也是一个棘手的问题。如果利用产品声誉或卖方市场的优势抬高价格，这种支配市场的垄断就会遭到批评；但如果将价格压得很低，则有倾销或逃税之嫌。因此，定价决策不仅在经济上，而且在政治上也是比较敏感的问题。

### （一）影响跨国公司产品定价的因素

跨国公司产品在有关国家市场上的价格水平受制于公司内部与外部的诸多因素，

这些因素大致可以分为四大类：成本因素、市场因素、政府的干预措施、除此之外的其他因素。其中最为重要的是卡特尔集团对定价的影响与反托拉斯法对大垄断企业定价的限制作用。

1. 成本因素

在影响跨国公司定价的因素中，成本因素较为突出。由于跨国公司的多国经营性，它不必要求总成本一定能在每一个市场里得到补偿，但是，从总体来看，公司的销售必须补偿其成本。跨国公司在核算成本时必须首先确定采用可变成本来定价还是采用全面成本定价。运用可变成本来定价，公司可仅仅考虑销往海外市场的产品的边际生产成本或称增量成本；而运用全面成本定价时，则要求产品分担全面固定成本和可变成本的一部分，不仅仅考虑边际成本。跨国公司产品的成本主要来自于生产成本，生产成本一般包含采购与生产过程这两个阶段所发生的成本。除此之外跨国公司还需考虑以下三个成本因素：

（1）关税与其他税收对价格的影响。关税与税收影响产品的最终价格，不同国家税种、税率不同，影响着跨国公司同一产品在不同市场的价格水平或利润水平。许多国家对进口商品征收消费税、增值税、零售税，有的国家还收取进口许可证费与其他行政手续费，这些都会对跨国公司产品的定价产生影响。

（2）中间商与运输成本。国际市场上的各种销售渠道与销售格局差别很大，中间商的毛利有时超过了制造商的毛利，在市场结构尚未发展起来的国家，跨国公司还必须为产品的储运与装卸花费额外的费用，有时还得给中间商提供资金资助，这些都会影响产品成本与价格。另外，国际运输也会增加额外成本，选用的运输方式不同，产品所分摊的运输成本也不一样。许多国家的进口关税基于到岸价格征收，因而到岸价格含有运输、保险等费用，这也会增加成本。

（3）通货膨胀与汇率波动。通货膨胀是世界性的现象，各国通货膨胀率不一，需要跨国公司在进行国际市场营销决策与运作时予以充分的考虑。在通货膨胀严重的国家，跨国公司的营销人员必须将产品的出售价格与产品成本和重置成本联系起来，并将延期收款所受的损失计入价格中。同时各国汇率变动无常，可能给企业增加额外成本，因而在签订合同时需考虑币种、币值，并在计价时将汇率变动因素考虑进去。

2. 市场因素

在激烈竞争的国际市场上，跨国公司所面临的市场因素复杂而多变，其中需求状况、市场竞争状况是影响价格变动的重要因素。

（1）需求状况。各国的需求状况背景是不同的，其中有些影响因素如收入与分配、基本经济指标是可以数量化的，而有些因素如文化背景、心理与习俗等，则是非数量化因素。因此，跨国公司考虑需求状况时必须深入了解所在国的各种经济、文化与社会因素的背景，才能正确估计与判断各个具体东道国市场的需求情况。如果消费者的购买行为对商品价格变动很敏感，那么跨国公司在定价时必须详细考虑不同市场不同商品“需求价格弹性”的动态变化。价格敏感性可以通过考察历史数据、消费者调查与实验来衡量。对历史数据的研究可以是直观的，也可以通过诸如回归的数量工具分析以确定以价格为基础的需求波动情况。价格敏感性的消费者调查研究与其他市场调查研究并无不同，此类实验判断何种价格水平产生何种需求水平。

（2）市场竞争状况。竞争对价格水平的影响很大，目标市场上的各种竞争大致分为直接竞争与间接竞争两类。直接竞争是竞争对手的同类产品与本企业产品在同一市场上相互争夺市场，为了占领市场，企业有时不得不降低价格。间接竞争是来自替代产品与文化偏见的冲击，这时候跨国公司除了要多方面精心谋划营销策略外，也需要考虑制定合理的价格。

3. 政府的干预措施

在许多国家，政府为了扩大就业、遏制通货膨胀、保证基本供给等社会、经济政策目标，对市场价格实行不同程度的干预。最常见的形式是政府的价格管制，通常分为价格上限（Price Ceiling）[㊀]和价格下限（Price Floor）[㊁]，产品价格的调整要经政府批准。许多发展中国家的政府会对市场价格作出一定的管制，比如把产品分为国家定价产品、政府指导价产品、充分市场定价产品等。即使在市场经济发达的国家，政府管制也无处不在。

4. 其他因素

有关国家的财经政策、军备预算、反托拉斯法、产品质量法、广告法、商标法、公共事业条例等都会对市场价格产生影响。此外，国际间的许可协议会导致一系列的技术产品垄断，从而限制了竞争，提高了价格。

**（二）跨国公司的定价策略**

跨国公司的定价策略一般可以分为三大类：成本导向型定价策略、需求导向型定价策略、竞争导向型定价策略。跨国公司总是从其实力优势出发，灵活运用这三类定价策略。

1. 成本导向型定价策略

成本导向型定价就是先测定可能的销售量，计算单位产品的直接成本，然后加上一定比例的间接费用和一定百分比的利润。这种方法的主要优点是易于使用，求得的价格往往接近于最高利润价格。但这种方法的缺点是未考虑到不同价格下需求量变化

㊀ “价格上限”是指可以出售一种物品的法定最高价格。

㊁ “价格下限”是指可以出售一种物品的法定最低价格。

的变动情况，即不能正确测定产品的销售量，因而所确定的单位产品成本也不正确。

成本导向型定价的基本类型可分为：提高标价定价法（Markup）与成本加利润定价法（Cost Plus）。所谓提高标价定价法，是指零售商在产品的成本上加上不同的利润部分，一般用在零售企业中。而成本加利润的定价方法则常用于事先难以确定成本的行业中，如建筑业与军火生产，跨国公司通常用这种方法确定加工订货的价格。成本加利润的定价依据为：在给定产量的基础上，相对于总成本存在着一个特定的预计收益率，企业的定价目标就是要达到这个收益率。可以用损益平衡点求出达到预计收益率的最低价格。为了求得损益平衡点上的产量，可以用以下公式计算

$$BEQ = \frac{FC}{P - AVC} \tag{6-1}$$

式中，$FC$ 代表固定成本；$P$ 代表单价；$AVC$ 代表单位产品的平均可变成本；$BEQ$ 代表损益平衡点上的产量。

当要求达到预算收益时，便可在式（6-1）中加上欲得到的利润，即

$$a = \frac{FC + F}{P - AVC} \tag{6-2}$$

式中，$F$ 代表欲达到的利润额；$a$ 代表在已知具体价格、单位可变成本与欲得到利润条件下的产品销售数量，从中可以求解出价格 $P$，这个价格就是可以达到预计收益率的价格。

不言而喻，当跨国公司的产品处于卖方市场上，需求大于供给，利润高低操作于跨国公司卖主手中，此时才能采用成本加利润这种定价策略。

2. 需求导向型定价策略

如果跨国公司产品的供给大于需求，同行业竞争激烈，那么跨国公司也只好以消费者对商品的需求为依据制定其定价策略，即需求导向型定价策略。在这种定价策略下的具体方法有三种，即可销价倒推法、理解价值定价法与需求差别定价法。

所谓可销价倒推法，即跨国公司根据市场可销零售价格，向后推算批发价格、出厂价格或收购价格。具体既可以从零售价先推出批发价，再由批发价推出出厂价，也可以直接由零售价推出出厂价。

所谓理解价值定价法，即跨国公司根据消费者理解的商品价值来确定价格，该方法以对产品各方面情况掌握得比较准确的有关人员的评估为前提。对于买主理解价值的估算方法有三种：①由本企业内部的各个部门评估的主观评估法；②由企业外部专家评估的客观评估法；③用一定量的商品试销，选择消费者评估的实销评价法。

跨国公司普遍采用的需求导向型定价策略是需求差别定价法，即以各国、各地区市场为基础的差别定价。具体地说，跨国公司在世界各地市场上，依据各地对某种产

品不同的需求弹性，对同一种商品定出不同的价格，甚至有的商品的价格是专门针对某类国家某一阶层的购买者而制定的。例如，在向发展中国家转让技术时，跨国公司根据各国对某项技术的需求强度而定出不同的价格。需求差别定价法发挥作用的前提条件为：①市场必须是分割的，而且这种市场分割又必须显示出不同的需求强度；②被区别对待的购买者不可能在以低价买进后又高价卖出；③在分割市场中，竞争者没有廉价出售商品的机会；④市场分割的成本小于从价格差别中获取的收益。

3. 竞争导向型定价策略

当跨国公司根据竞争对手的定价情况来决定自身产品的定价，这种价格策略就是竞争导向价格策略。这一策略的明显特征就是跨国公司的价格与成本或需求之间并不保持一个固定不变的对应关系。竞争导向型定价策略具体又有三种类型：

（1）现行率（Going Rate）定价。这相当于国内所说的随行就市，即跨国公司力图把产品的价格维持在本行业的平均水平上。现行率定价是同质商品市场的重要特征，这类市场结构可以是完全竞争，也可以是不完全竞争的，或者是寡头垄断。

（2）追随领导企业定价。这是一种特殊的现行率定价法。实行此方法时，跨国公司以同行业中占有较大市场份额或影响最大的企业价格为标准。之所以此种方法流行，是与跨国公司所处的国际寡头垄断结构分不开的。在这种结构下，市场上只有少数几家大企业，每个企业都非常清楚其他企业的定价，购买者对每个企业的价格也十分清楚。对于一般的公司来说，偏离领导企业的价格水平可能导致其他公司的强烈反应，所以，在寡头垄断行业中，各家跨国公司之间必然会相对地存在缺乏价格竞争的现象。对于非行业领先企业来说，采用追随领先企业定价法又是一种避免竞争的定价方法。

（3）竞争性定价。这即跨国公司压低定价销售产品，排除竞争对手，以最终夺取竞争市场份额为目的定价方法。

跨国公司实行竞争导向型竞争策略所需要的竞争性信息包括：①公开出版的竞争价格表和广告；②对过去价格变化的竞争性反应；③竞争者价格变化的时间与初衷；④竞争者特定活动方面的信息；⑤竞争产品线对比；⑥竞争者定价/市场营销目标假设；⑦竞争者公开报道的财务表现；⑧竞争者成本估计；⑨预期的定价报复；⑩竞争者报复能力分析；⑪参与价格战的财务能力；⑫全面竞争能力等。

**（三）跨国公司的产品定价方法**

在微观操作战略上，跨国公司一般采取三种基本的定价方法，即撇脂定价、渗透定价、跟进定价。

1. 撇脂定价

撇脂定价（Market Skimming Pricing）是指跨国公司在国外市场采取高定价方法，其目的在于从高价中尽快取得效益。该定价方法适用于市场上没什么竞争的情形，产品处于生命周期的早期阶段；或者产品新颖独特；或者目标国采取严格的进口限制，不鼓励外国公司参与竞争。这种定价策略通常具有短期性，随着销售形势的变化，销售价格会逐步降低。在发展中国家的市场上，跨国公司经常采用这一方法。通常拥有高技术的国际企业在国外市场上推行这种定价方法。对于耐用消费品工业，只有那些拥有名牌产品、广告和促销能力很强的企业，才能采用这种方法。撇脂定价对当地或外国竞争者会产生很大的诱惑力，一些走私品也会从价格低的市场流向价格高的市场。撇脂定价有助于跨国公司在较短的时间内收回巨额的新产品研发费用，防止核心技术的流失。

现代专利药品是撇脂定价的一个很好的例子。撇脂定价一直作为与产品生命周期相结合的高价定价方法。高档价格与保护伞价格是撇脂定价的两种具体类型。高端需求比较旺盛的时候，跨国公司不会冒损害产品形象的风险来降低价格供应大众产品。雅诗兰黛化妆品、Olga 内衣、劳力士手表、沃特福德水晶、阿玛尼套装与爱马仕围巾都是此类产品。

2. 渗透定价

渗透定价（Market Penetration Pricing）是指以较低价格在市场上投放产品的定价方法，其目的在于使企业产品迅速占领市场，以取得较大的市场份额。一旦取得期望的市场份额，跨国公司便提高价格，在抵补全部成本的基数上取得一定的利润。日本企业出口汽车和彩色电视机时广泛采用过这种方法。例如，在 20 世纪末，日本跨国公司制造的彩色电视机的每台价格比美国同类产品低 50 ~ 100 美元，它们在美国彩色电视机市场上的占有率迅速超过 40%。渗透定价方法既适合于新产品，也适合于成熟产品。渗透定价的采用也是有条件的，具体为：①产品销售与单位成本高度相关，销售量越大，单位成本越低，换言之，销售的产品是能够取得规模经济的产品；②产品的标准化水平较高；③产品的需求价格弹性较大，价格越低，需求量越大；④生产技术稳定，产品正处于成熟期；⑤财务上能够承受最初的损失。当然，渗透定价也会招致东道国政府的检查，特别是容易受到产品倾销的指责。

3. 跟进定价

跟进定价（Follow-the-leader Pricing）是指企业紧跟同行内主要的竞争对手确定价格，以与之保持一致。这种方法是跨国公司将本企业产品与同行业现行价格保持一致，作为一种“随大流”的定价方法，其适用范围很广。例如，在小麦、咖啡、茶叶、棉花等初级产品的市场上，一般都有统一的国际市场价格，即交易所价格。如果企业产品价格高于国际市场通行价格，则其原有的市场份额就会被竞争对手夺走。即使在工业制成品市场上，如果产品差别化不明显，这也是首选方法。但是，许多工业化国家和一些发展中国家通过反托拉斯法和反垄断法对这种定价方法加以禁止。如果没有这种立法的存在，价格互相协调的行为是常见的现象，在供过于求的行业尤其如此。

4. 相关产品定价

这是企业在同一市场中，根据各商品在生产特点、功能差异或市场状况方面的相互联系而确定的配合性价格，其特点是不拘泥于单一产品的价格目标，而是寻求总体利润、市场或竞争目标的实现。例如，某公司有主体产品 A 与配套产品 B 在某外国市场上出售，而两种产品在使用中相互配合，缺一不可。主体产品的功能与价值大于配套产品的功能与价值，市场供求双方对其价格变化十分敏感。配套产品的功能与价值虽然比较低，但是具有易耗的特点。据此，该公司就可将 A 产品的价格定得较低，以期通过销量增加来部分地抵消因降价而带来的损失，并成倍地增加顾客对 B 产品的需求。相关定价法尤其适合于发展中国家的市场或运用于技术含量较高的产品上。当成长中的发展中国家市场主要由少数几个外国企业供应时，各企业产品的自我配套特征与非自由竞争的市场结构，使得利用这种定价方法能有效地扩大市场，打击竞争者。

5. 转移定价

转移定价（Transfer Pricing）是指跨国公司内部母公司与子公司或子公司之间转移商品或劳务的定价。转移价格除了转移成本和利润以外，还能影响母国和东道国对国际企业的税收。运用转移价格开展跨国公司内部各子公司之间的交易，可以将资金从风险高的国家转移到风险低的国家，降低应缴的关税，逃避税收。转移定价是一种避税方法，但许多跨国公司也把这种方法当成是市场营销的定价策略。

6. 倾销

倾销（Dumping）一般是指外国厂商将其生产的商品以低于其正常价值的价格或公平价格进行销售的行为。许多国家一直认为倾销是一种不公平的贸易做法，是对自由贸易的冲击。一种产品，如果在外国卖得比本国还便宜，通常被认为是倾销产品。在美国，通常美国商务部及国际贸易委员会会对倾销诉讼作出相关的确认，确定其国内工业是否由于倾销而受到伤害。一旦判定会受到伤害，就需要课征反倾销税来弥补进货价格（或出口商品售价）和外国市价（真实的或未算的）的差额。许多国家都有类似的规定。

所谓正常价值或公平市价，通常根据案例的具体情况而定，一般可供选择的标准有：

（1）出口国或原产地国的国内销售价。这即被指控的倾销产品或与其类似的产品在调查期间，在出口国国内市场上实际被支付的或被约定支付的价格。

（2）对第三国的出口价格。这即当被指控的倾销产品或相似产品在出口国无销售或销售量极小以致不能以国内销售价格作为正常值时，所采用的出口国向第三国出口的产品价格。

(3) 结构价格。这即被指控倾销的产品成本加上一定幅度的利润。

(4) 替代国价格。这即指用一个属于市场经济体制的第三国所生产的相似产品的成本或出售的价格作为基础来计算的正常价值。

(5) 相似产品在进口国的销售价格。这即进口国用从其他国家同类产品或相似产品的平均进口价格为标准来确定的价格。

西方发达国家对来自被其视为市场经济国家的倾销产品，主要采用前三种方法来确定其正常价值；对于来自被视为非市场经济或计划经济国家的倾销产品，主要采用后三种方法来确定其正常价值。

## 三、跨国公司的销售渠道战略

销售商品涉及一系列活动，如运输、储存、库存控制、包装以及售前售后服务。合理安排这些活动，正确选择分销渠道，有利于跨国公司及时将产品传到用户手中，扩大商品销售，加速资金周转，降低流通费用。分销渠道是指产品由国际生产企业流向国外最终用户或消费者移动过程中所经过的各个环节。在这个过程中，起点是生产企业，终点是用户，中间环节是中间商。因此，分销渠道问题实际上是指处在跨国公司与最终消费者之间的中间环节问题。

### (一) 国际销售渠道概述

跨国公司必须运用整体观念去看待将产品送到最终用户去的渠道问题。国际销售的完整渠道可以用图 6-3 来说明。

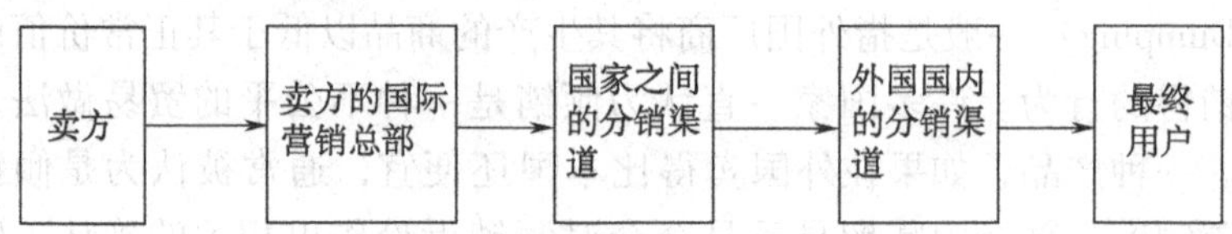


图 6-3 国际销售的完整渠道

从图 6-3 中我们可以清楚地看到，在卖方和最终用户之间存在着三个主要的中间环节。第一个环节为卖方的国际营销总部，由跨国公司的出口部或国际部组成，由跨国公司总部对分销渠道与经营组合要素进行决策。第二个环节是国家之间的分销渠道，即将产品分送到各国边境所经过的环节。这个环节包括：①选择中间媒介，如代理商、贸易公司等；②决定运输方式，如空运、海运等；③作出财务与风险安排。第三个环节是东道国国内的分销渠道，即将产品从进口口岸分销到最终用户手中。在大多数情况下，跨国公司都力争开发其自己的分销网络，主要目标是对渠道进行控制，以提高分销渠道的效率。

### （二）销售渠道的国别差异

销售渠道的国别差异主要表现在以下几个方面：

（1）由于社会经济和文化环境的差异，同一种商品在不同国家内的销售渠道有很大的不同。以化妆品为例，在美国，27%的化妆品在药店销售；而在日本，只有10%的化妆品在药店销售；在西班牙，55%的化妆品在百货商店销售；而在德国只有7%的化妆品在百货商店销售；在巴西，5%以上的化妆品在数量众多的杂货店里出售。以手表为例，在欧洲，手表主要是在珠宝商店销售的；但在美国，手表主要在廉价商店销售。再以食品为例，在美国，95%的食品在零售的超级市场销售；在德国，这个比例只有65%；而在意大利，50%的食品在夫妻合开的商店（Mon and Pop Store）里销售。

（2）在各个国外市场中，中间商的数量和种类也有着惊人的不同。例如，如果要将肥皂销往日本，那么这家生产肥皂的跨国公司不得不通过也许是世界上最复杂的分销系统才能完成任务。日本的肥皂分销系统包括：总批发商、专业批发商、地区批发商、当地批发商、零售商。这样长的分销渠道使消费者的最终购买价格比初始进口价格涨了2倍或3倍。但同样的肥皂进入非洲，跨国公司只要通过进口批发商、批发商、当地市场的小商贩这几个简单的环节就可以将产品卖给最终用户，不会出现价格升级。

（3）在国际市场中，各国零售商品的规模和特点也有很大的差异。在一些发达国家，大型的连锁百货商店、廉价商店、邮购商店、超级市场遍布各地，其在零售业中占有很大的份额。但在许多发展中国家，零售店往往是由一两个人经营的家庭货摊构成，大量的商品零售控制在无数独立的小商贩手里。在印度，千百万个零售商经营着很小的商店，这些小商店在公开市场上出售商品。他们要价很高，但实际成交的价格却随着讨价还价而跌下来。超级市场的商品价格通常比较低，但在有些发展中国家，由于许多经济和文化方面的障碍，超级市场却难以开张。

### （三）国际销售渠道的选择

销售渠道在各国的差别显示：在国际市场营销组合的四个要素，即产品、促销、价格、销售渠道中，销售渠道也许是最难标准化的。这就是说，跨国公司对销售渠道的决策，在很大程度上依赖于客观环境所允许的可能性。跨国公司决策的基础是环境，而不是决策者的个人偏好。跨国公司必须全面考虑有关控制、盈利、渠道长度、销售条件、分销系统的所有权等问题，在此基础上对子公司提供一般性的指导。然后，由东道国子公司经理再根据销路、成本、资本投资的可能范围以及所需的控制和保险范围，对销售渠道作出选择和决策。

在这样的背景下，可供跨国公司选择的方案包括：①利用东道国已有的专营或非专营的经销商；②收买当地现有的销售商；③建立自己的平行的渠道；④开发新的渠道等。通过对环境、竞争、制度、法律等因素的透彻分析，跨国公司就有可能对上述几个方案作出合理的选择。在此基础上，跨国公司还要进一步确定销售渠道的长度和宽度。销售渠道的长度是指国际企业在分销产品过程中中间商的多少，宽度是指同一层渠道中成员的多寡。长度和宽度的不同组合，会形成跨国公司各种类型的销售渠道战略。

**（四）跨国公司分销层次的选择战略**

在实践中，可供跨国公司选择的分销层次一般有三个，即独家分销、密集分销与选择分销。

（1）独家分销（Exclusive Distribution）。独家分销，即给予有限数目的零售商以在其各自的区域分销某种产品的权力。跨国公司使用独家分销可以极大地促进分销商的忠诚，可以更大力度地支持销售、对零售市场更高程度地控制、更好地预测与更合理地存货。由于分销渠道少，制造商就能更容易地控制盈余、价格和存货，分销商也更愿意为市场调研和预测提供数据。独家分销对于客户追求名牌商品聚居有特别的实际意义。例如，劳力士手表、古奇皮包、Regal 鞋、Celine 领带、Mark Cross 钱包。当然，独家分销的缺点也十分明显。例如，商品需求价格弹性较大时，独家分销因其高价格和低销售量等特点会遭遇市场收缩，独家分销在有些国家还会遭到反托拉斯法的限制。

（2）密集分销（Intensive Distribution）。密集分销，即使用所有可能的零售渠道销售商品，这可能意味着商品被运送给特定区域内各种不同的零售渠道，通常用来销售便利商品。如果客户并不是刻意地寻找某商品，而是当其遇见时就购买，那么对卖方来说，在尽可能多的地方销售该商品就会变得十分有利。这种分销战略的优势在于销售额的增加、广泛的客户认同与购买冲动。但密集分销也有两个明显的缺点：①密集分销的商品大都是低价格、低利润的商品，这就要求更多的销售额；②密集分销很难对数量庞大的零售商提供任何程度的控制。

（3）选择分销（Selective Distribution）。跨国公司所选择的零售渠道不止一个，但对特定区域内有意经营某种商品的零售渠道并不全部都加以利用。在选择分销战略中，中间商的数目应加以限制，制造商应以对公司整体销售目标有贡献的标准来选择中间商。例如，一些公司可能会选择那些为购买商品的客户提供令人满意的售后服务的中间商。在汽车业，制造商为确定商品特许经销权所使用的选择型标准包括展厅大小、服务设施和存货水平。当跨国公司要求一家业绩好的公司销售商品并提供必要的客户服务时，选择分销也十分有效。

**（五）跨国公司的多重渠道战略**

多重渠道战略是指跨国公司建立两个或两个以上的分销渠道进行分销商品和提供

服务。多重渠道能最大程度地接触到每一个市场细分。跨国公司所选择的各类渠道根据其是否具有替代性，可分为互补性渠道和竞争性渠道。

（1）互补性渠道（Complementary Channels）。互补性渠道存在于处理不同的非竞争商品或非竞争的细分市场中，这些细分市场用别的方法难以达到。跨国公司选择互补性渠道的原因还在于，同一行业中其他公司销售某一产品的渠道已经饱和，为了进入市场，就必须建立一个不同于其他制造商所使用的传统渠道。近几年，许多服装制造商，包括拉尔夫·劳伦（Ralph Lauren）、丽资克莱本（Liz Claiborne）、Calvin Klein、Anne Klein 和 Adrienne Vittadini，为了拓宽市场建立自己的零售商渠道。同样，为了拓宽市场，许多名牌快餐公司，如必胜客、赛百味（Subway Sandwiches）、Kiosk 等公司，也已经开始在美国公立学校的自助餐厅出售其商品。

（2）竞争性渠道（Competitive Channels）。竞争性渠道存在于同一商品通过两种不同但相互竞争的渠道进行销售的场合。采用竞争性渠道的原因是希望能够增加销售额，如果中间商不但要与其他制造商的中间商竞争，还要同自己的中间商竞争，那么总体销售额将会有很大的提高。有时，跨国公司由于环境的变化而被迫采取竞争性渠道。例如，非处方药传统上是通过药店销售的，但是随着第二次世界大战后超市营销观念的变化，食品杂货店也成为销售非处方药的可行渠道，因为购物者希望方便地购买药品。这样，药品公司就有必要同食品杂货店的批发商与零售商做生意了。建立多重销售渠道的主要危险在于会造成经销商之间的冲突，独家零售商的零售额很可能首当其冲，会造成零售商选择其他制造商的产品线。

## 四、跨国公司的促销战略

促销是将产品和服务向消费者进行宣传，激发消费者的购买行为，扩大产品销售的活动。

### （一）广告

广告（Advertising）是通过有偿的形式，有计划地把各种产品和劳务的信息传递到可能的消费者中去，以达到增加信任和扩大销售的目的。在国际市场上，由于各国文化背景不同以及各种限制，广告工作比国内要复杂得多。

1. 广告媒介的选择

广告媒介是指用以刊登、播发广告，在广告者与广告对象之间起桥梁作用的一切物质手段，包括印刷媒介、户外媒介、交流媒介、电视媒介、电台媒介等。各种广告媒介会对消费者购买产品产生重要的影响。美国广告专家玛嘉丽特·赖尔对各种广告媒介的效果进行了比较（见表6-2）。

表 6-2 广告媒介效果比较

| 比较项目 | 电视 | 电台 | 杂志 | 日报 | 户外 |
|---|---|---|---|---|---|
| 目标传达（18 岁以上女性） | A | A | A | C | C |
| 创造情绪能力 | A | C | B | C | D |
| 消费者参与媒介 | A | B | B | C | C |
| 视觉特征 | A | D | B | C | B |
| 支配感觉 | A | B | B | B | B |
| 都市集中 | A | A | B | A | A |
| 市场强性 | A | A | B | A | A |
| 季节强性 | B | A | A | A | B |

注：A 为优秀；B 为良好；C 为尚好；D 为不适当。

但实际上，在不同国家，各种广告媒介发挥的作用极不相同，因而跨国公司要作适应性选择。首先，要考虑广告媒介的可用性。有些国家的广告媒介很少，有些国家则很多。例如在欧洲，电视广告的时间是很有限的，法国规定每天只能播 4 小时广告，而北欧国家规定的时间则更少。另外有些国家对广告管理得比较严格。例如在德国，法律禁止在广告中使用比较手法，广告中不能出现“用这种肥皂洗衣服比用另一种肥皂洗得更干净”这样的提法，否则竞争对手随时可以提出控告。在意大利，甚至连“除臭”“排汗”之类的字眼都不能出现。在科威特，规定商业广告不能用形容词最高级形式。所有这些限制都可能会对某种广告媒介的效用发生影响。其次，应考虑使用广告媒介的费用。国家不同，广告费用差别很大。例如，使 100 名读者获得广告信息的成本在比利时是 1. 58 美元，在意大利则是 5. 91 美元。在女性杂志中，每千份发行量的每页版面价格在丹麦是 2. 51 美元，而在德国则是 10. 87 美元。有些国家还要对广告征收特别税。最后，跨国公司选择媒介时还应考虑广告的覆盖范围。在国际市场上，往往要通过多种广告媒介才能将信息传播给目标市场的广大用户。

2. 广告设计

广告设计就是根据销售意图创作最合适的语言、文字、画面、形象，并加以合理安排，组成主题鲜明、商标突出、引人入胜的完整广告。在国际市场上，广告设计首先要解决标准化与多样化的问题。

广告设计的标准化策略强调在所有的市场上广告方式都要统一，实行标准化；多样化则强调各国市场的特殊性，强调要针对不同国家和地区设计不同的广告。具体的选择取决于购买动机的类型，而不是地理因素。如果不同市场的顾客在购买相同产品时出于不同的动机，则应针对不同的动机设计不同的广告方案。但是，如不同市场对同样的广告反应都很好，则采用标准化的广告方式。阿纳特·R. 内加迪认为，在两种情况下采用高度标准化是合适和有效的：①母国和东道国的社会经济、文化和法律具有共同的准则；②工业品通常具有客观的标准，所以工业品的广告无需表现出多样化。

广告设计还应该充分注意运用心理学的法则，所谓“攻城为下，攻心为上”，从而赢得异国消费者的青睐。为瑞典爱立信设计形象广告的新加坡白帝广告公司的主席兼执行创意总监迈克·弗罗摩次指出：“我们创作了一系列发生在真实生活场景中的故事，希望以广告所涉及的这些生活范畴和特性显示：爱立信不仅仅是一家生产手机的公司，而且是一家致力于人与人之间信息和情感沟通的电信企业。它对责任感、信誉以及人际交流这种最人性化的需求有着深刻的理解。”这种根据目标消费者的心理特点和需求而进行的广告设计，是比较有效的。

3. 广告代理商的选择

跨国公司可以利用的广告代理商有：与海外媒介有直接业务关系或能通过本国代表与海外媒介进行间接业务往来的国内广告公司；在国外有代表处、联号或与海外媒介有代理关系的国内广告公司；在许多国家拥有分支机构的大型国际广告公司；在各国市场上选择当地的广告公司等。

**（二）国际公共关系**

公共关系（International Public Relations），是企业利用传播手段使自己与公众之间相互了解和相互适应的一种管理职能活动，是“对企业自身的营销”，旨在树立良好的企业形象，协调企业与各方面的关系，其主要的对象是顾客、当地政府、舆论界、社区组织、商会团体、竞争者以及本企业的职工等。在国际市场上开展的这类活动叫做国际公共关系。国际公共关系的基本任务和程序是确定目标、实施和评估公关行为。国际公共关系的基本目标是树立企业良好的信誉和形象，争取获得对企业有利的新闻报道，处理突发的谣言和新闻报道等。美国福特公司在向国际市场推出“野马”新型轿车前4天，邀请世界各地记者参加70辆“野马”轿车大赛，一炮打响。世界各地数百家报纸和杂志宣传了这次大赛，随后“野马”轿车销售额创历史最高纪录。又如，可口可乐公司在北京申奥时推出了申奥运金罐，以及冲击世界杯时对中国队的赞助，都在培养与中国人共同的情感诉求，而且通过对中国教育事业与体育事业的捐款，塑造了可口可乐的良好形象。

总之，利用公共关系作为一种促销手段，成本低、影响广、可信度高。企业不论是向国际市场推出新产品、开拓新市场，还是要维持产品在国际市场上的地位，都需要运用各种各样的公关手段，介绍和宣传企业的产品和商标，树立企业本身的形象。

### (三) 营业推广

除广告、人员推销、公共关系以外，所有鼓励消费者购买产品、提高零售商和中间商推销能力并改进其合作态度的市场经营活动，都属于营业推广。营业推广有多种形式，如赠送样品、奖品、优惠券，举办展销，进行商品示范等。营业推广活动以消费者和零售商为对象。针对消费者的营业推广旨在诱导他们试用或直接购买新的商品，这是直接引导消费者作出购买行为的方法；针对零售商的营业推广活动旨在鼓励零售商陈列本企业产品，推动零售商积极进货与推销本企业产品。

## 小　结

本章主要从跨国公司营销战略的类型与选择、跨国公司营销战略的主要组成两个方面阐述了跨国公司营销管理的主体内容。

跨国公司营销战略的类型主要有一体化营销战略、当地化营销战略、全球本土化营销战略。所谓的一体化营销战略不是简单的跨国营销，是一种思维，要求将全球看成一个统一的大市场，强调在营销策略上淡化国家与地区的界限，通过标准化的营销策略服务于全球目标顾客；所谓当地化营销战略是指从各个国家与地区消费者需求的差异性出发，通过营销策略的差异化与当地化来满足目标消费者的多样化需求；所谓全球本土化营销战略是指从全球的视角来思考“地方”的问题，把地方问题纳入全球营销的体系中加以解决。全球本土化战略注重在一些战略性元素，如产品定价、品牌培育、形象塑造等方面，寻求全球宏观和整体上的统一与共性，再辅以“地方化行动”来适应当地的市场环境和文化特色，以确保全球营销的成功，即在与营销环境和当地顾客直接相关的营销要素方面采取适应性的策略。

影响跨国公司国际营销战略的选择因素包括：①行业、产品的投资密度；②技术密度；③降低成本的压力，以及原材料与能源的获取途径；④消费者需求的差异程度；⑤分销渠道的差异；⑥市场结构与竞争状况；⑦东道国政府的要求等。

跨国公司营销管理的具体战略包括：产品战略、定价战略、销售渠道战略、促销战略等。

## 思 考 题

1. 跨国公司一体化营销战略的优缺点各是什么？
2. 跨国公司当地化营销策略有哪些弊端？
3. 采取“全球化思考，地方化行动”营销策略的理论依据是什么？
4. 波士顿矩阵对跨国公司管理产品线有什么帮助？
5. 请举例说明跨国公司的撇脂定价法。

6. 渗透定价法的适用范围与撇脂定价法有什么区别？
7. 跨国公司的渠道策略有哪些？
8. 跨国公司国际公共关系的市场职能是什么？

## 案例分析

[案例分析一]

### 麦当劳的过期食品风波

[背景材料]

2013年3月15日，中央电视台3·15晚会报道了位于北京三里屯的一家麦当劳发生鸡翅超过保温期后不予取出、甜品派以旧充新及食材掉地上不加处理继续备用等违规情况。当晚9点左右，北京市卫生监督所数名工作人员赶到现场，对麦当劳三里屯店进行突击检查。记者跟随检查人员进入后厨，发现其卫生情况并不乐观，夹道等处有不少面皮。且记者未在操作间发现任何计时设备。约一个小时后，卫生监督所工作人员向媒体公布了检查结果，发现麦当劳后厨有数处问题违规，并相应提出了《卫生监督意见书》。检查人员介绍，检查期间发现麦当劳操作间的垃圾桶没有加盖，冷库内存放的食品有些未上架存放，食品和外包装材料有混放情况，且在夹道内发现数批面包坯子而未存放在食品专用库内。麦当劳公司方面相关负责人也赶到现场。面对媒体，其公关部相关负责人田女士没有提供央视报道中提及的员工手册，她表示，麦当劳方面对此事十分重视，将借此契机加强内部管理，并启动系统自查，如果查明属实，将对相关员工进行惩罚。当天晚上9点50分，距被曝光违规操作仅一个小时麦当劳新浪官方微博作出回应："央视3·15晚会所报道的北京三里屯餐厅违规操作的情况，麦当劳（中国）对此非常重视。我们将就这一个别事件立即进行调查，坚决严肃处理，以实际行动向消费者表示歉意。我们将由此事深化管理，确保营运标准切实执行，为消费者提供安全、卫生的美食。欢迎和感谢政府相关部门、媒体及消费者对我们的监督。"

对于麦当劳的这种解释，不少网民指责其态度敷衍。麦当劳作为一家世界500强企业，在销售环节中出现这样的问题必须承担相应的责任并彻底自查，而不是拿"个别事件"的理由来敷衍公众。麦当劳食品卫生手册制定要求高，实际操作起来困难，尤其是成本控制。但不能高标准宣传，降低标准来操作，涉嫌欺骗。

3月16日，麦当劳三里屯店关门歇业。麦当劳（中国）一名负责人对媒体表示，目前麦当劳已经对三里屯门店进行了停业整顿处理，将追究相关人员的责任，并同时对其全国1400多家门店重申了餐厅操作标准，要求各门店进行彻底自查。3月16日上午，国家食品药品监管局食品安全监管司主要负责人对麦当劳（中国）有限公司负责人进行责任约谈，要求麦当劳（中国）有限公司对3·15晚会媒体曝光的问题高度重视，认真汲取教训，采取有效措施，立即进行整改，强化诚信教育，严防此类事件再次发生，有效维护消费者的切身利益。3月22日，麦当劳三里屯店正式恢复营业。该店门上不仅贴上了“用心承诺”的字样，在门前还摆放了一封致歉信。“深表歉意”“监督”“批评”“产品质量”等字均用了大号字体。北京麦当劳方面表示，在停业期间，餐厅积极接受并配合了相关部门的检查。目前，三里屯餐厅已经完成了内部自查和培训，恢复对外营业。

事件曝光后，麦当劳马上通过官方微博及时向公众公开道歉，并向相关监督部门表示感谢，诚意十足。同时，公司相关负责人也在第一时间赶到现场，与媒体和公众进行沟通。央视报道播出之后仅仅一个小时，麦当劳新浪官方微博即发出声明，承认这是一次违规事件，表示将立即调查，严肃处理。并在未来进行改善。

（资料来源：中国营销传播网。）

[案例思考题]

1. 被曝光后，麦当劳既没有新闻发布会，也没有过多的言论反驳，而是通过官方微博致歉，道歉态度诚恳，言辞恳切，应用了危机公关的什么原则？

2. 除了第一时间发布致歉声明，企业相关负责人也及时赶到现场，与公众和媒体进行沟通。此外，对问题店进行停业整顿，并通过媒体释放全国各门店彻底自查的举措，这是危机公关的什么原则？

3. 在这次事件中，麦当劳除了发布致歉声明，还请北京市卫生监督所进行检查，并将检查结果公布于众，麦当劳这么做的理由是什么？

[案例分析二]

## 跨国公司在农业领域的投资

[背景材料]

《2009年世界投资报告》重点讨论了“跨国公司、农业生产与发展”的专题。报告指出，农业是粮食供应和消除贫困和饥饿的核心。对大多数发展中国家来说，农业在经济发展过程中具有根本的重要性。许多国家长期忽视农业的现象在很长一段时间一直是人们最关注的问题。不过，一些相互联系的因素正促使国内私有企业及外国公司在近期加大了对许多发展中国家农业领域的参与程度。这些因素大部分属于结构性的，而且有望在可预见的未来推动农业投资的发展。在此背景下，外国以及国内投资的参与可以在发展中国家的农业生产中发挥至关重要的作用，提高其生产率并且支持其经济发展。报告指出，跨国公司的参与绝不是发展中世界推动农业商业化和现代化的唯一办法，而且不一定是主要的办法，但是它们在许多国家发挥着重要作用。从一定意义上说，对外直接投资（FDI）能够缩小发展中国家在农业投资上的差距，以及他们在农业技术及其他资源上的差距。流入农业的FDI在逐渐增加，尽管其总量有限，而且相对于其他行业来说比例很小，到2007年，农业领域的流入存量已达320亿美元。20世纪90年代末，全世界每年流入农业的FDI还不到10亿美元，但是在2005—2007年，年入流量增加了两倍，达到30亿美元。此外，在东道国价值链下游部分稳定下来的跨国公司（如食品加工和超市）也开始投资农业生产及合同农业，从而使它们参与农业的实际规模扩大了数倍。事实上，经过21世纪初的快速增长之后，仅流入食品和饮料行业的FDI（不包括其他下游活动）在2005—2007年就超过了400亿美元。从地理分布、国家层面的活动密集程度，商品的覆盖范围以及跨国公司参与的类型来看，合同农业是跨国公司参与农业生产的重要组成部分。合同农业能够带来各种有益的效果。例如，提供投入并且向大量小农场主转移技术，缓解农民面临的金融和技术制约，把农民与全球市场联系在一起。在这个背景下，合同农业可以定义为由农民和跨国公司分支机构（或代表跨国公司的经纪人）签署的非股票合同安排，根据合同，农民同意按照议定的价格、质量标准、缴纳日期和其他具体要求向后者缴纳一定的产出。对跨国公司来说，这是个诱人的选择，因为它可以比现货市场更好地控制产品的具体规格、质量和供给。与此同时，它比土地租赁或产权的资本密集度低，风险小而且更灵活。对农民来说，合同农业可以提供可预知的收入、进入市场，并且从跨国公司那里获得信贷、专业知识等方面的支持。目前，跨国公司在世界110个国家和地区参与合同农业活动以及其他非股票形式的农业活动，范围涉及亚洲、非洲和拉美地区。合同农业不仅非常普及，而且在许多新兴国家及贫穷国家还达到了相当高的程度。此外，合同农业安排覆盖了广泛的农产品范围，从家畜、主要粮食生产到经济作物等。报告为东道国、跨国公司母国和国际社会利用跨国公司发展农业提出了政策建议。对东道国而言，为了使发展收益最大化、成本最小化，东道国首先应该考虑要推动跨国公司与当地农民之间的合同安排，如合同农业；其次，解决阻碍高效合作的具体障碍，如能力建设、合同范本的拟定等；最后，为了让FDI对发展的贡献最大化，应具体关注国内法律框架，以及东道国政府与外国投资者之间的投资合同。跨国公司母国出于粮食安全的考虑，有必要评估国家战略的优劣，以促进FDI的流出。除对外直接投资之外，其他可以考虑的办法包括：推广合同农业，投资当地基础设施，如交易所、物流基础设施等。就国际社会而言，为了让外国投资者在农业生产中大规模收购及使用土地，应考虑制定一套国际社会公认的核心原则。通过减少进口关税、非关税壁垒及发达国家的农业补贴，鼓励FDI流入发展中国家。在涉及跨国公司的农业发展战略中，考虑使用官方发展援助（ODA）。

（资料来源：《2009年世界投资报告》。）

[案例思考题]

1. 为什么说跨国公司的参与绝不是发展中世界推动农业商业化及现代化的唯一办法而且不一定是主要的办法，但是它们在许多国家发挥着重要作用？

2. 跨国公司的合同农业对发展中国家农业发展的推动作用表现在哪些方面？

3. 东道国、跨国公司母国和国际社会利用跨国公司发展农业的途径有哪些？

## 本章参考文献


[1] 俞毅．产品生命周期各阶段的主要营销策略［J］．国际商务研究，1991（2）．

[2] 金润圭．国际企业管理［M］．北京：中国人民大学出版社，2005.

[3] 毛蕴诗．跨国公司在华投资策略［M］．北京：中国财政经济出版社，2005.

[4] 卢进勇．国际投资与跨国公司案例库［M］．北京：对外经济贸易大学出版社，2005.

[5] 李颖生．跨国公司的中国市场谋略［M］．南昌：江西人民出版社，2005.

[6] 何智蕴．大型跨国公司在华投资结构研究［M］．北京：科学出版社，2005.

[7] 薛求智．当代跨国公司新理论［M］．上海：复旦大学出版社，2007.

# 第七章
# 跨国公司的财务管理

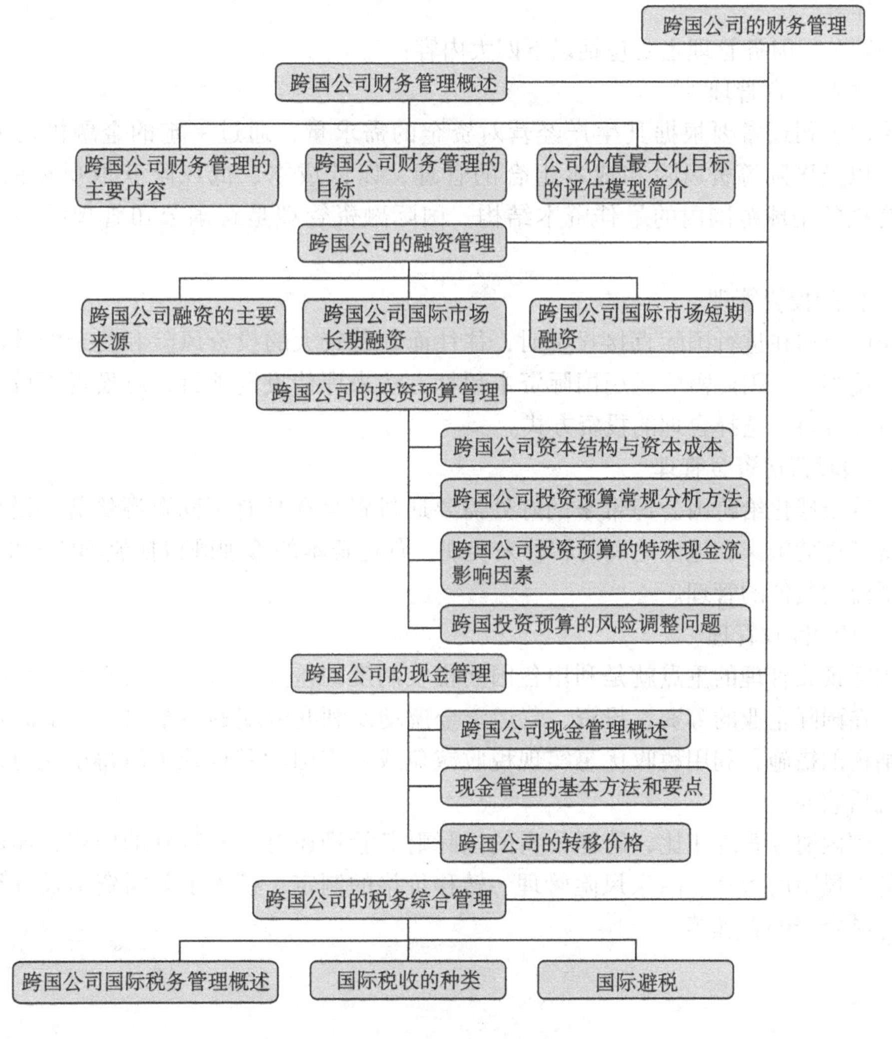

# 第一节　跨国公司财务管理概述

## 一、跨国公司财务管理的主要内容

跨国公司财务管理也称为跨国公司理财，是指公司在跨国经营后，对公司跨越国境的投资、融资及内部资金的管理，按照国际惯例和国际经济法的有关条款，根据跨国公司财务收支的特点，组织跨国公司财务活动，处理跨国公司财务关系相关的经济管理工作。

跨国公司财务管理主要包括以下四大内容：

1. 国际融资管理

跨国公司通常要根据其生产经营对资金的需求量，通过一定的金融机构或金融市场，以及国际筹资风险和成本组合的管理，以低成本、低风险获取所需的资金，建立合理的全球范围内的最佳资本结构。国际融资管理是跨国公司管理的一项重要内容。

2. 国际投资管理

跨国公司在进行国际直接投资时，往往面临着较大的投资风险和复杂的政治、经济等环境因素，因此需要运用国际资本预算方法来评估投资项目，对投资项目进行财务可行性分析，选择合理的投资方式。

3. 国际营运资金管理

经营全球化给跨国公司带来的好处需要通过资金在具有不同资源优势、税率、政治经济环境的国家和地区之间的转移来实现。营运资本的管理既包括流动资产的管理，也包括流动负债的管理。

4. 国际税收管理

国际税收管理的重点就是利用各国间税收制度的差异，以及利用各国签订的税收协定，在国际企业的筹资、投资、营运资金流动及利润分配的各个财务环节制定减少双重纳税的措施，利用税收优惠实现税收减免或利用国际避税减少所得税支付，增加企业税后收益。

与国内财务管理相比，跨国公司的国际财务管理还有一些特殊的内容，如汇率预测和外汇风险的管理、国家风险管理、转移价格的制定、投入子公司资本及分红的管理、冻结资金的管理等。

## 二、跨国公司财务管理的目标

跨国公司的资金流动不是单一的本币，而是涉及国内、国外的资金市场，而且涉及的国家和地区可能存在较大的文化、经济制度、法律甚至道德标准的差异，跨国公司在实现其财务管理目标时，如果只是单纯地追求“股东价值最大化”目标，而不考虑其他因素，就不可避免地会与东道国的期望以及当地经营标准发生冲突。因此，跨国公司应该设定一个合理的财务管理目标体系。

1. 股东财富最大化

股东财富最大化强调的是在给定风险水平条件下，股东的收益最高，即用股东的资本收益和股利收益来度量股东收益是否最大化。由于股东财富是由其拥有的股票数量和股票市场价格计量的，因此股东财富最大化目标比较容易量化，便于财务业绩的合理评价。

2. 公司价值最大化

公司价值最大化，即通过跨国公司财务上的合理经营，采用最优的财务政策，充分考虑资金时间价值及风险与报酬的关系，在保证跨国公司长期稳定发展的基础上使公司总价值达到最大。公司价值不仅体现在金融财富方面（现金、有价证券等），还体现在市场、人力资源、技术等方面，跨国公司不仅包括股东，而且是一个融合了债权人、一般员工、多个国家政府等多个利益群体的集团。因此公司价值最大化的财务管理目标能够克服跨国公司片面追求近期利润的行为，而关注于在公司的发展成长过程中各方利益的关系，保证公司长期、稳定地发展。

3. 跨国公司的经营目标

跨国公司的经营目标主体体现在：①长期合并收益最大化，税后收益应该是母公司和子公司的合并收益，长期合并收益的多少直接影响着公司价值的大小；②资金的流动性强；③全球赋税最小化；④子公司或分部的目标。

跨国公司财务管理的目标是需要适应多因素变化的综合目标群，是一个多元的有机整体。跨国公司财务管理要结合母公司和子公司的具体情况，设定一系列辅助目标，在实现“公司价值最大化”主导目标的同时，还应该同时履行社会责任、加速公司成长、提高公司偿债能力等一系列辅助目标，从而增强跨国公司在全球的竞争力。

## 三、公司价值最大化目标的评估模型简介

净现值（*NPV*）模型是公司评估投资项目可行性最常用的模型，同时也是现代市场经济环境下公司价值评估的有效方法。其中突出了这样一个道理：公司的当前价值应当建立在未来取得收益的能力上，而不是建立在公司现有资产的数量上。

净现值方法原本用来测算投资项目在预定经营期内的净现金流量和最终项目清算价值，并借此决策特定项目的投资。按照公司未来收益能力决定的公司价值也可以描述为

$$NPV = \sum_{n=1}^{N} \frac{CF_n}{(1+K)^n} - CF_0 \tag{7-1}$$

式中，$CF_n$ 为公司第 $n$ 年产生的净现金流量；$CF_0$ 为公司初始投资额；$K$ 为公司未来收益对应的一定风险水平上的平均资本成本；$N$ 为公司在特定产业的预期发展生命周期。

在国际经营环境下，公司经营的市场环境导致的汇率不确定性及未来市场销售的不确定性大大增加，公司价值模型则应用下列形式表现

$$NPV = \sum_{n=1}^{N} \frac{\sum_{j=1}^{M} E(CF_{j,n}) \times E(ER_{j,n})}{(1+K)^n} \tag{7-2}$$

式中，$E(CF_{j,n})$表示本国母公司在时限 $n$ 上能够获得的以外币 $j$ 标价的现金流期望；$E(ER_{j,n})$表示在时限 $n$ 上将外币 $j$ 兑换成本币的汇率期望；$K$ 表示母公司的加权平均资本成本；$N$ 表示公司在国际市场的预期经营周期；$M$ 表示不同国家市场，也即多重货币操作的特性（国家数目或外币币种数目）。

跨国公司财务管理的目标，就是要在对未来汇率走势预测的基础上，实施有效的融资管理、投资预算管理、现金流管理及税务管理等，通过优化预期未来现金流、资本成本来实现公司价值最大化，见图 7-1。

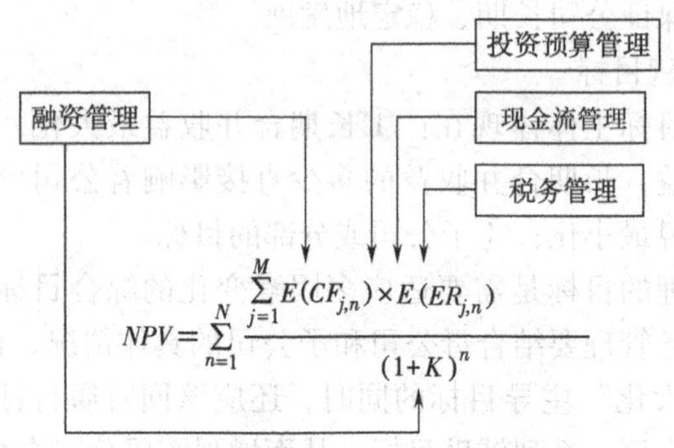


图 7-1 跨国公司的价值模型及其财务管理的影响因素

后面章节中所讲到的融资管理、投资预算管理、现金管理、税务综合管理等都是基于公司价值最大化目标的分析框架，考虑这四项主要的财务管理内容是如何对跨国公司的价值产生影响的。

# 第二节　跨国公司的融资管理

国际融资管理是跨国公司财务管理中的重要组成部分，跨国公司通常通过国际市场从事借贷或证券发行买卖活动，以实现国际资金的融通。一方面国际性融资可以增加未来的现金流入；另一方面也要考虑国际性融资成本对现金流出及最优资本结构的影响（见图7-2）。

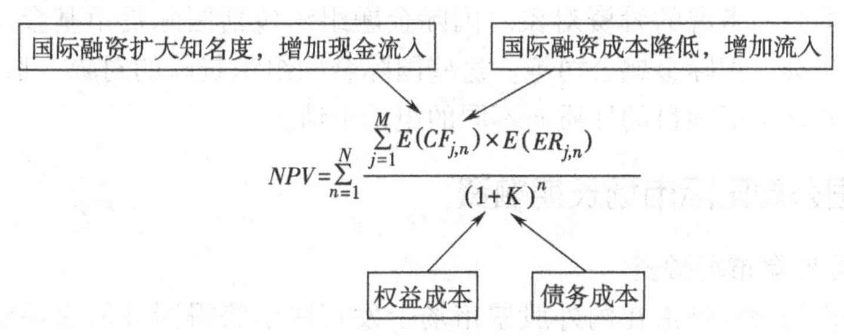


图7-2　国际融资对跨国公司价值的影响

## 一、跨国公司融资的主要来源

跨国公司的资金来源可从母公司的角度和分支机构或子公司的角度考虑。从母公司的角度，其资金来源主要来自于四个方面：

1. 公司集团内部融资

公司内部资金来源主要有三类：①集团公司包括海外各分支机构或子公司提存的折旧基金；②集团公司的未分配利润；③集团公司内部各单位之间相互提供的资金，即母、子公司之间相互持有的债券，以及提供的贷款和商业信用。

2. 母公司所在国融资

母公司所在国融资基本上与国内企业相似，但还有一些特殊来源，如向银行贷款时可以利用出口信贷，各国政府还可能设有专门鼓励出口和向国外直接投资的专用基金，为企业提供资金来源。

3. 子公司所在国融资

子公司所在国的经济、财务环境不同，资金的来源和方式也不一样，主要依赖于当地银行和金融机构的贷款，以及利用当地的证券市场发行有价证券融资。

4. 国际资金来源（第三国金融市场）

母公司或子公司筹集的资金来源于它们所在国之外的第三国，如向第三国银行借款、进入国际信贷市场利用银团贷款、进入国际债券市场发行外国债券或欧洲债券、进入国际股票市场发行国际股票及向国际金融组织借款等。

到第三国资本市场筹款虽然是获取国际资金的一个途径，但由于这种债券发行一般以第三国货币进行，而子公司本身的经营活动是以母国和东道国货币进行的，因此其偿债的外汇风险增大。

此外，随着国际金融组织在世界经济中发挥的作用越来越大，国际金融组织的资金也成为了跨国公司考虑的筹资对象。国际金融组织包括国际货币基金组织、世界银行、国际开发协会、国际金融公司等。这些国际金融组织贷款的对象一般都各有侧重，所以跨国公司必须根据项目的性质向不同的组织申请。

## 二、跨国公司国际市场长期融资

### （一）国际股票市场融资

国际股票市场融资是指在国外股票市场上发行股票获得国外的权益资本。在国外进行权益融资，能够使得公司进入分散化的股权市场，规避当一个市场状况不好时融资可能出现的困难。同时，对于某些跨国公司来讲，进入国际市场后，不仅可以筹集所需要的外币资本，而且市场容量加大，扩大资本来源，可以维持较高的股票市场价格，在国际上获得投资者的关注，扩大公司在国际市场上的知名度。

由于股票不可退股，只能转让，因此国际股票市场融资筹集的是长期性资本。随着近年来融资证券化趋势的出现，国际股票市场融资在国际融资中的地位逐渐上升。

国际股票市场融资的方式有以下几种：

（1）在海外直接上市。跨国公司可以直接到外国股票交易所挂牌上市销售其股票。申请在海外直接上市的企业，必须遵循当地的证券法规和会计标准，符合该国企业上市的要求，经该国证券主管机构批准才能发行股票。这种方式为潜在的投资者，特别是不能接近国外股票市场的投资者提供了方便，节省了信息传递成本，并且提高了企业的知名度。

（2）跨国公司还可以利用较大规模的国际股票分销业务，首先由投资银行等金融机构承购新发行的股票，然后通过广泛的通信网络、承购辛迪加或销售集团，向世界各地的投资者分销。

（3）跨国公司还可以通过子公司在当地发行股票来实现世界范围内的股权融资。当然也有一些跨国公司，特别是涉及高技术领域的跨国公司，在东道国进行直接投资时更喜欢独资的形式，因为担心失去对专有技术的控制。

（4）全球存托凭证（Global Deposit Receipts，GDRs）。存托凭证是指在一国证券市场上发行并流通的代表外国发行公司有价证券的可转让凭证。存托凭证是公司股票或者债券在国外股票市场间接上市的一种途径。全球存托凭证，即发行者将其发行的股票交本国银行或外国银行在本国的分支机构保管，然后以这些股票为保证，委托外国的银行再发行与这些股票对应的存托凭证。存托凭证上注明投资者获得股息、投票权以及其他权利的方式。存托凭证可在外国股票市场上公开交易，转让流通。存托凭证首先出现于美国，在美国市场发行的存托凭证称为美国存托凭证（American Deposit Receipts，ADRs），面向新加坡投资者发行并在新加坡证券市场交易的存托凭证叫做新加坡存托凭证（Singapore Deposit Receipts，SDRs）。虽然有多种存托凭证出现，但 ADRs 仍然是交易的主要存托凭证。

（5）买壳上市。买壳上市，即跨国公司先出资收购已在外国股票市场上市的外国公司的部分或全部股份，以取得对该上市公司的控股地位，然后通过该公司在当地证券市场上进行配股融资，利用上市公司的优势在国际资本市场上筹集资金，以达到国内企业境外间接上市的目的。这种方式融资较为便捷，扩股融资所获得的资本不必还贷，因而融资成本较低。

### （二）国际债券市场融资

国际债券是指国际金融机构和一国政府的金融机构、企事业单位，在国际市场上以外国货币为面值发行的债券。和国内公司不同的是，跨国公司不仅可以通过在其本国市场上发行债券得到长期资金，而且还可以在国际债券市场上发行国际债券从而筹到长期资金。同时，由于发行债券对资信要求较高，能够发行债务也是跨国公司信誉的一种象征。对于投资者来说，不仅可以获得资金收益，而且债券拥有较强的流动性，所以风险较小。因此自 20 世纪 80 年代以来，它作为一种吸引长期资金的手段非常流行。

在国际债券市场发行公募债券，一般要通过专门的评级机构对发行者的偿还能力作出估价，对债券发行进行信誉评级，以保证债券购买者的利益。国际债券评级一般由国际信用等级评定机构进行。目前，世界上最著名的评级机构是美国的标准普尔公司（Standard & Poor's）和穆迪公司（Moody's）。债券发行的等级是根据违约风险的相对程度进行评定的，利率变动或货币的变动可能会导致债券有很大的风险。债券等级评估机构注重的仅是信用风险，他们关注的只是发行人是否具有足够数量货币的偿债能力。

### （三）项目融资

项目融资（Project Financing）也是跨国公司常用的一种融资方式，是指由承办项目的跨国公司为筹集资金以及经营该项目而成立一家具有独立法人地位的项目公司，由该项目公司承担贷款，以项目公司的现金流量作为还款来源，项目公司的资产作为还款的保障。从事矿产、能源开发、交通运输、电力和水利等工程建设的跨国公司经常会遇到需要巨额资金投入的大型项目，由于这类项目的规模和所需资本巨大，主办公司甚至连政府也难以独立承担这些项目的投资风险，传统的方式已不能满足这些项目的融资需求，因此项目融资就应运而生了。

项目公司所经营的只是单一的项目，并且项目有固定的期限，项目到期后，项目公司解散，负债和权益投资者获得回报。项目公司由于其经营结构、组织结构简单，财务结构透明度高，所以在一定程度上降低了代理成本，在一定程度上提高了项目价值。但需要注意的是，为资助该项目的贷款将由该项目的收益来偿还，在一定程度上又加大了项目融资的风险性，因此一般采用银团贷款的方式。

**(四) 国际信贷融资**

国际信贷市场是跨国公司筹集中长期资金的又一重要方式，主要是指跨国公司向国际金融机构或国际间其他经济组织借款。欧洲货币市场是当代国际信贷市场的基础。欧洲货币是指存放于货币发行国之外的银行的可自由兑换货币（Freely Convertible Currency），从事欧洲货币存贷业务的银行，称为欧洲货币银行或欧洲银行。欧洲银行从投资者手中获得短期资金，然后将这些资金作为长期贷款发放。

国际信贷活动的市场中心划分为五类地区：一是西欧地区，包括伦敦、苏黎世、巴黎和海峡群岛；二是加勒比和中美洲地区，包括开曼群岛和巴哈马群岛；三是中东地区的巴林；四是东亚地区，包括中国香港、日本东京和新加坡；五是美国地区。其中西欧地区是国际信贷活动的主要场所。

就国际信贷的交易方式来看，由于它主要是组织大规模的借贷款，并且以银行同业拆借为主体，因此，它的形式类似于外汇市场，即国际信贷市场没有一个完全固定的地点，而是以银行间的电信网络联系起来的。国际性的银行贷款主要有：

(1) 世界银行贷款。世界银行主要负责经济的复兴和发展，向会员国提供发展经济的中长期贷款，最长可达30年之久。

(2) 亚洲开发银行贷款。亚洲开发银行贷款主要是以项目贷款、规划贷款、开发金融机构贷款等形式予以贷款。

(3) 国际商业银行贷款。国际商业银行贷款是非限制性贷款，贷款金额一般较大，手续较简便，但贷款成本较高。

(4) 国际银团贷款。国际银团贷款（Consortium Loan）又称辛迪加贷款（Syndicated Loan）。所谓银团贷款，是指由一批银行（一般5家以上）或其他金融机构按照商定的条件，联合起来为借款者筹措巨额资金的一种贷款方式。银团贷款是跨国公司在国际市场上筹措中长期资金的主要途径。

## 三、跨国公司国际市场短期融资

跨国公司的短期融资与非跨国公司没有什么本质的区别，只是跨国公司的融资方式更加灵活，所建立的银行联系更加广泛。另外，跨国公司一般规模较大，更容易利用像商业票据这些直接融资工具进行融资，以节约融资成本。跨国公司的母公司及其子公司通常运用多种方法获得短期资金，以满足其流动性的要求。经常使用的方式包括：国际贸易融资、内部贷款、一般性的银行贷款及商业票据等。

### （一）国际贸易融资

国际贸易融资是进出口厂商之间提供的一种商业信用。从出口商出售货物到进口商支付货款在时间和空间上存在距离，无论是出口厂商或进口厂商，都需要取得对方或第三方提供的信用，并通过谈判达成协议。对于跨国公司，国际贸易融资方式的选择，既是进行风险管理的手段，也是短期融资、流动资产管理的有效工具之一。

国际贸易融资的方式主要有汇票承兑（Acceptance）、汇票贴现（Discounting）、应收账款保理（Factoring）、福费廷（Forfeiting）等。上述几种方式对于进口商和出口商均存在着一定的风险，从盈利的角度来看，跨国公司在出口业务中对于支付方式的选择，其实就是在降低收款风险和增加出口销售收入之间进行权衡选择。进出口厂商双方总是会极力选择对自己有利的支付方式与信用贷款，从而实现短期融资的目的。

（1）汇票承兑。出口商接受远期汇票，相当于通过银行担保，出口商向进口商间接提供了一笔贷款，这样进口商就获得一笔短期贷款。如果出口商需要资金，可以在货币市场上出售银行承兑后的汇票，出口商所得到的款项等于汇票面额扣除从出售日到到期日的利息。

（2）汇票贴现。汇票贴现是指出口商将汇票交给愿意接受的银行或者其他金融机构，得到汇票面额与利息和其他成本之差额。在进出口贸易中，很多情况下使用远期汇票的付款方式。如果远期汇票得到银行的承兑，出口商可以通过出售银行承兑汇票进行融资。

（3）应收账款保理。应收账款保理是指出口商出售货物获得应收账款而不是现金后，将应收账款转让给应收账款保理商（通常指商业银行或其他金融机构的分支机构），由银行向出口商提供贷款。银行向出口商的贷款以出口商可信任为基础，当购货方因任何原因未向出口商付款时，该出口商仍然有责任向银行还款。

（4）国际保理业务。保付代理业务（Factoring）简称保理业务，是一项集商业资信调查、应收账款管理、信用风险担保及贸易融资于一体的综合性金融服务。通过保理商从出口商处买进以发票等表示的出口商应收账款，负责债务回收以及赊销控制、销售分户账管理，出口商可以获得保理商的短期融资及专业化的应收账款管理服务，加速资本周转，更好地规避信用及汇价风险。

(5) 福费廷 (Forfaiting)。福费廷也称包买票据或票据买断，是指银行（或大金融公司）作为从出口商处无追索权地购买由银行承兑或保付的远期汇票，从而向出口商提供融资的业务。

福费廷与保理业务都是由银行购买出口商票据，同时银行不能对出口商行使追索权。但二者仍有以下几点不同：①涉及的商品标的不同，福费廷主要涉及大型企业出口的成套设备，金额较大，而保付代理一般针对中小企业的进出口商品，金额较小；②对汇票的要求不同，前者必须有进口商所在地银行对汇票的支付进行保证或开立保函，后者则不需要；③从业务内容来看，前者比较单一，而后者的业务综合性较强。

福费廷与一般的汇票贴现相比，虽然都表现为银行买进持有人的远期票据，扣除利息付出现金的资金融通业务，但是二者在追索权及票据的性质上存在差异。前者如果票据到期遭到拒付，银行不能对出票人行使追索权，但后者允许银行以出票人享有追索权；前者要求票据必须有一流的银行给予担保，后者则不需要。

此外，还有一些国际贸易形式的短期融资形式，如采用信用证、营运资本融资、中期资本性商品融资（福费庭）等多种方式。

### (二) 内部贷款

内部贷款是跨国公司进行资金转移的一种重要方式，不仅可以降低公司资金的冻结风险，节约贷款成本，而且可以减轻整体税赋。由于各国通常对于利息要比股息征收更多的所得税，因此跨国公司以内部贷款的形式而不是以股权投资的形式向资金短缺的子公司提供资金，能够有效地降低纳税额。

跨国公司内部贷款的方式最常见的有：

(1) 直接贷款。跨国公司不通过任何中介，直接向子公司提供资金，或一个子公司向另一个子公司提供资金。

(2) 背对背贷款。这一般是指跨国公司通过金融中介机构，间接地向资金需求方提供资金。

(3) 平行贷款。这是指在不同国家的两对公司之间的交叉贷款。例如，美国的两家跨国公司甲和乙，都在中国拥有子公司。在美国，跨国公司甲贷款给跨国公司乙，而在中国，跨国公司乙的子公司贷款给跨国公司甲的子公司，这样就形成了两对平行的贷款关系。实际上，平行贷款在实质上就是跨国公司内部的直接贷款。这种变形的好处在于减少了外汇兑换中的费用及不必要的麻烦，便于双方跨国企业间的短期融资。

### (三) 银行信贷

商业银行信贷是全球短期付息贷款融资的主导形式。短期银行信贷通常无需担保，贷款人在票据上签名以保证到期还款付息。银行信贷是一种非常灵活的融资形式，因为公司可以随时追加贷款，从而银行贷款可以作为一项金融储备。当公司无法通过贸易信用取得额外短期资金时，公司倾向于首先利用银行贷款。银行贷款可以从国内、国外或欧洲美元市场上获得。如果不能获得其他的短期资金来源，跨国公司将更加倾向于银行信贷。

**（四）欧洲票据**

欧洲票据是欧洲银行创造的一种新的融资工具。欧洲票据的使用方式是：借款人用自己的名字发行短期债券，由一批同意担保的银行组成一个受托银团，负责购入借款人未能售出的票据，或者提供备用信贷。一般来说，欧洲票据有以下几种形式：欧洲商业票据（Euro-commercial Paper），票据发行便利（NTFs）及欧洲中期票据（EMT-Ns）等。

## 第三节　跨国公司的投资预算管理

跨国公司的投资决策不仅决定着公司未来获利能力的大小，而且决定着跨国公司在全球市场中的竞争地位。由于跨国公司的经营活动范围涉及世界全球，不仅为跨国公司提供了比国内企业更多投资获利的机会，但同时也使国际企业面临着比国内企业更多的风险。因此跨国公司在选择和确定具体的投资目标时，跨国资本的预算管理就显得非常重要，必须考虑和分析很多影响因素，综合评估投资项目的价值（见图7-3）。

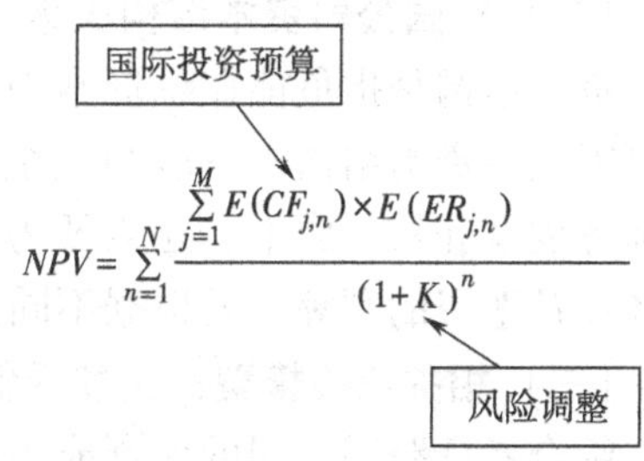


图7-3　跨国投资预算对跨国公司价值的影响

### 一、跨国公司资本结构与资本成本

资本成本对跨国公司的价值非常重要，跨国公司选用的资本结构（债务融资对权益融资的比例）应该使资本成本最小，从而使公司价值最大化。一个公司的资本包括权益资本和债务资本。公司的权益资本成本反映了一种机会成本，是指如果新股东把这笔钱不是投资于该股票，而是投资于其他地方所能赚取的收益。公司希望采用权益与债务资本的混合结构来使综合资本成本最小化。

**（一）跨国公司资本成本的特点**

（1）国际经营多元化。如果一个公司的现金流入来自全世界各地，那么它的现金流量可能会更加稳定。由于各国经济彼此独立，来自不同子公司的组合净现金流量会表现出较小的变化值，这样就会降低资本成本。

(2) 国际资本市场。跨国公司通过国际资本市场通常可以筹集到低于国内公司筹集成本的资金。另外，只要子公司所在国的市场利率相对较低，子公司就有可能在当地获得比母公司在本国所能获得的成本更低的资金。当子公司创造的收入与借款成本用相同的货币来表示时，使用外资并不一定会增加跨国公司的汇率风险。

(3) 公司的规模。跨国公司的债券和股票的发行量较大时可以降低发行费用。此外大量借债的跨国公司可能会得到债权人的优惠待遇，同样可以降低资本成本。相比国内公司，跨国公司的规模优势使其更容易筹集到优惠的贷款。

(4) 汇率风险。跨国公司通常会因为涉及外币业务而面临比国内公司更高的汇率风险，因此未来现金流量具有更大的不确定性，这必然会迫使股东和债权人要求更高的收益率，从而增加跨国公司的资本成本。

(5) 国家风险。跨国公司在国外建立子公司可能会遇到东道国政府征收其子公司资产的风险。如果海外子公司被征收的资产没有给予公平赔偿，那么该跨国公司破产的可能性就增加。一个跨国公司在国外子公司的投资份额越高，并且被投资国国家风险越高，那么该跨国公司破产的概率越大，资本成本也就越高。

**（二）跨国公司资本结构决策**

资本结构是指负债在总资本中的比例。由于资本的来源会影响到资本成本和资本的可得性，资本结构本身应当是全球融资最优化的结果。在最优化过程中，不仅要考虑债务成本和权益成本，还需要考虑如何使用资本的来源。因此，跨国公司要权衡债务和权益融资的利弊，要根据不同公司和被投资国的特点来制定公司的最优资本结构。

**（三）相关决策模型：调整现值法（*APV*）**

综合考虑跨国公司的融资成本与未来收益的一种更为适宜的价值分析方式是调整现值法（Adjusted Present Value，*APV*），被经常应用于跨国公司海外融投资的实践。这种分析方法实际上是对国内市场环境下 *NPV* 技术的扩展。

在一般的公司价值模型中，没有考虑融资与投资价值之间的相互关系。而在海外融资投资实践活动中，发行债权的方式导致的负债利息能够在一定条件下为公司提供税收抵免，因此融资方式对于项目价值存在很大影响。调整现值法的原理是莫迪格莱尼（Franco Modigliani）和默顿·米勒（Merton Miller）在关于具有公司税的企业价值理论中提出的。调整现值法中的关键是调整公司的加权资本成本，其中需要考虑两种典型的融资成本差异，即在具有公司税条件下，公司的加权资本成本可以表达为

$$K = \frac{D}{D+E}K_d(1-t) + \frac{E}{D+E}K_e \tag{7-3}$$

式中，$K_d$ 为公司税前的负债成本；$K_e$ 为公司股权融资的成本；$D$ 为公司负债数额；$E$ 为公司股权数量；$t$ 为公司税税率。

从式（7-3）可以看出，公司的负债利息可以抵免一部分公司税，因此，负债融资部分的成本应当低于非负债融资部分的资本成本，负债投资的价值应高于无负债投资的价值，其差额就是负债发生的利息费用纳税节约额的现值，即

$$V_l = V_u + tD \tag{7-4}$$

式中，$V_l$ 为无负债企业价值；$V_u$ 为负债企业的市场价值；$D$ 为公司的负债。

根据这一原理作出的调整现值（$APV$），可表示为

$$APV = \sum_{n=1}^{N} \frac{(R_n - E_n)(1 - t)}{(1 + K_e)^n} + \sum_{n=1}^{N} \frac{tI_n}{(1 + K_d)^n} + \frac{TCF}{(1 + K_e)^n} - CF_0 \tag{7-5}$$

式中，$K_e$ 表示企业的权益资本成本；$K_d$ 表示投资项目的债务成本；$I_n$ 表示第 $n$ 期的利息费用；$TCF$ 表示期末的现金流；$R_n$ 表示第 $n$ 期的现金收入额；$E_n$ 表示第 $n$ 期的现金费用额。

计算 $APV$ 修正现值的过程中不仅要考虑公司未来净现金流量、初始投资、期末回收现金流的现值、负债税收节约的现值等，还要考虑项目融资成本所导致的贴息优惠以及高负债可能导致的财务困境及其融资成本增加的现值。例如，一方面，发行债券的利息可能抵扣公司税；但另一方面，随着公司发债的增加，企业的信用风险随之增大，企业陷入财务困境甚至破产的可能性也随之增大，这显然又会增加企业的资本成本，降低公司的价值。

$APV$ 模型实际上包含了许多在国际资本运行中经常会遇到的现金流类型。比如跨国经营能够带来税收节省或税收递延，跨国公司可以在其分公司间转移收支或者在不同税收环境下组合税收，以降低税费。另外，通过公司间的转移定价策略或特许协议等办法，母公司可将一部分冻结或限制的资金回笼，这些现金流入作为营运现金流的一部分与非限制可汇入资金都形成了跨国经营的现金流的多重类型。

由于各国之间的债务成本，权益成本不尽相同，因此就使得一些国家的资本总成本较低，而另外一些国家则较高。一般来说，一个国家如果有相对较低的无风险利率，这将不仅影响该国的债务成本，而且会间接影响权益成本。跨国公司期望得到来自资本成本较低的国家的资金，但如果用这笔资金支持在其他国家的经营时，跨国公司还要考虑将要面临的汇率风险。虽然跨国公司努力寻求适合于公司发展的目标资本结构，但往往由于公司及国家的限制，跨国公司在每个可获得资金的国家的资本结构都可能会偏离它的目标资本结构。但母公司可以通过在全球化的市场调整债务和权益融资的组合，获得全球的目标资本结构。

## 二、跨国公司投资预算常规分析方法

对于跨国公司来说，由于国际项目所处的环境比较特别，复杂的环境会影响到对未来现金流量的计算以及折现率 $k$ 的确定。通常跨国公司的现金流量会比国内同行业公司面临更大的汇率风险。一方面汇率变动可能导致企业收益增加；另一方面，汇率变动可能导致企业发生损失或收益减少。同时，海外直接投资项目评估需要从跨国公司的整体（母公司）角度考虑，而不能仅仅考虑项目本身。一般来说，从项目角度评估时所用的现金流量都是以东道国货币来表述的，而从母公司角度来评估通常要以母国货币来表述，就是说要用预期的汇率将各期以当地货币表述的现金流量折算为以母国货币表述的现金流量。准确的货币币值预测通过改善现金流量的估计值，从而提高跨国公司的项目评价及决策能力。因此，当从母公司角度开展投资预算分析时，分析模型为

$$NPV = \sum_{n=1}^{N} \frac{\sum_{j=1}^{M} E(CF_{j,n}) \times E(ER_{j,n})}{(1+K)^n} - CF_0 \tag{7-6}$$

式中，$E(CF_{j,n})$表示本国母公司预期该投资项目在时期 $n$ 上能够获得的以外币 $j$ 标价的净现金流量；$E(ER_{j,n})$表示在时期 $n$ 上将外币 $j$ 兑换成本币的预期汇率；$CF_0$ 表示以本币表示的期初项目投资；$K$ 表示母公司在该项目上的加权平均资本成本。

而使用单纯的东道国货币来衡量投资预算效果时，则需要按照一般的净现值模型来分析，即

$$NPV = -CF_0 + \sum_{n=1}^{N} \frac{CF_n}{(1+K)^n} + \frac{CF_N}{(1+K)^n} \tag{7-7}$$

式中，$CF_n$ 表示第 $n$ 年的现金净流入；$CF_N$ 表示项目的期末清算价值。

由上述公式可以看出，跨国公司价值评估或是对外投资项目的评估，主要依赖于对未来现金流量的预期、汇率的预期以及投资回报率的确定。跨国公司所面临的复杂多变的国际环境会对这三个主要的价值评估因素产生不确定性影响，主要有：中央银行的干预政策；外国通货膨胀率的影响；国外居民的收入水平；国际融资带来的全球品牌价值效应；在国际债券市场上的筹资成本；汇率的波动及衍生证券（期货，期权）的多样化等。跨国投资的目标，就是要在对未来汇率走势预测的基础上，实施有效的投资预算管理，优化预期未来现金流，实现公司价值最大化。

概要说来，对海外直接投资项目的投资预算，需要对相关项目作出预测，而预测过程即包含了对东道国货币汇率、利率、通货膨胀水平以及当地市场需求等不确定因素的处理。

跨国投资预算过程中主要牵涉的典型分析项目见表7-1。

**表7-1　跨国公司第 $n$ 年投资预算典型分析项目**

| 序号 \ 分析项目 | 项目内容 | 项目代号 |
|---|---|---|
| 1 | 市场需求（预测） | (1) |
| 2 | 单位价格（预定） | (2) |
| 3 | 第 $n$ 年销售总收入 | (1)×(2)=(3) |
| 4 | 单位可变成本（预测） | (4) |
| 5 | 总可变成本 | (1)×(4)=(5) |
| 6 | 年租金（预测） | (6) |
| 7 | 其他周期性固定费用（预测） | (7) |
| 8 | 折旧（预测） | (8) |
| 9 | 总费用 | (5)+(6)+(7)+(8)=(9) |
| 10 | 子公司税前收入 | (3)-(9)=(10) |
| 11 | 东道国政府税收（预测） | 税率×(10)=(11) |
| 12 | 子公司税后收入 | (10)-(11)=(12) |
| 13 | 子公司净收入 | (12)+(8)=(13) |
| 14 | 子公司留成（预定） | 留成比率×(13)=(14) |
| 15 | 子公司现金汇出交纳预提税（预测） | 预提税税率×[(13)-(14)]=(15) |
| 16 | 税后汇出现金 | (13)-(14)-(15)=(16) |
| 17 | 子公司项目清算价值（预测） | (17) |
| 18 | 当年汇率（预测） | (18) |
| 19 | 母公司接受现金流 | [(16)+(17)]×(18)=(19) |
| 20 | 母公司当年再投资（预定） | (20) |
| 21 | 母公司净现金收入 | (19)-(20)=(21) |
| 22 | 第 $n$ 年母公司净收入的现值 | $(1+K)^{-n}\times(21)=(22)$ |
| 23 | 共计 $n$ 年净现值的累计 | $\Sigma PVs=(23)$ |

从表7-1可见，跨国投资预算过程中，对关键数据的预测至关重要，其中必然包含母公司对特定国家市场的战略性资源配置的总体安排和在特定年限上对该投资项目今后发展的资源配置及其投资回报的安排。

## 三、跨国公司投资预算的现金流影响因素

对外投资项目现金流量的基本特征仍是税后增量的现金流量。在资本预算中，我们通常还需要考虑其他的一些特殊的现金流影响因素。

**（一）汇回母公司的资金形式**

外国子公司将资金汇回母公司有多种形式，通常包括：①股利；②总部的管理费；③商标和专利的特许权使用费。跨国公司必须特别关注资金的汇回问题，主要是由于当前和未来都可能存在外汇管制，许多政府都限制跨国公司将资金汇回母国。另一个主要的原因就是税负，跨国公司不仅要考虑利润纳税种类，还要考虑利润汇回的时间，因为公司缴纳的总税款通常是资金汇回时间的函数。

**（二）通货膨胀的影响**

通货膨胀的存在会使产品的成本及价格不断上涨，尽管成本和收入都会受到同一方面通货膨胀波动的影响，但是对成本和收入来说影响的程度有很大的不同，从而会影响投资项目的净现金流量。从母公司的角度来看，通货膨胀和汇率对子公司的净现金流量的综合影响可能会产生相互抵减效应，因为一般来说，通货膨胀率国家的汇率倾向于疲软。跨国公司不能忽视通货膨胀对未来现金流量所产生的影响。

**（三）项目的替代或互补效应**

一方面投资新的项目会增加销售额；另一方面还应考虑该投资项目对母公司其他产品销售可能带来的影响。与新产品有替代关系的产品在国外的销量可能会下降，而与之有互补关系的产品销量可能会有所提升，因而会带来不同程度的现金流入的增加与减少，因此应从母公司的角度来调整因替代或互补关系带来的现金流的变化。

**（四）项目残值**

跨国公司投资项目通常对该项目净现值有重要影响。在一般情况下，由于残值预测的风险很大，对其估计应采取较为保守的态度。跨国公司往往愿意考虑多种可能出现的残值结果，并在各种可能的基础上重新评估该项目的净现值。有时需要计算使项目净现值等于零时的残值，即盈亏平衡点残值，用于判断未来现金流量的现值超过该残值的可能性。如果事实上的残值预计等于或大于残值盈亏平衡点，则该项目可行。

**（五）国外资金冻结**

在某些情况下，东道国可能会冻结子公司拟汇回母公司的资金。例如，一些国家可能要求子公司所获收益在汇回母公司前要在当地再投资至少3~5年。在这种情况下，如果母公司在国外还有新的项目，这部分资金可用于直接投资该项目，或者考虑如果国外子公司有尚未偿还的贷款，则可以通过偿还当地贷款来更有效地利用冻结资金。另外，从母公司角度来看，当母国所得税高于被投资国所得税时，用于投资项目的国外冻结资金，可以节约母国对汇回资金的课税额，从而达到节税的效果。

**（六）国际税收因素**

由于税后现金流才是母公司评价投资项目的关键现金流量，因此，跨国公司必须考虑现金流量的税收后果。例如，假设某一特定子公司的所在国政府对子公司汇往母公司的利润课以高额预提税，则母公司可能要求子公司暂时避免汇出利润而将其再投资于子公司。另外，跨国公司可能要求其子公司设立 R&D 部门，这将有利于其他地方的子公司。通常纳税额会受到很多因素的影响，如利润的汇出时间及形式、课税的种类、母公司所在国和子公司所在国的所得税率的差异等。如果在考虑了每年最大限度地汇回资金，并采用较高的税率课税的情况下，项目的净现值为负，跨国公司应该确定是否存在节税途径来调整纳税额，进而影响净现金流。

### （七）投资所在国的优惠政策

跨国公司的一些投资项目经常会对被投资国产生一定的有利影响，因此东道国为了吸引外国投资者，往往会提供一些优惠政策，如东道国会提供利率低于东道国和母国市场的一般利率水平会增加项目投资各期的现金流量。如果所在国政府对子公司的初始设立有补贴，跨国公司的初始投入就会减少。这些优惠政策在跨国资本预算分析时都要考虑进去。

### （八）跨国公司投资预算的现金流综合

综合以上分析，跨国公司在其投资预算中通常要包括对子公司现金流量过程作出如下的描绘与相关估计，见图 7-4。

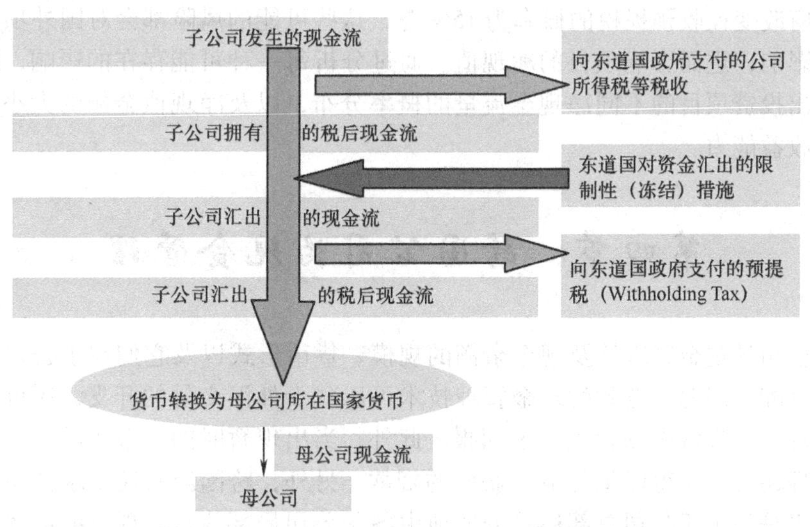


图 7-4　跨国公司投资预算的基本现金流程图

因此，跨国公司的投资预算要将子公司的现金流置于清晰的东道国相关税收和政策控制体系之下，给出从子公司现金流的发生直至回报母公司的全过程，如果不能给出清晰的现金流流程图及其可能受控的水平，则投资预算本身的决策支持价值就会大大下降。

## 四、跨国投资预算的风险调整问题

在之前讲到运用NPV模型分析投资项目时，我们通常考虑折现因子代表了整个公司的平均风险，然而，有些项目的风险会大于或小于其平均值，并且有时候它没有涵盖全部的风险，如国家风险、汇率风险、通货膨胀风险等，因此有必要对风险加以调整。

### （一）风险调整折现率

项目的折现率可以反映该项目要求的收益率，因此，可以通过调整折现率来把国家风险、汇率风险等考虑进去。当其他因素不变时，项目预计的现金流量的不确定性越大，适用于该现金流量的折现率也要越大。风险调整的折现率等于无风险率加上项目的风险溢价，这些风险溢价的确定通常基于主观经验的判断。尽管有主观性，调节风险的折现率还是一种被普遍采用的技术。

### （二）调整预计现金流量

在处理国外投资风险时，跨国公司通常会考虑估计每种风险如何影响现金流。预期现金流都有它们自己的概率分布，如估计东道国政府对子公司冻结资金的概率为20%，政府改变征收预提税的概率为15%等，这些可能的风险都会对国外项目的现金流量产生影响，进而影响项目的净现值。通过分析每一种可能存在的影响，跨国公司可以计算出投资项目的不同净现金流量的概率分布，以及净现值金额的大小，反映未来项目的收益能力。

# 第四节　跨国公司的现金管理

跨国公司的现金管理涉及现金余额的规模、货币形式以及它们在子公司和母公司之间如何分配等问题。有效的现金管理技术可以减少外汇交易的开支，还可以让股东们从富余现金的投资中获得最大的回报。此外，当出现暂时的现金短缺时，进行有效的现金管理还可以获得以最低成本获取的贷款。另外，跨国经营还要求公司决定现金管理的职责是集中于公司总部还是分散地由各子公司局部执行。现金的最优化管理对公司价值的贡献在于尽可能增加未来预期现金流入，最大限度地减少现金支出，保持合理的现金余额，并实现现金余额投资的最大化，见图7-5。

## 一、跨国公司现金管理概述

跨国公司现金管理是跨国公司财务管理的重要内容之一，主要是对跨国公司生产经营过程中的货币资金（包括备用金、存单、银行存款等）的管理。跨国公司现金管理最关心的是在保证企业生产经营活动对现金需要的前提下，如何通过有效的现金收支管理使现金余额降低到最低水平，并在现金预算期间内，使公司用预期现金收支余额进行的投资收益最大化，提高全部资金利用率。

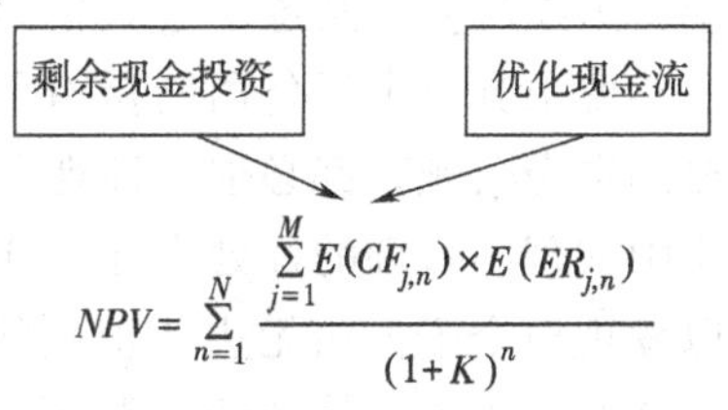


图 7-5　现金管理对跨国公司价值的作用

跨国公司的现金流不仅数量大，分布广泛，而且币种多样化。图 7-6 就是一个跨国公司的现金流量简图，包括了母公司与子公司之间的现金流入与流出。

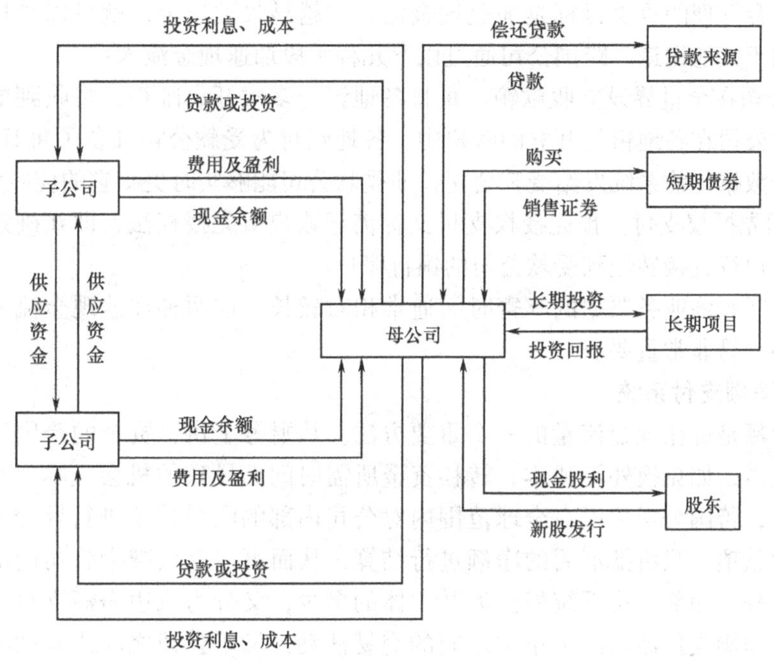


图 7-6　跨国公司的现金流量简图

资料来源：根据 Jeff Madura. International Financial Management. 7 版。

## 二、现金管理的基本方法和要点

### （一）集中式现金管理模式

集中式的现金管理，是指跨国公司设立全球性或区域性的现金管理中心，负责统一协调、组织母公司及各子公司的现金供需。在该模式下，跨国公司成立的现金管理中心，会要求其每个子公司所持有的现金余额仅以满足日常交易需要为限，超过此最低需要的现金余额，都必须汇往现金管理中心。

集中式现金管理的好处在于：①现金管理中心可以监控整个跨国公司的活动，这样可以发现单个子公司无法认识到的问题和机会，从公司整体的角度提高现金管理的效率；②在集中现金管理的体制下，各子公司持有的现金余额降低，这样当国外子公司所在国家实行某些控制措施时，跨国公司的整体损失可以降低；③现金集中管理的模式可以吸引公司最优秀的财务管理专家到现金管理中心，实现现金资源的最优配置，既能降低融资成本，又能使投资组合最优化。

**（二）加速现金流入的管理**

国际现金管理的重要目标是加速现金流入，越早收到现金，就可以越快地将其进行投资或用于其他用途。跨国公司通过以下几种手段加速现金流入：

（1）公司在全世界设立收款箱。每日各地银行多次开启邮箱，将收到的支票取出并存入受款公司在各地银行开立的账户中。各地银行为受款公司准备了每日收款记录，再通过电子数据传输系统发给受款公司，使受款公司能够实时更新它的应收账款账户。

（2）预先授权支付。预先授权支付又称借记账户事先授权法，即在确定日期自动地由客户的银行直接转记到受款公司的银行账户。

由于国际经济业务票据的邮寄时间通常相对较长，这两种加速现金流入的方法对跨国公司的交易非常重要。

**（三）净额支付系统**

支付净额是优化现金流量的一个重要方法。从财务上讲，资金的跨国流动会产生相当大的成本，如兑换外汇成本、转移资金所需时间而导致的机会成本等。采用净额支付的方法，跨国公司可以在全球范围内对公司内部的收付款项进行综合调度，抵消一部分收付款项，只将抵消后的净额进行结算，从而可以有效减少公司内部资金转移的次数及金额。净额支付系统根据涉及主体的多少，又分为双边净额支付和多边净额支付。双边净额支付涉及两个单位之间的交易活动：母子公司之间或者两个子公司之间。多边净额支付则通常包含母公司和几个子公司之间的更为复杂的资金交换。

**（四）优化现金流量的一些复杂问题**

优化现金流量往往会因为跨国公司的特征而变得更加复杂。跨国公司在优化现金流的过程当中可能会遇到以下几类最复杂的问题：

（1）政府管制。例如，有些国家会定期限制现金离境，从而阻碍跨国公司采用净额支付的方法。

（2）银行体系的特征。跨国公司比较喜欢的一些服务，如账户信息的及时更新、某种形式的零余额账户等，有些国家的银行是不提供这方面相关服务的，因此会限制跨国公司实施有效的现金管理。

（3）公司利润的歪曲。由于跨国公司转移价格的存在，子公司报告的收益往往不符合他们的实际情况，如果忽略了这些因素，管理人员将有可能不再从跨国公司整体利益的角度来实施最优现金管理。

## 三、跨国公司的转移价格

跨国公司经营时，存在着大量的母公司与子公司、子公司与子公司之间的商品、劳务以及其他资源的关联交易。这种内部交易最为显著的特点是采用转移价格，而不是国际市场供需所决定的市场价格。根据不完全统计，国际贸易的2/3是跨国公司的内部贸易，因此转移价格越来越受到各国企业及政府的关注。

### （一）转移价格的概念

转移价格是指跨国公司从全球经营战略出发，为谋求公司整体利益最优，在母公司与子公司、子公司与子公司之间购销商品和提供劳务时所采用的内部价格。如果跨国公司拥有许多分部，而且商品和劳务经常在分部间转移，那么就需要制定商品和劳务在分部间的转移价格。这种价格在很大程度上不受国际市场供求关系的影响，它不是独立的买卖双方按自由竞争的原则确定的价格，而是由跨国公司的高层管理人员人为决定的。

转移价格的产生是企业内部交易的结果，是企业经营分权化和内部一体化的必然产物。另外，国际市场的不完善、各国市场存在贸易保护等为跨国公司的全球化经营带来了不同的风险和收益，因此跨国公司会努力发展内部交易，更为灵活地统一调配与使用资金，充分利用各国关税、利率及汇率的差异等，来实现全球化的战略目标及获得最大利润。

根据交易标的性质的不同，跨国公司在关联企业之间的转移价格活动主要通过以下几种方式进行：

（1）实物交易中的转移价格。这主要是指跨国公司关联企业间有关产品、设备、原材料购销、投入资产估价等业务中实行的转移价格，这是目前跨国公司转移价格中使用最频繁的一种方式。

（2）货币、证券交易中的转移价格。这主要是指跨国公司关联企业间货币、证券借贷业务中采用的转移价格，通过自行提高或降低利率，在跨国公司内部重新分配利润。

（3）劳务、租赁中的转移价格。劳务、租赁中的转移价格存在于跨国公司境内外关联企业之间相互提供的劳务和租赁服务中，根据税收或法律的巨大差异，跨国公司往往会将巨额的管理费用做不同的处理，以此转移利润，逃避税收。

(4) 无形资产的转移价格。这主要是指获得专有技术、注册商标、专利等无形资产过程中的转移价格。子公司通过签订许可证合同或技术援助、咨询合同等，以提高约定的支付价格，转移利润。关联企业间的非专利技术和注册商标使用权的转让，因其价格的确定存在着极大的困难，及其所具有的专有性和无可比市场作为参考价格，其价格的确定更是难以掌握。

**(二) 转移价格的功能**

1. 降低跨国公司的整体税收

跨国公司的转移价格与国际税收的关系非常密切。跨国公司在全球的生产经营活动，可以灵活地运用所在投资国的税收差异、避税港的优惠以及区域性关税同盟的有关规定，达到减少公司的整体总纳税额的目的。转移价格对税收的影响主要体现在所得税和关税两个方面。

(1) 降低所得税负担。当跨国公司的产品在不同的国家间转移时，转移国（出口国）采取不同的低加价或高加价政策都会对转移国和接受国（出口国）企业的所得税产生不同程度的影响。对于转移国企业来说，转移价格是应税收益，而对于接受国企业来说，转移价格就变成了可抵税的费用。由于各国的税率是不一样的，因此跨国公司可以在税法所规定的范围内制定出令跨国公司整体税收负担最小的转移价格。其遵守的一个主要原则是，将尽可能多的利润转移到税率较低的国家。

跨国公司还可以利用避税港（Tax Heaven）来进一步加大转移价格，降低所得税额。跨国公司可以在避税港设立象征性的分支机构，利用转移价格，将其他子公司的利润调入避税港，这样就可以最大幅度地降低公司整体税负。

(2) 降低关税。关税也是在确定转移价格时需要考虑的一个因素。进口关税一般采用从价计征的比例税率，即按照进口货物的到岸价乘以进口关税税率计算。当接受国对转移国运入国境的货物征收从价税时，这个进口税会增加接受国国内的交易成本。跨国公司可以通过转移价格政策来改变进口产品的到岸价格，在关税税率既定的前提下，改变到岸价格就可以相应地改变进口国子公司的关税负担。

一般而言，对净收益总额的税后影响最大的还是所得税。

2. 规避风险和避免限制

(1) 规避政治风险。当子公司所在国家处于政治动荡时期，跨国公司可以抬高对子公司的销售价格，压低子公司的出口价格，借以转移子公司的财产，也防止了财产被东道国征用的风险。

(2) 规避汇率风险。在国际经营活动中，跨国公司经常会遇到的一个问题就是各国的汇率波动所带来的汇率风险。而且许多国家为了加强本国的国际收支管理，防止外汇流失，往往实行外汇管制，如有些国家会对汇出利润还要再征一定比例的利润汇出税等。跨国公司可以利用高的转移价格、高利贷款等手段来提高子公司在这些国家的产品成本，从而降低其利润，调出外汇。同时为了避免因汇率波动带来的风险，跨国公司可以选择提前付款或延后付款来达到目的。如果遇到某国货币贬值，则可以通过调整产品的价格，将汇率的损失转移到该国子公司的利润上。

（3）避免东道国的价格限制。很多国家对一些最终产品作出最低及最高限价。跨国公司可以将中间产品、原料等以较高的转移价格出售给在东道国的子公司，这样可以形成接受国子公司较高的成本，提高产品售价。

（4）规避通货膨胀的风险。通货膨胀必然会带来货币性资产的购买力下降。因此，跨国公司应该使处于通货膨胀较为严重国家的子公司保持最低限度的净货币资产。跨国公司可以选择利用转移高价政策向子公司提供商品或劳务，或以低价政策获取该子公司的商品或劳务，避开资金在通货膨胀时期的转移，规避因货币购买力的损失而带来的通货膨胀的风险。

3. 调节利润水平，获得更多红利

在跨国公司实行全球化战略的进程中，关注的是整体的利润水平。跨国公司可以利用转移价格的变化来达到调高或调低各子公司利润的目的。

（1）当国外子公司的利润水平较高时，东道国政府可能会要求进行跨国公司进入政策及投资条件的重新谈判，增加员工的工资和福利待遇等；同时也可能会引起潜在投资者的注意，增加子公司的竞争压力。所以当跨国公司发现子公司利润过高时，可采用转移价格来提高子公司的生产成本，既能减轻外界压力，又能利于公司的整体利益。同时，调低利润也是对付当地合资伙伴的有效手段。针对合资公司而言，子公司的利润是由合资各方按股权比例来进行分配的，所以从跨国公司整体利益来看，并不是合资企业的利润越高越好。跨国公司可以利用转移价格，将子公司的利润转移到母公司或其他子公司，降低合伙者的利润，达到独占部分利润的目的。

（2）适当地调高利润可以使跨国公司在东道国树立良好的投资形象，最大限度地获得东道国的政治及经济优惠政策，以及金融市场便利的筹资渠道，跨国公司经常利用转移价格来调高子公司的利润。通过低价向子公司优惠供应所需要的商品，或者高价购买子公司的产品，通过这种价格补贴的形式可以帮助子公司走出财务困境，提高其市场竞争力。

## 第五节　跨国公司的税务综合管理

跨国公司的纳税涉及各国税制和各个国家之间的税收关系，程序复杂，操作烦琐。

同时，跨国公司借助国际化的税收市场，综合考虑税收分配，以实现纳税额最小化(见图7-7)。

## 一、跨国公司国际税收管理概述

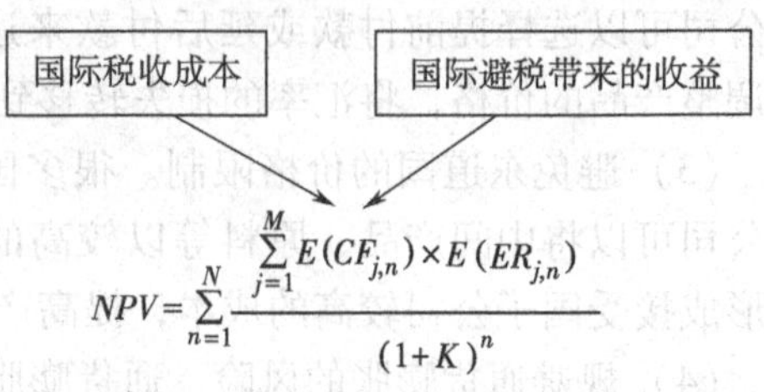


图7-7　跨国公司税务管理对公司价值的作用

### (一) 国际税收管理的概念

国际税收是指各国政府在其税收管辖范围内对从事国际经济活动的企业和个人就国际性收益所发生的征税活动，以及由此而产生的国与国之间税收权益的协调行为。事实上，国际税收的课征活动是通过各国税收法律制度规定的具体税种实现的，是在开放的经济条件下为解决各国税法的差异或冲突而以税收协定的形式存在，其背后隐含的是国家之间的税收分配关系及税收协调关系。跨国公司国际税收管理即是利用国与国之间的税收分配和税收协调关系进行统一的纳税筹划，其目标是使跨国企业的纳税额最小化。

### (二) 国际重复征税

所谓国际重复征税，是指两个或两个以上的国家在同一时期内，对同一跨国纳税人或不同纳税人的同一征税对象或税源征收相同或类似的税收。由于国际税收主要涉及的是所得税，所以，国际重复征税也可定义为不同征税权主体对同一跨国纳税人的同一笔所得征收两次或两次以上的所得税。

国际重复征税违反了税收的公平原则，造成了跨国公司的额外负担，从而影响了其再投资的积极性，并且阻碍了商品、劳务、人才的国际间流动，不利于资源在国际范围内的合理配置和有效利用。所以，如何避免和消除国际重复征税是各国政府和跨国公司一直追求的目标。

## 二、国际税收的种类

目前，世界各国的税收制度一般均为复税制。在复税制下，税种不是单一的，而是多样的。下面讨论跨国公司所负担的三种主要税种：所得税、预提税、商品税。

### (一) 所得税

所得税是指一国政府对外商投资企业和外国企业的所得征税，是一种直接税。该税种除对跨国公司的积极所得课征，即来源于外商投资企业和外国企业从事生产、经营所得，还对其他所得课征。生产、经营所得主要是指纳税人从事制造业、采掘业、交通运输业、农业、林业等行业的生产、经营所得。其他所得是指纳税人取得的利润(股息)、利息、租金、转让财产收益、提供或者转让专利权、专有技术、商标权等，通常也称作消极所得。从零税收的巴林、百慕大群岛到许多税率超过40%的国家，如日本、土耳其等，国家的所得税率差别很大（见表7-2）。

**表7-2　典型国家企业所得税税率**

| 国家及地区 | 税率（%） | 国家及地区 | 税率（%） |
|---|---|---|---|
| 印度 | 40.00 | 葡萄牙 | 25.00 |
| 日本 | 35.64 | 芬兰 | 24.50 |
| 法国 | 33.33 | 英国 | 24.00 |
| 越南 | 32.00 | 韩国 | 22.00 |
| 意大利 | 31.40 | 俄联邦 | 20.00 |
| 德国 | 30.20 | 土耳其 | 20.00 |
| 墨西哥 | 30.00 | 波兰 | 19.00 |
| 美国 | 30.00 | 匈牙利 | 19.00 |
| 西班牙 | 30.00 | 巴西 | 15.00 |
| 中国 | 25.00 | 巴林 | 0 |
| 荷兰 | 25.00 | 百慕大群岛 | 0 |

资料来源：Price Waterhouse Coopers，Corporate Taxes：Worldwide Summarize，2012。

### （二）预提税

预提税（Withholding Tax）是预提所得税的简称。它并不是一个单独的税种。这里的“税”（Tax）是指所得税，包括企业所得税和个人所得税。Withholding是扣留、预扣的意思。它是从征税方式的角度来明确这一事物的概念。它的外延，在不同的国家（地区）是不同的。一是从纳税人的方面来看，有的国家（地区）对支付给本国（地区）、外国公司和个人的所得，都实行预提税，如日本、英国、意大利、荷兰、奥地利和我国的香港。有的国家（地区）只对支付给外国公司和个人的所得实行预提税，如美国、法国、加拿大、巴西、澳大利亚、新加坡。二是从征税项目的方面来看，一般对来源于本国的股息、利息和特许权使用费所得扣缴税款。但有的国家（地区）对这三个项目中一个或两个不实行预提税。例如，对股息不征税的有英国、爱尔兰和我国的香港等。对利息不征税的有瑞士、丹麦和荷兰等。对特许权使用费不征税的有埃及、荷兰、瑞士等。有的国家（地区）不但对上述三个项目实行预提税，还对租金、专业服务、技术服务等所得实行预提税。例如，对财产租金实行预提税的有德国、比利时、菲律宾等。对专业服务、技术服务费实行预提税的有墨西哥、泰国、印度等。

在跨国公司的经营业务中，预提税通常发生在子公司在当地市场的收益汇回母公司时（即汇出东道国过境时）要向东道国缴纳的税收。

### （三）商品税

商品税（Commodity Tax）以商品（包括劳务）为征税对象，使其区别于以所得为征税对象的所得税和以财产为征税对象的财产税。由此，可以给商品税下一个定义，所谓商品税，是指以商品为征税对象的税收的总称，在国际上一般被称做商品与劳务税。由于商品税的计税依据为商品的流转额，同时商品税总是在商品的流转环节征收，因此也被称为流转税。目前国际上普遍开征的商品税主要包括：关税（Tariff）、增值税（Value-added Tax，VAT）和消费税（Excise）。

1. 关税

关税是指以进出关境的货物或物品为征税对象，以其流转额作为计税依据的一种税，属于涉外商品税。海关依法对进出境货物、物品征收关税。按课税商品在国境上的不同流向，可将关税分为进口税、出口税和过境税。一般而言，关境和国境是重叠的，但也存在例外。在一国设立自由贸易区（Free Trade Zone，FTZ）的情况下，关境便小于国境。反之，当一国和其他国家组成关税同盟的时候，由于关税同盟的成员国相互之间取消关税，对外实行统一关税制度，因此，此时的关境便大于国境。

2. 增值税

增值税是一项对商品（或劳务）在不同生产环节上就转移时间价值部分所征收的间接税种。从计税原理而言，增值税是对商品生产和流通中各环节的新增价值或商品附加值进行征税，并实行税款抵扣制。所谓增值额，就是指纳税人在商品的生产经营过程中新创造的价值。增值税具备商品税的主要特征，如多环节课征、可转嫁、具有累退性，另外还消除了重复征税。

3. 消费税

消费税是以特定消费品为课税对象所征收的一种税。征收消费税的主要意图在于调节消费结构和引导消费方向。

## 三、国际避税

### （一）选择有利的国外经营形式

对于跨国公司来说，国际税收管理有两点值得注意：一是母公司与分公司（分支机构）的关系；二是母公司与子公司的关系。所谓母公司与分公司，是指如果一个公司在国内外设立资本完全受其控制的公司或办事机关时，则前者是后者的总公司或总机构，后者为前者的分公司或分支机构，分公司是母公司的延伸。因此，分公司赚的积极或消极所得，无论其外国来源所得是否交付给母公司，都被并入母公司的国内来源所得来计算税收负担。而外国子公司是跨国公司在外国独立的附属机构，当母公司从外国参股子公司获得积极或消极所得时，只有当其以股利的形式支付给母公司才在母公司所在国纳税。因此，当决定是以分公司或子公司的形式组织外国经营时，跨国公司的管理层必须意识到特定东道国在所得税上的差别。例如，新的外国附属机构通常在运营的前几年要经历亏损，最初建立的海外机构以分公司的形式存在可能会对母公司有利，因为征税规定外国分公司的经营损失并入母公司的所得，从而减少赋税。相反的情况，将外国所得用于在海外再投资以扩大外国经营时，如果外国所得税率低于本国所得税率，母公司在外国设立子公司就比较有优势，因为母公司的税收负担可以延期到子公司支付股利给母公司时才予以缴纳。

**（二）利用税收优惠避税**

通常世界各国都有各种税收优惠政策规定，跨国公司可以充分利用这些税收优惠政策，达到减少海外赋税的目的。

1. 加速折旧

加速折旧是跨国公司对原始投资实施税收优惠所采取的一种传统的做法。各国通常的做法是允许企业对符合优惠规定的固定资产在购置或使用的当年提取一笔初次折旧，初次折旧占固定资产原值的比例一般较大，最高的可达100%。

2. 投资抵免避税

企业可以用固定资产投资额的一定比例直接冲减当年应纳所得税税额。根据不同的固定资产类别，享受的投资抵免的税率也不同，如有些国家规定节水装置可享受40%的投资抵免。

3. 再投资退税

跨国公司用于再投资部分的税后利润已负担的税款可按一定比例退还公司。我国目前对外商投资企业的外国投资者也有相应的再投资退税的规定。

4. 利用免税期规定

许多国家对外国投资者在本国境内开办的某些企业规定了一定期限的减免税优惠，企业在一定时期内的利润可以不缴纳所得税。

5. 低税率优惠

各国政府会对一些特定的部门或地区的企业实行较低的优惠税率。例如，我国对外商投资企业的低税率优惠主要是与经济特区和沿海开放政策相关联。

跨国公司也可以利用另外一些税收优惠政策，如专项免税、延缓纳税、费用加倍扣除、承诺税收待遇一定时期不变等。

**（三）利用国际避税地避税**

国际避税地通常是指那些可以被人们借以进行所得税或财产税的国际避税活动的

国家和地区。它的存在是跨国纳税人得以进行合理避税的重要前提条件。国际避税地在不同的国家有不同的名称，如英国称其为“避税港”，德国人则习惯称之为“税收绿洲”。利用避税地进行避税是跨国公司减少海外税赋常用的一种方法。

国际避税地除了无税或低税率等特点之外，还有其他一些非税特征，如银行业较发达，有严格的银行保密法和商业保密的传统，对汇出的资金不进行限制，实行宽松的海关条例等。

跨国公司利用国际避税地避税的主要手段有：在避税地建立所谓的“基地公司”、信托公司、金融机构等。

1. 虚设贸易机构

虚设贸易机构是指国际投资者在避税地设置一个子公司，把母公司制造的直接销售给另一国的货物，经过避税地的中转，从而把母公司的所得转移到避税地的子公司，以达到避税的目的。

2. 信托公司

信托公司主要从事代管财产、代发行公司股票和债券、筹集资金、传输信托投资、承受并管理抵押等业务。跨国公司在避税地设立信托公司，可以把公司的财产虚设为避税地的信托财产，以达到少纳税或不纳税的目的。跨国公司不仅可以规避这部分财产所得应缴纳的税额，而且还可以用这笔资金在避税地从事投资获利。

3. 金融机构

金融机构通常可以利用避税地区从事特殊业务活动。许多国际避税地都有繁多的金融机构。很多跨国公司在其内部设有金融公司，多为银行或信托机构。它们不仅可以充当公司集团内部借款与贷款的中介机构，为其不同成员从一国向另一国转送贷款，还可以向无关联企业提供正常贷款，以赚取利息收入，为各种公司及附属机构提供经营管理和便利条件。例如，设在百慕大群岛的金融财务公司，实际上就是为了某一大集团的利益提供内部贷款充当中间人，其主要任务是使该集团内部利息所得少纳税或不纳税。

4. 控股公司

跨国公司在避税地设立控股公司，拥有一个或多个公司大部分股票或股份，其目的是为了控制而非投资。控股公司享有其子公司的信誉和名声，但无需承担其债务。控股公司的收入主要是从子公司获得的股息以及股票所产生的资本利得。由于避税地对股息收入和资本利得不征税或只征很少的税，那么在避税地建立控股公司就可以起到避税的作用。

**（四）利用转移定价避税**

利用转移定价实施避税是国际企业在国际避税活动中采用比较广泛的一种方式。

发生在跨国公司集团内部交易方面的转移定价不决定于市场供求，只服从于跨国公司整体利益的需要。转移定价隐藏了跨国公司经营的真实情况，掩盖了价格、成本、利润间的正常关系。

**（五）避免成为高税率国家的居民公司**

在实行居民管辖权的国家，一旦跨国公司被该国认定为居民公司，它就要对这个国家承担全面的纳税义务，要把来自全球各地的所得汇总到该国纳税。因此，高税国的居民公司比低税国的居民公司承担了更高的纳税义务。一般来说，判定法人居民的标准主要有三类：一是注册登记地标准；二是机构标准；三是管理机构所在地标准。例如，美国就是采用登记注册地标准的国家。一个跨国公司为了避免成为美国的居民公司，可以考虑把总机构或管理机构设在美国，而在别国注册登记。如果一个国家采用管理机构所在地标准，跨国公司就应避免在高税国召开董事会议，不在该国保存公司账册等，从而合法地避免成为该国的法人居民。另外如果跨国公司把总部或管理机构、注册地设在海地、巴拿马、开曼群岛等国家和我国香港地区内，其所得税率很低，并且对来源于其境外的所得课征很少或不课征所得税，这样跨国公司总的赋税会因此大大降低。

## 小　　结

跨国公司财务管理是财务管理的一个新的领域，更加突出公司整体的资金使用效率，旨在通过全球化资本配置，追求更高的投资收益和更低的融资成本。跨国公司的财务管理因涉及多种货币及资本市场，相比国内财务管理呈现出内涵更加复杂、目标更具多元化、风险性更强的特点。

跨国公司财务管理主要包括四大内容：①国际融资管理；②国际投资管理；③国际营运资金管理；④国际税收管理。

国际股票市场、国际债券市场是跨国公司长期资本的主要来源。同时，跨国公司通常会运用国际贸易融资、内部贷款、一般性银行贷款及商业票据等多种途径获得短期资金，以满足流动性的要求。跨国公司的资本结构应当是全球融资最优化的结果，即资本成本最小化，跨国公司要权衡债务和权益融资的利弊，要根据不同公司和被投资国的特点来制定公司的最优资本结构。

跨国公司在进行国际直接投资时，往往面临着较大的投资风险和复杂的政治、经济等环境因素，因此需要运用国际资本预算方法来评估投资项目，对投资项目进行财务可行性分析，选择合理的投资方式。从母公司或子公司不同的角度展开投资预算分析需选用不同的净现值模型，而且需要综合考虑现金流的影响因素、风险调整的方法及跨国资本预算主体等问题。

现金的最优化管理对公司价值的贡献在于尽可能增加未来预期现金流入，最大限度地减少现金支出，保持合理的现金余额，并实现现金余额投资的最大化。跨国公司通常选择国际转移价格将资金与利润在公司内部进行跨国转移，以实现资金的最优配置。

跨国公司主要负担三种税种：所得税、预扣税、商品税。国际化的税收市场要求跨国公司综合考虑税收分配情况，最大限度地减少国际税收成本。这就要求跨国公司充分熟悉各国税率的差异、相关法律制度的差异等，采取有效的措施合理实施国际避税。

## 思考题

1. 国际财务管理的目标是什么？
2. 国际资本预算有哪些方法？需要注意的问题有哪些？
3. 跨国公司的融资方式有哪些？
4. 转移价格的基本原理是什么？转移价格的功能是什么？
5. 跨国企业如何有效地实施现金管理？
6. 试述如何进行有效的国际避税？

## 案例分析

[案例分析一]

### 转移价格案例分析

——斯沃琪集团避税案

[背景材料]

斯沃琪 Swatch 集团总部位于瑞士伯尔尼，是世界上最大的手表生产商和分销商，零售额占到全球份额的25%。2001 年，它生产了 1.14 亿块手表、计数器，年销售额达到 41.82 亿瑞士法郎。斯沃琪总部在全球拥有 160 个产品制造中心，主要分布在瑞士、法国、德国、意大利、美国、维尔京群岛、泰国、马来西亚和中国。

一场空前的信任危机忽然降临斯沃琪。2004 年 9 月，两名斯沃琪前雇员向媒体透露：斯沃琪集团亚洲分部多年来通过转让定价策略在全球避税 1.8 亿美元。受此影响，斯沃琪的股票（UHRN）当天曾一度暴跌 11.4%，创下 2004 年以来股价最低点。他们声称，注册地在英属维尔京岛，办公地在我国香港的斯沃琪集团亚洲分部将销往海外其他关联公司的所有产品的价格都人为地进行了大幅度抬高。据二人透露，斯沃琪旗下的欧米茄（OMEGA）牌手表在从亚洲分部销往新加坡关联企业和日本关联企业时，价格分别被抬高了40%和50%，此外，在销往美国和澳大利亚关联企业时，其价格也均有大幅度提高。报告人说，斯沃琪此举的原因在于，亚洲分部的办公地和注册地都是低税区，比起其他关联企业所在地的税负要低得多。从低税区将产品提高价格销往高税区，即可人为地将利润的大部分留在低税地，通过转让定价降低集团的整体税负。

据称，斯沃琪在1998—2004年的近6年中利用这种转让定价的手段从美国转移出去大笔利润，逃避了总计100多万美元的美国税收。与此同时，它在澳大利亚和亚洲等地逃避的各国国内税收和关税的总额则超过了1.8亿美元。透露人还向媒体提供了斯沃琪集团内部往来的一些电子邮件，其内容显示，斯沃琪集团的高层管理人员曾经力图掩盖非法避税的事实，某财务部官员在电子邮件中建议相关人员删除亚洲分部有关转让定价活动的文件，以免在税务部门进行税收审计时留下什么蛛丝马迹。

斯沃琪当天就予以了反击。8月13日，斯沃琪在其官方网站发表公开声明。声明称，《华尔街日报》和《金融时报》的相关报道“实际上纯粹是公司与两名前雇员之间在雇佣问题上所产生的纠纷”，其原因是“其中一名员工希望得到比合同内约定数额更多的解雇费”。声明中说，这两名前雇员曾是“斯沃琪亚洲地区的区域负责人，分别在中国香港和新加坡工作”，并用括号着重指出，此二人“并非高层执行者”。

针对两名前雇员所披露的通过转让定价避税一事，斯沃琪给出的初步调查结果显示，斯沃琪绝没有触犯法律。斯沃琪宣称自己历来严格遵守包括税法在内的各国法律及国际法。另外，斯沃琪也在声明中写道：“在不违反现有法律、法规的情况下，寻求税收结构的最佳化对所有企业而言已是一种惯例。转让定价是一个相当复杂的问题……斯沃琪集团在关联企业间使用的任何转让定价策略都并非仅以减少税收为目的，而是为消费者来协调国际间的价格结构，以防止出现有害的平行市场，这种平行市场将引起巨大损失，并需要远比税收高得多的成本。”

由于转让定价是集团在关联企业间根据整体利益和经营意图人为确定的，而并非在自由竞争市场中由交易双方共同确定，因此随意性很大，这就为关联企业任意操作转让定价、非法逃避税收提供了巨大空间。专家指出，在国际上寻求税收结构最佳化的做法必须要在合理的范围内进行，至于斯沃琪的做法是否在此范围之内，尚有待进一步调查。

[案例评析]

转移定价与选择避税地避税，使得跨国公司在不同国家境内的各个子公司的真实经营状况被歪曲，造成各个实体的纳税额与实际盈利水平不符，也为跨国公司逃避高额税负提供了可能。根据税收的公共产品性和税收的公平性原则，凡从政府获得利益者就应当负担税收。如果获得利益相同者，应负担相同的税收；获得利益不同者，应负担不同的税收。同时，凡具有相同纳税能力者，应负担相等的税收；不同纳税能力者应负担不同的税收。如果关联企业利用转移定价对利润进行了转移，即使主观上是为企业经营所需，但客观上却逃避了本应缴纳的税收。这不仅有违税收公平原则，而且损害了政府的税收利益。运用转移定价避税成为了跨国公司及关联企业追求利润最大化的一个重要手段，需要对此行为进行法律控制，这是维护国家利益的内在要求，也是各国税收立法的重要组成部分。

（资料来源：http：//economy. enorth. com. cn。）

[案例思考题]

请查阅相关资料，若你作为一名国家管理干部，你会如何去发现跨国公司存在的转移价格问题呢？

[案例分析二]

## 中石油的现金管理

[背景材料]

中国石油天然气集团公司（以下简称中石油）是一家集油气勘探开发、炼油化工、油品销售、油气储运、石油贸易、工程技术服务和石油装备制造于一体的综合性能源公司。2012 年，在世界最大 50 家石油公司综合排名中居第 4 位，世界 500 强公司排名中位居第 6 位。目前，中石油在海外 22 个国家开展石油投资活动。

中石油为实现其跨国公司战略目标，制定了一系列相关的现金管理策略。表现为以最少量的资金支持中石油在全球范围内的生产经营活动；从整体上进行资金管理，保证资金平衡，提高资金调度、使用和储存的经济效益；从全球角度进行债务融资集中管理，保持强大的外部融资功能和优化的债务结构；规避风险，减轻税负。主要从以下几个方面对中石油的现金管理情况进行分析：

（1）关于加速现金流入。中石油主要采用预先授权支付和“财务公司 + 结算中心”的管理模式，基本上可以满足现金管理的需要，但资金管理链过长。

（2）关于货币兑换成本的最小化。中石油在国外业务众多，包括国际油田业务（上、中、下游）、提供工程技术服务，涉及亚洲、非洲、欧洲、北美洲、南美洲。中石油为降低货币兑换成本，对于母子公司的交易活动常采用双边净额支付制度，从而减少了现金转移的总体管理成本，降低了对外币兑换的需求和与外币兑换有关的交易成本。

（3）关于现金流量课税的最小化。若子公司所在国政府对子公司汇往中石油的利润被课以高额预提税，中石油会要求子公司暂时避免汇出利润而将其再投资在子公司的所在国。此外，中石油可以运用转移定价策略处理高额税收。比如对于摩洛哥子公司，按照当地所得税率应该为35%，而巴西的所得税率为15%，那么中石油可以将摩洛哥子公司生产油田上游产品，而将下游产品交由巴西子公司生产。

根据有关研究，中石油在如下方面亟待改善：

（1）中石油的各地子公司现金管理体系是分散的，仍未形成海内外统一的总账户，子公司间的现金流转未能很好地实现。只有实现集中统一的现金管理体系，才能更好地实现子公司间有效且积极的现金流转。

（2）中石油的剩余现金并没有集中管理，与国际知名跨国公司的现金集中管理相比，现金集中管理尚处在不成熟的阶段。未来阶段，中石油各子公司的剩余资金应迅速回流到具有获利潜力的制高点和最安全的场所。

（资料来源：王成垒．《初探跨国公司现金管理——以我国中石油集团公司为例》．科技经济市场（KEJI JINGJI SHICHANG），2007（3）。）

**[案例思考题]**

中石油可以运用哪些手段来加强跨国现金管理？

## 本章参考文献

[1] 金润圭．国际企业管理［M］．北京：中国人民大学出版社，2005.
[2] 谭立文，吴先明，秦仪．国际企业管理［M］．武汉：武汉大学出版社，2002.
[3] 崔日明，徐春祥．跨国公司经营与管理［M］．北京：机械工业出版社，2005.
[4] 杰费·马杜拉．国际财务管理［M］．杨淑娥，张俊瑞，译．大连：东北财经大学出版社，2000.
[5] 卢进勇，杜奇华．国际投资与跨国公司案例库［M］．北京：对外经济贸易大学出版社，2005.
[6] 柏汉芳．跨国公司财务管理动因与模型研究［M］．上海：立信会计出版社，2002.
[7] 王建英，支晓强，袁淳．国际财务管理学［M］．北京：中国人民大学出版社，2003.
[8] 蒋屏．国际财务管理［M］．北京：对外经济贸易大学出版社，2004.

# 第八章 跨国公司的技术资源管理

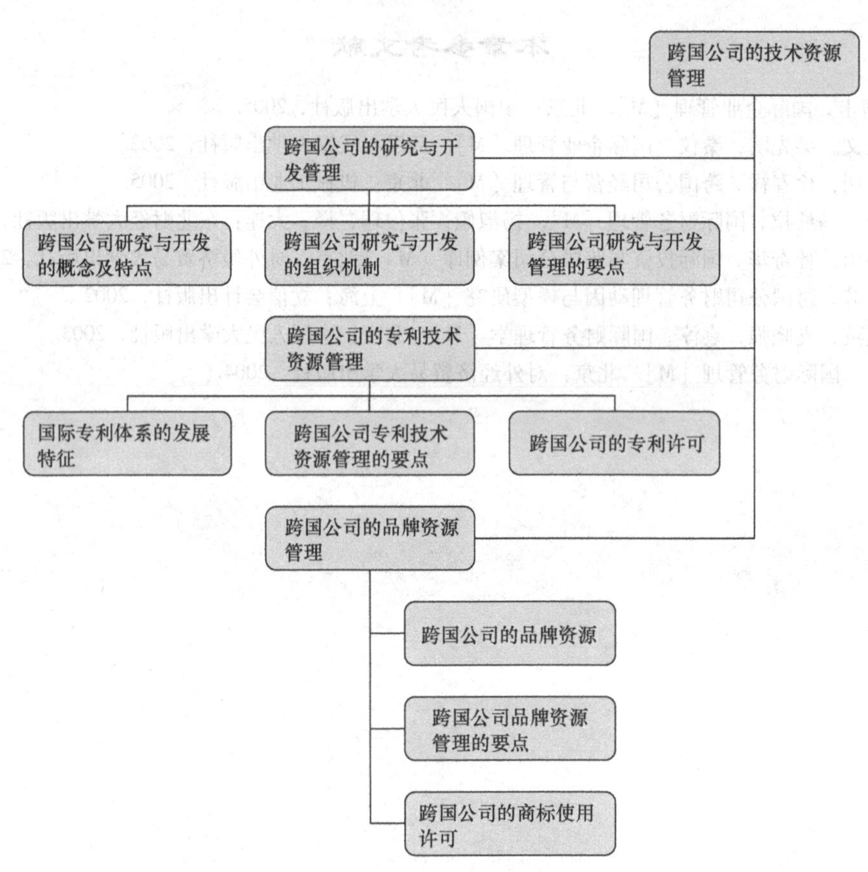

跨国公司的技术资源管理涉及技术的产生过程，即技术的研究与开发的管理；同时也涉及对技术运用的管理，即如何通过各种内部化或外部化的途径有效地利用企业的技术资源，获取最大的经济利益。

# 第一节　跨国公司的研究与开发管理

## 一、跨国公司研究与开发的概念及特点

### （一）研究与开发（R&D）的概念

“R&D”是一个国际通用的科技术语，是英文“Research & Development”的缩写。我国一般翻译为“研究与开发”“研发”等。R&D 的概念有多种表述。联合国教科文组织将 R&D 定义为：为了增加知识总量（包括人类、文化和社会方面的知识），以及运用这些知识去创造新的应用而进行的系统性创造工作。OECD 关于 R&D 的定义为：研究与开发就是系统进行的旨在增加人类知识储备以及运用这些知识储备设计新的应用品的创造性活动。

### （二）当代跨国公司研究与开发的特点

1. 研究与开发的投入巨大

跨国公司在世界技术经济发展中具有重要的作用，大型跨国公司几乎都把 R&D 活动放在头等重要的地位，每年投入巨大的资金和人力，从事以新产品、新工艺、新材料的研究为主要内容的技术研究与开发活动。跨国公司投资于科研的经费和比例不断上升，从事研究与开发工作的人数比重也在大幅度上升。根据联合国教科文组织报告《Global Investments in R&D》统计，在 2009 年，经济合作与发展组织（ORED）成员国国家投入的研究与发展费用已占 GDP 的 1.8%。其中，2009 年，以色列、日本和德国的研发费用占本国的 GDP 比重较高，位列前三，而非洲国家及亚洲的阿拉伯地区研发费用占本国 GDP 的比重则较小。跨国公司的 R&D 投入一般超过销售收入的 5%，高科技行业此比例达到 8% ~10%，从整体来看，研发投入最大的三个行业是应用计算机和电子产品、医疗以及汽车。应用计算机和电子产品是研发开支最多的行业，占到全球总支出的 28%，而医疗以及汽车行业则分别占到 21% 和 16%。

研发开支高度集中在少数国家，其中美国等前 10 个国家就占了全球研发投入的 4/5，而在前 10 名只有中国和印度两个发展中国家。不过，在全球研发开支中，发达国家所占比例已从 1991 年的 97% 下降到 2002 年的 91%，2009 年则下降到 85% 左右，与此对应的是以中国为代表的新兴国家研发投入的快速增长。中国的研发支出占全球

研发支出的比率从2002年的5.0%上升到2007年的8.9%，到了2009年，已经达到了12.1%。

值得瞩目的是，韩国三星电子等来自新兴工业化国家企业的研发经费逐年增长的态势极其突出，2001年为24亿美元，2005年增加到53.7亿美元，2006年达到57.39亿美元，2011年达到了90亿美元，超过全球最大的芯片制造商英特尔（55亿美元）的投资幅度。

我国IT行业的国际性企业也高度重视研究与开发活动，2005年，华为、海尔、中兴通讯、联想控股等骨干企业研发经费投入都在20亿元以上，分别达到47.5亿元、45.7亿元、27.2亿元和21.0亿元，比2000年增长1倍以上，其中华为和中兴通讯五年来研发投入占营业收入的比重一直保持在10%左右的水平，海尔、海信、北大方正、上海广电也在3%以上。在第20届电子信息百强企业中，2005年研发投入占企业营业收入超过5%的企业有23家。根据欧盟经济委员会（IRI）发布的《2012年全球企业研发投入R&D排名》，华为首次进入世界研发投入50强（第41位），华为、中石油、中兴通讯三家公司位居中国内地研发投入前三名。该报告同时指出，中兴通讯在过去10年中净销售额与研发投入在100强公司中有突出表现。

2. 跨国公司研究与开发全球化

所谓跨国公司研究与开发全球化，是指跨国公司将其R&D活动部分地从母公司所在国转移到其他不同的国家或地区，利用当地的R&D优势与丰富的人才资源进行不同的R&D活动，从而满足跨国公司在经济全球化背景下继续保持技术垄断优势的需要。

20世纪90年代以来，随着经济全球化趋势的迅猛发展和国际竞争的日趋激烈，跨国公司的组织形式发生了重大变化，从以往以母国为中心的传统布局，转向根据不同东道国的优势，在全球范围内组织安排研发机构，从而促使跨国公司的R&D活动日益朝着国际化、全球化方向发展。其主要表现在：

（1）国际间R&D流入、流出的持续增加。根据美国商务部的统计，1986—1997年，美国跨国公司在海外的R&D支出由46亿美元增加到147亿美元，10年之间增加了2.2倍。又根据《2005年世界投资报告》，欧洲跨国公司的R&D国外支出尤其突出，如瑞典跨国公司全部研发支出中的国外份额在1995—2003年期间从22%增加到了43%。

（2）海外R&D机构迅速扩展。海外R&D机构是跨国公司在东道国专门从事R&D活动的机构，其数量的增加是R&D全球化最直接的表现。跨国公司海外R&D机构的加速发展出现在20世纪80年代以后。1997年，美国已有86家跨国公司在22个国家建立了186家海外R&D机构。1998年年底，有24个国家和地区的375家跨国公司在美国建立了715家R&D机构，雇佣了11.57万名美国研究开发人员。《2005年世界投资报告》指出，进入21世纪，跨国公司的海外R&D机构越来越多地设立在了发展中国家，如自美国摩托罗拉公司1993年在中国设立第一个外资研发实验室以来，在中国的国外R&D机构已经达到了700个。另据商务部披露的数字，截至2006年10月，跨国公司在华设立的研发中心已达到980家。

图8-1表现出R&D国际化的增长趋势。

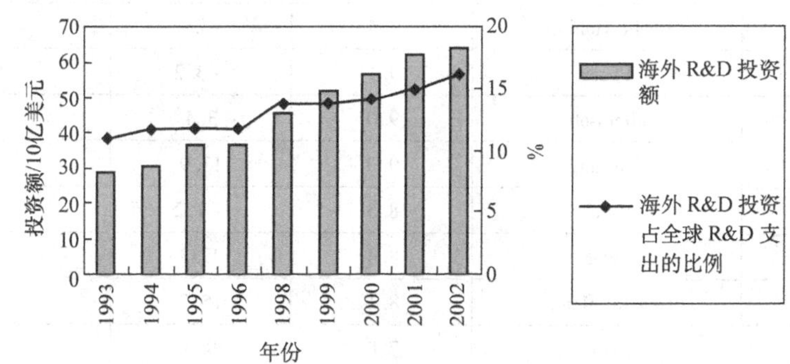


图8-1　海外研发机构R&D趋势图（1993—2002年）

资料来源：UNCTAD，《World Investment Report 2005》。

（3）专利的国际化。专利是衡量R&D产出的重要指标，因而也是反映R&D国际化的重要指标。有数据表明，跨国公司海外R&D机构获得的专利占跨国公司全部专利的比重逐步上升。例如，东芝公司每年有超过15%的专利申请是在美国提交的；2010年，东芝公司有2246件专利被美国的专利商标局授权。2009年，德国公司在美国提交的专利申请数为17715件，日本公司为52891件。

3. 研究开发战略联盟化

20世纪90年代以来，跨国公司，特别是技术水平和管理水平相近，技术特长、技术诀窍、技术优势互补的跨国公司，在国际化生产和经营中越来越多地采用国际战略联盟的方式，结成联盟后形成更强的R&D能力。据美国《电子商业》杂志的调查，美国85%的电子公司结成了R&D战略联盟。通用汽车公司在1985—1999年拥有29个汽车制造方面的R&D联盟；法国汤姆逊公司、德国西门子公司、美国通用电气公司、荷兰飞利浦电气公司等大型跨国公司都已经在微电子领域开展了广泛的R&D合作。英国和法国联合开发的超音速客机、日本和英国共同开发客机发动机等都是跨国公司R&D国际战略联盟的典范。

表8-1表现出发达国家以及新兴工业化国家、发展中国家典型跨国公司研究与开发国际化的投资状态。

表 8-1 跨国公司 R&D 投资排名

| 排名 | | 公司 | R&D 支出 | | 国别 |
|---|---|---|---|---|---|
| 2011 年 | 2010 年 | | 2011 年/10 亿美元 | 与 2010 年相比变动（%） | |
| 1 | 6 | Toyota | 9.9 | 16.5 | 日本 |
| 2 | 3 | Novartis | 9.6 | 5.5 | 瑞典 |
| 3 | 1 | Roche Holding | 9.4 | -2.1 | 瑞士 |
| 4 | 2 | Pfizer | 9.1 | -3.2 | 美国 |
| 5 | 4 | Microsoft | 9.0 | 3.4 | 美国 |
| 6 | 7 | Samsung | 9.0 | 13.9 | 韩国 |
| 7 | 5 | Merck | 8.5 | -1.2 | 德国 |
| 8 | 11 | Intel | 8.4 | 27.3 | 美国 |
| 9 | 9 | General Motors | 8.1 | 15.7 | 美国 |
| 10 | 8 | Nokia | 7.8 | 0.0 | 芬兰 |
| 11 | 14 | Volkswagen | 7.7 | 26.2 | 德国 |
| 12 | 10 | Johnson& Johnson | 7.5 | 10.3 | 美国 |
| 13 | 16 | Sanofi | 6.7 | 15.5 | 法国 |
| 14 | 12 | Panasonic | 6.6 | 6.5 | 日本 |
| 15 | 17 | Honda | 6.6 | 15.8 | 日本 |
| 16 | 13 | GlaxoSmithKline | 6.3 | 3.3 | 英国 |
| 17 | 15 | IBM | 6.3 | 5.0 | 美国 |
| 18 | 19 | Cisco Systems | 5.8 | 9.4 | 美国 |
| 19 | 26 | Daimler | 5.8 | 26.1 | 德国 |
| 20 | 18 | AstraZeneca | 5.5 | 3.8 | 瑞典 |

资料来源：BoozCo《The 2012 Global Innovation 1000 Study》。

## 二、跨国公司研究与开发的组织机制

跨国公司 R&D 的组织机制随着跨国公司的发展而日渐多样化，但基本上分为三种类型。

（1）中心—边缘型。这种结构以公司总部的研发中心为中心，有若干海外 R&D 机构。这种组织结构中，公司总部的研发中心是企业技术研究与开发的主要执行者，海外 R&D 机构的主要职能是进行技术搜索，将公司技术向海外转移或围绕子公司所服务市场的条件进行产品开发，为海外附属机构的生产经营提供适应性研究开发和技术支持。海外 R&D 机构由公司总部的研发中心控制和协调，相互之间很少发生联系。

（2）多中心分散化组织。公司总部有中央研究院，海外有多个区域性能力中心。区域性能力中心由若干个 R&D 机构组成，相互之间有紧密的协调关系，为地方性市场或全球市场进行开发，或为公司的长远创新战略考虑，以接近知识中心为目的，进行某种基础研究或基础性应用研究。区域性能力中心之间联系很少，活动由中央研究院协调。

（3）全球网络型研究组织结构。这种组织结构是中央研究院与所有海外 R&D 机构组成一个有机协调的全球性 R&D 网络，从公司总体创新战略出发，利用全球资源，在全球范围内进行知识创造和技术创新。

跨国公司一般倾向于采用相对集中化的研究与开发方式。当跨国公司在海外已拥有较稳定的市场时，为了进一步提高 R&D 的效能，分散化的 R&D 方式就成为这一时期的常用方式。这是因为：它有利于母公司在产品开发后与东道国市场保持密切关系；有利于在充分了解东道国具体经营环境的基础上，研制出适合当地环境的各种产品；有利于更好地利用东道国的优秀科技人才和某些独特的技能；有利于深入、具体地了解东道国市场竞争对手的各种活动和技术开发动向。而随着跨国公司规模的不断扩大和全球化战略的深入发展，为提高其在全球的 R&D 效率，少数卓越的技术研究中心承担起更重要的 R&D 活动，并要求 R&D 组织变得更加开放，更加面向国际市场和知识中心，此时，一种整合的、全球互动的 R&D 网络模式将成为首选。

跨国公司组织 R&D 活动采用的具体形式主要有以下几种：

1. 组建跨国公司研究与开发战略联盟

20 世纪 80 年代以来，世界主要跨国公司为了保持和扩大生存与发展的空间，纷纷组建不同形式的跨国公司战略联盟，加强在高新技术研究中的交流与合作。从美国的福特汽车公司与日本的马自达汽车公司结成第一个跨国公司战略联盟以来，约 30% 的跨国公司间的战略联盟是 R&D 战略联盟。今天，以专题研究、产品开发、技术合作为目的，以协定、条约为纽带而结成的 R&D 战略联盟，正成为跨国公司战略联盟的主导方向。

同时，跨国公司 R&D 战略联盟涉及的领域大多是资本、技术和知识密集型产业和汽车制造、电子、通信、航空航天等高新技术工业部门。例如，东芝与美国通用电气公司合作开发高效组合循环式发电系统，美国 IBM 公司与德国西门子公司为联合开发新一代集成电路而建立了联合 R&D 实验室。据统计，跨国公司的战略联盟中，技术开放型占到 55%。由于结盟的跨国公司大都是在全球性行业竞争中占据统治地位的国际垄断寡头，因此通过这种强强联合不仅可以相互交换彼此拥有的专利技术等优势要素，提高其他企业的技术模仿成本和难度，稳定获得高额的投资回报率，而且能够分担新产品的开发成本和风险，使结盟双方最终能够获得1+1>2的投资效应。

2. 兼并与收购

由于兼并与收购可以使跨国公司减少投资成本，直接进入东道国市场实施高效扩张，所以近年越来越趋于替代新建投资的地位。尤其是20世纪90年代以来，随着西方发达国家的政府逐步放宽对企业并购的管制，欧美跨国公司的并购狂潮已经愈演愈烈，不少兼并和被兼并的企业都是国际上赫赫有名的大型公司。跨国公司在兼并或收购了东道国的现有企业之后，实际上也就牢牢控制和掌握了该企业原有的研发机构、科研人才设施和商品销售渠道，这不仅为跨国公司提供了重新组织研究与开发的有利条件，而且也使其可以直接获取他国相关产业的关键技术、科研成果和现存的生产能力以及稳定可靠的销售网络，从而推动了跨国公司技术水平和竞争实力的不断提高。

3. 建立海外技术研究与开发机构

目前，跨国公司在国外设立的技术研究开发机构大体上可分为两类：一类是附属于其国外子公司的，或实施并购后国外企业自身所拥有的科研机构。这类机构的科研活动主要与本企业的生产活动紧密相连，并服务于开拓本地消费市场的需要，因而偏重于应用研究。另一类则是独立于生产性企业之外的，以基础研究或跟踪东道国高新技术发展方向为主要目标的科研机构。这类机构在选址时往往有意靠近东道国著名的大学，尤其是工科大学以及某些高科技研究院、所，或直接建立在国外的高科技工业园区内。

4. 与当地高等教育与科研机构形成科研—生产联合体

这主要是指跨国公司与国内外高等院校在R&D领域上的合作。跨国公司通常采用以下几种具体形式，促进与高等院校在高新技术领域的创新合作：

（1）契约式研究合作。这种形式如埃克森石油公司（Exxon）与麻省理工学院（MIT）签订了为期十年的改进燃料系统和节能的合作研究协定。

（2）在高等院校内创立高新技术研究机构。这种形式如日立公司（Hitachi）在加利福尼亚大学欧文分校创办的生物工艺学实验室，日本电器公司（NEC）在普林斯顿大学创办的人工智能实验室等，这可以充分利用高校的科研力量，直接为本企业的高新技术服务。

（3）与高等院校共同投资建设科学研究园、高技术开发区及科学城。这些机构大都创办在著名高校附近，以便尽快促进高校的最新研究成果的产业化和商业化，为投资企业的发展服务。这种做法在西方发达国家中尤为流行，如英国的剑桥第一、第二科学园，在伯明翰的阿斯顿科学园，美国的斯坦福工业园，德国的海德堡技术园，法国的法兰西岛科学城，日本的筑波科学城等，都极负盛名。发展中国家也不乏其例，比较著名的有巴西的坎皮纳斯科学城等。

(4) 与其他跨国公司携手在高校共同创办联合研究中心。以美国为例，大约有 30 个这种类型的研究中心，参加中心的公司最少有 3 个，多的达 43 个。一些著名的跨国公司，如 IBM、德州仪器公司、西屋、波音等，均为多个中心的成员。这些中心大多数从事高新技术的创新活动，如麻省理工学院的聚合物加工中心、罗得岛大学的机器人研究中心、北卡罗来纳州立大学的通信和信号处理中心等。

(5) 为高等院校提供科研经费及教学经费，以便首先获得这些高校研发的高新技术使用权。例如，斯坦福大学的集成电路系统中心得到来自 19 家公司 1200 万美元的资助，哈佛大学遗传学系的建立得到杜邦化学公司 600 万美元的资助。

## 三、跨国公司研究与开发管理的要点

跨国公司 R&D 的管理是指跨国公司母公司总部进行技术 R&D 的中央研究院（或中央研究中心），对分散在各东道国并直属于母公司中央研究院的各研究所（或研究中心）进行国际性管理和控制，即对各分支研究机构在 R&D 目标、项目及研究方向方面进行分工，使各附属研究机构的 R&D 能力得到充分利用，并将跨国公司内部的 R&D 资源合理地进行整合和配置。

在跨国公司 R&D 国际化、全球化发展的驱使下，技术 R&D 管理面临着两个方面的任务。一方面是如何通过 R&D 分散化获取各种技术资源并能使其在经营中得到有效的应用。在一个全球竞争环境中，跨国公司越来越需要对不同的市场和技术发展作出果断的反应，而海外 R&D 活动是应对这种技术优势竞争的最佳途径。另一方面是如何将分布在世界范围的国外 R&D 活动纳入一个完整的公司全球技术创新体系。

R&D 的国际化与全球创新网络的形成使跨国公司的 R&D 管理面临以下几方面的重要问题。

1. 有效处理集权与分权的关系

一般来说，R&D 的分散化有助于跨国公司扩张其海外经营，获取国外的先进技术成果及创新资源，监视世界科技发展的动态以及实施其全球战略等；但与此同时，R&D 的分散又会导致成本上升，丧失规模经济，降低聚集效益，甚至造成无意中重复性研究等风险。因此，如何在技术创新方面达到集中与分散之间或集中控制与自主权之间的平衡就成为跨国公司 R&D 管理的一个主要问题。

一些国外学者就跨国公司在 R&D 管理上是选择集权化还是分权化的影响因素进行了调查研究，得出了一些不同的结论。博兹（Booz）、艾伦（Allen）和汉密尔顿（Hamilton）的调查表明，内部效率、接近市场的要求和外部约束是三个重要的影响因素。当跨国公司的全球 R&D 活动对内部效率的要求很高时，一般倾向于集中 R&D 资源，采取自上而下的决策机制，这样可以获取规模经济，更有效地使用公司的研究资产，降低R&D成本；同时还可以增强公司内部跨部门的协作，便于公司内部各部门的沟通。当接近市场在海外R&D中占据十分重要的地位或R&D的外部约束强烈时，跨国公司一般倾向于采用分权模式。

在迈耶（A. D. Meyer）和米祖夏默（A. Mizushima）的案例研究中，则认为另外三个因素发挥着一定的作用。第一个因素是公司的管理集中化倾向，这一般与公司的管理文化或公司及管理者对集中的态度有关。例如，在部分德国和瑞士的企业中往往渗透着一种集中化的管理倾向，而这种倾向也会反映在R&D的管理风格中。第二个因素是时间。时间的压力越大，即缩短对市场要求的反应时间的压力越大，似乎越倾向于集中化。第三个因素是海外实验室的规模。海外实验室规模越小，对这些实验室的控制就会越严。

贝尔曼（Behrmann）和费希尔（Fischer）的调查则表明，跨国公司在技术创新管理上只有极少的公司采取绝对集中化或绝对自主化的R&D管理方式，大多数公司采取的是介于这两者之间的“部分集中化”与“有管理的自主”两种R&D管理方式。所谓“部分集中化”倾向是指在R&D活动的管理中，一方面强调海外子公司的参与管理规划与决策；另一方面强调发挥公司中心研究机构的集中权威。“有管理的自主”实际上要求有大量的海外研究机构和首先将经营决策的责任交给海外R&D管理。这类企业的合作不像集中化的企业那样正式，并且倾向于依赖良好的个人关系和大量的沟通。

霍坎森（Hakanson）和桑德尔（Sander）通过对瑞典跨国公司的研究发现，一体化的公司研发网络对公司总部、部门和子公司的作用能力提出了新的要求，具体体现在：

（1）公司总部研究人员的中心任务是作为R&D组织和公司管理工作之间的纽带，随时监控公司体系内的R&D组合，以保证整个公司战略的一致性，同时负责分析和解释制定公司战略过程中所面临的技术方面的威胁和机遇。

（2）产品分部的R&D人员担负着绝大多数的R&D责任，并且保证其负责的产品领域的R&D活动在世界范围内的协作。其中心任务是根据不同单位的技术能力和尽量减少过于严密的、高成本的控制目标来分配各R&D单位的责任。

（3）海外R&D单位的工作由当地子公司的管理层负责，当地子公司必须对R&D投资的配置有很准确的判断力。只有这样才能保证R&D具有足够的灵活性，及时有效地发现和利用当地新的商业机会。

上述研究成果从不同角度探讨了在跨国公司的R&D管理中处理集权与分权的基本原则或影响因素，具有较强的指导意义。

2. 重视研究与开发体系中的沟通

在国际化 R&D 中，沟通有双重作用。一方面，沟通有极强的协调作用，通过沟通渠道可以影响公司的管理风格；另一方面，沟通在 R&D 活动中处于核心地位。有人甚至认为，R&D 管理在很大程度上就是对研究者之间和研究团队与外部信息来源之间的信息流动的管理。

R&D 作为知识创造和减少不确定性的过程，对 R&D 人员之间的沟通的质量和持续性有很大的依赖。因此，全球 R&D 管理要求有效地管理信息流动，这既包括总部与子公司的信息流动，也包括不同子公司之间的信息流动。这些信息流动与沟通在很大程度上可以被程序化，并可以利用大众传媒、书信、报告以及计算机数据库系统等传递方式。此外，个人之间面对面的沟通也占有相当重要的地位，甚至可以说在 R&D 周期的某些阶段是十分关键的。

世界跨国公司在人员交流或横向沟通方面通常使用的政策工具一般包括：①从政策上鼓励子公司经理之间和技术专家之间的沟通与经常性的电话联系；②定期召开正式的会议或非正式的内部研讨会；③鼓励建立开放性的信息交流企业文化；④组织国际性的工作团队与计划队伍等，以便在不同国家的研究人员之间加强个人联系和相互影响；⑤从政策上推动不同国家的科技人员与管理人员进行工作轮换；⑥进行语言培训，便于人员沟通等。

3. 研发人力资源的配置与管理

跨国公司 R&D 的人力资源是指跨国公司中拥有的一批具有高科技知识储备的优秀科学家、研究人员和技术人才。企业的技术优势实际上是人才优势。许多有成就的企业家都认识到，企业拥有优秀的科技人才，并能够合理地配置使用，才是企业真正的竞争力所在。因此，招贤纳士和人才的有效使用是跨国公司 R&D 管理的又一重要内容。

当代跨国公司非常重视拥有高科技智力群，尤其是欧洲、美国、日本的大型跨国公司。它们往往通过提供完备的研究环境、先进设备条件以及高额酬金和优越生活待遇等方式，吸收世界各国的优秀科学家和工程师，使其 R&D 部门中的外籍科技人员的比例大大高于本国科技人员；他们邀请外国高校教授到本公司研究机构从事一定时间的研究工作，并与母国内外的主要高校保持密切的学术交流与人事交流关系；在国内外收购和兼并研究所，这不仅使跨国公司拥有该研究所的设备、专利，而且拥有其高级人才；在国内外科技人员密集的地方设立研究机构，延聘当地优秀科研人才；将国内外初露锋芒的一流人才招纳进本公司 R&D 机构等。

4. 研究与开发资金的配置利用

任何一个跨国公司都要投入相当数量的资金从事 R&D，这部分资金的投入是否足量和及时，关系到 R&D 项目能否设立和进行连续性研究，对跨国公司保持其技术和经营上的竞争优势意义重大。尽管如此，跨国公司R&D资金投入和其他经营资金投入一样，要遵循高效原则，即努力用最低的资金投入，达到最佳的R&D效果。

一般来说，跨国公司R&D资金的利用和配置具有以下特点：

（1）在资金投入上倾向于开发研究。虽然基础研究是决定跨国公司取得长远经济利益和保持长久竞争优势的重要因素之一，但因基础研究的投入大、周期长，往往与跨国公司中、短期市场目标发生矛盾。为了保持在某一特定商品市场中的生产技术优势和市场优势，跨国公司的决策者会把大部分的R&D资金投入到投资少、研究周期短，并且有明显市场利益的应用研究和开发研究领域，不断推出某一特定生产部门应用型新技术和新产品，抢占市场利益。精明的跨国公司决策者会把R&D的研究成果带来的一部分市场利益，再投入其基础研究领域，保证跨国公司内的基础研究长期稳定地延续下去。另外，与本国母公司相比，跨国公司的国外子公司对基础研究的资金投入比例更低。主要原因有：①国外子公司的技术开发与研究资源有限；②国外子公司的基础研究不能像其应用研究和开发研究那样得到东道国政府一些直接的资金支持。

（2）跨国公司内母公司和国外子公司投入研发资金的重点领域不同。母公司将自身开发资金的绝大部分投入开发研究上；而国外子公司则在重视自己的开发研究的同时，还把相当一部分资金分散到应用领域研究，不像母公司那样只重视开发领域，相对来说不重视母公司本身的应用研究。

（3）在资金来源构成上，一般国外子公司直接出资的比例较高，母公司仅负担较小的比例，大部分R&D资金由子公司直接出资负担。

## 第二节 跨国公司的专利技术资源管理

从广义上看，跨国公司的技术优势包括新产品、新工艺的创新和差异化能力、优越的管理和组织技能以及市场营销技巧等。从狭义上看，技术优势主要是指跨国公司的技术发明、创新和扩散等技术活动能力，其中最重要的是跨国公司的技术发明和创新能力。这种能力向优势的转化则要依赖于专利制度的保护，借助于专利制度，跨国公司的技术能力才能转化为技术优势进而转化为市场竞争优势。从全球范围来看，以专利为主体的工业产权已成为各国、各企业争夺的重要对象。专利的拥有量已成为一个跨国公司综合技术实力的重要依据。

发达国家的企业竞争实践告诉我们，专利既是大企业进行扩张的“王牌”，也是小企业战胜大企业的“法宝”。一旦拥有专利，就可以设立研究所、开办工厂、制造和销售产品、获取利润，而这正是美国“硅谷”形成的真正奥秘。因而，当代跨国公司无不将专利资源作为企业的核心资源和获取竞争优势的战略要素。例如，以尼龙称霸世界的杜邦公司、生产晶体管的贝尔研究所、发明光导纤维的康宁公司、制造工业机器人的尤尼迈逊公司、计算机之王 IBM 公司等，都高度重视专利工作，建立了严格的专利管理体制，运用灵活的专利策略，实现其壮大实力、在全球扩张的飞跃。

## 一、国际专利体系的发展特征

如果从 1624 年英国颁布《垄断法》算起，专利制度至今已有 300 多年历史。300 多年来，专利制度对于促进科学技术的进步和经济的发展起到了极为重要的作用。可以说，世界上经济发达的国家都是建立专利制度较早的国家。

### （一）专利制度及其作用

专利制度是指以专利法体系为中心而形成的保障发明人的利益、促进发明成果应用的制度。其作用在于通过给予发明人在一定时期内利用其发明的专利权，以换取发明创造对社会的公开，从而鼓励和保护发明创造，避免重复研究造成的人力、物力、财力的浪费，促进科学技术的交流与发展。

世界上第一部《专利法》是 1474 年在欧洲威尼斯共和国颁布的。随后，英国于 1624 年颁布了《垄断法》。美国于 1790 年、法国于 1791 年、荷兰于 1809 年、奥地利于 1810 年、加拿大于 1861 年、日本于 1885 年及许多国家都先后陆续制定了专利法。现在全世界约有 170 多个国家和地区建立了专利制度。我国的《专利法》及其《实施细则》于 1985 年 4 月 1 日正式实施。

在世界各国广泛实行专利制度的前提下，为了适应国际经济发展的需要，创造一个公平合理的竞争环境，世界知识产权组织应运而生，至今已有成员国 160 多个。与此同时，为了寻求公平的管理法则，经过几代人坚持不懈的努力，一系列保护知识产权的国际公约得以签订，其中最著名的有《保护工业产权的巴黎公约》、保护版权的《伯尔尼公约》和《世界版权公约》、保护商标权的《商标国际注册的马德里协定》、保护专利权的《专利合作条约》等。

综合来看，专利制度的作用可以体现在以下三大方面，即保护作用、情报信息作用和市场控制作用。

1. 专利制度的保护作用

保护专利权，是专利制度的核心。通过授予发明人对所发明技术享有独占的使用权，来保护发明人的经济利益，保护发明人的积极性和创造性。专利制度是市场经济的产物，它是按市场经济体制、市场机制规则运作的，始终把保护发明人的权益和鼓励技术发明的商品化和市场化作为根本出发点。

2. 专利文献的情报信息作用

专利制度的情报信息功能主要由专利文献来体现。专利文献是专利制度的产物，包括发明人在申请专利时提交的专利申请说明书和各专利主管部门出版的专利公告、专利分类表、专利分类索引等出版物。专利文献数量巨大、内容广博、出版迅速。据有关统计，世界上每年出版的专利文献有100多万件，每年发明成果的90%～95%都能在专利文献中查到，并且许多发明成果主要是以专利文献的形式公开。通过对专利文献的分析，可以进行技术评价、预测和科技实力的对比；也可以揭示现有技术的发展水平及其发展趋势，为企业的项目决策、技术发展规划的制定提供依据。而跨国公司在新技术、新产品的研究与开发全过程中，有效利用专利的情报作用更是十分重要。

3. 专利的市场控制作用

专利制度是一种保护发明创造的法律制度，从本质上说，也是一种借助法律和经济手段来阻止他人进入特定技术领域进行生产和销售的战略武器。事实证明，在成长性很强、高附加价值产品的市场上拥有专利权，对维护自身的市场地位、阻止他人进入特定市场具有很好的控制作用。

**（二）专利权概述**

专利权强调国家知识产权管理机构所赋予的法律效力，专利管理机构依照有关专利的专门法律授予发明创造申请人对其发明创造在法定的有效期内享有制造、使用和销售的专有权利。专利权具有财产性质，是受到专利法保护的一种工业产权。

专利权的保护对象，即专利权保护的客体，一般分为发明、实用新型和工业品外观设计三个类型。

（1）发明。发明是指对产品、方法或其改进所提出的前所未有的一个解决问题的方案，这种新技术方案是人类在认识世界、掌握自然规律的基础上，利用自然规律改造世界的产物。发明专利可分为物品发明、工艺发明、物质发明、组合发明以及简易发明等类型，通常强调物品发明与工艺发明。

（2）实用新型。实用新型则是指对产品的形状、构造及其结合提出实用的新设计方案。获得专利权的实用新型专利在技术复杂程度上较之发明专利要低，与现有技术相比，只要求有实用性和新颖性，故俗称“小专利”。实用新型专利保护的只是具有一定形状和构造的产品发明。

（3）工业品外观设计。工业品外观设计是指对工业产品的形状、图案、色彩及其结合提出富有美感并适于工业上应用的新设计方案。获得专利权的外观设计专利，只要求与已公开产品的外观不相同或不相近似即可，保护的只是产品的外观，并与特定产品相联系，不涉及制造技术。

从法律上看，专利权有三个特点：

（1）独占性。独占性又称垄断性。独占性是指同一发明在一定的地域范围内，其专利权只能授予一个发明者，专利权的所有者拥有该专利技术的使用权、制造权和销售权。除了专利权人以外，其他任何人未经专利权人的同意，都不得擅自使用其专利，否则即构成对他人专利权的侵权。

（2）地域性。专利权是一种有地域范围限制的权利。除依据保护知识产权的国际公约，以及国家间专利权的认可之外，一国授予的专利权只在专利授予国的范围内有效，对其他国家不具有法律约束力。但是，同一发明可以同时在两个或两个以上的国家申请专利。如果发明人要使其发明在其他国家受到法律保护，就必须根据其他国家法律申请在该国获得专利。

（3）时间性。时间性是指专利权享有的法律保护是有期限的。在法定期限届满后，发明人所享有的专利权便自动丧失，一般不能续展，发明便成为社会公有的财富，任何人都可以自由使用。各国专利法对专利的保护期限一般为15～20年，我国专利法规定发明专利的保护期限是20年，实用新型和外观设计专利的保护期限是10年。

对专利权的授予，各国普遍实行排他性原则，即对于同一内容的发明申请，只能授予一个专利权。当出现两个以上的人就同一个发明分别提出专利申请时，国际上有两种处理原则：

（1）先发明原则。这是指两个或两个以上发明人就同一内容分别提出专利申请时，专利权将授予能够证明首先完成其发明的人。先发明原则保护时序上首先发明的人，而非首先申请的人。但确定谁是最先发明人在技术上相对困难且执行程序上相对复杂，客观上不利于促使发明人尽早向社会公开其发明。但先发明原则也具有正面效应，即客观上鼓励那些需要长期投入开展的发明创造，同时也是一种将保密方式与专利保护方式结合起来的技术成果保护体制。美国是世界上典型的应用先发明原则授予专利权的国家。

（2）先申请原则。这是指两个以上发明人就同一内容分别提出专利申请时，专利权将授予首先申请的人。先申请原则鼓励发明人尽早向社会公布其专利，有利于发明创造的推广，同时也便于简化专利机关的工作程序。目前，世界上大多数国家都采用这一原则。但先申请原则客观上鼓励具有短期研究与开发效应的发明创造，而不利于需要长期研发才能作出的发明创造。世界上大多数国家和地区，包括欧洲和亚洲国家和地区，都实行先申请原则来决定专利权的授予对象。我国采用先申请原则。

## 二、跨国公司专利技术资源管理的要点

随着经济全球化、贸易自由化进程的加速发展，对包括专利权在内的知识产权的保护有逐步加强的趋势。专利技术资源管理作为跨国公司知识产权战略的核心和获取竞争优势的基础，更加日益受到跨国公司的重视。跨国公司专利技术资源管理的重点

是企业专利管理部门的建立和专利战略的制定与实施。

## (一) 跨国公司专利管理部门的建立

建立有效的专利管理部门是跨国公司专利技术资源管理的核心，因为它具体承担企业各项专利的管理工作。例如，在和其他企业之间进行技术开发和应用的竞争过程中，需要专利部门不断地提供专利情报来确定或调整研究与开发方向，寻找所需的技术及其提供者，跟踪某种技术并了解其应用效果，对相似的技术进行比较、分析和选定，监视国内外同类企业的专利活动动向，从而牢牢地掌握发明创造活动的主动权。此外，专利部门还承担着开发和利用企业职工的智力资源、鼓励职工从事发明创造活动等的重任。

专利部门在企业中与技术部门的联系有几种模式，见图 8-2。实践证明，图 8-2d 中专利部门和开发总部相平行且直接对经理负责这种模式较好，因为它能使专利部门直接向最高决策层反映自己的意见，具有较强的支持决策能力。

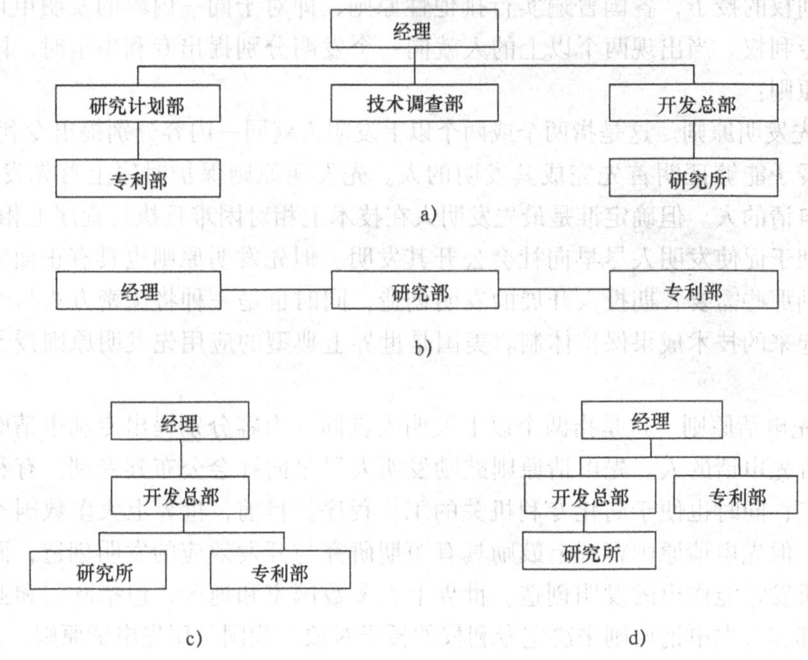


图 8-2 专利部门设置

例如，日立公司的专利部发明并应用专利战略（Patent Strategy，PS）制度。该制度的主要内容是：在掌握其他企业的技术动向和市场需求的基础上，建立有效的专利网络，为实现预定目标而进行研发工作，广泛开展发明建议活动，同时为已取得的发明创造寻求保护和加以利用。PS 制度的具体执行方法由五个环节组成：

（1）PS 课题的征集与选定。课题应由专利部向企业的其他部门征集，一般每年1~2次。在征集与选定的过程中必须有明确的目的，如为领先于其他企业而进行研究和开发，或对其他企业实施专利采取对策等。

（2）PS 推行组织的建立，见图 8-3。

（3）PS 图的绘制。PS 图是与研究开发计划融为一体的，是将每项技术课题的专利取得目标、专利取得情况、其他企业的专利情况以图形表示出来，并将对已经产生的发明的评价、外国专利申请情况标在其上。借助 PS 图，可以对各年度、每个申请人的情况及专利构成情况了如指掌。

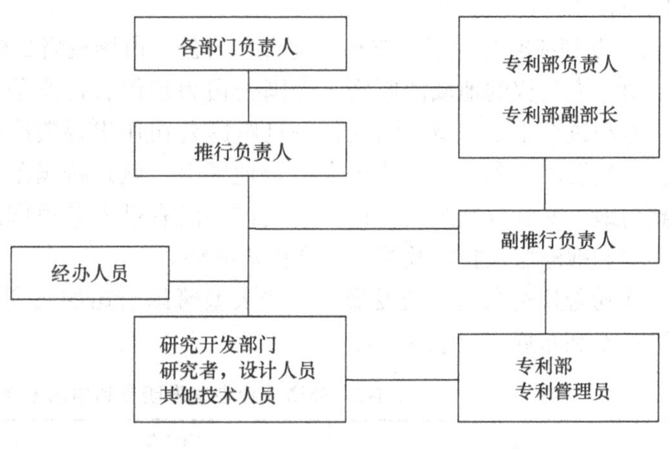

图 8-3　PS 推行组织的建立

（4）专利调查。专利调查是以研发部门为主，专利部门提供协助。调查时应采取多种方法进行检索，由于各国专利已经数据库化，故可以充分采用计算机检索的方式，并根据检索结果对每个课题进行分析和评价。其中评价包括两个方面：一是评价其他企业妨碍本企业的专利的重要程度；二是对本企业业已提出的专利申请进行重新评价。

（5）PS 会议与 PS 推行会议。召开 PS 会议与 PS 推行会议的目的是使 PS 工作能按照高度战略的构思开展，其中 PS 推行工作一般由研发部门负责，由专利部门协助。

**（二）跨国公司的专利管理战略**

专利战略对跨国公司获取竞争优势具有特殊重要的意义。因此，获取并经营好专利资源既是跨国公司市场竞争战略的需要，也是跨国公司面对市场竞争、保持自身优势的自然反应。跨国公司的专利管理战略主要包含以下几个方面：

1. 依托自身或联盟资源优势进行大规模技术创新，获取尽可能多的基本专利

2. 以知识产权国际化为背景，控制和转让相结合进行专利经营

许多跨国公司在控制核心技术的同时，将部分专利通过有偿转让而进行商品化经营，以获取最大收益。2002 年 IBM 利润的 81 亿美元中，专利转让就占了 17 亿美元。

跨国公司还推行专利权的国际化战略，将专利技术通过直接投资、特许经营、许

可证等方式转让到其他国家。随着全球知识产权保护的力度不断加强，发展中国家对知识产权的保护力度也在不断加大，跨国公司在国际上尤其是发展中国家取得专利变得越来越容易。由于发展中国家的总体科技发展水平和企业技术能力较低下，这些国家的企业对先进技术的接受能力十分有限，技术差距使跨国公司进行技术转移成为可能。又由于发展中国家之间的技术发展水平不平衡，跨国公司就能够多次、向多国转移同一技术，多次获利。

3. 专利战略与经营战略相互配合，为公司市场战略目标服务

由于专利权的地域性原则，跨国公司为确保获得竞争优势，往往在不同的国家就同一专利进行重复申请。因此，一旦跨国公司作出投资决策，所有的专利政策都会围绕新的投资决策来运转。体现在投资地区上，就是跨国公司的工厂办到何地，产品销售到何地，专利权就跟到何地。甚至在还没有进入东道国之前，相关专利已经申请完毕。专利战略服从投资政策，配合投资战略。

伴随着外资在我国的发展，一些大型跨国公司如飞利浦、松下、三星等纷纷在我国进行专利布局（见表8-2）。

**表8-2 外资企业在华发明专利申请十强排名**

| 名次 | 2011年 | | 2007年 | | 2004年 | |
|---|---|---|---|---|---|---|
| | 公司名称 | 国别 | 公司名称 | 国别 | 公司名称 | 国别 |
| 1 | 索尼（2430件） | 日本 | 三星电子（3315件） | 韩国 | 松下电器（2423件） | 日本 |
| 2 | 松下电器（1802件） | 日本 | 松下电器（2329件） | 日本 | 三星电子（2241件） | 韩国 |
| 3 | 微软（1625件） | 美国 | 皇家飞利浦（2059件） | 荷兰 | 皇家飞利浦（1840件） | 荷兰 |
| 4 | 高通（1374件） | 美国 | 索尼（1534件） | 日本 | 索尼（1112件） | 日本 |
| 5 | 通用电气（1311件） | 美国 | IBM（1527件） | 美国 | 精工爱普生（1005件） | 日本 |
| 6 | 通用汽车（1293件） | 美国 | 东芝（1081件） | 日本 | LG电子（940件） | 韩国 |
| 7 | 佳能（1289件） | 日本 | LG电子（1028件） | 韩国 | IBM（829件） | 美国 |
| 8 | 皇家飞利浦（1286件） | 荷兰 | 佳能（921件） | 日本 | 佳能（827件） | 日本 |
| 9 | 夏普（1257件） | 日本 | 精工爱普生（843件） | 日本 | 东芝（811件） | 日本 |
| 10 | 精工爱普生（1171件） | 日本 | 丰田（836件） | 日本 | 三洋电子（784件） | 日本 |

注：括号内为当年申请发明专利数。

资料来源：根据中国知识产权局网站相关数据整理。

分析外国企业专利申请的分布领域，我们可以看到其明显的选择性。跨国公司对于利润日益丰厚的新产业、新领域投入了大量的资源来获取专利，而对传统的、利润平均化的产业则较少申请专利。

4. 技术标准与专利相结合，保持垄断性优势

近年来，国际上出现了一个新动向，即把专利融入到技术标准中以形成新的技术进入壁垒。握有相关专利的跨国公司都力求将自己的专利变为标准以获取最大的经济利益，标准化成了专利技术追求的最高体现形式。

但是随着技术更新速度的加快，以及产品的技术集成度越来越高，某一公司完全垄断一项产品全部制造技术专利的可能性越来越低，更多的是几个跨国公司共同拥有制造一项产品的核心技术。这些公司在现实中更多的是组成小集体而采取一致行动，即几个拥有核心专利技术的公司将自己的专利技术“贡献”出来，共同组成某一产品技术标准的“必要专利集合体”。通过将这些专利组合起来融入到一种产品的技术标准中，跨国公司通过集体力量获得了单个公司可能无法实现的对市场的事实上垄断，市场也就变成了这些技术标准拥有者的垄断市场。并且他们在建立标准的同时就构建此标准体系的专利许可框架，在专利技术的管理上，甚至可以设立专门的管理机构，实施专利技术的“打包”许可，一次许可包括几百个甚至上千个专利，实现专利联营。例如，通信行业欧洲的 GSM 标准、DVD 标准、IT 行业的防火墙接口技术标准等均是专利联营的典型。

## 三、跨国公司的专利许可

专利制度使得跨国公司对其研究与开发活动所产生的技术知识享有了独占的使用权，从而为技术知识的有序使用与转移创造了条件。专利许可是专利制度下技术转移的重要方式，也是跨国公司通过技术市场实现其经济利益的重要途径。

1. 许可贸易的含义及类型

许可贸易（Licensing Trade）是技术贸易最基本、最重要的方式。它是一种交易双方以签订许可合同的形式进行技术使用权让渡的交易方式。专利权所有人或商标所有人或专有技术所有人作为许可方（Licensor），向被许可方（Licensee）授予某项权利，允许其按许可方拥有的技术实施，制造、销售该技术项下的产品，并由被许可方支付一定数额的报酬。它有三种基本内容：专利许可、商标许可和专有技术转让。在技术贸易中，三种方式有时单独出现，但多数情况是以某两种或三种类型的混合方式出现。

按照许可方的授权大小，可以将许可贸易分为以下五类：

（1）普通许可（Non-Exclusive License）。普通许可又叫做一般许可，是指许可方在许可协议有效期和地域范围内，允许被许可方拥有技术的使用权、产品的制造和销售权。但许可方在有效期和该地域范围内仍保留技术使用权和再转移权。按照国际惯例，如许可协议中未说明许可的性质，则一般认为是普通许可。由于被许可方在普通

许可中所得到的权利最小，所以它也是一种费用最低的许可类型。

（2）排他许可（Sole License）。排他许可又叫做独家许可，是指在许可协议的时间与地域范围内，许可方允许被许可方拥有某项技术的使用权、产品的制造与销售权。许可方仍保留在同一时间与地域范围内使用某项技术的权利，但不得再将该技术转移给任何第三方。

（3）独占许可（Exclusive License）。独占许可是指在许可协议的时间与地域范围内，许可方允许被许可方拥有某项技术的使用权、产品的制造与销售权。许可方放弃在同一时间及地域范围内使用某项技术的权利，也不得再将该技术转让给任何第三方。在这种情况下，许可方实际上是把某一地域范围的市场完全转移给被许可方，被许可方得到了最大的权利和利益，因而独占许可的使用费最高（比其他类型的许可使用费高60%～100%），其许可协议的提成率也比普通许可平均要高2～5成。

（4）分售许可（Sub-License）。分售许可又叫做从属许可、可转让许可、可转售许可或再许可。它是指在许可协议的时间与地域范围内，许可方除允许被许可方拥有某项技术的使用权、产品的制造与销售权外，还允许被许可方将该技术转售给任何第三方（多数情况下转售的是普通许可）。

（5）交叉许可（Cross License）。交叉许可又叫做互换许可、互惠许可，指的是许可协议当事双方或当事多方以各自的技术进行互惠交换，各方的权利可以是普通的、排他的或独占的。在一般情况下，如果各方提供的技术价值相当，则互不收取使用费；如果各方提供的技术价值有差额，则应支付相应的差额补贴。

2. 专利许可条款的相关内容

（1）许可技术和许可产品。许可技术是指许可方许可被许可方使用、生产产品和销售产品的专利技术；许可产品是指许可方许可被许可方生产、销售的专利产品。该条款应对许可技术以及许可产品的名称、型号、专利号、技术内容、性能指标等作详细规定。

（2）许可生产与销售产品的区域。许可生产与销售产品的区域是指许可方授权被许可方制造、销售和进口许可产品的区域。显而易见，对被许可方而言，该区域应尽量广阔。许可方对被许可方许可产品销售区域的限制，有时是不合理的，对这种在国际技术贸易中被认为是限制性商业条款的规定，被许可方不应接受。

（3）许可使用技术的时间。许可使用技术的时间是指依合同条件使用技术、生产产品、销售产品和进口产品的时间。合同期满后，被许可方有权不受任何限制地使用许可技术和销售许可产品。

3. 订立专利许可条款应注意的问题

（1）专利是国际技术贸易的对象之一，它包括已经获得批准的专利和已经申请但尚未获得批准的专利申请。

(2) 一项许可使用的技术，往往含有几个，甚至上百个，在谈判专利许可合同时，应弄清各个专利的具体情况。受方应要求供方提供有关专利证书的影印本和专利清单，并注明专利证号码、专利授予国、申请或批准的时间和有效期，以便受方从中选择适用的技术，鉴别专利的真伪和有效性，合理地计算专利技术使用费。

(3) 要对合同专利的法律地位可能发生的变化作相应的规定。由于某种原因，已经获得批准的专利可能被宣告无效，正在申请的专利可能遭到拒绝。因此，合同必须规定专利被宣告无效或正在申请的专利遭到拒绝时，合同双方当事人的权利和作如何变动，如何处理。

(4) 已获得批准的专利具有一定时期的法律保护期，即有效期，在签约时，合同专利的有效期离其终止时间越短，该专利的有效价值越低，专利技术使用费就越少。

(5) 关于维持专利的有效性。各国法律都规定，专利权人必须按照法律规定，按期缴纳年费。只有专利权人按期缴纳年费才能维持专利的有效性。因此，合同中的专利条款应该规定，技术许可方必须按期向有关专利机构缴纳年费，以维护专利的有效性；并须规定，若因许可方未按期缴纳专利年费致使合同专利失效时许可方应负的责任。

(6) 关于专利侵权的问题。合同专利条款应明确专利权人对合同专利享有的合法性，并且应该规定，若被许可方在合同有效期内因使用专利技术、制造、销售产品和进口产品，受到任何第三方关于合同专利侵权的指控时，其经济、法律责任均由许可方负担。

## 第三节　跨国公司的品牌资源管理

品牌是消费者或用户记忆商品的工具。企业不仅要将商品销售给目标消费者或用户，而且要使消费者或用户通过使用对商品产生好感，从而重复购买，不断宣传，形成品牌忠诚。一些企业更为自己的品牌树立了良好的形象，品牌被赋予了美好的情感，或代表了一定的文化。

当今世界的跨国公司已不再把品牌仅仅看成是对外宣传的工具，而是开始关注品牌的内部作用，将其作为整合企业内部资源以满足顾客需求的纽带。一些著名品牌高达数百亿美元之巨的财务价值使人们对品牌的作用及其在企业中的地位有了新的认识，品牌从以往识别产品的战术性工具转变为企业的战略性资源，成为企业技术资源管理的一个核心。

## 一、跨国公司的品牌资源

### （一）品牌与商标

品牌，是指商品或服务的牌子，是生产经营者生产的产品或提供的服务的名称、术语、符号、象征、设计或它们的组合。它是消费者识别产品的标志，是企业向其最终消费者、客户、员工、股东、管理阶层传递信息的工具，也扮演着传递企业文化的角色。由此可见，品牌是开启市场之门的钥匙。

品牌包括品牌名称和品牌标志。品牌名称指的是品牌中可用语言称呼的部分。品牌标志（LOGO）是指品牌中可以被识别但不能用言语称呼的部分，如符号、设计、颜色等。品牌经过国家有关部门的注册登记后，就成为注册商标，受相关法律的保护。品牌的内涵有四个层面的含义：法律层面是指注册的商品名称，即商标，或公司名称；商品层面是指品牌所能提供的产品和服务本身；市场层面是指品牌给消费者带来的使用价值以外的无形享受；社会层面是指品牌超越商品、在社会形成的一种联想和美好形象的总和。

品牌和商标是两个既紧密联系又有区别的概念，一个企业的品牌和商标可以是一致的，也可以不同。商标是一个法律范畴的概念，它强调企业对某种区别性标志的专有权；而品牌是一个商业范畴的概念，它强调这一标志特定的象征意义，体现企业的文化，代表产品及其生产者的形象。品牌没有专用权，而商标才有专用权，换句话说，商标是经过注册的品牌。在大部分情况下，企业都不是（有时是不可能）将品牌的全部组成内容都用于商标登记注册。此外，品牌不能独有而必须使用，商标则可以独有而不使用。不使用的品牌没有任何意义，也不存在；相反，占有某个商标而不使用却是有意义的，甚至有重要的保护意义或作用。

### （二）品牌资产

1998 年，美国著名品牌研究专家凯文·莱恩·凯勒（Kevin Lane Keller）提出以消费者为基础的品牌资产模型。凯勒的理论认为品牌资产存在于消费者的心中，品牌资产源于品牌认知和品牌联想，当消费者熟悉该品牌并对该品牌有正面、强烈、独特的联想时，该品牌就拥有正资产，而所有涉及品牌管理的决策均是通过对品牌资产的来源（品牌认知和品牌联想）施加影响来维持和建立一个长远的成功品牌。品牌资产的内在价值等于持有和使用该品牌所带来的优于其他无优势品牌企业的超额收益，这种超额收益表现为强劲的市场占有能力和维持较高价位的能力，即能使产品（或服务）“卖得多”“卖得快”“卖得贵”。

美国著名财经杂志《商业周刊》与总部位于伦敦的全球品牌集团 Interbrand 每年都会发布全球上百个最有价值的品牌排名。其应用的方法是品牌分析方法中的首个 ISO

标准，通过从企业业务结果到客户期望传递，全面地分析品牌与企业的关联以及品牌对企业带来利益的途径。在进行这项排名的时候，Interband 考虑的三个关键方面为：品牌产品或服务的财务表现；品牌在影响消费者选择时扮演的角色；该品牌为产品带来溢价的程度或促使该公司稳定盈利的程度。

表 8-3 是 2012 年度全球品牌价值排行榜的前十位。从中可以看到，美国品牌占据了前八席，依然在高端品牌上占据绝对优势。韩国和日本各占一席。

**表 8-3　2012 年度全球最具价值十大品牌**

| 序号 | 品牌名称 | 品牌价值/亿美元 |
| --- | --- | --- |
| 1 | 可口可乐 | 778.4 |
| 2 | 苹果 | 765.7 |
| 3 | IBM | 755.3 |
| 4 | 谷歌 | 697.3 |
| 5 | 微软 | 578.5 |
| 6 | 通用电气 | 436.8 |
| 7 | 麦当劳 | 400.6 |
| 8 | 因特尔 | 393.9 |
| 9 | 三星 | 328.9 |
| 10 | 丰田 | 302.8 |

资料来源：网易财经，http://money.163.com/12/1003/18/8CTMUD5F00253G87.html。

随着信息社会的发展和市场竞争的加剧，市场上相互竞争的品牌数量急剧增加。大量的中间商人由于掌握了充分的市场信息，只会选择那些强势品牌的产品销售。在分销渠道方面，如果一个品牌受到经销商的青睐，那么企业就可以对分销渠道进行有效的控制和管理。

当然，商业性专有权（如专利权）是品牌资产的基础，在充分利用它的价值的时候，必须使专有权与品牌有效地结合起来，否则就会失去品牌资产的价值。如果一个专利技术很容易就从一个品牌转移到另外一个品牌上，那么技术专利对品牌资产的价值贡献就十分有限了。

## 二、跨国公司品牌资源管理的要点

跨国公司的品牌大多数都是国际知名的，且公司拥有雄厚的经济实力，以及众多可供支配的品牌资源，因而跨国公司的品牌资源管理过程更多地集中于品牌策划、品牌诊断、品牌组合管理、品牌的内部资源管理作用、品牌的大众传媒管理、品牌危机管理等方面。

### （一）品牌策划

品牌策划是一个企业市场形象的设计，对于跨国公司的海外经营来说尤其重要。品牌策划关系到品牌管理的体系，是品牌管理的起点与终点。

品牌策划重点要解决对于该公司的识别问题，具体包含以下三个方面：①理念识别系统（MI）；②行为识别系统（BI）；③视觉识别系统（VI）。

理念识别系统反映公司的经营理念，关系到市场对于该公司经营方式和经营范围在哲学层面上的印象，诸如可靠、经济、时尚、前卫、奢华、大众等，甚至于民族、平等等带有思想性和区域性的概念，都是理念识别的重要表象。当公司的形象在理念层面上被市场所定位，就预示着公司的市场位置具有一种心理上的支持，在某些场合（例如爱国情绪支持的民族理念）就成为至关重要的市场资源。

行为识别系统反映公司的种种行动与理念识别系统的对应关系。行为识别系统设计得好，客观上会强化市场对于该公司的理念识别；反之，如果行为识别系统设计不到位，或执行不到位，则会损害既定的公司理念识别系统，削弱公司的理念上的形象，甚至使公司的理念形象丧失。一般地说，公司的行为，包括产品生产、产品销售、产品营销、产品的售后服务等，虽然由于产品的差异而表现不同，但都应当服务于一个共同的理念，没有集中的公司理念的行为会使公司的形象不清晰，损伤公司长远发展的市场潜力。

视觉识别系统主要突出了以广告和营销活动为代表的视觉印象。由于公司的品牌形象首先是通过视觉信号传播的，因此视觉系统的设计常常起到事半功倍的效果。也是从这一个意义上说，品牌资源的管理中，对品牌背后的理念宣传方式和宣传内容是提升品牌价值的关键，也是视觉识别系统设计的关键。品牌的社会心理效应是品牌形象的最有效的影响方面，而这一点往往首先通过视觉形象来实现。因此可以说，理念识别的设计是品牌管理的出发点，而视觉识别的设计则是品牌管理的第一步，而行为识别的设计则是贯穿品牌管理全过程的活动内容。

客观上，市场营销和品牌管理出色的公司，特别是跨国公司，都十分重视公司自身的形象，也都突出地反映了其中的理念、行为、视觉三者的统一。可以说，理念识别、行为识别、视觉识别三足鼎立支撑起了公司的品牌，才有可能使得公司品牌有声有色，市场发展富有潜力。

### （二）品牌诊断

品牌诊断主要是指研究自身品牌及竞争品牌的优劣势，发现品牌形象需要转变或维持的方向，为品牌建设、品牌定位、品牌管理和品牌战略提供基础依据。

1. 品牌诊断的范围

（1）公司形象。公司形象称为组织形象，包括革新性、历史延续性（企业的历史、规模、实力等）、社会营销意识及给消费者的信赖感。

（2）使用者形象。这是指品牌使用者的人口统计特征，包括使用者的个性、价值观和生活形态等。

（3）产品或服务的自身形象。这是与产品本身功能特征相对应的品牌特性。

2. 品牌诊断的核心

品牌定位是品牌诊断的核心，就是企业为了在消费者心目中产生大的影响和占据有利的位置，为自己的品牌在市场上树立一个非常明确的、有别于竞争对手品牌的、能唤起消费者购买欲望的形象。品牌定位的关键，在于努力寻找与同类产品的差异，然后塑造这种差异，突出自己产品的独特性，使之具备只有自己才有的、有别于其他同类产品的特征。也就是说，品牌定位时，要注意品牌个性的塑造，越具有个性的品牌，越容易被广大消费者接受。好的品牌定位必须能给消费者以实际的利益，满足他们的实际需要。较高的品牌定位要求全体员工树立品牌意识，树立品牌是企业的生命，创立国际品牌的理念，推进技术创新；还要在技术进步和产品升级的过程中持续塑造品牌形象。

例如，上海日立在成立之初，对外广告宣传基本采用日立总部的版本，不仅模特是日本女郎，甚至创意、诉求点和文案都与日本本土大体相似，当地广告公司只是充当印制的角色。这样的全盘引进做法虽然树立了进口品牌形象，但是却与中国消费者产生了距离感，这不仅仅反映在对广告的接受度上，同时也体现在消费者与产品的隔阂上。通过品牌诊断，上海日立果断启用当地广告公司、当地模特，渐渐走向本土化。目前，不少新产品在中国、日本两地同步开发，在产品推广方面，不管是电视广告还是平面广告、商场展示、现场促销等，虽两地相差很远，但已经做到入乡随俗。

### （三）品牌组合管理

品牌组合可能存在于品牌设计过程中，但品牌组合往往更丰富地反映在品牌管理的执行层面，具有十分重要的实践意义。简要来说，品牌战略更生动地表现于品牌组合的实践中。

1992 年营销学家 Barwise 和 Robertson 曾预言，品牌组合将主导 20 世纪 90 年代的营销。品牌的有效组合会强化品牌的影响力，是重要的品牌战略管理的组成部分，也是从实践的意义上标志着公司品牌管理的独特地位。品牌管理成熟的一个具体标志就是：品牌管理与产品管理相分离，而品牌组合就是这种分离的表现。产品管理往往强调公司不同产品之间的差异，而品牌组合则往往强调公司不同品牌之间的协调与呼应。

跨国公司的品牌组合是由许多单个品牌组成的。拥有一个和谐的品牌组合是跨国公司有效参与国际市场竞争的基本条件，也是跨国公司在激烈的国际竞争中保持竞争优势的有力武器。

跨国公司的品牌组合的目标是：①和谐的品牌组织；②精简产品品牌数量，着力培育旗帜品牌；③重视发挥品牌之间的协同作用。

跨国公司的这种品牌管理已经在我国市场中表现出来，例如：

(1) 对本地品牌的“冷冻”。外资企业在与我国企业合资后对原有中方企业的品牌采取冷冻法。例如，宝洁公司是中美合资公司，合资后美方控股，将中国原先有一定影响的品牌束之高阁，取而代之的是美方的“飘柔”“潘婷”“海飞丝”等。跨国公司通过这种策略扩大了其品牌的市场份额。

(2) 对著名本地品牌企业实行并购。跨国公司在进入其他国家开拓新的市场时，往往选取东道国具有传统品牌、技术、行业优势的企业来并购。并购成功以后，如果本土品牌确有市场，就将之推而广之，将本土品牌培养成为跨国公司的摇钱树；如本土品牌没有什么培育价值，就将之退出市场，市场份额由跨国公司的品牌取代，跨国公司的品牌获得更大的市场份额。例如，联合利华从1986年重返我国开始，就始终把本土化作为其努力的目标，并取得了显著的进展。如“中华牌”牙膏、“老蔡”酱油和“京华牌”茶叶就是联合利华发展本地品牌的实例。1999年，联合利华注入了大量资金，从技术、生产、营销、宣传等各个方面扶持这三个本地品牌，使“中华牌”牙膏不仅保持了我国牙膏市场第一品牌的地位，而且不断开发出牙膏新品种；同时也使“京华牌”茶叶具备了冲击我国北方第一茶叶品牌的实力。跨国公司还通过并购迅速地进入原本不熟悉的当地市场。

(3) 自然淘汰策略。这种策略是指跨国公司与东道国投资人合资后，双方品牌都在使用，但新产品使用外方品牌，而老产品才用原有的品牌。外方通过产品的升级换代逐步将原来的名牌淘汰出市场，从而使自己的品牌在东道国市场上占有一定的市场份额。

品牌组合还表现在跨国公司自身品牌的协调和冲突的管理方面。某些跨国公司在当地市场的经营过程中，既定品牌与原有品牌的产品市场会经常发生冲突，因此需要常规性地监测品牌之间的冲突效应，以便及时调整甚至中断某一品牌来保护既定产品市场的份额。

**(四) 品牌的内部资源管理作用**

由于跨国公司需要在多个国家的市场开展经营活动，公司文化与雇员管理都具有很强的国际化背景，如何凝聚不同国家的人力资源和管理资源，品牌就成为其中重要的纽带。在品牌的功能上，跨国公司不再把品牌仅仅看做是外部宣传和对外营销的重点，而是关注品牌的内部作用，将品牌作为整合企业内部资源，以满足顾客需求的一种有效途径，也作为激励员工和规范员工行为的重要手段。

### （五）品牌的大众传媒管理

品牌管理的重要落脚点在于宣传，而这一行为与大众传媒的社会效应及技术效应关系密切，因此品牌管理的重要方面是联系大众传媒方面的管理。跨国公司在大众传媒平台上的品牌管理一般都是十分强势的。

例如，宝洁公司经常适时调整媒介策略，在强势媒体上重视广告投放，有效压制竞争对手，在传媒上表现出“强大”的形象。此外，宝洁公司还提出“媒体货架理论”，认为媒体对于企业来说，也像沃尔玛、家乐福这样的零售伙伴一样，是展示产品的一个大货架。宝洁公司希望在媒体这样的货架上能够拿到最好的位置，以使消费者能够特别关注和青睐它们的产品。宝洁公司还十分注重与媒体建立战略合作伙伴关系，进一步提高其他品牌进入主流媒体的声音门槛，增加其他品牌的竞争成本。曾有专家表示，在日化行业，本土品牌的地位弱势，很重要的一个原因就是，宝洁公司太强大了。

### （六）品牌危机管理

品牌经营型企业，尤其是著名的品牌，为了维持企业品牌声誉和企业的长期发展，企业的最高管理层应不失时机地在现有成绩与未来发展目标之间找出差距，甚至制造“危机”，这有助于品牌经营型企业保持清醒的头脑，不被突发事件搞得无法收拾，甚至一蹶不振。

品牌管理往往需要一个健全的危机管理体系，一般包括：

（1）建立危机意识。保持危机意识，对很多公司来说是一个相当大的挑战。否认危机的存在是很普遍的现象，这妨碍很多公司意识并处理显而易见而且根深蒂固的公司经营问题。否认危机不仅仅是当公司有危机时才有的一种反应，它更经常地出现在那些取得成功后患有严重“成功综合症”的公司中。如何防患于未然，关系到企业的长期生存与发展。

（2）建立预警机制。著名品牌经营型企业往往以建立预警机制来发现问题，诊断品牌的健康程度。

（3）扩大危机信号。企业管理者通常需要放大微弱的危机信号来放大真正的危机，与此同时还要减弱那些令人产生自满的信号。否则，当危机来临时，组织将会束手无策。

（4）制造危机。一些品牌经营型企业善于制造危机感，来不断促进组织的变革和发展。从一些企业制造危机的结果来看，制造危机的方法运用得当，不仅可以消除自满的情绪，而且还可以摆脱单纯的说教，以活生生的例子来激发员工和管理者。

（5）迅速处理危机的能力。处理危机一定要以顾客为中心，从顾客的利益出发。只有摆正顾客与自己的关系，正确对待危机的来临，才能勇于承担责任，采取果断措施。同时，危机管理不能片面地理解为处理一时的危机，就事论事地解决问题，而应该把短期利益和长期利益结合起来。

由于以上品牌管理的重要程度和复杂程度，跨国公司都纷纷建立了专门的品牌管理机构，在不同层次设立品牌管理岗位和所谓的品牌经理。随着组织结构的扁平化和权力下放，品牌经理负责的品牌数量逐渐增加。越来越多的品牌经理管理至少三个品牌，在消费者服务和工业领域，要同时负责五个以上品牌。

目前跨国公司的品牌管理中大多采用品牌经理制度，该制度的核心是保证品牌经理相互独立又相互合作和信任的机制。世界公认市场营销最为出色的宝洁公司是品牌经理制的首创者，其品牌管理体制不断创新，近年来表现为分产品类别设定品牌管理这样一些显著变化。

## 三、跨国公司的商标使用许可

跨国公司的商标使用许可是指跨国公司出于某种目的，在一定条件下通过与他人签订合同而准许他人使用其注册商标，或使用他人的注册商标的情况。在日益激烈的市场竞争中，商标战略越来越成为跨国公司开拓市场、扩张实力的战略之一。实践证明，对商标许可人来说，商标使用许可可以进一步提高商标的知名度，扩大商标核定使用商品在市场上的占有率和覆盖率，增加自身的经济效益。对被许可人来说，可以借助他人有一定知名度的商标，加速自身企业的发展进程。

商标使用许可合同属于经济合同范畴，又是一种特殊的经济合同，它既受《经济合同法》的调整，又受《商标法》的制约。商标使用许可合同必须是书面合同，其内容必须符合经济合同必备的条款，一般包括以下内容：①许可人和被许可人的名称；②许可使用的注册商标名称、注册证号、使用商品名称；③使用期限和产品销售地区；④商标使用费的规定和支付办法；⑤商品质量的保证和监督办法；⑥商标侵权行为的排除和责任；⑦合同的中止和解除条件以及其他有关事项等。

在实际签订商标使用许可合同时，应特别注意以下一些问题：

（1）商标的内容和特征。合同中要明确写明商标名称、图样以及使用该商标的商品，即许可使用的商标要以核准注册的商标名称、图形和核定使用的商品为限；商标注册人许可他人使用两个或两个以上商标的，应分别签订商标使用许可合同。

（2）商标权的合法性和有效性。合同中被许可使用的商标必须是注册商标，商标使用许可人必须是商标的注册人，且必须明确说明商标注册的国别、时间、有效期限和适用的区域范围。

（3）引进方使用商标的形式。引进方使用商标有四种形式：直接使用、联合使用、联接使用和许可方商标与制造地点联系起来使用。具体采用哪种形式要在合同中作具体规定。

（4）商标许可的备案或注册。商标使用许可合同或包含有商标转让的许可合同，均应根据具体情况向引进方国家商标管理机关办理备案或注册手续，从而使转让的商标在被许可方国家受到保护。

（5）关于产品的质量控制权和监督权。许可方为了维护商标的信誉，一般均要求对被许可方生产产品的质量进行控制和监督，即享有产品的质量控制权和监督权。双方应该在合同中明确规定实行监督的具体办法和控制措施，一方面确保被许可方生产的产品的质量符合要求；另一方面也应防止许可方利用其享有的质量监督权对被许可方施加一些不合理的限制性条款。

（6）商标使用许可合同的期限不得超过注册商标的有效期。在注册商标办理续展后，合同双方要求继续保持许可使用的合同关系的，应重新签订使用许可合同，填报许可合同备案表。

## 小　　结

本章对跨国公司的技术资源管理作了分析。跨国公司的技术资源管理主要分为对技术资源创造过程的管理和对已经形成技术成果的技术资源的管理两个部分。前者主要通过跨国公司的研究与开发管理，特别是跨国公司研究与开发的国际化过程来实现；后者则主要通过专利、商标和专有技术形式保护既成技术资源的过程来实现。而跨国公司的研究与开发管理主要表现为针对技术研发人力资源、技术研发资金投入，以及技术研发组织过程的管理，其中研究与开发的活动性质决定了与常规生产过程中的相关人力资源管理、投资管理、组织管理等过程的重要区别。对于既成技术资源的管理，伴随着直接投资过程的专利技术许可、商标许可、专有技术的转让成为控制技术资源的重要途径。

本章还专门讨论了跨国公司的品牌管理，将品牌管理与商标管理统一起来，突出了品牌这类无形资产资源在提升跨国公司技术资源的价值方面的重要作用。品牌的建设决定了技术资源的发生、发展的侧重，同时跨国公司核心技术资源的发展又强化了公司品牌的市场形象。

## 思　考　题

1. 当代跨国公司的研究与开发有哪些新特征？
2. 跨国公司研究与开发管理的要点有哪些？
3. 怎样把握跨国公司的专利管理战略？
4. 品牌的价值体现在哪些方面？
5. 如何加强跨国公司的品牌资源管理？

## 案例分析

[案例分析一]

### 雀巢公司国际市场的产品与品牌策略

[背景材料]

我们不相信品牌的生命周期说法，一个管理完善的品牌将使我们所有的人得到发展。

——彼得·勒特迈瑟

“雀巢”被称为世界上最著名的食品品牌，作为跨国咖啡、巧克力和牛奶的供应商巨人，经过几十年的发展，现在已成为一个品牌的生产机器。在维持公司在本行业市场内的领先地位上，雀巢公司堪称成功的典范。它的成功并不局限于某一局部战场，而是着眼于整条“战线”上的胜利。

雀巢代表了与“一个世界一种品牌”的市场理论完全相反的对立面。公司更倾向于当地的品牌，而且用户最好是区域性的，但技术是全球性的，这可称之为市场学的“罗马帝国学校”：尽快建立海外据点，适应当地环境，然后致力于抓住主流。

雀巢公司选择了两种发展道路：在发达国家，公司大范围占领市场，如Carnation品牌、Oerrier品牌以及Stouffer's品牌等都获得了一定的经济规模；在发展中国家，则进行产品成分调查，或者是针对地区特点调整产品处理技术，然后加强某些恰当品牌的市场力度，如很有名的“雀巢咖啡”。地方性的品牌很有作用，如在亚洲销售的熊(BEAR)牌浓缩牛奶。

雀巢在11个策略性品牌系列中选出一种品牌来照亮新的市场。其策略就是简化生活方式，限制产品风险，然后集中于市场攻击战。雀巢从这一点出发，然后开始在每个国家投资两个或三个品牌产品的广告和市场开发，最后占有巨大的市场份额。雀巢市场执行副总裁，澳大利亚人Peter Brabeck Letmathe说：“我们不相信品牌的生命周期说法，一个管理完善的品牌将使我们所有的人得到发展。”根据最近伦敦股票交易员Jams Capel的报告，雀巢是下列国家速溶咖啡的市场先锋：澳大利亚71%，法国67%，日本74%，墨西哥85%。奶粉也与此相类似：菲律宾66%，比利时58%。在智利，雀巢拥有73%的甜饼市场份额，70%的汤料和调味品市场份额。

从消费者的观点来看，国际品牌应该意味着一位旅行者在每个国家都能找到同样的产品组成、同样的类型。这就产生了一个疑问，雀巢咖啡是不是一个真正的国际品牌？事实上，雀巢咖啡这一品牌到处都是一样的，标签上的图案也可能是一样的，但产品的类型、实际的组成在各国却是不同的。雀巢咖啡有100多个品种，它们的品味根据各国消费者的嗜好而改变，这使得旅行者很难识别产品。因此，或许把雀巢咖啡作为一种国际概念比把它作为一个国际品牌更为恰当，因为它所有基本元素的标准还都是一样的。

就食品而言，采取根据各地的品味和偏好而生产产品的策略获得了极大成功，而遵循统一的国际策略往往是不可行的。雀巢咖啡就是一个最具说服力的例子。如同雀巢公司的经营理念所体现的，它在结构和组织上遵循“权限彻底分散”的原则。这也是雀巢公司里“市场头脑（Market Head）”说法所表达的——就是想法和市场实况连接在一起，采取的行动和手段都力求能合乎当地的需求。雀巢公司的主席兼首席执行官 Helmut Maucher 先生强烈感受到：雀巢的各地公司能最好地作出分析，判断公司在食品方面的各种产品如何适应当地的口味习惯和偏好，并兼顾到各国与食品相关的法规。

然而，要使一个品牌成为市场的领导者，正如雀巢公司在欧洲的执行副总裁 Ramon Masip 所持的观点，必须成为一个“低成本的制造商”。一个公司要在营销和广告中取得更高的效益，就应该使它的产品与消费者之间信息沟通的方式更为一致和简化。例如在欧洲，方法之一就是在这样的定位下为整个欧洲开发一种新产品，而且使它在各国的包装和标签都完全一样。

雀巢公司的 300 多种产品（不仅是咖啡）在遍及 61 个国家的 421 个工厂中生产。公司设在瑞士日内瓦湖畔的小都市贝贝（Vevey）总部对生产工艺、品牌、质量控制及主要原材料作出了严格的规定。而行政权基本属于各国分公司的主管。他们有权根据各国的要求决定每种产品的最终形成。这意味着公司既要保持全面分散经营的方针，又要追求更大的一致性。为了达到这样的双重目的，必然要求保持一种微妙的平衡。这是国际性经营和当地国家经营之间的平衡，也是国际传播和当地国家传播之间的平衡。如果没有按照同一基本方针、同一目标执行，没有考虑与之相关的所有因素，那么，这种平衡将很容易被破坏。

为了正确贯彻新的方针，告知分公司如何实施，雀巢公司提出了三个重要的文件，内容涉及公司战略品牌的营销战略及产品呈现的细节。

标签化标准（Labeling Standards）只是一个指导性文件，它对标签设计组成的各种元素作出了明确的规定。例如，雀巢咖啡的标志、字体和所使用的颜色，以及各个细节相互间的比例关系。这个文件还列出了各种不同产品的标签图例，建议各分公司尽可能早地使用这些标签。

包装设计手册（Package Design Manual）是一个更为灵活使用的文件，它提出了使用标准的各种不同方式，如包装使用的材料及包装的形式。

最重要的文件是品牌化战略（Branding Strategy）。它包括了雀巢产品的营销原则、背景和战略品牌的主要特性的一些细节。这些主要特性包括：①品牌个性；②期望形象；③与品牌联系的公司；④其他两个文件涉及的视觉特征；⑤品牌使用的开发。

雀巢公司认为，一个精心策划的品牌将使公司受益终身。在每一个市场中，雀巢公司都要从其11个战略品牌组合中的8000多个品牌中挑选出2～3个品牌。此举旨在降低风险并将攻击力集中。

（资料来源：菲利普·科特勒．市场营销管理．中国人民大学出版社，2003。）

[案例思考题]

简述雀巢公司在国际市场上的产品开发和品牌策略上的成功之处，并讨论其取得成功的原因。

[案例分析二]

## 英特尔品牌营销的成功秘密

[背景材料]

随着全球竞争的加剧，许多如科技这样的竞争优势将会变得更为短暂，而品牌对于企业价值的贡献将会增加。

——Jez Frampton，Interband的全球CEO

英特尔在国际知名品牌咨询公司Interbrand发布的2012年度“全球品牌价值排行榜100强”中，以393.9亿美元名列第8位。

一个看不见的计算机内置的B2B产品，居然做成了消费者品牌，而且还家喻户晓，不得不让人称奇。按照常理，计算机厂商是它的客户，英特尔没有必要抛头露面，面向消费者吆喝，只需要服务好客户即可。可英特尔为什么要像麦当劳、可口可乐等消费品一样在大搞品牌传播，是什么驱动了它向消费者品牌之路迈进？其实，这个变革过程并不是什么高瞻远瞩、率先洞察趋势之后作出的英明决策，恰恰是外界环境变化而使得英特尔不得已而为之。

有趣的是，在英特尔的发展史上，有很多不得而为之，包括intel这个名字。曾经一次论坛上，一名专家解释英特尔的名字，说这个名字起得好，intel来源自于英文单词“智慧”（intelligence），让人一下子联想到智慧、高科技的企业，这说明创始领袖具有高瞻远瞩的判断力和志存高远的愿景。

事实上，这都是人们事后总结臆断的结论。这个成立于1968年的品牌，最初名字叫“摩尔——诺伊斯电子公司”，是英特尔的创始人诺伊斯（Robert Noyce）和摩尔（Gordon Moore）名字的组合。但当他们去工商局登记时，却发现这个名字已经被一家连锁酒店注册，此外英文里Moore Noyce听起来与more noise（吵吵嚷嚷）非常相似，所以他们不得已将公司名改成了“intel”，是从集成电路（Integrated Electronics）两个单词中形成的缩写。于是，这个简单又富有科技内涵的名字就这样诞生了！早期的英特尔，作为计算机零件（主机板、系统、软件和芯片）制造商，技术创新一直是不可或缺的条件，品牌营销却是后来的无奈之举。

一、创新强劲，营销尚未觉醒

成立之后的30年内，英特尔一直是一个弱关注品牌，即很少有消费者在购买计算机时会在意里面是否有英特尔。与很多B2B品牌一样，它只是致力于创造最好的技术，满足客户的基本要求，并且以为“只要我能够持续在技术上创新，客户就会选择我的产品”。可是市场的回应却是另外一种声音：光有创新是远远不够的。

1989年4月，技术助理丹尼斯·李·卡特认为英特尔的微处理器386无法取代286，主因是终端消费者不会想要386所提供的强大运算能力，卡特认为必须直接说服386微处理器才是终端消费者所需要的产品，这一提议得到总裁葛洛夫的大力支持。之后，卡特在丹佛市报纸广告登上将286黑体字画上红色“×”，报纸下一版面即出现386并引用文字说明它的优点，此广告随后在全美报纸登出，并带动了386的销售量。

英特尔小试牛刀，从广告中感受到了一丝曙光，营销取得了初步成效。看似X86利用广告营销拉动市场的策略可以进一步推进。英特尔的算盘打得很好，“基于技术的推动，我不断更新换代，用X86引领市场的发展，客户就会持续采用我的产品。”这一想法很好，如果顺利的话，英特尔将掌握主控权，继续巩固计算机关键零部件霸主地位。然而，英特尔却遭遇两大困惑。

1. 强势的下游不甘受制于人

早在1986年英特尔推出386微处理器时，蓝色巨人IBM并不愿意采用，而且整个PC行业除了康柏之外，几乎都不愿意采用，计算机厂商更愿意停留在286时代。这使英代尔感到发展的危机。光靠自己以技术升级驱动下游更新换代，颇具难度。前面我们提到的1989年英特尔利用广告直面消费者，营造了一种拉力，但这种拉力不够强大，难以真正驱动厂家跟随自己更新换代的步伐。

2. 数字概念不受法律保护

广告强化了X86的概念，教育普及工作起到一定的作用。不过，很快英特尔又遇到新的问题。以数字为认知标志的X86产品不仅客户采用，竞争对手也采用了英特尔苦心营造的X86概念。由于“以数字命名的品牌不受商标法保护”，所以英特尔的竞争对手纷纷将自己的产品也命名为286、386，这样就可以不费吹灰之力占领市场。一时间，X86成为行业标准概念，并不专属于英特尔。

内忧外患一股脑来临。面对强势下游的不合作，X86不受保护而为竞争对手做嫁衣，英特尔深知，光有技术创新力难以为继，企业需要寻求营销突破与变革。

二、营销发力，为创新保驾护航

于是，英特尔开始向前转移，直接将品牌传播面向终端消费者，从原来突出处理器的号码转向强调英特尔的品牌名，以实现消费者心智市场的占领。同时，期望以用户（终端消费者）的品牌认识驱动给下游厂商形成拉力，以此来形成一条曲线救国，反控下游，摆脱束缚的突围之路。

但一个纯科技公司要像麦当劳、可口可乐一样，通过大众媒体传播的方式与消费者建立关联，况且是一个消费者看不见、摸不着、不太关注的产品，这在当时看来是个可笑的想法。记住，当时是1991年，计算机普及远不及今天，多数消费者甚至并不知道什么是微处理器——驱动计算机的真正关键。毕竟，人们只想要使用计算机，对里面的构造并不十分感兴趣。所以，无论是公司内部、行业专家还有媒体都对之保持怀疑的态度。

尽管很多人不看好，但从我们前面提到的两大困惑来看，英特尔的营销之路势在必行。英特尔积极从市场中寻求老师，学习并利用已经被实践证明行之有效的方法。经过一番研究，他们认为合作营销是个不错的选择。

当时有几个企业合作营销做得风生云起。例如，美国的杜比（Dolby）音频系统不能单独购买，而是安装在其他设备内，是典型的B2B产品。客户主要有大型的娱乐场所，如电影院、戏剧院；也有索尼、微软等这些电子或是软件巨头。杜比为这些客户提供杜比系统和杜比数字，以实现杜比音效在DVD、游戏机、个人电视机和数字电视机的音响应用。以至于电玩爱好者在挑选电子游戏机的时候会问，这个游戏机是不是用杜比的声音系统的？这个游戏机有没有装杜比的声音系统？如果得到回答是“NO”的答案，玩家扭头就走，这样，有了基于消费者认知而产生的品牌忠诚无疑对杜比的下游形成拉力。

除此之外，杜比还通过在与其合作的电影院等其他的娱乐场所登广告。可以在正确的地点和时机让消费者直观感受到杜比音响系统所带来的声乐享受及高音质所带来的快乐。通过这种方法，杜比直接明确地在消费者头脑中竖立起一个高音质体验的品牌形象。其广告语“科技诠释娱乐”瞬间深入人心。把广告做在合作伙伴内部，从接触点影响顾客，这无疑给英特尔很大的启示。

其他还有特氟龙（Teflon）不粘材料，是与之搭配的煎锅一起购买；纽特阿斯巴甜味剂包含在多种软饮料中等。

借鉴以上案例，英代尔总结出其成功将仰仗两项因素：

（1）合作营销：与个人计算机制造商合作，授予他们使用英特尔商标的权利，借由他们的营销渠道，直接将英特尔推向终端。

（2）消费者品牌打造：在消费者心中建立强大的品牌，以对英特尔形成认知保护，同时形成“挟品牌以令厂家”的掌控力。

于是，英特尔成立合作基金。从销售收入中拿出一部分累积作为广告资金。只要PC厂商采用英特尔的商标，英特尔将会分摊计算机厂商的广告成本。结果，很多PC厂商都在广告补贴下折腰。光1991年年底，就有300家公司参加了这个营销计划。从此，连续数年我们看到，IBM、惠普、戴尔、联想、Acer计算机外包装上都有“Intel Inside”。广告中也打出这个口号。英特尔很快就成为曝光率最高的品牌之一。

原本CPU作为计算机部件，一直只是面对计算机公司，而计算机公司面对用户。英特尔通过联盟计算机公司，把计算机部件直接与用户连接起来，以“Intel Inside”为标志，显示品牌的“品质、可靠、技术领导”。于是，通过长期的品牌建设，英特尔日渐强大，逐渐掌控了与厂家之间的控制权，此时的技术更新换代顷刻会掀起一场PC更新革命。有了品牌的区隔，也对英特尔的处理器形成了保护。毕竟，没有比品牌更好的区隔屏障了。

三、品牌强化，技术驱动的品牌体系

作为一个科技品牌，要想在市场上的保持领先地位，就需要在技术上保持领先。英特尔深知，只要能不断推出新的芯片，并且芯片的速度永远领先于竞争对手，同时有其他新的技术的话，就可以巩固强化其品牌地位。

但技术是需要一种表达手段的，这个最好的手段就是品牌。可以说，英特尔既是技术巨人，同时也是品牌巨人，其在技术形象方面建立起了巨大的品牌价值。对于消费者而言，可以不用了解英特尔芯片复杂的技术，但一提到英特尔就会联想到具有最新技术的芯片，产生足够强的信任，这就是英特尔这个品牌价值的体现。

英特尔之所以能够取得如此大的成功，在于其做到了技术进步与品牌升级并驾齐驱，以品牌生动化技术能力，以技术强化品牌核心价值。

先前英特尔是通过数字的形象表达彰显自己技术的更新换代。从286到386再到486。基于X86不受法律保护得到的教训，英特尔将第二代处理器命名为“Pentium”以寻求商标法保护，Pentium以此代表“586”，言外之一，数字不行，我就起一个小名，到了中国Pentium被翻译为“奔腾”，广告词“给电脑一颗奔腾的芯”，一语双关。

从认知的角度，“奔腾”这个名字起得非常好，而且用了十几年，一提到它就会联想到速度。因为在早期，计算机的运行速度是消费者最为看重的。尤其1998年以前计算机的主力购买人群基本是技术方面的人才，包括大学的教授和学生、工程师，那时候运算速度是最为关注的。这种品牌价值的直接联想帮助英特尔以最小的认知成本获得市场影响力。

但随着软硬件的进步，速度普遍得到了提升，计算机的使用也由技术人员逐渐向家庭和个人领域扩散，计算机也从计算时代转到网络时代，速度已经不再是消费者关注的唯一焦点。既然速度没那么重要了，而奔腾又等于速度，与其更改根深蒂固的消费者认知，不如重新塑造一个子品牌，于是英特尔决定换一个品牌"酷睿"。酷睿的品牌核心价值除了一如既往地追求速度之外，还强调其还可以延迟电池使用寿命，因为大家一般使用笔记本电脑，电池寿命很重要，同时还强调它的智能，能够支撑各种各样的多功能的计算机使用，不仅仅是计算速度。

除了奔腾，英特尔处理器的名字还有赛扬、酷睿、迅驰、安腾、至强等，每个品牌都有不同的用户群和诉求，基于品牌组合形成的能力，消费者品牌影响力逐渐巩固，针对厂家的掌控力越来越强，英特尔更是多年保持在全球品牌价值榜的前十位。

管理学大师彼得·德鲁克曾说过，企业只有两种功能，营销和创新。显然英特尔将这两个功能发挥得淋漓尽致。但从英特尔的营销创新衍化历程来看，并不像一些专家解读那样，"英特尔具有高瞻远瞩的洞察力，能够率先向消费者品牌转换"，他们只看到英特尔今天的结果，没有转换时空背景了解英特尔当时的状态。不了解这些，企业总想模仿标杆的行为或举措，而忽略环境及条件的适用性。

（资料来源：改编自荣振环，第一营销网 2012-1-20。）

［案例思考题］

1. 英特尔品牌成功的关键因素有哪些？
2. 英特尔的成功之路对我们有哪些启示？

## 本章参考文献


[1] 乔尼·约翰逊．全球营销［M］．江林，译．北京：中国财政经济出版社，2004.

[2] 逯宇铎，常士正．国际市场营销学［M］．北京：机械工业出版社，2004 .

[3] 迈克尔·津科特，伊卡尔·朗凯恩．国际市场营销学［M］．陈祝平，译．北京：电子工业出版社，2004.

[4] 王林生，范黎波．跨国经营管理与战略［M］．北京：对外经济贸易大学出版社，2003.

[5] 刘志超．国际市场营销［M］．广州：华南理工大学出版社，2003.

[6] 马杰，王杰．跨国公司经营战略学［M］．哈尔滨：哈尔滨工业大学出版社，2002.

[7] 余鹏翼，姚钟华．国际技术贸易操典［M］．广州：广东经济出版社，2002.

[8] 杨宇光．经济全球化中的跨国公司［M］．上海：上海远东出版社，1999.

[9] 邱立成．跨国公司研究与开发国际化［M］．北京：经济科学出版社，2001.

[10] 严基河．现代企业研究开发与技术创新［M］．北京：经济管理出版社，1997.

[11] 毛礼新．跨国公司导论［M］．太原：山西经济出版社，1994.

[12] 林进成，柴忠东．试析跨国公司技术研究与开发国际化的主要特征、形式及其影响［R］．世界经济研究，1998（5）.

[13] 谢阳群，汪传雷．专利制度与企业发展［R］．冶金信息导刊，2004（2）.

[14] 陈美章．专利制度与产业国际竞争力［R］．科技与法律季刊，1999（1）.

[15] 范秀成．论西方跨国公司品牌管理的战略性调整 [R]．外国经济与管理，2000（10）．
[16] 王新华．跨国公司专利战略分析与对策构建 [R]．对外经贸实务，2004（7）．
[17] 赵曙明．跨国公司全球化技术开发战略及启示 [R]．国际经济合作，2000（1）．
[18] 王红君，刘进平．基于利益相关者价值承诺的企业品牌管理模式创新 [J]．企业经济，2012（5）．
[19] 张燚，张锐，刘进平．品牌价值来源及其理论评析 [J]．预测，2010（5）．
[20] Schultz，Don E. The Marginalized Brand [J]．Marketing Management，2004（6）．
[21] Gregory A. Involving stakeholders in developing corporate brands：the communication dimension [J]．Journal of Marketing Management，2007，23（1/2）．

# 第九章 跨国公司的人力资源管理

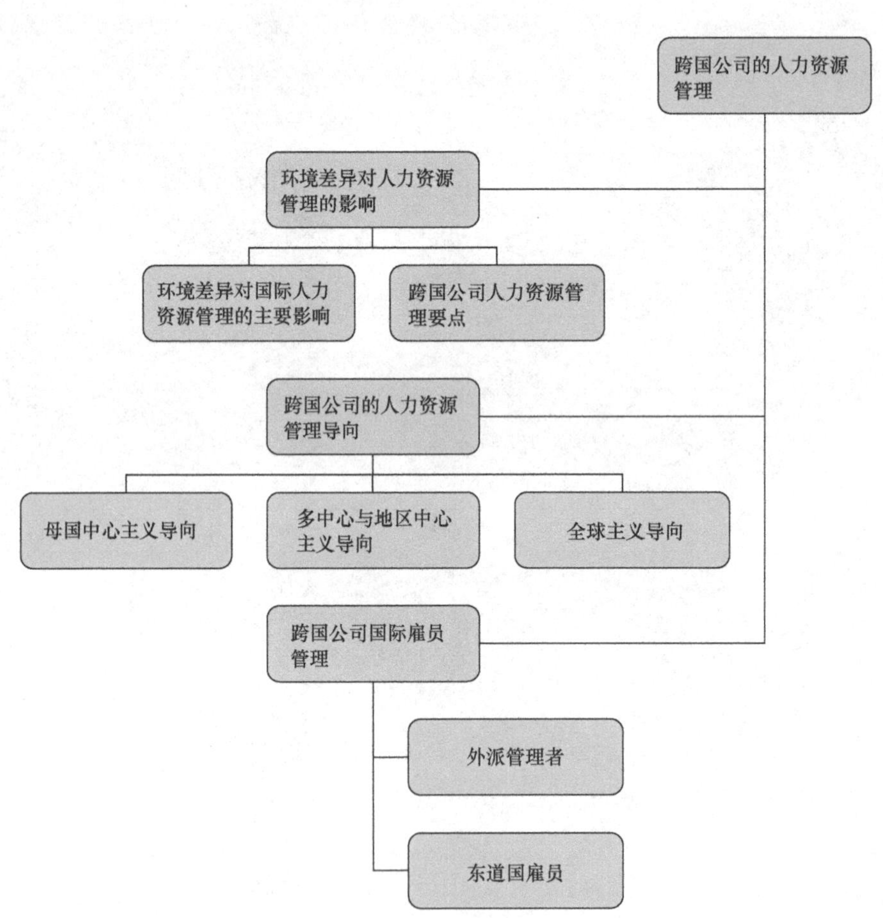

越来越多的公司已经认识到人力资源已经成为赢得未来竞争优势的主要资源。有效的人力资源管理，不仅能够保证公司战略决策的顺利实现，同时又反过来影响公司的战略决策的制定。人力资源管理的基本功能主要包括：员工的招聘与选拔、培训与开发、绩效评估、薪酬管理以及劳动关系等。当这些人力资源管理的功能应用于跨国公司面临的多样性的国际环境时，就变成了国际人力资源管理。

## 第一节　环境差异对人力资源管理的影响

由于国家环境的差异性和多样性，国际人力资源管理实践也呈现出多样性的特点。这种多样性的环境对在多国环境中开展经营的跨国公司的人力资源管理提出了挑战。国际人力资源管理呈现出复杂性，主要表现为：①跨国公司的员工具有不同的国籍和文化背景；②跨越国界和文化的人事调度；③跨国公司的人力资源管理必须适应公司经营所在国的政治法律制度、文化环境等。因此，跨国公司必须制定能适应公司国际化发展要求的国际人力资源管理政策，才能顺利推动公司国际业务的开展。

### 一、环境差异对国际人力资源管理的主要影响

国际人力资源管理的挑战主要来自于不同国家环境的差异。不同国家在政治法律环境、社会文化环境、人口环境、技术环境等方面的差异，都会影响跨国公司的人力资源管理战略和实践。环境差异对国际人力资源管理的影响主要表现在招聘、选拔、培训、开发、绩效评估、报酬、劳工关系等方面。

1. 招聘方面

招聘的主要步骤包括：确定职位空缺的存在及其数量；确定所需人员的类型和从事相关工作的技能；确定招聘的途径；实施招聘等。环境的不同可能导致在招聘员工的类别上、途径上存在差别。例如，由于各国经济发展的重点、教育方向的差异和就业取向的不同，致使社会上某些专业或行业的人才供应富余，而某些专业或行业的人才供应短缺，这就会给跨国公司的人才供给带来挑战。此外，由于文化的差异，美国和英国公司在招聘时更相信公开和面向公众的广告最有效，这一信念反映了他们个人主义的价值观。从公司方面来看，可以扩大选择范围，增加招聘到适用人员的可能性；从应聘者方面来看，这使得所有具备条件的人可以公开竞争，体现人人平等的原则。相比之下，在集体主义倾向的社会中，招聘更注重面向公司员工的家庭成员和朋友。例如在日本和韩国，从公司员工的亲戚、朋友和校友那里招聘则是非常重要的渠道，因为公司认为他们的推荐人可以为他们的品格和工作勤勉程度提供担保，可以降低

风险。

2. 选拔方面

由于社会文化、公司经营哲学与组织文化的差异，不同国家的跨国公司在人员选拔方面也有不同的标准和实践。例如，在以盎格鲁撒克逊文化为背景的英美公司中，选拔过程一般注重职务申请人的能力、以前的工作经验和成就，而不是社会关系；在以日耳曼文化为背景的公司中，在选拔过程中更强调学历，以及是否毕业于名牌大学；在以东亚文化为基础的公司中，选拔过程中更注重忠诚、自立、奉献精神和努力工作的精神，另外也看重学历和社会关系，如是否毕业于名牌大学；在以拉丁文化为背景的公司中，如在墨西哥、委内瑞拉、西班牙、意大利等国的公司中，家族成员与朋友比能力更重要，不过现代化和城市化对传统做法提出了挑战，他们也越来越多地借助于公开信息和渠道。

3. 培训方面

由于各国之间教育体系方面存在差异，导致应聘者在工作技能和态度上有很大差异，这要求跨国公司为应聘者提供不同的培训和开发项目。例如，在美国，中等教育薄弱，许多学生没有完成高中学业，甚至很多学生即使毕业也不完全具备当前和未来工作所需要的读写和数学能力，为此，许多企业认识到为毕业生提供基础教育和辅助教育的必要性。此外，美国对在职员工也进行培训，主要包括管理技能、计算机技能、技术技能、新方法新流程等方面的培训，但受培训人数的比例并不是很高。德国拥有一个先进的和标准化的全国性职业教育与培训体系，为德国提供了主要的人力资源。德国的职业教育主要包括两种形式：一种形式是包括一般的和专业化的职业学校以及专业技术学院；另一种形式被称为双重体系，即将在职学徒式培训和职业学校培训相结合，培训合格后颁发技能证书，最终可以取得上岗资格或熟练技师的地位。这种双重体系来自于公司、工会和国家的合作，费用由公司和国家分摊。另外，德国公司对在职人员的培训也不遗余力，受培训人数的比例较高。

4. 开发方面

人才开发计划的目的在于为公司培养能够终身为公司工作的优秀人才。人才开发的实践在不同国家的表现也有较大差异。在许多美国公司中，上一级管理者有责任确定、培养有潜质的下属，并常常在业绩考核中予以体现。有潜质的下属常常被指派去负责各种富有挑战性的工作，获得较多的培训，以得到锻炼和培养，如果业绩优秀、能力突出就可能被提升。但是，下属的晋升常常并不是一帆风顺的，上级相对年轻、公司业绩增长有限、职位精简等，都可能阻碍个人职业生涯的发展。在日本，传统上相信管理者只有达到一定的年龄后才能够完全胜任工作，许多职位都有年龄限制，每个人都应当按“年功序列制”逐级晋升。公司也很少会公开一个人在其职业生涯早期就被确定为高潜质管理者。当然，作为日本式管理三大法宝之一的“年功序列制”现在正失去昔日的光辉，许多日本公司开始实施更为务实的管理手段，开始将晋升和薪酬与业绩的大小挂钩。

5. 绩效评估方面

不同文化背景的公司在确定哪些人应当被奖励、晋升、降职、开发和提高、留用和解雇方面存在很大差异。在个人主义色彩浓厚的文化中，如美国，报酬和晋升是与个人的绩效评估结果有密切联系的，业绩好的人应该得到更多的报酬和晋升的机会。个人主义文化认为，绩效评估体系为解决人力资源的奖惩去留提供了合乎理性和公平的解决办法。也就是说，从理论上，评估体系可以为管理者提供有关员工绩效方面客观、公正的数据，并且将这些评估结果与晋升、薪酬挂钩是理性的、合法的，也是公正和合理的。同时这种绩效管理体系中的反馈机制为激励员工的工作积极性、提高其工作业绩提供了一种非常有效的手段。在集体主义文化中，个人被视为群体的一部分，强调群体责任，重视群体凝聚力，年龄和身份是组织成员关系的重要基础。人力资源决策应当更多地考虑这些因素而不是成就，基于个人主义文化的绩效评估体系就失去了它本来的意义。当然，集体主义文化中并不是不存在考核体系，只是他们的考核体系比个人主义文化背景下的绩效考核体系更注重资历、忠诚、工作态度、群体和谐。集体主义的管理者通常避免直接、公开的绩效评估和反馈，因为这样会与更重要的群体和谐的原则发生冲突，相反，他们通常通过对下属态度的变化来传递反馈信息。

6. 报酬方面

在不同国家中，决定公司员工的工资和薪酬高低的因素是不同的。在多数欧美公司，员工的工资和薪酬主要受到外部条件和内部条件的影响，外部因素主要包括当地和国内的工资水平、法律法规、工会的议价能力；内部条件主要包括工作在组织中的重要性、组织的富裕程度及其支付能力以及雇员对企业的相对价值。比如，许多美国公司都会定期对市场上相关岗位的工资水平进行评估，从而调整自身的工资水平。也就是说，在个人主义文化背景下，美国公司的员工将职业生涯看成是个人的，因此美国公司必须依靠有竞争力的工资和晋升机会来维持一支合格的劳动队伍。大多数的美国公司都依据岗位对公司的价值建立了一个工作等级，从事高等级工作的人获得更高的基本报酬，而报酬的增加主要由个人在工作岗位上的业绩所决定。另外，美国公司的员工还可以享受一些福利政策，如医疗保健福利、退休金计划、保险、职业补贴、病假、带薪假等。在集体主义文化倾向浓厚的国家中，如日本、韩国，公司员工的基本报酬（底薪）也是由职位等级来确定的，从事高层次工作的人可以得到高工资，但是许多职位都有年龄、资历和教育程度的限制。传统上，个人业绩对报酬增长的影响很小，但随着日本经济的改革，它对报酬增加的影响也越来越大，日本人力资源管理的模式也越来越多地融人了更多的西方管理模式。日本报酬体系的另一个重要部分是奖金体系，奖金发放的数额有时是非常大的，主要取决于公司的业绩。日本公司的员工也享受政府规定的医疗保险计划和养老金计划。另外，由于日本公司较多地参与了工人的个人生活，日本公司的员工还可以享受其他一些福利，如根据家庭规模而定的住房补贴、交通补贴、使用公司的司机和汽车，以及免费或低价使用公司拥有的度假胜地和获得高尔夫球俱乐部会员资格等。

7. 劳工关系方面

不同国家的劳动关系也存在差异，这主要是由于文化方面的差异引起的，同时也与各国劳动组织的历史形成有关。一些工会的形成是出于意识形态方面的原因，如在推翻资本主义制度革命过程中遗留下来的，或者代表了一种宗教价值观；还有一些工会组织的形成是为了在与资方的谈判中获得有利的地位，争取提高工资和改善工作条件。工会的组织形式主要包括：①企业工会，代表组织内的所有人，无论其职业和工作如何；②行业工会，代表职业群体的人；③产业工会，代表某一特定产业内的所有人，不论其职业类型如何；④地方工会，代表公司特定的一个职业群体，但他们常常与更大的行业或产业工会相联系；⑤意识形态工会，代表具有某种意识形态和宗教导向的所有人；⑥白领或专业工会，也代表特定的职业群体。例如，美国工会的主要组织形式是地方工会，大多数地方工会与一些行业、产业和全国工会相联系，其主要目的是在地区层次上争取改善待遇、工作条件和人权。德国工会的主要组织形式是产业工会。产业工会负责在国家和地区层次上与资方谈判，另外，在工厂中，由选举产生的工作委员会负责与资方进行谈判。尽管如此，但在德国政府的努力下，德国的工会是一种低冲突的工会组织。法国工人由于缺乏法律保护，其工会组织具有强烈的意识形态取向，常采取反资本主义的态度。但是，由于他们常常在同一组织内争夺工会成员，并且法国有许多小公司，所以工会的发展受到限制。日本工会的主要组织形式是企业工会，他们与资方、管理方的联系非常紧密，工会也常常将管理方的目标看成是自己的目标。认真了解各国工会的历史、形式、目标和意识形态对跨国管理者来说是非常重要的。

## 二、跨国公司人力资源管理要点

从上面的论述中可以看到，国家环境的不同造成了各国的人力资源管理实践具有很大差异。跨国公司经营活动跨文化、跨国界的特点使得跨国公司必须审慎对待各国环境的差异，制定适用的跨国人力资源政策为公司的战略服务。

首先，跨国公司在东道国招聘时，必须了解和适应当地的招聘方式。例如，在美国，可以采取通过公共媒体发布招聘广告和直接进入校园招聘的方式。但是在一些习惯通过个人关系来寻找工作和雇佣员工的社会中，外国公司可能很难像本国公司那样招聘到合适的人选。另外，跨国公司在招聘和选拔时还必须避免触犯东道国的文化准则和法律。例如，在美国，招聘中（特殊行业例外）不能强调性别、年龄、种族等条件，否则就触犯了美国的法律。

其次，跨国公司在东道国开展经营活动之前，必须了解该国的教育水平、教育体系的特点以及培养学生的质量，评估在该国是否能够雇佣到所需数量和水平的受教育者。因为跨国公司在经营中常常要进行技术输出，教育水平低、学科建设缺陷的国家，会影响技术输出的可行性，增加后期进行必要培训的压力。在人才的开发上如何针对不同国家进行调整，主要取决于东道国的政策要求和跨国公司对东道国管理者的使用意图。例如，俄罗斯在20世纪90年代中期曾规定，所有外国子公司的最高管理层必须由俄罗斯人担任。在巴西，法律要求在合资公司管理层中，巴西人必须占2/3。当跨国公司允许并希望东道国管理者进入较高管理层时，母公司的公司文化就会起主导作用；当跨国公司不希望东道国管理者进入较高管理层时，只要东道国没有严格规定，就可以遵循当地的管理开发方式。

再次，跨国公司必须使自身的业绩评价与报酬支付体系与其人力资源管理战略匹配，同时要适应东道国的报酬体系、薪资水平以及相关的法律规定。例如，日本母公司常常将日本的人力资源管理方法强加于在美国的子公司的美籍管理者，结果令美籍员工难以适应。又如，由于耐克公司在印度尼西亚的供应商支付给工人的工资低于当地的最低工资标准，使得耐克公司在母国受到了谴责。

最后，跨国公司在东道国雇佣员工时，必须认真考虑当地工会组织的特点以及相关的劳动法规。例如，在美国的日本公司常常努力避免在工会活动较多的北方各州设立子公司，而选择工会活动较少的南方地区。

## 第二节　跨国公司的人力资源管理导向

多样化的国家环境使跨国公司的人力资源管理变得非常复杂，它不仅要满足公司全球战略的需要，与公司的国际业务类型相匹配，还要考虑经营所在国的法律法规、文化与商业习俗，以及不同国家的人力资源状况。

要了解跨国公司中的人力资源管理导向，先要了解跨国公司中的员工类型。跨国公司中的员工类型主要包括：①母国公民，即在国外工作的来自母国的公司雇员；②东道国公民，即在来自东道国的公司雇员；③第三国公民，即来自东道国和母国之外的公司雇员；④外派人员，也称为国际管理者，即被派遣到外国工作的公司雇员，可能来自母国，也可能来自第三国；⑤内调人员，来自国外而在母公司工作的雇员。

跨国公司的人力资源管理导向包括四种，即母国中心主义导向、多中心主义导向、地区中心主义导向和全球主义导向。

## 一、母国中心主义导向

母国中心主义导向是指跨国公司海外子公司的人力资源管理的各个方面都倾向于遵循母国标准，重要管理人员和技术人员都来自母国，当地雇员只占据较低层次的管理职位和辅助性职位。这些来自母公司的管理和技术人员相对母公司来说就是"外派人员"，对海外子公司来说就是"总部人员"。

由于国别环境的差异，跨国公司对来自母公司的外派人员的业绩评估、报酬支付一般主要依据母国标准，对当地的低层次雇员则主要依据当地标准，而对当地的其他管理人员则努力在母国标准与当地标准之间寻求一种平衡。这种人力资源管理导向主要适用于跨国公司建立海外子公司的初期，以便于推动和控制初期业务的发展。随着子公司业务逐步进入正轨，跨国公司外派人员的数量基本上都呈下降趋势，较多地雇佣当地人。

母国中心主义导向的好处是：

(1) 外派人员通常都是公司经过长期考验的精英力量，他们对公司的管理、业务、技术、产品等都非常熟悉，对公司的全球经营目标和在该地区的经营目标都非常清楚，便于初期业务的顺利开展。

(2) 外派人员受到母公司的长期培养，并受到母公司的支配，一般对母公司都比较忠诚，这就便于母公司对海外子公司的监督和控制。

(3) 由于海外子公司的高层管理者来自母国，不存在语言和沟通方面的障碍，外派人员由于对公司的文化、管理、业务等都非常熟悉，一般只需要进行较少的东道国语言和文化方面的培训。

(4) 便于将母公司的成功文化和经验在海外进行复制和传播。

母国中心主义导向的弊端是：

(1) 虽然外派人员对母公司的文化、管理、业务等都非常熟悉，但对东道国的法律、文化、商业习惯都比较陌生，开展业务受到一定限制。

(2) 由于外派人员占据海外子公司的要职，这可能会限制东道国雇员的职业发展。这会造成东道国的高素质人才被压制，缺乏工作积极性。

(3) 由于外派人员与东道国雇员存在语言和文化上的差异，常常给彼此的沟通带来困难，影响工作的开展。

(4) 外派人员的海外任职经历常常有害于自身的职业生涯发展，因为他们在海外工作期间不能参与母公司的许多重要决策，文化价值观上也受到东道国的影响，当回国时常常无法适应母公司的环境。

（5）母国人力资源管理中体现的文化价值观常常会与当地文化发生冲突。

## 二、多中心主义与地区中心主义导向

使用外派人员便于初期业务的顺利开展，但长期使用大量外派人员就会阻碍业务的进一步发展，许多跨国公司都为此付出过沉重代价。此时，跨国公司的人力资源管理战略多转向多中心主义与地区中心主义导向。

多中心主义导向是指跨国公司海外子公司的人力资源政策依据国别不同进行调整，高层职位主要由东道国公民担任。而地区中心主义导向是指跨国公司根据其业务在全球的分布，将全球市场划分为若干区域，以地区为单位对人力资源政策进行调整。之所以采取多中心主义或地区中心主义导向的人力资源管理导向，是因为跨国公司认识到各国文化间的差异性以及不同文化所具有的优势，采取积极措施适应各国文化和制度方面的差异性。不同的是多中心主义的公司以国家为单位进行人力资源调整，而地区中心主义则按地区来进行调整。

在多中心主义的导向下，跨国公司一般在海外子公司的底层和中层职位上大量任用东道国公民，高层管理者也基本任用东道国公民，只有很少的职位任用母国或第三国公民，对人力资源政策的调整也主要考虑当地因素，并与母公司标准进行适当平衡。而在地区中心主义的导向下，跨国公司一般在海外子公司的底层和中层职位上大量任用东道国公民，而高层管理者主要根据地区文化的相近性，从东道国或处于同一区域的第三国中择优选用，对人力资源政策的调整也主要考虑地区因素，并与母公司标准进行适当平衡。例如，许多在中国开展业务的欧、美公司，常常将全球业务区域划分为北美、南美、西欧、东欧、东亚、中东、东南亚、南亚等区域，在各个地区实行与地区特点相适应的人力资源管理政策，高层管理人员也主要是聘用该区域内的公民。

多中心主义与地区中心主义导向的好处是：

（1）使用东道国或区域内第三国的管理者，减少了与当地员工及当地业务伙伴之间的语言和文化方面的障碍，便于深入的交流和沟通。

（2）东道国或区域内第三国的管理者，除了比外派人员更了解当地的政治、法律、文化环境外，常常还具备外派人员不具备的社会关系，这也非常有利于业务的进一步发展。

（3）许多国家的政府都希望跨国公司能聘用当地人进入高级管理层，雇佣东道国或区域内第三国的管理者——特别是东道国管理者——便于改善公司与东道国政府之间的关系。

(4) 更多地考虑了人力资源政策与东道国或所在区域的适应性，易于得到当地员工的支持和拥护。

多中心主义与地区中心主义导向的弊端是：

(1) 虽然多中心主义与地区中心主义导向使得该地区内的管理者获得了一个较大的晋升空间，但仍然是有限的。因为他们的晋升与发展常常被限制在一国或地区之内。

(2) 由于语言、文化上的差异以及由此带来的不信任，使东道国管理者与母公司沟通以及获得母公司的支持上常常出现困难，另外，这也常常使东道国高层管理者出现“跳槽”现象，反过来影响跨国公司的人员稳定。

## 三、全球主义导向

全球主义导向是指跨国公司在全球范围内选拔、聘用最优秀的管理者，而淡化对国籍和任职国家的考虑，但在人力资源政策上（如业绩评价、薪酬）仍然努力寻求母国标准与具体区域的平衡。坚持这种导向的跨国公司认为，精干的管理者能够适应不同的文化。因此，在全球主义导向的公司中，国际任职是一个成功的职业生涯的先决条件。这些具有国际任职经历的管理者通常被称为“跨国管理者”或“全球管理者”，这些管理者通常习惯于四海为家，精通两种或多种语言，熟悉跨文化的经营环境，在不同国家具有广泛的业务网络和雄厚的政府资源。福特、可口可乐、壳牌等都是以全球主义导向为基础在全球范围内招聘管理者。

全球主义导向将全球视为一个整体的战略出发点，使得跨国公司能够大胆任用全球范围内的精英人才，而淡化国籍的差异。因此，全球主义人力资源管理导向的一个重要特征是，母公司中的高级管理人员也常常来自于不同国家，而这些具有外国国籍的高层管理者通常被称为“内调人员”。

全球主义导向的好处是：

(1) 由于跨国公司在全球范围内聘用人才，可以建立不受国家和地理限制的更广泛的人才库。

(2) 组织中——特别是高级管理层——多元化的人力资源管理，有利于建立更具有包容性和适应性的跨国组织文化。

全球主义导向的弊端是：

(1) 对高层应聘者的要求很高，给予的报酬也很高。

(2) 在内调人员时，可能会受到东道国移民法的阻碍。

以上是跨国公司采取的几种主要的人力资源管理导向。事实上，并没有一种完全适用的、最好的国际人力资源配置方式，这主要取决于跨国公司对文化差异的理解和整合能力以及跨国公司的战略。因此，很少有公司完全遵循一种人力资源管理导向，通常是跨国公司以一种导向为主，再结合其他导向中的一些方法，最大限度地支持其跨国战略的实施。

## 第三节　跨国公司国际雇员管理

在跨国公司的所有雇员中，有两类雇员由于特殊的使命和特点，必须给予特殊的关注。这两类特殊的雇员包括外派管理者（或称跨国管理者）、东道国雇员。如何对这两类雇员进行管理和激励，是跨国公司海外业务能否顺利进行的重要影响因素。

### 一、外派管理者

由于外派管理者对跨国公司的海外业务——特别是初期业务——开展至关重要，跨国公司必须制定适用的政策，使外派管理者能够最大限度地发挥效能。这些政策主要包括外派管理者的选拔、培训与开发、绩效评估、报酬与归国问题等。

#### （一）外派管理者的选拔

对什么样的管理者才能胜任海外业务这个问题，长期以来存在两种主要的观点：一种观点认为，管理的方法和原则具有普遍的适用性，一个成功的领导者能够在任何环境下取得成功；另一种观点认为，管理方法与原则的有效性要受到社会文化环境的制约，并不存在普遍的适用性，在一定社会文化环境中有效的管理方法和原则在另外一个文化环境中可能就不适用或无效。在相当长的时间里，第一种观点一直左右着跨国公司对外派人员的选拔实践，此时，跨国公司选拔外派管理者的主要标准就是候选人的知识、技能和以往的成功经历。但是，随着跨国公司海外经营的经验积累和比较管理研究的兴起，许多跨国公司认识到，由于国内外环境的差异，仅仅依据候选人的知识、技能和以往的成功经历是无法甄选出优秀的外派管理者的。在开展海外业务时，除了要重视管理者本身的知识、技能以外，还必须重视文化因素的影响。

通过跨国公司选拔外派人员的实践经验和国际人力资源管理专家的理论研究，跨国公司在选拔外派管理者时一般可以依据以下的标准：

1. 专业技术与领导能力

专业技术与领导能力是国际任职的先决条件。跨国公司在开展海外业务时，首先伴随的就是技术、管理与组织文化的输出，外派人员的专业技术与领导能力直接关系到跨国公司经营能力输出的成败。国际任职意味着更多的任务、更多的困难和更大的责任，只有具备出色的技能才更有可能胜任工作。因此，跨国公司的管理者必须认真选拔在国内工作中表现出色的技术、管理人员，这是成功开展海外业务的必要条件。

2. 文化敏感性与适应性

对不同文化环境的敏感性和适应能力是跨国公司选择外派人员的另一个重要标准，也是选拔国内管理者与外派管理者的最大区别之一。外派管理者必须对不同文化保持高度的敏感，主动接触、观察、学习其他文化，努力了解文化间的差异，对不同文化背景下人们的行为作出正确的解释和判断，并调整自身的行为和态度。只有这样才能有利于自身专业技术和领导能力的发挥。

3. 语言能力

语言是人们沟通的主要工具，具备良好的语言能力有助于外派人员更好地发挥自身的技术与管理能力。掌握熟练外语能力的外派人员不仅能够加快对当地文化的了解和适应，还能够更直接地与当地的同事、下属、顾客以及合作伙伴进行交流和沟通，增进了解，发展友谊。

4. 家庭因素

国际任职不仅会影响公司雇员个人，还直接影响到雇员的家庭。家庭因素是选拔国际任职人员的一个十分重要的因素。在外派人员的家庭因素上处理失当，导致外派人员的家庭矛盾或生活困难，常常使外派人员的业绩低下。因此，跨国公司在选拔外派人员时，还必须考虑其配偶及子女是否愿意到国外生活、海外生活对其配偶职业生涯和子女教育的影响、其配偶及子女适应海外生活的能力。为解决这一问题，许多公司向外派人员及其配偶都提供了工作职位，或向其配偶提供海外职业发展培训，或直接向其配偶支付报酬。

5. 动机与动力

为了克服海外生活中工作复杂、责任重大、文化差异以及家庭压力等方面的挑战，海外任职人员必须具有积极、适当的动机并受到激励，才能够激发其拼搏精神，胜利完成海外工作任务。这些动机可能来自个人的冒险和创业精神，也可能来自对公司国际使命的责任感，也可能来自对任职国家文化的兴趣，也可能来自改善个人经济状况的机会，还可能来自寻求提升自我、实现自我价值的机会。

6. 独立性与稳定性

在海外陌生的社会文化环境中，外派人员肩负着公司赋予的重任，面对复杂困难的工作任务，没有多少人可以依赖，必须具备独立、稳定的心理素质，才能够在困境中推动业务的发展。例如，日本松下电器选择外派管理者的一项重要指标就是，候选人必须具备面对困难时坚韧不拔的精神。

在选拔外派人员时，上述标准并不是同等重要的。在实践中，也不能要求外派人员达到上述的所有标准，还要依据外派人员的任职时间长短、外派人员的文化背景与东道国文化的相似性、海外工作的性质和要求、必要的交流与沟通、外派团队的能力组合等。例如，在选拔要在海外长期任职的高层管理人员时，上述因素都是非常重要的；而在选拔短期的技术人员时，专业技术能力、语言能力就更重要一些。

### （二）外派管理者的培训与开发

跨国公司在选拔出优秀的候选人以后，还必须对其进行培训与开发。培训与开发的主要目的在于，通过学习，增强候选人及其家属对外国文化的适应能力，让外派人员掌握跨文化的经营技能，确保技术、管理、组织文化进行有效的跨国转移，推动海外业务的顺利发展。

培训的内容和强度取决于受训人具备的条件与在国外工作时需要具备的技能。可能的培训内容主要包括：公司的整体经营战略以及在东道国的业务战略、目标，东道国的政治法律、经济、文化和商业习俗，东道国的语言等。从培训的强度上看，任职时间越长，文化差异越大，工作性质对语言的要求越高，培训的强度就越大。

跨文化培训对提高跨国公司海外业务的成功率是十分重要的，许多跨国公司都建立了专门的培训中心或通过专门的机制来培训外派人员。美国运通公司将其低层管理者送往海外任职两年，目标就是让管理者在职业生涯的早期就具有战略眼光，而不是在他们升任高层职位之前。通用电气公司也通过跨文化培训来培养管理者的全球眼光，即使一些管理者可能永远都没有可能被派往海外。

### （三）外派管理者的绩效评估

如何对外派管理者进行可靠而又有效的绩效评估是跨国公司人力资源管理的一个重大挑战。只有可靠而有效的绩效评估体系才能够保证对外派人员的工作作出客观公正的评价，并以此为基础对外派人员的工作进行指导和监督，提供有效的激励手段。由于多种原因，跨国公司很难将自身在母国的人力资源管理政策直接应用到对外派人员的管理上，这些原因主要包括：

1. 跨国经营可能是出于战略的考虑

跨国公司的海外业务常常是出于公司总体战略的考虑，如通过国际转移定价进行的避税、进入新市场、挑战国际竞争对手的战略目标而引起的某些子公司盈利下降或亏损等，因而无法通过利润指标直接对这些海外子公司的业绩进行考核，因为这些子公司仍然是在为公司的总体战略服务。

2. 复杂多变的国际环境

由于国际环境的复杂性和多变性，特别是东道国的政治、经济、法律法规、竞争环境等的变化，常常是母国管理者很难预见的，这会使预定的目标变得不合理。

3. 文化的差异

由于各国和地区文化的差异，如不同文化背景下人们对工作的态度、时间观念、价值观念、工作时间的规定、商业文化与管理等方面的差异，都会直接影响到海外子公司的工作效率和业绩，而这些差异是母国管理者常常难以感同身受的，因此，母国的业绩评价体系必须与当地的文化进行适当的调和。

4. 不可靠的数据

跨国公司海外子公司的经营业绩数据可能与母国或其他国家的业绩数据不具有可比性。在制定海外子公司的业绩指标时也不能通过简单的汇率调整就确定下来，还必须参照当地的物价指数、竞争对手的业绩状况、东道国的财务会计准则等指标。

5. 时区差别与地理分隔

尽管现代通信工具和交通工具的发展使跨国公司与各子公司之间的联系比以前更为迅速和快捷，但是不同地区的时区差异与地理分隔仍然影响着外派管理者或当地管理者与母公司管理层之间的沟通，这使得总部无法随时对海外子公司的运行情况及外派人员的工作情况进行了解，在业绩评价时也就无法给出全面、客观的评价。

有鉴于此，跨国公司必须根据自身的经营战略和国际人力资源管理导向，对其海外子公司的业绩评价标准进行调整，并通过多种渠道来搜集信息，对外派人员的业绩作出合理的评估。

**（四）外派管理者的报酬**

由于不同的国际人力资源管理导向，跨国公司对外派人员的报酬支付方法也存在差异。

1. 基于母国标准的支付体系

基于母国标准的支付体系是指为使外派人员在东道国的购买力与生活水平能够保持在与母国同样的水平而提供的一种支付体系。为了平衡国际任职所获得的报酬与母国国内的报酬，跨国公司常常提供额外的薪水和补贴。额外的薪水主要包括：由于税收差别进行的薪酬调整，住房成本，日常生活、医疗、保险等方面增加的成本。

另外，由于海外派遣对外派人员的生活及工作环境、家庭状况都造成了影响，许多跨国公司为鼓励其到海外任职，还对其提供一些补贴。补贴主要包括：①国外服务补贴，用于补偿与海外任职有关的个人与家庭方面的困难；②艰苦条件补贴，用于补偿海外高风险的工作环境或艰苦的生活条件；③安置迁移补贴，即将家庭迁移至任职所在地的成本；④母国度假补贴，即为外派人员提供的回母国探亲或度假的补贴。

2. 基于东道国标准的支付体系

基于东道国标准的支付体系是指为外派人员提供的适应当地生活方式和生活消费水平的支付体系。由于为外派人员提供的额外报酬和各种补贴的金额一般都较大，许多跨国公司认为，作为外派人员，特别是长期在海外任职的外派人员，随着海外任期的增加，应当减少补贴的种类或数量，并依据当地的薪酬或物价水平来决定其报酬水平。许多跨国公司提供了一揽子可选择的补贴来应对这种调整需要，外派人员可以在其任期内的不同时段选择相应的补贴种类。

3. 全球支付体系

全球支付体系是指跨国公司采用世界范围的业绩评价和考核办法，依据外派人员的工作对公司的价值，公平地支付报酬的一种体系。这种世界范围内的报酬支付标准只在必要的时候才会被作出调整，消除接受国际任职前后的报酬差异，减少浪费。全球支付体系也对住宅、税收、生活费等方面的成本进行补贴，但并不保证外派人员能够维持母国的生活方式。

### （五）归国问题

外派人员的海外任职结束后，回到母公司重新开展工作时遇到的问题称为归国问题。归国问题的一个最明显特征就是回国人员的“跳槽”现象。产生“跳槽”现象的原因主要有：

（1）长期在外国文化环境中工作的外派人员在回到母公司工作时，必须重新适应母国的文化以及海外任职期间母公司所发生的变化，这常常会影响他们的工作效率和业绩。

（2）大多数外派人员回国后无法、也不愿意回到自己原来的位置上，因为国际任职的经历丰富了他们的经验和知识，当他们回国后都希望继续发挥这些经验，承担更大的责任，具有更大的权力，如果这些要求无法满足就可能“跳槽”。

（3）海外任职期间享有很大的独立自主权，但是在回国后必须适应母公司的组织结构，这让许多回国人员感觉自己的权力和工作级别降低了。

由于没有处理好归国问题，许多跨国公司流失了具有丰富经验的优秀员工。为避免归国人员的流失，跨国公司必须采取积极的措施来解决归国问题。这些措施主要包括：

（1）建立帮助回国人员的小组，制定规划，帮助归国人员及其家属适应新的工作和环境。

（2）在外派人员任职过程中，不断向他们提供母公司的信息，让他们了解母公司的最新变化。

（3）为归国人员提供必要的培训，并做好回国工作、生活的准备工作。

（4）为归国人员的职业生涯做好规划，充分利用外派人员的经验来推进组织的目标。

## 二、东道国雇员

东道国雇员对跨国公司海外子公司的经营业绩也会产生十分重要的影响。一般来说，对东道国雇员的管理决策权主要分散到子公司一级。由于子公司的高层管理者常常由母国人员担任，而母公司的文化与东道国文化又常常存在差异，使得跨国公司在对东道国雇员进行管理时，除了遵循与国内人力资源管理相似的内容以外，还必须考虑国家环境差异对人力资源管理带来的影响。

### （一）东道国雇员的选拔

为实现跨国公司的整体战略，海外子公司必须在母公司战略的指导下，确立自身的发展战略。而要保证战略的实施，必须建立有效的组织结构，并为其配备合适的人才。长期以来，跨国公司在实践中积累了丰富的有关雇员选择方面的经验。

1. 雇员选择的有关内容和步骤

下面以美国企业为主，介绍一下雇员选择的有关内容和步骤。

（1）人力资源核查。人力资源核查的主要内容是，针对公司的经营战略、组织结构和岗位设置，确定所需要的人力资源的数量、质量等。一些关键岗位可能已经由母公司的外派人员担任，但其他的岗位则必须通过在当地的人才市场和劳动力市场进行招聘来满足需要。

（2）工作分析，确定对任职者的要求。工作分析是有目的、有系统地收集并确定与工作相关的信息的过程。工作分析在人力资源管理中具有十分重要的作用，主要包括：①选拔和任用合格人员；②制定有效的人事预测方案和人事计划；③设计积极的人员培训和开发方案；④提供考核、升职和作业标准；⑤提高工作效率；⑥建立先进、合理的工作定额和报酬制度；⑦改善工作设计和环境；⑧加强职业咨询和职业指导。但是，在人力资源招聘中，工作分析的主要目的就是为人力资源的招聘服务，此时工作分析搜集的信息主要包括：①工作名称；②职责；③工作知识与技能；④身体要求；⑤工作时间与轮班；⑥雇佣人员数目等。针对工作分析中搜集到的信息，结合公司对人才任用与选拔的其他标准，如道德素质、团队精神、价值取向、年龄等，人事部门就可以确定相应岗位的任职要求。

（3）对应聘者的分析、考察。在确定了岗位的任职要求后，下一步就是要获取应聘者的相关信息，挑选具备任职条件的应聘者。获取应聘者信息的途径主要包括个人简历、面谈、笔试、行为测试等方面，获取的信息主要包括个人自然状况、受教育资料、工作经历、以往工作岗位与任职情况、工作态度等。通过对同一岗位的几个候选人进行认真翔实的研究后，录用与岗位要求最合适的人选。

2. 选择当地雇员必须注意的问题

从理论上来说，公司在选拔、录用员工的时候，应当主要考虑求职者的实际能力。但实际上由于不同国家环境的差异，跨国公司在海外选拔、录用当地员工时常常受到政治及法律因素、社会地位、家庭背景、财富、性别、宗教信仰、种族、国籍等的影响。因此，跨国公司要成功解决这一问题时，必须认真考虑国家之间的差异性。

（1）符合当地的法律法规及社会传统。跨国公司在雇佣当地员工时，首先要考虑当地的法律法规。有些国家在招聘中不能出现性别、种族等要求（除特殊岗位外），否则很可能引起法律诉讼；此外，许多国家的法律都允许工会的存在和发展，子公司也必须予以承认和支持。另外，还不能忽视当地的传统，如社会等级观念、裙带关系、性别观念等。例如，许多国家的社会等级观念和性别观念很强，子公司的人事主管不能把社会地位低下的员工或女性员工提升到社会地位高的员工或男性员工的上一级管理岗位上，否则很可能引起冲突，破坏团结。裙带关系在有些国家也十分普遍，社会大众对这种现象已经采取了默许的态度，或认为这才是符合伦理道德的行为。此时，子公司的人事部门在招收员工时往往要特别照顾他们的家庭成员、亲戚和朋友，虽然这种做法在许多国家是低效和极力避免的，但是在当地可能会产生最大的整体效益。

（2）注意东道国的种族、民族和宗教信仰。在某些多民族和多种族的国家，人们的社会地位常常与种族和民族有关，因此跨国公司海外子公司在雇佣选拔当地员工时必须与之相一致。另外，在许多宗教观念对社会影响非常强的国家，还必须注意不能与当地的宗教信仰相冲突。在存在多种宗教思想的国家，不同宗教信仰之间可能存在冲突，此时宗教问题就必须予以更大的重视。

（3）雇佣和提拔当地人。为了增加本国公民就业机会以及学习国外的技术或经验，几乎所有国家的法律都要求雇佣和提拔当地人。例如，大多数国家，特别是发展中国家都要求跨国公司先雇佣一定比例的本国人，在跨国公司经营一段时间后，必须增加本国人的比重，选拔当地人进入管理层以至高级管理层。有的国家甚至要求必须全部雇佣当地人，只有在没有合适的本国人的情况下，才允许保留一定比例的外国人。在许多发达国家，政府为保障本国人的就业，对外国移民也采取措施，严格控制。

### （二）东道国雇员的培训与开发

由于东道国尤其是发展中国家的教育、科技发展水平及其普及程度的限制，以及公司具体工作所需操作技能的特殊性，任何一个跨国公司都面临着对当地员工进行培训与开发的任务。另外，由于现代科学技术的飞速发展，公司员工也必须不断充实新知识、提高自身的技术技能，这也决定了持续培训是必不可少的。

对东道国雇员进行培训和开发必须依据培训内容的具体要求，并适应当地的要求和水平。一般来说，培训的方法主要有以下几种：

1. 岗位基础技能培训

岗位基础技能培训是一种离岗培训的方法。这种方法通常是在与工作现场相似的模拟环境中进行的，雇员可以在模拟环境中学习操作技能，监测和评估自身的操作水平。这种培训方法对那些需要实践才能够掌握的技能的培训是非常重要的。因为在模拟环境中，即使操作失误也不会对实际的生产活动产生不利影响。

2. 岗位见习培训

岗位见习培训类似于我国的学徒工制度。这种培训一般是在新员工正式独立操作之前，由公司人力资源部门与具体职能部门为新员工指定师傅，让新员工与有经验的师傅一起工作，并在师傅的指导下学习相关的工作技能。然后，新员工通过人力资源部门与具体职能部门组织的技能鉴定考试，并取得上岗资格证书后，才能够独立工作。

3. 在岗培训

在岗培训是最常使用的方法。这种方法是对在职员工进行相关的技能培训，如新工作流程的实施、新软件的应用、新机器的操作等。这种培训可以通过安排简单的课程，以讲授的方式进行，也可以在工作现场通过“讲解→演示→操作”的方式进行。在岗培训的好处在于，在不耽误日常工作的情况下完成对员工的培训。

4. 职务外培训

职务外培训是指公司通过与学校或其他培训机构合作进行的培训，主要通过专业课程、讨论会等方式进行。比如，许多公司就将员工送到专门的学校和机构进行培训，员工在那里可以参加一些短期的培训项目，也可以参加一些可以获得学位的学习项目。有些公司还专门设立了自己的培训中心或公司大学，为自己的员工提供专门的培训。

跨国公司在培训东道国员工时可以采取两种方式：一种方式是在当地完成培训，即由母公司派遣相关方面的专家到东道国或直接利用东道国的有关专家进行培训；另一种方式是子公司将东道国员工送到母国接受培训。这两种方式各有利弊，第一种方式的优点是成本低，特别是在东道国有大量员工需要培训的时候，另外，东道国员工可以边工作边培训，公司经营的影响小。第二种方式的优点是，东道国雇员在母公司培训期间，能够深切感受到母公司的文化与运作方式，培训的效果会更好，同时也加强了东道国员工对母公司的认同感。

**（三）东道国雇员的绩效评估、报酬与晋升**

绩效评估就是有目的、有组织地对人及其工作状况进行观察、记录、分析和评价，并通过评价结果体现人在组织中的相对价值和贡献程度，改进工作绩效。绩效评估的作用主要表现在：

（1）对公司来说，通过对绩效评估可以考察员工的工作绩效、帮助员工改进工作、激励员工，为薪酬调整和人事调整提供依据。

（2）对主管来说，通过对绩效评估可以借以帮助下属建立职业工作关系，阐述主管对下属的期望，了解下属对其职责与目标任务的看法，以及下属对主管、对公司的看法和建议，提供主管向下属解释薪酬处理等人事决策的机会，共同探讨对员工的培训和开发的需求及行动计划。

（3）对员工来说，通过对绩效评估可以加深自我了解的职责和目标，让自己的成就和能力得到上司的赏识，获得说明困难和解释误会的机会，了解与自己有关的各项政策的推行情况，了解自己在公司的发展前程，在对自己有影响的工作评估中获得参与感。

虽然，绩效评价体制已经被许多跨国公司所运用，但是由于国家文化间的差异，不同国家的绩效评估体系都体现出不同的特点。正如前面探讨过的，个人主义文化倾向与集体主义文化倾向的国家对绩效评估的重点、作用都有所差异。这是跨国公司在海外进行人力资源绩效评估时必须注意的。

关于东道国员工的薪酬水平和支付方式，虽然最终选择权与决定权在公司手中，但东道国的法律、习俗以及其他因素常常会大大限制公司的这种权力。影响东道国员工的薪酬水平和支付方式的重要影响因素主要包括：东道国的法律法规、招收和留住员工所需的工资水平、工会的压力、公众的压力、公司在相邻或相似国家的工资标准、公司的目标与人力资源管理取向、公司的支付能力、东道国当地公司对外国公司工资水平的评价及其在政治和经济上的重要性、雇员的工作表现等。

东道国员工的晋升主要取决于跨国公司的人力资源取向以及东道国的法律法规。例如，以母国中心主义为导向的跨国公司，由于高层职位通常由母公司的外派人员担任，东道国员工很难获取较高的管理职位；以多中心主义和地区中心主义为导向的跨国公司，虽然东道国可以在国家和地区层次上获取高层次的职位，但同时也面临一个上限，即很难进入母公司的高级管理层；而以全球主义为导向的跨国公司，由于它的目标是在世界范围内寻找有才能的经营管理者，淡化了经营者国籍的差别，所以东道国管理者就有可能进入母公司的高级管理层。另外，东道国的法律法规也可能帮助东道国雇员进入一定层次的管理层。比如许多国家就规定，外国公司的高级管理层必须有一定比例的本国人。

## 小　结

国家环境的差异性和多样性对在多国环境中开展经营的跨国公司的人力资源管理提出了挑战。国际人力资源管理的复杂性主要体现在：①跨国公司的员工具有不同的国籍和文化背景；②跨越国界和文化的人事调度；③跨国公司的人力资源管理必须适应公司经营所在国的政治法律制度、文化环境等。

由于国家环境的差异性和多样性，不同国家在员工的招聘与选拔、培训与开发、绩效评估、薪酬管理以及劳工关系等方面的实践都存在差异。在多国环境中开展经营活动的跨国公司必须审慎对待、分析、处理这些差异，协调并合理利用不同文化差异性带来的挑战和利益。

多样化的国家环境使跨国公司的人力资源管理不仅要满足公司全球战略的需要，

与公司的国际业务类型相匹配，还要考虑经营所在国的法律法规、文化与商业习俗，以及不同国家的人力资源状况。在跨国公司的人力资源管理战略中主要存在四种导向，即母国中心主义导向、多中心主义与地区中心主义导向和全球主义导向。事实上，并没有一种完全适用的、最好的国际人力资源配置方式，这主要取决于跨国公司对文化差异的理解和整合能力以及跨国公司的战略。因此，很少有公司完全遵循一种人力资源管理导向，通常是跨国公司以一种导向为主，再结合其他导向中的一些方法，最大限度地支持其跨国战略的实施。

在跨国公司的所有雇员中，外派管理者与东道国雇员由于其特殊的使命和特点，对跨国公司海外业务的开展发挥着十分重要的作用。在招聘与选拔、培训与开发、绩效评估、薪酬管理以及劳工关系等方面既要统筹全局，又要兼顾地方特色，发挥多元文化对人力资源管理带来的积极影响，规避其不利影响。

## 思考题

1. 人力资源管理的理论和方法在国际上是否具有普遍适用性？为什么？
2. 国际人力资源管理导向主要有哪几种？各自的特点是什么？有哪些优缺点？
3. 跨国公司在选拔外派管理者时应当主要考虑哪些因素？
4. 跨国公司海外任职人员归国后"跳槽"的原因主要有哪些？如何避免这种现象？
5. 跨国公司对东道国雇员培训的方法有哪些？

## 案例分析

[案例分析一]

### 高露洁—棕榄公司：国际人力资源管理

[背景材料]

1. 高露洁—棕榄公司的背景

高露洁—棕榄公司的根源要追溯至19世纪时创立的两个公司：纽约的高露洁公司，是全国处于领先地位的牙膏制造商；位于中西部的棕榄公司，是重要的香皂生产商。1928年，这两家公司合并成高露洁棕榄—皮特（Colgate Palmolive—Peet）公司。1953年改名为高露洁—棕榄公司。现在，高露洁—棕榄公司已是全球顶尖的消费品公司之一，产品涉及口腔护理、个人护理、家居护理和宠物食品等领域。公司最著名的品牌包括：高露洁（Colgate）牙膏，棕榄（Palmolive）洗涤剂，Ajax清洁剂，Irish Spring香皂和Hill's Science Diet宠物食品。

1928 年合并后，高露洁—棕榄公司在美国繁荣起来，并积极向国外拓展业务。至 20 世纪 30 年代末，该公司在欧洲、拉美、印度、南非等地多个国家建立了公司。1938 年，国外销售额占公司收入的 28%，相应利润占 41%；至 1961 年，高露洁—棕榄公司的产品销售到了全球 85 个国家，海外销售额已增长到超过全公司销售额的 53%，利润占公司总利润的 78%。1992 年，高露洁—棕榄公司国外销售收入几乎占到公司总收入的 2/3，业务遍布世界 200 多个国家和地区。

2. 国际业务扩展的管理

在进入国外市场的过程中，高露洁—棕榄公司首先将产品以出口的方式打入新市场。如果销售良好，就在该国设立子公司，在当地进行生产。新的子公司由有经验的管理人员来运营，他们由总部或别的子公司调派。

外国子公司的总经理，也就是国家业务经理，具有很大的独立性。每个外国子公司直接向公司总部汇报。到了 20 世纪 50 年代，该公司采用了区域性结构，即公司向区域总裁汇报，由区域总裁再向业务总经理和首席执行官汇报。在 70 年代和 80 年代，随着全球消费类产品的竞争逐渐激烈，高露洁—棕榄公司改变了严格按地域管理的方式，开始寻求全球性合作的利益。1981 年，它创立了一个新的部门——全球业务发展部，负责对世界范围内某些关键产品的管理。1994 年，高露洁—棕榄公司的组织结构更加注重管理实效。管理的主线依然是区域性的，四个主要地区——北美、欧洲、拉美和亚太地区的总裁向业务总经理汇报；发展中的地区，包括非洲、东欧和中东，向国际业务发展部报告；其他机构，包括全球业务发展部、全球销售和营销效率部以及公司发展部组成一个互补的结构，协调全世界范围的特定活动。利用这种混合结构，公司充分发挥了本地反馈的优点和在全世界范围协调的好处。

3. 驻外经理的责任

在刚开始进行国际业务扩展时，高露洁—棕榄公司广泛地任用驻外经理。有经验的管理人员会被公司从一个国家派遣到另一个新的市场，在那里，他们能帮助设立子公司；聘用和培训当地员工；引入高露洁—棕榄公司的产品和营销技术；根据当地情况改进公司的产品和经营方式。几年以后，这些有经验的管理人员通常又被调动到另一个国家，带去他们的专业技术，并帮助宣传公司的管理方式。驻外经理除美国人外，澳大利亚、荷兰、英国和其他许多国家的经理也被派驻国外。

一旦到了国外，驻外经理们就得尽最大的努力适应当地的环境。饮食、气候和生活水平常常和已习惯的条件相差很大。尽管有种种令人不舒服的地方，许多经理仍乐于接受建立外国子公司的挑战。他们投身于高露洁—棕榄的事业，在既丰富多彩又激动人心的驻外生活中得到了很好的发展。同时，他们往往感到海外生活对他们个人和家庭都有益。

由于驻外经理是由高露洁—棕榄的管理阶层提升的高级管理人员，因此，国际工作经验被视做管理发展中必要的部分。全球人力资源策划总监凯瑟琳·韦达（Kathryn Weida）评论道："我们的大多数高级管理人员都曾经在国外工作、生活过。国外工作经验被看做晋升之道。没有国际工作经验的人是很难成为高层管理人员的。"

4. 高露洁—棕榄公司的国际职务委派政策

在高露洁—棕榄公司的多数发展阶段，都没有处理国外工作委派的明确方针。多年以来，公司仅仅是派一个经理到国外，发给他月薪和年奖。在住房、子女教育和其他许多方面都不提供特殊帮助。他们在当地居住22个月，最后有2个月的假期。虽然第一年经理有2周假期，但只能待在当地，不能回家度假。

高露洁—棕榄公司对于国际员工的这种非正式的管理方法看来运作得不错。它不仅给有才能的人委派了重要的国外职务，而且为公司培养了众多有经验的管理人员。然而随着时间的推移，缺乏正式的驻外人员政策的弊端显现了出来，其中一个就是处理生活费用差异的问题。美国的工资水平可能足以使驻外人员在某些国家生活得很好，但在其他国家可能就无法维持满意的生活水平。因为经理们害怕遭受财力上的损失，有些国外职务不吸引人；同时，另外一些任务之所以那么吸引人，是因为这是一个省钱的机会而不是因为工作本身的优点。这两种情况都不可取。另一个问题有关退休金计划。如果一个经理先在一个国家工作几年，再去另一个国家工作几年，然后又去另一个不同的国家工作几年，他或她可能在任何一个国家都得不到全部养老金。没有一种体系可以只按照在高露洁—棕榄公司的工作期限，而不管在哪个国家工作来决定其退休金。由于这些方面和其他方面的原因，20世纪80年代初期，该公司决定制定统一的关于国际职务委派的公司政策。

高露洁—棕榄公司的国际职务委派政策是在1983年制定的，为公司委派驻外经理提供了一套标准化的程序和授权。在挑选、组建高露洁—棕榄公司的全球管理人员队伍时，管理人员，不管是美国人还是其他国家的人，都会正式地取得"美国待遇"，与美国雇员享受同样的养老金和福利。这样，无论这位经理怎样调动，也不管其在某国任职多久，他或她都会按美国水平得到全部报酬和福利。

这个国际职务委派政策分几个重要的部分。在接受一项国外职务以前，允许管理人员到该职务所在地游览5天，费用由公司支付。一旦接受委派，公司出钱让经理及其配偶学习语言课程。在出国以前及国外居住期间，公司为家庭全部成员体检。在国外期间，高露洁—棕榄公司会报销4～19岁子女上私立学校的学费。雇员们每年还有探亲假，这样他们就可以每年有长一些的探亲时间。

这个政策最重要的一些条文是为了确保驻外经理的可支配收入与在纽约总部的同级人员处于相仿水平。为了确保财务上平等，该公司设定了商品和服务津贴、住房补贴和税金均等化方案。商品和服务津贴是根据纽约标准市场上商品和服务的组合价格和同样的商品和服务在国外的价格比较计算得来的，其中的差额将以现金形式支付给驻外人员。住房补贴则是补偿包括公用事业费在内的住房费用超出纽约市区住房费用的部分。在某些国家和地区，如中国香港地区，住房补贴每月可达几千美元。最后，税金均等化方案是为了确保驻外经理们免受高税率国的不利影响。高露洁—棕榄公司先推算该雇员在纽约应该缴纳的税额，如果他在外国实际应缴的税额更高，公司会补偿多出的部分。在丹麦等个人所得税边际税率高达65%或更高的国家，高露洁—棕榄公司必须给予大量的均等化补偿。另外，在任职和离职时，由公司支付搬迁和安家的费用，提供安家补贴，支付到职后的临时生活费，还要保护雇员处理不动产时不致受损。

高露洁—棕榄公司的国际职务委派政策涉及范围广泛，既有个人问题也有财务问题。但是这个政策的花费也很大。若把政策涉及的所有部分都考虑进去，派遣一个经理到国外任职5年的成本是一个在美国的经理所花费用的1.5~4倍。另外，还有与这个政策相关的很大一笔管理费用，因为要计算几十个不同国家的商品和服务价格指数和税金均等化项目，高露洁—棕榄公司的纽约总部要雇用大约5个全职的专业人员来管理这个政策。

5. 对政策的评价

人们广泛认为高露洁—棕榄公司的国际职务委派政策取得了成功，该公司对这项政策能够发展和留住有才能的管理人员感到满意。一般来说，驻外经理自身也对这种处理方案表示满意。当然，不是所有的经理都乐于接受一项国际职务，他们通常会考虑到该国的宗教信仰、社会习俗、语言或身体健康和人身安全问题。有时候是由于个人的原因，如有些家庭的孩子有严重的过敏反应，他们需要生活在一个父母能读懂食物标签的国家里。也有些情况是驻外经理及其家属在短期停留后发现他们很难适应国外的生活而要求回国。总体来说，这种情况很少。

然而，到了1990年，高级经理开始发觉安排国际职务越来越困难。经理们对国际职务越来越挑剔，有些职位要在推荐了好几次后，才有人愿意接受。为了弄明白对于国际职务改变态度的原因，1991年，高露洁—棕榄公司对员工进行了一次广泛的调查，其目的在于找到妨碍管理人员接受国际职务调动的因素，并寻找使驻外职务更有吸引力的方法。

这项调查得出了几个重要结果。它表明绝大部分的员工认为这项国际职务委派政策是公平和全面的。员工们还指出，有国外经验对于提升为高级经理是必要的，而被选中任国外职位是具有“很大潜力”的标志。这些结果明确地证明该政策得到了广泛的理解和高度赞赏。

这项调查同时指出有两方面需要改进。第一，员工们建议在驻外人员及其家属出国前，应做更多的准备工作。对此，高露洁—棕榄公司引入了一项入门计划，帮助驻外人员和他们的家人预测他们可能会在国外遇到的文化差异和个人压力。这些项目是向第一次接受国外任务的所有驻外人员提供的，同时也是为跨地域的驻外人员准备的。第二，许多驻外人员声称对配偶的工作问题不满意，抱怨他们的配偶不能获准在国外工作，或者在他们选择的专业方向上找不到合适的工作。许多员工在此方面顾虑重重，促使公司认真考虑对其配偶的协助问题。

（资料来源：包铭心，等．国际管理：教程与案例．机械工业出版社，1999 年版。）

[案例思考题]

1. 高露洁—棕榄公司在国际职务委派中采取的措施主要有哪些？效果如何？

2. 进入 20 世纪 90 年代以后，国际职务委派的困难在哪里？请给出你对解决这一问题的建议。

[案例分析二]

## 麦当劳的人力资源管理

[背景材料]

如今，麦当劳对于每个人来说，已经是再熟悉不过的字眼了，我们亲切地称之为“麦大叔”。然而，当我们坐在窗明几净的快餐厅里大快朵颐的时候，却很少想到笑容可掬的麦大叔所背负着的压力与考验。作为和肯德基并行于中国快餐业两大龙头之一的世界知名品牌麦当劳，较晚进入中国市场的事实无疑使它背负了更多的压力和挑战。捷足先登的肯德基已经抢占了大城市中最佳的开店位置，而且连锁店的数量也将近麦当劳的两倍。毫无疑问，肯德基占尽了天时地利的优势，使麦当劳在经营和拓展的过程中面临了更多的难题。面对这些客观差距，麦当劳认为，企业的发展与竞争根本上是人才的发展与竞争。要保证企业的成功与品质的统一，优秀的员工是其中的关键。而要让众多文化背景、年龄不尽相同的员工与企业拥有共同的目标，拥有一套标准化行之有效的人力资源管理模式和成熟的员工培训体系就成了重中之重。

1. 炸薯条、做汉堡是通向成功的必经之路

麦当劳公司 95% 以上的管理人员来自有经验、有业绩的员工。在麦当劳企业里 75% 以上的餐厅经理，50% 以上的中高阶主管以及 1/3 以上的加盟经营者是由计时员工开始的。麦当劳公司实行一种快速晋升的制度：一个刚参加工作的出色的年轻人，可以在 18 个月内当上餐厅经理，可以在 24 个月内当上监督管理员。首先，一个有文凭的年轻人要当 4 ~ 6 个月的实习助理。在此期间，他们以一个普通班组成员的身份投入公司各个基层工作岗位，如炸土豆条、收款、烤牛排等。在这些一线工作岗位上，实习

助理应当学会保持清洁和最佳服务的方法，并通过他们最直接的实践来积累实现良好管理的经验，为日后的管理实践做准备。第二个工作岗位则更带有实际负责的性质：二级助理。这时，他们在每天规定的一段时间内负责餐厅工作，与实习助理不同的是，他们要承担一部分管理工作，如订货、计划、排班、统计……他们要在一个小范围内展示其管理才能，并在日常实践中摸索经验，协调好他们的小天地。

晋升对每个人都是公平合理的，既不作特殊规定，也不设典型的职业模式。每个人主宰自己的命运。适应快、能力强的人能迅速掌握各个阶段的技术，从而更快地得到晋升机会。公平的竞争和优越的机会吸引着大量有文凭的年轻人到此实现自己的理想。

最艰难的是进入公司的初期，前 6 个月人员的流动率最高，但是那些能坚持下来的年轻人，基层的工作培养了他们吃苦耐劳、独立自主的品质和高度的责任感，同时获得了最有效的锻炼和最宝贵的工作经验，基本上在 25 岁以前就可能得到很好的晋升机会。

2. 不用天才，只用最适合的人才

麦当劳宣称，他们不用天才，因为天才是留不住的。麦当劳请人，只请最适合的人才。这里所谓的天才，是指那些不能够在工作上找到自己适当定位的人。在麦当劳里取得成功的人，都得从零开始，脚踏实地的工作，炸薯条、做汉堡包，是在麦当劳走向成功的必经之路。这对于那些不愿从小事做起，从我做起，从现在做起，踌躇满志想要大展宏图的年轻人来说，是难以接受的。麦当劳请的是最适合的人才，是愿意踏踏实实、努力工作的人。脚踏实地，从头做起才是在这一行业中成功的必要条件。在麦当劳餐厅，女服务员的长相也大都是普普通通的，还可以看到既有年轻人，也有年纪稍大的人。与其他公司不同，人才的多样化是麦当劳的一大特点。麦当劳的员工不是来自一个方面，而是从不同渠道请人。麦当劳的人才组合是家庭式的，年纪大的人可以把经验告诉年轻人，同时又可以被年轻人的活力所带动。因此，麦当劳请的人不一定都是大学生，而是什么人都有。麦当劳不讲求员工是否长得漂亮，只在乎他是否有责任心，工作是否负责、待人热情、让顾客有宾至如归的感觉。如果只是个中看不中用的花瓶，或者是自恃过高的天才，是不可能在麦当劳待下去的。

3. 没有试用期

不同于其他企业繁冗的招聘程序，麦当劳具有一套很独特的面试步骤：第一步由人力资源部门面试；第二步由各职能部门面试；第三步请他来店里工作三天，这三天也给工资。然后，通过身边所有同事的评价，运用 360 度评估法来对应聘者进行评估，确定这个人适合做什么工作，具有什么优点可以帮助麦当劳企业，最后作出是否录用的决策。这就是麦当劳著名的 OJE（ on the job eva luation）模式，即岗位测评法。用短短的三天代替了漫长的实习期，不仅节约了宝贵的时间和精力，同时有效地提高甄选的质量，让管理者在最短的时间内，最及时有效地观察到应聘者的实际工作表现，从而避免了一些面试中常犯的错误，使得麦当劳的选才成功率达到95%。在麦当劳没有试用期，但是有长期的培训和考核目标。麦当劳公司员工自进来第一天起，就被安排为一对一的训练。

在培训方面，麦当劳强调的是员工的全职业规划培训，从计时员工开始到高阶主管，结合他们的职业生涯，都有不同的培训计划，从各区域的培训中心到汉堡大学的阶梯式培训，使员工能够有机会不断地学习和发展。麦当劳的管理人员95%是从员工做起的，公司每年也要花费1200万元用于员工培训，一旦优秀的员工进入管理层，麦当劳又会给他制定一套结合国内外资源的训练机会，不仅能够在训练中心接受营运及管理方面的教育，还有机会去汉堡大学进一步深造，接受更高层次的训练。这种全职业规划培训使麦当劳的高管人员流动率很低，从而形成了一批稳定的管理队伍。从开始的操作型培训到后来的管理型培训，直到专门培养高层管理人员的美国伊利诺伊州麦当劳汉堡大学，只要员工有能力接受，麦当劳就为其提供继续深造的机会。而且，只要员工通过相应的考核，就有薪资不菲的职位等待他去上任。这就是麦当劳的人才培养体制，不要求你入门的时候是什么天才，但可以经过系统的培训把你培养成最适合的人才。麦当劳培训的另一个特色是从幼儿园到大学的分级培训，这种分级培训包括：幼儿园、小学、中学直到大学的训练课程，而且专业化程度越来越高，所有课程也具有一致的目标和阶段的连贯性。幼儿园的课程是最基础的课程，主要是让员工学会怎样让客户满意；小学课程则是让培训者学会怎样去做人员管理；到了中学课程，核心就是学会如何控制成本和帮助销售；而到了大学，就是要学会如何带动管理者成长。

以上两种特色的培训机制并不是独立的，而是紧密地联系在一起的。在员工的全职业规划培训中贯穿着不同阶段的分级培训，让每一位员工都可以看到一个清晰的职业发展通道，由此产生一个强大的工作动力，不断地激励着每一位员工向更高的目标努力。正如麦当劳北京公司总裁赖林胜常告诉员工的那样：每个人前面有个梯子，你不要去想我会不会被别人压下来，你爬你的梯子，你争取你的目标。

（资料来源：企业活力：麦当劳人力资源管理模式的分析与启示，2009年。）

**[案例思考题]**

1. 麦当劳在雇员管理方面有什么特点？
2. 麦当劳的人力资源管理模式对我国的跨国公司有何启示？

## 本章参考文献

[1] 约翰·B·库伦．多国管理战略要径［M］．赵树峰，译．北京：机械工业出版社，2003.

[2] 张新胜，等．国际惯例学［M］．北京：中国人民大学出版社，2002.
[3] 史蒂夫·莫滕森．跨文化传播学：东方的视角［M］．关世杰、胡兴，译．北京：中国社会科学出版社，1999.
[4] 陈晓萍．跨文化管理［M］．北京：清华大学出版社，2005.
[5] Raymond Vernon，国际经济中的经理［M］．李晓光，陈运涛，译．北京：清华大学出版社，2000.
[6] 包铭心，等．国际管理：教程与案例［M］．北京：机械工业出版社，1999.

# 第十章
# 跨国公司的经营风险管理

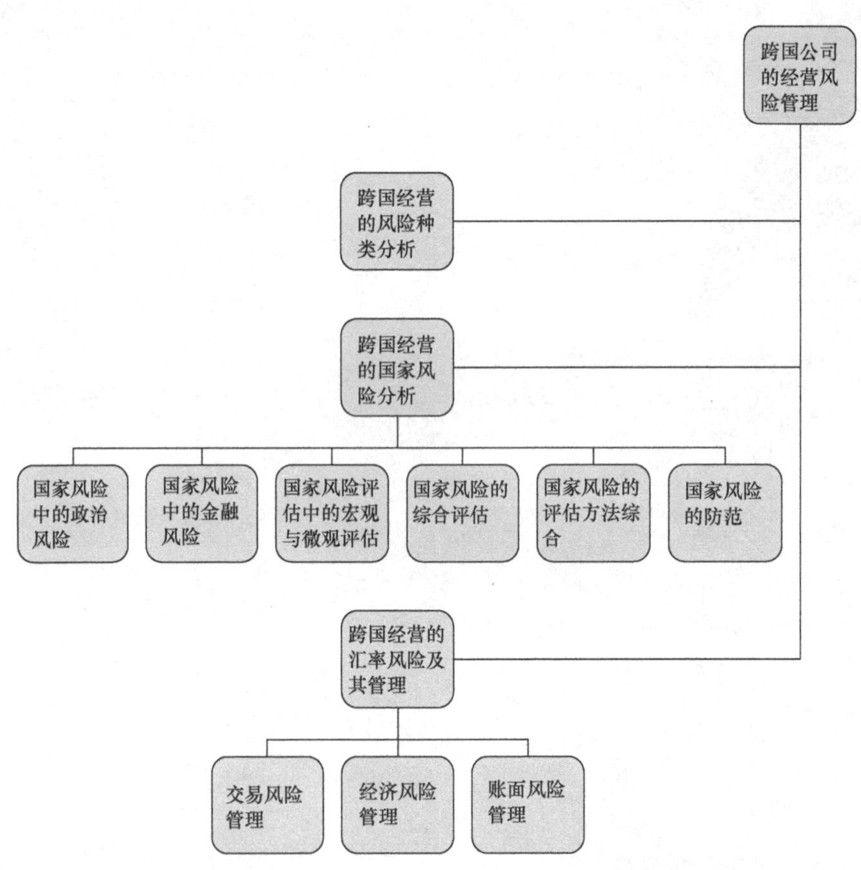

风险管理是针对企业经营活动中多种不确定因素的事前管理，以期减少未来不确定因素给企业带来的可能损失。相比单纯国内市场经营的企业，跨国公司以及那些涉及国际化经营的企业要面对更多的不确定因素，因而风险管理是一种基础性工作，其经营内涵更广泛，更丰富。

跨国公司在跨国经营中面临着复杂多变、竞争激烈的市场环境，它的生产经营活动会遇到种种风险，如何及时地识别、判断风险，准确地衡量和控制风险，关系到跨国公司的生存与发展，风险管理是跨国公司管理中的重要组成部分。

## 第一节　跨国经营的风险种类分析

跨国公司的风险种类有很多种，和在国内市场经营的公司相比，最经常遇到的不确定因素便是东道国的政治、经济和社会环境，以及当地金融市场交易指标带来的生产和经营上的不确定性。

从跨国公司的管理事务层面考察，跨国公司所面临的风险主要是跨国经营的国家风险和与当地资本与资金市场相联系的金融风险。

跨国公司在进行跨国经营时还有经营风险。跨国公司所面临的经营风险比国内企业的大得多。跨国公司的经营风险主要是指其市场风险，其面临的市场有两大类：宏观市场和微观市场。宏观市场是指商品交换关系的总和，是各个要素市场、区域市场相互联系、相互制约的有机体。微观市场是指买卖双方构成的一个特定市场，它既包括市场的买卖双方，也包括商品交换的场所。因此跨国公司的生产经营中必然面临着宏观市场风险和微观市场风险。其中宏观市场经营风险包括市场供求风险、市场竞争风险、市场结构风险和市场秩序风险；微观市场的经营风险包括生产风险、销售风险、价格风险和信誉风险。

## 第二节　跨国经营的国家风险分析

无论跨国公司已经在国外市场经营还是正在考虑在海外进行投资，它都必须适时评估相关国家的经营环境，以便为公司的投资或撤资或资产重组决策提供关键性的基础信息。这项工作即属于国家风险分析范畴。

国家风险是指跨国公司在东道国的经营会因为该国经济、社会和政治环境的改变而对跨国公司的现金流量产生不利的影响。国家风险一般包括政治风险和经济风险。

国家风险分析是指对在某国进行投资和从事商业活动相关的潜在风险及其影响因素进行分析与评估。国家风险分析对跨国公司的资本经营至关重要。虽然一般说来，在不完全竞争市场的条件下，跨国经营的经营效率要比单纯国内经营的效率高，但跨国经营可能遭遇的风险也比较大，甚至短时期内发生的国家危机或金融危机会将跨国经营多年的累积效益毁于一旦。

在跨国经营可能遭遇的各类风险之中，国家风险是不可预测程度最高、风险导致的损失最大、影响因素最为复杂、偶然性最大的一类风险。因此对国家风险的监测和管理是跨国经营活动中极为重要的风险管理内容。跨国公司通常以国家风险分析作为跨国投资决策的重要参考，作为监测公司当前开展的国际业务的重要参考，也作为分析跨国经营长期战略的重要参考。

## 一、国家风险中的政治风险

政治风险是指在国家经济活动中因政治因素的变化而导致的风险。

在跨国经营活动中，政治风险涵盖的内容相当宽泛，一国国体和政府的政治体制变动、政权更替、国内和国际因素引起的战争等固然是国家风险的重要考虑因素，因其导致跨国公司的损失尤为剧烈，但其他一些当地日常经济、文化事件也会对跨国公司的经营业务产生影响。比如，政府的产业政策更替、民族主义情绪导致的消费者态度的变化，宗教事务导致的消费者结构的变化等，也就必然成为一国政治风险的构成要素。

政治风险通常具有突发性，也具有相当程度的随机性，政治风险的涉及面广，包括政治、经济、文化、社会等各个领域，它的影响程度也较深，包括政府、企业、个人等的经济活动。它不同于国内市场通常存在的需求波动和国际市场存在的交易风险。由于政治风险的复杂性，所以风险的预测与控制很困难。政治风险一旦发生，通常难于进行有效的控制，避免损失的唯一办法是对东道国的政治因素事前进行周密的分析，做好各种准备以应付政治风险。

### （一）政治风险的类型

1. 国家政治变动风险

国家政治变动风险主要是指由于东道国国家政府的非正常更替、政府改组甚至政治动乱等导致的政局动荡给跨国公司在当地市场的经营带来的损失。鉴别东道国的政局是否稳定需要考察多个方面的因素，国际上从事跨国经营管理的学者曾应用多种方法来研究国家政治风险的预警和政治风险的侧度，其中不乏很多有启发的方式和方法。例如，根据国际上对此类问题的研究，对国家政治风险的考察可以集中在以下几个方面：①潜在的民族冲突，即东道国各种民族之间的关系；②潜在的宗教和政治团体冲突，即东道国国内各宗教派别、各党派、各社团的基本状况；③潜在的社会关系冲突，即国内各社会阶层的利益要求及其关系；④潜在的政府管理机构更替，即政府关键部门与其他部门的关系，以及部门领导成员的更替及组成情况等。

2. 国家经济政策变动风险

国家经济政策变动风险是指东道国政府的政策变动而导致对外来投资者不利的经营环境变化。一般来说，东道国政府为了吸引投资、创造良好的投资环境，不会轻易改变其利用外资的政策。但是有些东道国国家为了重新考虑投资计划，有效地限制和利用某些外资，改善利用外资结构等，往往会局部或整体地调整政策。这种政策的变动风险主要表现在以下几个方面：①土地政策变动风险；②税收政策变动风险；③市场政策变动风险；④外汇政策变化风险；⑤国有化政策风险。国家经济政策变动风险也包括一些产业政策的更替，导致某些产业的经营环境变化，最终可能导致对该行业外来资本不利的影响。

3. 突发事故风险

突发事故风险是指由于一些异常事件的发生而导致的政治风险，它主要表现为：战争风险、自然灾害风险和经济危机风险。

4. 法律冲突风险

法律冲突风险是指由于各国之间法律对抗而给跨国公司带来的风险。一般来说，产生法律对抗的原因有：投资国与东道国之间的法律不一致；国家法与国际法不一致导致的法律冲突。

对于跨国公司而言，政治风险的极端形式就是东道国可能征收子公司，或对外国投资企业的资产进行冻结。有时征收或者冻结会给予一些补偿。这种事件可能是和平的，也可能是以暴力方式进行的。

**（二）常见政治风险形式**

1. 东道国消费者态度

通常，东道国消费者的态度主要根据市场上的产品特点为导向，但也可能在某些经济和政治背景下，对某些国家的产品持消极或抵制的态度，而对另外一些国家的产品（特别是对本国产品）持积极支持和热情追捧的态度。东道国消费者的这种按照国别取舍产品的消费心理倾向是一种典型的政治风险因素，是跨国公司要经常考虑的方面。

通常消费者的这类心理倾向产生于两种背景：第一种是对国家的爱国情绪导致的国货支持，第二种是因对某些国家政治态度而导致的排斥外国产品。两者的发生、发展都有其潜在的发展历程。进入一国市场的跨国公司，必须考察东道国消费者对当地制造产品的忠实程度，以及可能存在的对投资国产品的排斥程度。例如，如果东道国消费者非常忠实于当地产品，那么，与一家当地公司组建合资企业可能比产品出口或全资子公司投资形式的经营策略更有利。

2. 东道国政府态度

东道国政府对特定国家投资者的态度与当地消费者的态度可能存在某种不一致。一般而言，东道国政府对外来投资者的态度没有国别的差异，对外来产品更没有国别方面的政治性选择，但也有可能因国际贸易争端而引发对于特定国家的产品进行抵制的情形。此外，东道国也可能由于国内产业或区域发展侧重而采取相应的产业发展政策从而可能影响跨国公司的现金流量。例如，东道国可能会设立污染控制标准（影响成本）、增加公司所得税（影响税后收益），以及预提所得税和资金转移限制（会影响转回母公司的税后现金流量）。

3. 资金转移的冻结

东道国可能采取的控制外来资金最常见的方式是部分或全部冻结外国公司投资收益及其他资金的跨国境转移。一般而言，跨国公司在一国的投资实体经常要把当地生产和销售的利润或剩余资金转回母公司，其形式可能反映为偿还贷款、购买原材料、缴纳管理费、汇回实际收益等。在跨国资金转移冻结的情况下，上述活动便不能正常实现，跨国公司必须要根据这类政策情形和冻结水平而作出经营策略上的调整。

一种情形是全部冻结。此时，跨国公司必须让其投资实体实现在东道国市场的自我循环，并且以其他形式（如以出口与易货等贸易形式）偿还母公司的贷款，以及原材料和管理费用。一般而言，全部冻结跨国性资金转移应是一种暂时性政策，这类政策对东道国吸引外资会造成巨大伤害。

另一种情形是部分冻结。东道国政府对外国直接投资在当地的收益汇出施行限制，或通过较高的税收水平控制当地收益的汇出，但对偿还母公司的贷款和货款应付则不施行限制，此种情形跨国公司的母公司通常会通过转移价格而使其资金移动。客观上表现为子公司总是在并非最有利的项目（仅仅为了利用资金）上开展经营。

4. 货币的不可兑换

某些国家的政府控制其本国货币自由兑换成其他货币，通常出现在外汇极度短缺的国家和地区。因而外国投资的子公司在这些国家创造的收益便不能通过货币兑换汇回母公司。当该国货币不可兑换时，跨国公司可能需要将货币形态的资金转移换成货物形态的价值转移，以获得在该国投资项目的收益。

5. 国家突发事件

国家突发事件常常构成国际经营活动中的重大风险，如战争。某些国家存在与邻国陷入战争的可能性，这自然会影响跨国公司在当地市场的经营活动，特别是影响到跨国公司的雇员安全。

6. 官僚主义

官僚主义会使跨国公司的经营复杂化。政府正常运行过程中存在的官僚主义会增加跨国公司在当地经营的管理成本，当官僚主义导致的常规性决策过程相对复杂时，也预示着跨国公司的管理成本水平具有或然性，于是导致跨国公司的政治风险水平提高。

7. 腐败

腐败是一种社会疾病，它可能存在于一个国家的政府机构，也可能存在于商业组织以及企业之间的运行过程。当一个国家社会上的腐败现象较为突出的时候，预示着该国家的常规性商业过程，包括政府对商业活动的管理过程存在更多的不确定性，于是导致跨国公司的政治风险水平提高。

## 二、国家风险中的金融风险

金融风险，有些教科书则强调经济风险，主要是指东道国的金融或经济指标变化对跨国公司的现金流量可能产生的重大影响，其中最主要的因素是经济增长率指标、利率、汇率、通货膨胀率以及政府对经济的干预程度指标等。

1. 经济增长率

一国经济增长水平以及经济增长潜力会直接反映当前和未来的市场需求情况。经济景气会繁荣当地经济，扩大市场需求；反之，经济衰退则可能会严重减少对跨国公司出口产品的需求或减少对该跨国公司当地子公司出售产品的需求。事实上，跨国直接投资的最重要因素就是一国市场的潜在需求，即对该国经济增长率的预测和把握。

2. 利率、汇率和通货膨胀率

利率、汇率和通货膨胀率三者是相互影响和联系的。较高的利率会降低经济增长，减少对跨国公司产品的需求，较低的利率会刺激经济的增长，扩大需求；较低的汇率有利于产品出口，较高的汇率有利于进口；通货膨胀率的高低影响消费者的购买能力，进而影响到对跨国公司产品的需求。

3. 政府对经济的干预程度

政府对市场的调节或干预某些时候会刺激市场的增长，某些时候则可能起到相反的作用。通常，政府赤字预示着政府购买力的作用水平。当一国经济主要依靠政府的购买力支撑时，其经济发展的风险可能会比较大。若当地国家的市场化程度较高，经济发展主要是市场机制的作用，则有利于跨国公司发挥其优势，有利于跨国公司开展生产和销售。

## 三、国家风险评估中的宏观评估与微观评估

根据是否与跨国公司经营业务直接相关，又可将国家风险的评估区分为两大类：第一类是国家风险的宏观评估，即不考虑跨国公司所在的行业与市场经营特点，而只是对跨行业的经济指标与社会指标进行分析和评估；第二类则可称做国家风险的微观评估，即只对跨国公司所在的行业与市场经营范围相关的指标进行评估。

国家风险的宏观评估涉及更广范围的数据收集与分析，包括对特定国家展开的调查和研究，但由于并不包括行业与市场的相关信息，因此这类风险评估相对比较容易。其缺陷是由于涉及的指标考察较为宽泛，对不同指标的选择和组合方式实际往往决定了不同评估的结果，因此评估过程中选用何种指标，其选择过程具有比较突出的主观性，其中也包括所选取指标在整个评估体系中的权重也存在一定程度的主观性。由于主观性导致的对国家风险进行宏观评估的结果出现差异就是很自然的了，这无疑也是国家风险的宏观评估存在的问题。

国家风险的宏观评估模型通常包括 GDP 增长率、通货膨胀趋势、政府预算水平（及财政赤字）、利率、失业率、该国对进出口贸易的依赖性、贸易余额和外汇管制等。

国家风险的微观评估主要涉及与跨国公司经营业务直接相关的产业与市场信息，通常牵涉比较具体的调查和研究分析，评估过程相对复杂，但由于信息选取的来源单一，比较客观，而对跨国公司的投资决策也具有更为直接的作用关系。

例如，跨国公司生产产品的政治敏感性分析就是一个典型的微观评估过程。确定产品的政治敏感性通常考察以下问题：

（1）该产品的供给是否会成为当地国家的政治议题？如粮食、石油、水、电、药品的供给往往关系到政治议题。

（2）该产品的生产是否依赖其他产品的生产？

（3）该产品是否关系到社会与经济生活？

（4）该产品是否关系到农业生产？

（5）该产品是否会影响到东道国的国防能力？

（6）该产品是否需要东道国供给生产要素？

（7）该产品在东道国是否有竞争对手？包括现有的竞争对手和潜在的竞争对手。

（8）该产品是否与公共传媒有关？

（9）该产品会不会对使用者构成潜在的伤害？如有副作用的药品。

（10）购买该产品会不会造成外汇外流？

对以上问题的回答，如果“是”的结果多则政治敏感性就强，该产品微观层面的政治风险就比较大。

## 四、国家风险的综合评估

如前所述，国家风险中的政治风险和金融风险形成两个主要的指标域，与上述宏观评估与微观评估内容结合起来，则会形成四个主要的风险评估和分析类型，形成国家风险的综合评估体系。具体表示如下：

（1）国家风险的宏观政治风险分析。这主要是指国家风险的分析中针对跨行业和泛市场内容的政治风险因素进行的评估。

（2）国家风险的微观政治风险分析。这主要是指国家风险的分析中针对具体产业与特定市场内容的政治风险因素进行的评估。

（3）国家风险的宏观金融（经济）风险分析。这主要是指国家风险的分析中针对跨产业和泛市场内容的金融（或经济）风险因素进行的评估。

（4）国家风险的微观金融（经济）风险分析。这主要是指国家风险的分析中针对具体产业和特定市场内容的金融（或经济）风险因素进行的评估。

在国家风险的宏观评估和微观评估分析基础上，与政治风险与金融风险的内涵相融合，可以进一步明确企业所面临的国家风险的具体位置，从而具体确定特定公司的国家风险管理和规避措施。特别是在投资决策的过程中，国家风险的具体定位极其重要。

同时，值得指出的是，在经济规模较小的国家，跨国公司的规模也会对东道国政府施加较大的作用和影响，因此国家风险在这个时候成为一种可以由于跨国公司的地位而发生变化的情形。东道国政府与跨国公司双方的地位实际上可能决定当地政府所采取的政治性措施，也就是国家风险的水平可以因为跨国公司的规模和地位的差异而发生变化。因此，跨国公司的规模、信誉水平也可以直接反映该企业抵御国家风险的能力。有时候，跨国公司母国的国际地位也是东道国实施控制时考虑的因素，因此也成为该国跨国公司抵御国家风险的重要组成因素。

## 五、国家风险的评估方法综合

一旦公司找出了在国家风险评估中必须考虑的所有宏观和微观因素，就有希望建立一套指标体系来评估这些因素，进而通过定性和定量方法确定国家风险等级。一般常见的评估分析方法可以包括以下一些：

### 1. 专家评价方法

为了提高国家风险分析的技术水平，组织一个专家组开展工作是最为适宜的。该方法收集各个评估专家对国家风险组成指标的评定意见，包括权重水平的意见，并可能经过若干回合的专家意见征询。评估专家可以来自不同背景，可能是跨国公司内部的职员，抑或企业外部有经验的咨询人员。建立在不同背景的专家组评估之上的分析过程还可以包括对评估结果的数理统计，如均值和方差的分析，来分析各评估专家观点在不同指标上相一致或不一致的程度。

2. 统计分析法

一旦某一时期的金融和政治风险指标已经确定，则可以考虑应用统计分析模型来确认各个指标影响国家风险水平的特征，如采用离差分析将风险较大的国家和风险较小的国家区分开来；也可以根据宏观评估与微观评估结果，以及政治风险与金融风险评估结果作出二维平面图形，形成所谓国家风险矩阵，来具体确定特定国家的风险地位。

尽管统计分析模型可以定量分析各变量之间的相互影响关系，然而这些模型也确实有各自的局限性，主要在于如何采用历史数据与预测未来的国家风险之间存在着一定的不确定性。由于国家风险评级是用来评估未来可能实施的项目，因此理想的评级体系应能提供早期的预警信息，而这样的信息完全依靠定量分析是远远不够的。

3. 现场调查法

现场调查法就是实地考察需要评估的国家，通过会见当地政府官员、公司管理人员以及当地消费者，可以获得大量第一手资料，可以帮助澄清公司对某一国家的模糊看法，降低信息掌握的不确定性。国家风险评估中有一些变量和指标，如当地公司间的商业和社会关系，不亲自到东道国市场调查是很难评估的。

目前在一些国际组织和开展国际业务的大型银行中间，对国家风险的宏观评估（即超乎特定的企业运营之上的跨产业、跨市场类型的国家风险评估）已经在使用一些相对成熟的方式方法来评估国家风险，如下列一些方法：

1. 结构定性分析法

结构定性分析法是由美国进出口银行最先提出的，这种方法将跨国公司所面临的风险分为政治风险、经济风险、对外支付能力及国际收支方面的因素及政策因素等，评估过程根据相关指标内容的分析，提出标准格式的国家风险评估报告。

2. 风险评级制

在伦敦货币出版局出版的《国家风险：怎样评价、数量化和控制》一书中曾提出风险评级制，其中包括内容十分广泛的国家风险影响要素清单、指标的考核与建立、指标评价方法等，并根据一定的指标序列及其重要程度作出风险评级表。目前国际上较通用的是《欧洲货币国家风险评级表》和《机构投资者国家风险评级表》。

3. 宏观经济流动比率法

宏观经济流动比率法是一种宏观风险评估方法，该方法的核心是计算宏观经济流动比率，求出当年国家储备、国外存款、出口商品、劳务外汇和国外货款来源之和与当年应偿付外债本息和国际资金融通需求之和的比率。一般认为，这个比率大于1时风险较小，小于1时风险较大。

## 六、国家风险的防范

对国家风险的评估最终是要落实到跨国公司对国家风险的防范和规避措施上面，以便减少东道国国家风险可能给公司在当地市场操作带来的损失。

一般来说，当国家风险评估的结果显示跨国公司当前运营的国家存在较大风险时，防范国家风险的方式有以下几种：

1. 改长期投资行为为短期投资行为

这是指将跨国公司的投资目标仅仅限制在保障当前和短期内的现金流回报上面，而将长期性投资的项目改为短期运行。例如，跨国公司的厂房设备主要依靠租用，而非本公司投资建立；同时密切关注国家的政治经济环境的变化，一旦局势不好，就需要撤出投资。

2. 依靠特别的供应商角色或特别的技术

为使公司本身的投资活动受到当地政府和工商企业的支持，本公司在当地市场开展的业务应具有很强的特色和不可替代特性，以特别的、他人不可替代的供应商的角色出现，或者拥有他人不具有的特殊技术能力，都可以成为在当地市场不容易被排斥、反而在当地动荡的市场发展中还可能受到保护的重要品质。

3. 雇佣当地劳动力

一般而言，外国投资企业解决当地劳动力就业问题是受到东道国政府支持的，同时在遭受经济危机和政治动荡的情况下，这样的外资企业一般也会受到民众的支持。

4. 借当地资金，依靠当地银行的影响

当外国投资企业拥有较多的当地借款时，这样的企业就成为当地金融机构需要扶持的企业类型，否则将会使当地银行机构蒙受贷款效益低甚至形成呆坏账的危险。

5. 投资分散化策略

跨国公司可以通过采取分散化投资的策略降低国家风险。分散化投资的核心是将公司独立承担的风险转变为多个公司共同承担，将不同国家利益联系在一起共同承担风险。它可以采取以下两种方式：①与东道国的不同利益者建立利益联系，使东道国各方的利益与企业的利益联系在一起。②采取合资方式。合资企业一般较少受到国家风险的困扰。合资对象除了东道国公司外，还可以包括第三国企业。

6. 控制市场经营和分销渠道

将市场经营和分销渠道设置在东道国之外也是应付国家风险的有效措施。东道国政府接管企业后不具备进入国际市场的销售渠道，从而弱化东道国政府接管企业的能力。

7. 购买保险

多个资本输出国都设有投资保障保险，这可以在一定程度上应付突发战争、资金被当地控制等情况，此外国际组织也有可能提供类似的保险。

8. 积极适应东道国的环境

跨国公司在东道国的生产和经营活动中，积极遵守东道国的法律政策，与东道国政府建立良好的关系，制定合理的价格，获取适合的利润，尊重当地的风俗习惯，积极参与当地的社会活动，兴办各种公益事业等，便能够在风险来临时采取主动，取得东道国政府的支持与信任。

9. 调整投资预算

跨国公司的投资预算过程根据国家风险总水平调整某些参数。例如，在运用*NPV*或*APV*模型分析投资项目时，通常资本加权成本，即折算因子代表了公司投资项目的平均风险。当测得国家风险水平之后，便可对相关参数进行调整，特别是由于汇率波动、通货膨胀风险等因素导致的参数调整十分必要。操作上主要有以下两种方法：

（1）投资预算的折现率调整。项目的折现率可以反映该项目要求的收益率，因此可以通过调整折现率来把国家风险和汇率风险等因素考虑进去。风险调整的折现率等于无风险率加上项目的风险溢价，这些风险溢价的确定通常基于经验判断。调整折现率不会影响净现值占实际涉险金额的比例。

（2）调整预计现金流量。在处理国外投资风险时，跨国公司通常会考虑估计每种风险如何影响现金流。预期现金流都有它们自己的概率分布，如估计东道国政府对子公司冻结资金的概率为20%，政府改变征收预提税的概率为15%等，这些可能的风险都会对国外项目的现金流量产生影响，因此也影响了项目的净现值。通过分析每一种可能存在的影响，跨国公司可以计算出投资项目的不同净现金流量的概率分布，以及净现值金额的大小，反映未来项目的收益能力。

此外，投资预算过程中的敏感性分析、情境分析、模拟分析等方法都可以用来估计各种情况下风险发生的水平。敏感性分析是对于投资项目净现值计算中所有需要预测的风险因素进行单因素分析，了解各因素对投资项目分析的重要性；情境分析是将分析中各种风险因素按照悲观、正常、乐观分别予以估计，并且赋予不同情境下发生的概率；模拟分析是利用计算机将风险因素的可能取值放入投资项目的分析模型中，模拟生成更多的情境，计算相应情境下的净现值，从而得到投资项目净现值的概率。

## 第三节 跨国经营的汇率风险及其管理

汇率风险是指由于货币之间的兑换价格不可预测的波动导致用本国货币或结算货币计算的未来资产、负债、经营收入遭受到损失的可能性。其主要影响因素包括：某种汇率的不可预测程度，资产、负债、经营收入的价值幅度等。

汇率风险可以分为交易风险、经济风险和账面风险三种类型，下面对这三类风险作具体的介绍和分析。

### 一、交易风险管理

交易风险是指汇率变动对未来现金流量的影响而引起本币损失的可能性，也就是说，以本币计价衡量，以同样外币数量交易时的货币数目与实际完成交易的货币数目可能是不一致的。由于从交易日到交割时的一段时间上，即期汇率会有变化，所以相关的外汇折算成本币的现金流量也会有变化，从而导致本币损益发生不利的变动。在考虑交易风险情形下，外币计价的资产或负债数量是确定的，通常对应国际商品贸易活动中因购货合同规定的外币支付或外币收入情形。

根据交易风险的定义，以下经营活动可能会造成交易风险：①依据商业信用购买或销售商品和服务，合同金额以外币计价；②借入或贷出外币资金；③成为还未交割的远期外汇合约的一方；④其他获得外币资产或带来外币债务的交易活动。

交易风险的影响因素通常有以下三个方面：

（1）本公司拥有的远期外币头寸，即本公司拥有远期外币应收应付业务的幅度。显然，公司拥有的远期外币应收应付业务数量越大，则可能蒙受的交易风险越大。

（2）该外币相对本币汇率的波动程度。显然，若外币汇率波动程度越大，在未来一段时间上可能变化的幅度也会比较大，从而本币计价蒙受损失的可能性也就会较大。

（3）公司拥有多种外币业务的情况下，几种外币相对本币汇率变化的综合变动趋势，也就是几种货币汇率变化之间的相关程度。显然，如果几种外币汇率变化的相关程度较大，则这些外币形成的交易风险或者是叠加关系（当汇率关系正相关时），或者是相互抵消的关系（当汇率关系负相关时）。

当考察跨国公司在特定时期和在特定国家开展业务的情况下的交易风险时，首先需要获得上述三个方面的信息和数据来分析公司因汇率变动形成的交易风险。因此，公司的交易风险管理面临三项任务：①必须测定公司关于某种外币的未来应收或应付的净头寸，这是通过测定项目关于某一货币的净流入或净流出头寸的绝对幅度得到的。②必须测定关于此种货币的汇率波动水平。③必须测定此种货币相对公司其他业务的外币汇率的相关程度。

一般来说，公司的交易风险是公司关于某种外币的远期应收或应付净头寸水平与外币汇率波动程度两者共同决定的，仅凭前者或仅凭后者都并不能确定外汇交易风险的大小。

**（一）净交易风险的测定**

跨国公司在作出任何的套期保值决策之前，应逐个按货币测定净交易风险。这里的“净”是指对某一特定期限针对该货币所有子公司的远期流出量和流入量的加总。其中，每个子公司的管理层在报告预期流入量和流出量的过程中起着重要的作用。跨国公司在母公司层面上合并各个子公司的头寸情形，以便确认整个公司在未来几个时间段上各种外币的预计净头寸；同时，在这一汇总过程中，也可以实现各个子公司之间关于某一货币的多头寸与空头寸之间的头寸抵消，从而简化交易风险的管理工作。

**（二）交易风险的管理程序**

跨国公司对外汇交易风险的管理，不但反映在对各种相关货币净头寸的测算和考察各种头寸可能抵消的状态之外，还表现在主动采取措施，降低外汇交易风险上。其中，交易风险的管理可以表现为套期保值和非套期保值两大类，而以非套期保值方式为先，目的是躲避套期保值做法可能带来的负面作用。

例如，在掌握公司特定阶段关于某种外币净头寸数量的基础上，可以考虑通过常规性的支付方式的安排来设法去掉这一外币的净头寸，包括通过调整发票，即通过和贸易对手谈判，使得远期应付与应收采用同一货币计价；也包括准确预测应收货币与应付货币在数量上和期限上的搭配，准确地协调流入流出的时间等。

交易风险的非套期保值方式可以考虑一下下面的做法：

（1）转嫁策略。跨国公司可以在签订进出口合同时选择本币或对本公司有利的货币计价（出口时以升值概率较大的货币计价，进口时以贬值概率较大的货币计价），从而将交易风险转嫁给外方；也可以通过调整国内贸易条件（价格条件）将风险转嫁给国内用户（或供应商或最终消费者）。

（2）配对策略。跨国公司可以将特定货币计价的出口货款及其他收入以外币形式存留，并不兑换为本币，而作为其他可能的进口货款等支出之用，进而达到避险的目的。

（3）交叉策略。跨国公司可以通过将不同币种（但升跌大体一致）的外币债权和债务配合达到减少汇率风险的目的。

（4）产销策略。在制订经营计划时，跨国公司可以有意识地安排在同一国家或地区进口原料并出口产成品，保证公司的进出口业务以同一种货币计价，使应收外币账款与应付外币账款相配合，以达到避险的目的。

（5）提前或延后付款策略。提前或延后付款是指对同一币种的支付与收入进行搭配时必须在相关期限上也做到契合，因而需要得到商业合作对手的配合，能够实行相对原定期限上的支付提前或延后。此外，持有贬值倾向的货币且同时又背负升值倾向货币债务的公司也需要在软币贬值前及时兑换为硬币提前支付；或持有升值倾向货币的情形下争取延后支付，以获得升值回报。这些策略尤其适用于跨国公司内部各分支机构间债权债务的清算。

以上策略都是不依赖套期保值工具而进行的交易风险管理策略，而且多属于企业的内部财务策略。但如果最终无法去掉关于某一货币的头寸，而这一货币的汇率波动程度又比较高，则必须采用外汇交易工具进行套期保值。

在实行套期保值之前，跨国公司还需要对特定时段上的汇率走势作出分析，从而根据远期应收或应付的性质来判定在这一时段上实施套期保值可能导致成本升高的概率。例如，当汇率预期的概率分布向升值方向延伸时（即外币相对本币升值），对远期应收状态的外币头寸就不适宜进行套期保值；与此相对，如果汇率预期的概率分布向贬值方向延伸时，对远期应付状态的外币头寸也不适宜进行套期保值。仅仅当汇率预期的概率分布发生不利于远期外币头寸状态的时候，也就是开展套期保值本身具有更大价值的时候，才可考虑施行套期保值，以及考虑选择适宜的套期保值工具。在实用上通常用测算套期保值成本的方式来考虑套期保值的决策，如果测算得出套期保值本身导致大于零的成本出现，则预示着套期保值本身不利于汇率变动情况下外币头寸的利用。

一般来说，对于远期应付账款，套期保值实际成本是应付外币账款，套期保值的名义成本与未套期保值名义成本之差；而对于远期应收外币账款，套期保值实际成本是应收账款非套期保值本国货币名义收入与套期保值收到本国货币名义收入之差。显然套期保值的实际成本必须小于零才预示着套期保值本身的价值。必须指出，这里套期保值实际成本的测算基础是对外来汇率变化的预测，表现为未来关于某种货币汇率变化的概率分布。在此基础上，才可分析选择不同的套期保值方法以及相应比较每一种方法预期的现金流量。

综合起来，外汇交易风险的管理可以反映在以下方式和程序上面：

（1）子公司层面确定关于所有货币的外汇交易风险水平。

（2）母公司层面确定关于每一种货币的净头寸。

（3）母公司层面测定每一种货币的波动程度。

(4) 母公司逐一决定是否可以对每一种货币净头寸进行非套期保值的风险规避管理，如调整发票等策略。

(5) 母公司层面通过套期保值成本的测算来决定是否对特定货币净头寸进行套期保值。

(6) 当决定采用套期保值时，母公司选用适宜的外汇交易工具进行套期保值。

**(三) 交易风险管理中套期保值工具的选择**

跨国公司若决定对部分或全部交易风险套期保值，可以选择的工具有：期货合同套期保值、远期合约套期保值、货币市场套期保值和货币期权套期保值。

1. 期货合同套期保值

企业可以运用货币期货对交易风险套期保值。期货合同套期保值与远期合约套期保值非常相似，只是远期合约适用于大额交易，而期货合同更适合于规避较小金额的风险。

买进货币期货合同的公司有权在特定时间按设定的价格取得一定数量的特定货币。要对未来支付的外币应付账款套期保值，公司可能希望买入外汇期货合同（代表其不久的将来需要的外汇）。通过持有该合同，公司用来锁定用来支付应付账款的本国货币数量。

尽管外汇期货能降低交易风险，但有时会发生意外。公司对应付账款套期保值时，锁定的外汇期货价格可能会高于外汇的未来即期汇率（若外汇贬值）。如果公司已预料到截至付款时外币会贬值，那么它就不会买入外汇期货合同。同样，公司对应收账款套期保值时，锁定外汇期货价可能低于该外汇的即期汇率（如果该外汇升值）。如果公司已预料到截至付款时外币会升值，那么它也不会卖出外汇期货合同。因此，套期保值还需要对外来汇率走势作出更为合理的预测。

2. 远期合约套期保值

这是交易双方通过签订外汇交易合同，事先约定未来的交割币种、数量和汇率，到期按预定条件进行实际交割。使用远期合约时首先要确认交易风险暴露，在此基础上签订适当的外汇远期合约。如果公司的外汇风险暴露是多头，则应出售远期外汇；反之，则应购买远期外汇。

外汇远期合约是依照市场对特定货币的汇率报价作出的。通常，公司具有外币远期应收时，应出售远期外币，开展所谓空头套期保值；当公司具有外币远期应付时，应购买远期外币，开展所谓多头套期保值。到期时，不论即期汇率如何变化，套期保值者都将具有确定的本币收入或本币支出，即所谓锁定远期收益或成本。一般具有如下步骤：①签订供货/购货协议；②出售/购买远期外汇合约；③到期日收到/支付确定本币数量。由此可见，通过外汇远期合约交易，保证在未来到期日以确定的汇率得到或支出确定数量的本国货币，从而有效地避免汇率波动的风险。

除进出口交易外，资金借贷者为了防止其国外投资或所欠国外债务到期时因汇率变动而蒙受损失，也可以预先买进或卖出远期外汇，使一定时期内的浮动汇率变为固定汇率。由于这种保值方式比较灵活、手续简便，而且避险效果好、成本低，因此目前国际上防范外汇风险多采用此方式。

3. 货币市场套期保值

货币市场套期保值是指跨国公司利用有关货币的货币市场和外汇市场进行借贷操作，从而实现规避交易风险的目的。其套期保值的原理依据利率平价理论，但货币市场套期保值依据的是市场尚未达到利率平价规定的均衡状态，否则货币市场套期保值效应与远期外汇交易方式获得的结果没有差异。

货币市场套期保值的结构突出了货币市场与外汇市场之间存在利率差与汇率差不均衡的状态。

当公司具有外币远期应收头寸时，即向银行借入同样外币，借入幅度按照期初折算水平，再将借入外币按即期价格兑换为本币，并立刻投资于本国市场，则到期日用应收外币资产还贷，而实际收获为本币投资到期日的本利之和。通过上述操作，不论这一时间段上汇率如何变化，公司在期末稳获本币投资收益，由此规避外汇波动风险。

当公司具有外币远期应付头寸时，公司向银行借入本币资产，借入幅度相当于远期外币应付头寸用远期汇率兑换的本币幅度，同时排除了本币在这一时间段上的利息，于是相当于公司的实际支付成本仅仅为借入的本币资产水平，无论这一时间段上汇率利率如何变化，公司的实际成本仅限于此，达到套期保值的目的。

4. 货币期权套期保值

这是在外汇市场上签订合同，获得在一定期限内以约定价格买进或卖出一定数额的某种外汇的权力，同时支付一定的期权费。它可分为买入期权和卖出期权，前者有权按合同的汇率购买某外汇，后者则有权按合同的汇率出售某外汇。在合同有效期内，期权所有者可以根据市场汇率变动情况，按合同规定的汇率和金额行使自己拥有的买或卖的权力，与期权的出售者进行实际交割，也可以放弃买卖权力，让合同过期而自动作废。当然，为了获得这种权力必须支付一定的代价，这就是期权费。而期权出售者由于承担了汇率变动的风险，因此能得到期权费，用以抵补可能蒙受的损失。外汇期权交易作为当今国际上流行的风险管理方法，同样受到我国金融界的高度重视，目前中国银行各大分行都开办了这种交易。

5. 套期保值方法比较

表10-1 扼要地归纳、汇集了交易风险套期保值的方法。使用期货、远期或货币市场套期保值时，企业可以估计用于未来应付账款的资金（以本国货币计价），或在兑换

外币应收账款后将会收到的资金。这样一来，企业便可比较成本或收入，确认哪种套期保值方法更合适。然而，与货币期权套期保值相关的现金流量难以确定，因为购买应付账款的成本和应收账款产生的收入不能预先知道。

表 10-1 交易风险套期保值的方法比较

| 套期保值方法 | 对应付账款套期保值 | 对应收账款套期保值 |
| --- | --- | --- |
| 期货合同套期保值 | 买入代表该货币及应付账款金额的一份或多份货币期货合同 | 卖出代表该货币及应收账款金额的一份或多份货币期货合同 |
| 远期合约套期保值 | 商议远期合约以买入用于抵补应付账款的外币数量 | 商议远期合约以卖出用于抵补应收账款的外币数量 |
| 货币市场套期保值 | 借入本国货币，兑换成对应付账款标价的货币；用这些资金投资，直到支付应付账款时 | 借入对应收账款标价的货币兑换成本国货币投资；然后以应收账款的现金流入偿还贷款 |
| 货币期权套期保值 | 买入代表该货币及与应付账款相关数量的货币买入期权 | 买入代表该货币及与应收账款相关数量的货币卖出期权 |

[例题]

## 交易风险管理中套期保值工具选择

我国某公司向英国出口关键设备，合同规定于90天后对方支付设备费用300万英镑。该公司根据最近一个月数据预测90天后的即期GBP/RMB的概率分布。目前外汇市场上获得的信息如下：外汇市场即期汇率GBP/RMB = 13.3000；购买90天300万英镑远期合同，远期汇率GBP/RMB = 13.0000；获得90天RMB贷款，贷款利率为1.8%，兑换为英镑，90天英镑存款收益率为2.5%（英镑利率）；购买90天看跌期权，执行价格GBP/RMB = 12.8000，期权费 = RMB 0.15。

请计算套期保值成本，并请回答：

（1）是否需要做套期保值?

（2）如果要做套期保值，现有外汇远期合约、货币市场套期保值、外汇期权合同三种方案来管理交易风险，请问该公司选择哪种方案为好?

某公司对未来3个月末英镑汇率变化的预测。见表10-2。

**表 10-2　预测表**

| 预期 90 天后的即期 GBP/RMB | 概率 | 做套期保值的名义收入 | 不做套期保值的名义收入 | 套期保值成本 |
|---|---|---|---|---|
| 12.600 | 10% | | | |
| 12.700 | 15% | | | |
| 12.800 | 25% | | | |
| 12.900 | 25% | | | |
| 13.000 | 15% | | | |
| 13.100 | 10% | | | |

**解**

(1) 外汇远期合同套期保值：

到期收入 =（300 × 13.0000）万元人民币 = 3900 万元人民币

(2) 货币市场套期保值：

$$到期收入 = \left[\frac{300}{1+2.5\% \times \frac{90}{365}} \times 13.3000 \times \left(1+1.8\% \times \frac{90}{365}\right)\right] 万元人民币 = 3983.16$$

万元人民币

(3) 外汇期权合同套期保值：

此时，只有到期即期汇率低于 12.6500 ×（12.8000 − 0.15 = 12.6500）时，执行期权，此时

到期收入 =（300 × 12.6500）万元人民币 = 3795 万元人民币

其他情况下不执行期权，但要付期权费用 45 万英镑（300 万英镑 × 0.15 = 45 万英镑）。

不做套期保值时，

预期收入 =（300 × 12.600 × 10% + 300 × 12.700 × 15% + 300 × 12.800 × 25% + 300 × 12.900 × 25% + 300 × 13.000 × 15% + 300 × 13.100 × 10%）万元人民币 = 3855 万元人民币

做外汇远期合同套期保值和货币市场套期保值时，到期的收入是锁定的。

本题需要做套期保值，选择货币市场套期保值来管理交易风险比较好。

6. 长远期交易风险的套期保值

(1) 长期远期和合约。大多数跨国银行通常会标出 5 年的英镑、加拿大元、德国

马克和瑞士法郎的远期汇率。长期远期对一些公司很有吸引力，特别是当他们已签订长期固定价格出口或进口合同，并且想保护现金流量不受汇率波动的影响时。同短期远期合约一样，长期远期可以修订以满足企业的需要。一些主要货币的期限可为10年或10年以上。因为银行相信企业能履行远期合同所规定的长期义务，所以他们只会考虑有很高信用的公司。

(2) 货币掉期。货币掉期的形式很多，其中一类形式能满足有不同长期需要的两个企业。举个例子，一家美国公司被雇在英国铺设石油管道。该公司预期5年后工程完工时会收到英镑。与此同时，一家美国银行聘请了一家英国公司进行长期咨询项目。假设以美元对该英国公司付款，付款大多在5年后发生。美国公司在5年后会收到英镑，英国公司在5年后会收到美元。这样两家公司便可以安排货币掉期，以商议的汇率在5年后把英镑和美元互换。这样一来，美国公司锁定5年后英镑付款可兑换的美元数，同样，英国公司锁定5年后美元付款可兑换的英镑数。

要进行货币掉期，企业得依赖能满足其需要的金融机构。大银行和投资公司都有经纪人充当掉期中介。打算消除未来某日某货币交易风险的公司可通知经纪人，经纪人根据所有的信息撮合需要货币的公司与想处置货币的另一家公司。

货币掉期也有其自身的风险，在我们的例子中，如果英镑大幅升值，那么美国公司将取得比现汇市场更少的美元，而且存在不履行合同的风险。

(3) 平行贷款。平行贷款或背对背贷款是指双方交换货币，承诺在约定日以约定的汇率再行换回。平行贷款代表两个货币掉期，一个是贷款合同生效时的互换；另一个是未来约定日的互换。

## 二、经济风险管理

### (一) 经济风险的概念

经济风险以企业跨国经营活动所产生的未来的现金流量的水平和变动为对象，汇率风险意义上的经济风险可定义为因外汇汇率不可预测的变动而引起的未来现金流量的净现值可能发生的变动。经济风险是一种潜在风险，这种潜在的风险会直接关系到企业在海外的经营成果。公司的价值主要取决于它能带来的现金流量，而汇率的变动会影响公司未来的销售量、价格及成本等，所以汇率变动可能会引起的公司未来现金流量，以及相关的公司价值的下降。同时，还应当了解，经济风险中的两个变量都是预期值，并且都可能因汇率的变动而发生变化，因此汇率的波动不但影响未来外币现金流兑换为本币之后的价值幅度，而且也影响到外币现金流本身的价值幅度，这一点可以通过对照表10-3体会。也由于这个原因，经济风险是无法进行套期保值的。

表 10-3 汇率波动的经济风险表现

| 影响公司本国货币流入量的交易 | 本国货币升值<br>对未来交易的影响 | 本国货币贬值<br>对未来交易的影响 |
|---|---|---|
| 本国销售（相对于本国市场的外国竞争者） | 减少 | 增加 |
| 以本国货币标价的出口 | 减少 | 增加 |
| 以外币标价的出口 | 减少 | 增加 |
| 对外投资的利息收入 | 减少 | 增加 |
| 影响公司本国货币流出量的交易 | | |
| 公司以本国货币标价进口的物料 | 无变化 | 无变化 |
| 以外币标价进口的物料 | 减少 | 增加 |
| 所欠外债的利息 | 减少 | 增加 |

经济风险的影响因素通常包括：①外国市场的销售额，特别是特定国家当地市场销售额；②以当地货币计价的进口；③以当地货币计价的出口；④来自国外接受的投资收益数额等。

**（二）经济风险的特点**

汇率波动的经济风险与企业的另外两种外汇风险（交易风险和折算风险）比较起来，有如下一些特点：

（1）经济风险不能被准确识别和测量。经济风险在很大程度上取决于销售量、价格或成本的变动对汇率变动的反映程度。对跨国经营的企业来说，汇率变动引起的不仅是临时的价格变化，而且对一些环境变量（如利率、需求结构等）有长期的甚至永久性的影响，环境变量的变化，会引起公司的产品价格、市场份额、生产成本等指标变化从而引起收益波动，给企业带来经济风险。

（2）经济风险在长期、中期和短期内都存在，而不像交易风险和折算风险那样是相对短期的、一次性的。

（3）经济风险通过间接渠道产生，即汇率变化→经济环境变化→收益变化。

经济风险的管理对于跨国公司的经营非常重要，可以说，汇率的经济风险主要是针对跨国公司的国际化经营活动，其中主要牵涉多种货币计价带来的企业经营活动的不确定性。例如某公司大部分收入为本国货币，但同时大部分开支是以外币支付。由于某种原因外币走强，则该公司就需要更多的本国货币来支付以外币标价的开支。如果再加上国际金融机构借入的外币债务，到期也需要用外币偿还。当外币支付数额足够大时，在外币对本币走强的背景下，公司的经济风险程度便逐渐增加，直到公司的收入不足以弥补外币成本，最终可能导致公司的破产。但如果该公司能够通过资产重组，减少外币成本或通过增加外币收入来降低经济风险的话，它也许能生存下来。

### （三）外汇经济风险的测量

经济风险是通过计算汇率变动对企业未来净现金流值的变化（增加或减少）的程度来测量的。其基本计算公式为

$$NPV_0 = \sum_{t=0}^{n} \frac{(CIF_t - COF_t)ER_t}{(1+d)^t} \tag{10-1}$$

式中，$NPV_0$ 为净现值（本国货币计价额）；$CIF_t$ 为现金流入量（以国外子公司的当地货币表示）；$COF_t$ 为现金流出量（以国外子公司的当地货币表示），包括纳税额的支付；$ER_t$ 为汇率（1单位外币等于多少本币）；$d$ 为贴现率（母公司对其国外子公司投资所要求的收益率）；$t$ 为时期；$n$ 为现金流量预期的最后时期。

对于外汇经济风险的幅度，可以观察此公式反映的以当地货币计价的现金流流量的波动和汇率波动，来分析具体项目面临的经济风险。

### （四）经济风险的管理策略

1. 营销策略

（1）市场选择。当东道国货币贬值时，由于出口价格下跌导致出口量增加，国外市场扩大，同时东道国国内市场由于进口价格上涨，对进口品需求减少，对子公司产品的需求相应增加，这时子公司需要抓住时机，同时拓展国内和国外两个市场；东道国货币升值时，效应相反，此时应该尽力保护重新占领需要较大成本的市场。

在市场选择的同时，跨国公司还可以通过制造差别产品来进行市场分割。事实证明，能够制造差别产品的企业，市场对其产品需求弹性较低，替代程度不高，市场份额较稳定，价格调整的余地较大。汇率发生有利变化时，可以利用价格优势迅速占领市场；汇率发生不利变化时，市场份额也不易丢失。因此通过生产差别产品分割不同市场可提高企业管理经济风险的能力。

（2）定价策略。从风险角度出发的定价策略主要关心的问题：是维持市场份额，还是保持边际利润（产品价格）？其实也就是在产品销量变动和产品价格调整之间作出选择。如东道国货币升值，第三国货币贬值，有向第三国出口业务的子公司可以提高以第三国货币标价的商品价格（保持以东道国货币标价表示的边际利润不变），但因第三国市场上有同种产品生产者的竞争，单方提价（其他厂商保持售价）就会减少产品销量，失去市场份额。最终收益是增加或是减少，决定于提价导致的收入增加是否大于销售量下降而引起的收入减少。一般说来，需求价格弹性大，就应回避提价策略，

力图扩大销量，取得市场份额，若生产的规模经济突出，更应如此。例如，美国的柯达胶卷和日本的富士胶卷为占领中国市场，就采取低价策略（其售价远低于国外售价），从市场份额的扩大上赚取利润。反之，若规模效应和价格弹性都低，则最好改变价格，因为此时的市场份额是相对稳定的。例如20世纪70年代后期，美元实际贬值，但美国出口厂商仍采用保持边际利润的策略，因为他们能用先进的技术制造差别产品，其价格弹性和替代弹性都较低，市场份额较稳定。

（3）产品策略。用产品策略管理经济风险的方法，大致有三个方面：

1）选择推出新产品的时间。例如，当地货币贬值时，由于价格优势，是向升值国推出新产品的理想时间。在美元坚挺的1984年，许多跨国公司利用新产品进入了美国市场。

2）选择生产规模。当地货币贬值时，跨国公司应尽量扩大生产线，以适应市场需求的增加；若当地货币升值，应缩小或转换生产。例如，德国大众汽车公司曾以低价、低保养费使其产品具有很高的国际竞争力，到了20世纪70年代早期，德国马克的升值使这种低价优势消失了，市场份额受到挤压，仅1974年，公司为保护市场份额而降低本币价，就损失了311亿美元。为了在长期内具有竞争力，大众公司改变了生产线，生产面向中等收入阶层、质量较高、造型美观的汽车，取得了较好成绩。

3）增加产品创新。在面临货币坚挺时，跨国公司还可以通过增加研究和开发支出，促进产品升级能力和提高制造差别产品的能力，在价格和市场份额上取得较好业绩。

（4）促销策略。一般说来，生产国货币贬值时，跨国公司向第三国出口的子公司，应增加广告和培训等促销支出，因为此时可以以低价策略占领市场；反之，生产国货币升值时，促销支出应减少。

2. 生产策略

当汇率变化持续时间较长而且效应显著，仅靠改变价格、选择市场等短期调整不能消除汇率变动的不利影响，只有调整生产过程，才能减少经济风险可能造成的损失。常见的生产策略有：

（1）投入组合。从世界不同的地方，以不同的货币购买原料投入，可以减轻汇率冲击对成本的影响。例如当以某种外币定价的原料成本上升时，在贬值地区重新寻找新的原料供应来源，就可以避免损失。例如，日本厂商从韩国等新兴工业国家和我国台湾省购买零部件，这些国家或地区的货币与美元是紧密相连的，随着美元对日元的贬值，日本厂商的进口成本下降，可在一定程度上减少本币升值对出口造成的损失。

（2）转移生产。国际范围内的生产多元化，可以使跨国公司既利用各地的要素禀赋优势，又可减轻宏观经济波动的影响。跨国公司通过转移生产，如增加货币贬值国子公司的生产，减少货币升值国子公司的生产，不仅回避了汇率风险的影响，还利用了汇率波动的盈利机会，使得跨国公司比一般的出口商受较小的汇率风险影响。

（3）区位选择。当某一地区的货币贬值存在的时间很长，跨国公司最好的策略是在该地区设厂生产，以获取生产成本较低的好处。例如，随着日元的强劲上升，日本跨国公司发现在美国投资设厂是最佳选择。值得注意的是，这种对外直接投资的区位选择，关键是看外汇波动是否持久。若汇率波动是通货膨胀引起的，则因此而产生的成本优势会很快消失，不宜立即到弱币区投资设厂。

（4）提高生产率。在没有其他更好的策略时，跨国公司通过关闭缺乏效率的工厂、提高自动化的程度、执行协议工资等方法提高生产率，这在一定程度上可减轻汇率波动的冲击。

3. 融资策略

（1）调整资产负债结构。例如，某东道国货币预期升值，会使子公司收入的本币值减少，但若相应增加以东道国货币标价的债权，资产增值导致的收益增加可以抵消经营收入的损失；反之，当地货币预期贬值，增加当地货币债务，货币贬值后就会减轻债务负担。只要资产和债务结构安排合理，外汇波动的经济风险就会被有效地消除。

（2）资产负债分散化。企业可以从筹资和投资两个渠道来分散外汇风险。企业筹资时，要尽量从多个资本市场筹资，以多种货币筹资；投资时要尽可能以不同的形式，向不同的对象，以不同的货币投资。这样，企业面临外汇风险时，就可以获得分散化的收益，使损失得以减少。

4. 重构策略

企业还可以通过重构策略来降低经济风险。其重构策略包括：①增加销售，通过广告效果，广告成本增加而引起销售增加；②减少对供应商依赖；③增加对本国借款。经营重构平衡外币波动的作用及对现金流的影响见表10-4。

**表10-4　经营重构平衡外币波动对现金流的影响**

| 经营重构如何能平衡外币波动对现金流入和流出的影响 | | |
|---|---|---|
| 经营类型 | 外币对现金流入有更大影响时建议的行动 | 外币对现金流出有更大影响时建议的行动 |
| 以外币单位销售 | 减少国外销售 | 增加国外销售 |
| 依赖国外物料 | 增加国外物料订购 | 减少国外物料订购 |
| 债务结构中部分是外币债务 | 债务重组以增加外币偿债 | 债务重组以减少外币偿债 |

## 三、账面风险管理

账面风险也称会计风险或折算风险，它是指跨国公司的子公司以外币表示的财务报表用母公司本国的货币来换算，并进行报表合并时，因汇率在记账期间发生变动，而致使跨国公司以外币形式表示的资产、负债、利润、费用和损失在这折算或重新报告时产生外汇损失的可能性。例如，英国一家跨国公司在美国设立子公司，那么该公司就拥有美元资产。如果没有足够的美元债务来抵消美元资产，则它就面临折算风险。美元对英镑贬值时，英国母公司在资产平衡表中对美国子公司的评价就会降低，因为母公司的财务报表是以英镑计算的；如果美元对英镑升值，则母公司的总资产会升值。

其影响因素有：①在外国子公司的经营额所占的比例；②外国子公司所在地区；③会计报表的核算方法。

### （一）折算方法

在进行会计报表折算时，主要使用两种汇率：一是海外子公司的资产与负债最初发生时的汇率，称之为历史汇率；二是对海外子公司的资产与负债进行折算时的汇率，称之为现汇汇率。目前，跨国公司在对子公司报表进行折算时有三种方法：现汇汇率方法、货币性/非货币性项目方法和经常性/非经常性项目方法。表 10-5、表 10-6 对这三种方法进行了比较。

**表 10-5　折算方法选用的比较**

| 资产负债表项目 | 折算方法 | | |
|---|---|---|---|
| | 现汇汇率方法 | 货币性/非货币性项目方法 | 经常性/非经常性项目方法 |
| 资产 | | | |
| 现金 | 现行汇率 | 现行汇率 | 现行汇率 |
| 可流通证券 | 现行汇率 | 现行汇率 | 现行汇率 |
| 应收账款 | 现行汇率 | 现行汇率 | 现行汇率 |
| 存货 | 现行汇率 | 历史汇率 | 现行汇率 |
| 预付费用 | 现行汇率 | 历史汇率 | 现行汇率 |
| 固定资产 | 现行汇率 | 历史汇率 | 历史汇率 |
| 负债 | | | |
| 应付账款与票据 | 现行汇率 | 现行汇率 | 现行汇率 |
| 其他流动资产 | 现行汇率 | 现行汇率 | 现行汇率 |
| 长期负债 | 现行汇率 | 现行汇率 | 历史汇率 |
| 股东权益 | 现行汇率 | 历史汇率 | 历史汇率 |

资料来源：谭立文．国际企业管理．武汉大学出版社，2001 年版。

表 10-6 折算方法的国际比较

| 国家 | 合成的国外分支机构 | 独立自主的国外子公司 |
|---|---|---|
| 国际组织 | 通俗会计法。折算调整被记入当期的净收入，但不包括被延期或分摊在该项目期间上的长期货币项目的折算调整 | 现行汇率法。折算调整作为股东股本的一个独立成分进行报告 |
| 美国 | 通俗会计法。折算调整金额记入当期净收入 | 现行汇率法。折算调整作为股东权益的一部分独立列示 |
| 澳大利亚 | 通俗会计法。折算调整金额记入当期净收入 | 现行汇率法。折算调整作为股东股本的一个独立成分进行报告 |
| 加拿大 | 通俗会计法。折算调整金额记入当期净收入 | 现行汇率法。折算调整作为股东股本的一个独立成分进行报告 |
| 法国 | 通俗会计法。折算调整金额记入当期净收入 | 现行汇率法。折算调整作为股东股本的一个独立成分进行报告 |
| 德国 | 通俗会计法与现行汇率法均可。折算调整金额记入当期净收入。如果采用现行汇率法，折算调整作为股东股本的一个独立成分进行报告 | 与“合成的国外分支机构”相同 |
| 日本 | 通俗会计法。与外国子公司相关的调整作为资产或负债单独报告；与事业部或分支机构相关的折算调整被记入当期的净收入 | 与“合成的国外分支机构”相同 |
| 荷兰 | 通俗会计法。折算调整金额记入当期净收入。如果公司采用现行价值会计方法则采用现行汇率法 | 现行汇率法。折算调整作为股东股本的一个独立成分进行报告 |
| 英国 | 通俗会计法。折算调整金额记入当期净收入 | 现行汇率法。折算调整作为股东股本的一个独立成分进行报告 |

注：通俗会计法（Temporal Method）要求存货、厂房和设备等多类资产应当定期按照当时的市场价值重新确定价值。如果这类资产项目没有定期重估，而是通过其历史成本表达，则属于货币/非货币法换算，而这种方法在许多国家仍被使用。

资料来源：Survey of International Accounting Practices，Arthur Anderson & Co.，Deloitte & Touche，Ernst & Young，KPMG Peat Marwick，and Price Waterhouse，1991。

资料来源：戴维 K. 艾特曼，等. 跨国公司金融. 何海峰，等译. 北京大学出版社，2005 年版。

按照通俗会计法（Temporal Method），具体的资产和负债账户以现行汇率或历史汇率进行折算：

（1）货币性资产（包括现金、有价证券、应收账款和长期应收账款）和货币性负债（包括流动负债和长期负债）按现行汇率折算。

（2）非货币性资产和负债（包括存货和固定资产）按历史汇率折算。

（3）损益表科目中，折旧和销售成本与非货币资产和负债直接相关，以历史汇率折算，除此之外的其他科目则以当期平均汇率进行折算。

（4）分配。红利以支付当日的汇率进行折算。

（5）权益账户。普通股本和实收资本以历史汇率折算。年末盈余公积金等于年初盈余公积金加上或减去外汇折算收益或损失。

使用交易风险中讲到的外汇衍生工具同样适用于折算风险的管理。此外，跨国公司可以通过对外币资产和外币负债进行配比的方法，使资产或负债的外汇折算风险尽可能相互抵消。这就要求企业尽可能使得以各种货币表示的受险资产与受险负债的数额相等，以使其折算风险暴露为零。只有这样，汇率波动才不至于带来任何折算上的损失。例如，某跨国公司在美国的子公司拥有100万欧元的长期投资，并且在全部资产和负债中涉及欧元的项目仅此一项，则当美元与欧元汇率发生变化时，该公司面临着折算风险。为了规避这项折算风险，该公司可以设法拥有100万欧元的负债。这样，当汇率发生变化时，资产与负债的折算损益恰好相抵。

值得注意的是，进行折算风险管理是要支付成本的，而折算收益并不产生现金流入，只不过是“纸上利得”。而且这些管理成本与折算收益相比是现实的，对跨国公司而言要产生现金支出。再有，确定的折算风险暴露是以资产负债表为依据计算出来的。事实上资产负债表所表明的价值是账面价值，不一定反映公司的真实价值，即市场价值。所以，以账面价值为基础进行的风险管理可能并不会起到规避风险的作用。

**（二）折算风险套期保值的局限性**

1. 收益预测值不准确

子公司对年末收益的预测值并没有保障。如果实际收益比预计收益高得多，折算损失可能会超过远期合约策略产生的收益。

2. 某些货币无远期合约

并不是所有的货币都有远期合约。这样，在小国家有子公司的跨国公司不可能得到它们所需的这些国家的货币远期合约。

3. 会计信息的扭曲

远期汇率利得或损失反映了远期汇率和将来即期汇率的差异，而折算利得或损失体现这一时期的平均汇率。另外，折算损失不能抵税，而用于对折算风险套期保值的远期合约的利得需纳税。

4. 增加了交易风险

用远期或货币市场套期保值，跨国公司可能增加其交易风险。例如，子公司货币在会计年度升值的话，就会产生折算利得。如果跨国公司在年初实施套期保值策略，产生的交易损失将一定程度地被折算利得抵消。一些跨国公司可能对这样的抵消效果并不安心。这些利得只不过是纸上利得，即由于子公司货币升值带来的利得。然而，如果子公司将收益再投资，升值并没有给母公司带来更多的利益。跨国公司的净现金流量并没有受到影响。相反，套期保值策略产生的损失是真实的损失，也即母公司的净现金流量会因此损失而减少。

## 小 结

本章介绍了跨国公司的经营风险管理。跨国公司在其国际经营中面临形形色色的风险，跨国公司风险管理能力是衡量其国际竞争力的重要指标，跨国公司对其风险的处理直接影响到跨国公司的国际竞争力，从而影响其盈利能力。其对风险处理是否得当甚至关系到跨国公司的存亡。

本章着重选取其中对跨国公司经营影响最大的也是所有跨国公司在其跨国经营中必须面对的国家风险和汇率风险进行分析。在国家风险分析部分，突出了国家风险中的政治风险和金融风险，并给出了国家风险的量化评估方法，并给出国家风险防范的典型措施；在汇率风险分析部分，本章着重分析了跨国经营中面临的交易风险、经济风险和账面风险，并介绍汇率风险的管理步骤和具体方法。

其中，交易风险主要发生于国际商品贸易的场合，由于汇率波动，导致合同规定外币金额转换为本币或者结算货币时会发生损失，主要通过各种外汇交易工具开展套期保值来规避风险；经济风险主要发生于跨国直接投资活动，由于汇率波动，导致外国子公司在当地的销售活动受到影响，主要通过公司的经营与业务重组来规避可能的经济风险；账面风险发生于具有相当规模的跨国直接投资活动，由于汇率波动，导致外国子公司以当地货币折合为本币或结算货币定期向母公司汇总财务账目时产生的影响，通常只能综合以上两类风险管理的方法来综合管理账面风险。

## 思 考 题

1. 如何考察跨国公司的经营风险？对不同国家的跨国公司，经营风险的考察重点是否有不同？试说明我国企业开展国际化经营中的风险类型。

2. 国家风险都包含哪几部分？其中金融风险的主要影响因素是什么？

## 案例分析

[案例分析一]

### 德国电信公司收购美国声流无线通讯公司

[背景材料]

德国是实行电信企业化经营最晚的欧洲国家之一，1989—1996 年，经历了独立核算、企业化经营、股份制改造三个阶段。德国电信总部设在波恩，主要经营范围和主要优势产品是国内和国际电信。1989 年，德意志电信从德国电信部门中分离出来，独立经营；1995 年 1 月德国电信正式按私营股份制公司模式经营；1996 年 11 月在全球上市。德国电信是欧洲营业额最高的电信公司。截至收购前，德国政府仍占有德国电信 58% 的份额。

美国声流无线通讯公司成立于 1994 年，总部设在华盛顿州贝勒维。通过一系列兼并重组，在被德国电信并购前，已经是美国第八大移动电话公司。它是当时全球增长最快的移动电话公司之一，2000 年年底拥有 380 万客户，虽然市场占有率仅为 4%，但网络却已覆盖全美，并拥有大规模潜在客户，公司还拥有全美电话业务许可证，具有欧洲通行的 GSM 技术标准，是美国少有的几家采用欧亚普遍采用的 GSM 通信标准的公司之一。

**[案例简介]**

2000 年 7 月 24 日，欧洲最大的电信公司——德国电信公司和美国第八大移动电话公司——声流无线通讯公司分别在波恩和纽约同时宣布，德国电信将支付 507 亿美元并购声流公司，当时是世界通信行业中代价最高昂的一次兼并。兼并主要通过换股完成，声流公司的每股股票将按 3.2 股德国电信另加 30 美元的方式交换。此外，声流公司的发言人当日还宣布，并购交易将在明年上半年完成。声流公司股东将获得德国电信 8.29 亿股和 78 亿美元现金。该公司股东在合并后将拥有 22% 的德国电信股份。

两家公司的监事会对此表示同意，50% 多的声流公司的股东也赞成由德国电信掌管声流公司。但是由于这次兼并使该行业费用最高点的，因此在国内引起对德国电信强烈不满；有因为声流公司是涉及美国国家命脉的公司，从而引发了欧美双方超越贸易范畴的激烈竞争。

早在 6 月，针对德国电信在美国寻求并购对象，美国参议员 Ernest Hollings 等 30 名美国参议员就联名致信联邦通讯委员会（FCC）主席 William Kennard，声称政府控股企业必定享受政府优惠待遇，对私人企业构成不公平竞争；而且外国政府控股企业收购美国电信公司影响国家安全，因而反对任何外国政府持股的电信公司购并美国电信企业。同时，他们在国会提出议案，要求立法禁止任何外国政府持股超过 25% 的公司收购美国电信企业。在获悉德国电信和美国声流即将达成协议后，美国联邦通讯委员会（FCC）主席 William Kennard 于 2000 年 7 月 23 日宣布，由于在德国电信中政府份额过高，如果两家公司合并的话，他们将进行详细调查。美国一些参议员更是声称这将威胁到美国国家安全。

同一天，欧盟委员会发言人在布鲁塞尔称，如果美方否决这项合并计划，美方将承担一切后果；欧盟驻华盛顿贸易谈判代表巴林根说，如果美国通过法律禁止这项交易，那么欧盟在这个问题上要建立一个新的平衡，欧盟将在世界贸易组织对美国提起起诉。根据1997年规定，无论私营企业或上市的欧洲公司均可在美国参与竞争。

同时，欧盟委员会负责贸易的委员拉米致信美国贸易代表巴尔舍夫斯基，对Hollings提出的上述法律草案表示担忧，认为它与美国在世贸组织电信协议中所作的承诺是不相符的。信中措辞强硬地表示，如果Hollings提案成为美国的正式立法，欧盟将采取反报复措施，包括取消美国电信公司在欧洲的经营许可证。企业界也卷入了漩涡，许多美国电信公司暗中支持Hollings提案，欧洲45家电信公司则公开发表共同声明，支持欧盟委员会的立场；欧洲公共电信网络服务商协会也于8月3日声明支持欧盟委员会，要求美方向欧洲电信企业提供对等公平待遇。

美国联邦通讯委员会（FCC）于2001年4月25日批准VoiceSteam和Powertel并入德国电信公司。通过美国政府的协调，德国电信、VoiceSteam与美国司法部、联邦调查局联合签署了关于两公司合并的协议。协议载明，“通信业对美国政府履行保卫国家安全的责任至关重要”，“保护秘密的、受控制为解密的以及敏感信息对美国国家安全也非常重要”，协议规定德国电信必须指定一位高级官员每年年末向美司法部和联邦调查局提交一份报告，评估公司当年执行协议的情况，其中包括执行协议的政策和程序。如果检查出有违反协议的行为，不管其是有意或无意，均需说明改进措施以避免重犯。

德国电信最终以225亿美元的价格成功并购VoiceSteam。兼并主要通过换股完成，每股VoiceSteam的股票案3.2股德国电信另加30美元的方式交换。合并之后，在美国东南部12州运作的VoiceSteam和Powertel将作为德国电信的独有子公司，德国电信的非美股权将达77%，其中45%由德国政府拥有。

（资料来源：卢进勇，杜奇华，闫实强．国际投资与跨国公司案例库．对外经济贸易大学出版社，2005。）

[案例评析]

本案例中的企业——德国电信和美国声流无线通讯，由于是有关国家命脉的企业，并购的意义超出了企业本身，因此遭到各母国的干涉，这就使并购面临着国家风险。并购最终的结果，实际上是两国政府相抗衡博弈的结果。

[案例思考题]

请分析跨国并购业务中如何预先提示国家风险？

[案例分析二]

## 中国铁建股份有限公司跨国并购案例分析

[背景材料]

中国铁建股份有限公司（中文简称中国铁建，英文简称CRCC），由中国铁道建筑总公司独家发起设立，于2007年11月5日在北京成立，为国务院国有资产监督管理委员会管理的特大型建筑企业。2008 年 3 月 10 日、13 日分别在上海和香港上市，公司注册资本 80 亿元。连续入选《财富》“世界 500 强企业”“全球 225 家最大承包商”“中国企业 500 强”。中国铁建是中国最大的工程承包商，同时也是中国最大的海外工程承包商。

2011 年 8 月 29 日，中国铁建入选中国建筑施工企业联合会评选的中国建筑 500 强，排名第 4 位。由于国家铁路建设调控，2012 年《财富》“世界 500 强企业”排名第 111 位。

2003 年，中国铁建旗下二十局集团中标首个海外工程——尼日尔引水项目。

2006 年 10 月，中国铁建旗下中土集团中标 83 亿美元的尼日利亚铁路现代化项目，从设计、采购到施工全权负责，成为我国企业迄今为止承揽的最大的国际工程承包项目。

2009 年 12 月 28 日晚间消息：中国铁建在港交所发布公告，公司董事会已审议通过了与铜陵有色金属集团控股有限公司联合收购加拿大初级矿业公司考伦特资源公司（Corriente Resources Inc）的议案。

2013 年，中国铁建海外工程已占到集团总工程量的 20% 以上，成为企业重要的经济支柱。

**[案例简介]**

（一）并购过程

2009 年 12 月 29 日，中国铁路建设公司（下称“中国铁建”）和铜陵有色金属集团控股有限公司（下称“铜陵有色”）以 44.11 亿元收购加拿大考伦特资源公司 66.67% 的股权，以获取后者位于厄瓜多尔的铜矿资源。并购成功后，中国铁建和铜陵有色两者将获得厄瓜多尔东南部 17 个矿区的采矿权。考伦特资源公司是一家在加拿大多伦多证券交易所及美国纽交所两地上市的初级矿业公司，考伦特铜矿带四个主要矿区已经完成了初步技术调研，以铜边界品位 0.4% 计算，该四个矿区的金属铜产量为 1154 万吨。这是国内企业海外并购大型矿产资源的经典案例，中国铁建在矿山采掘上具有优势，而铜陵有色需要铜资源。厄瓜多尔政府积极支持国外企业来开发国内资源。这次互补性的强强联合，是与中国铁建的长期战略相符合的。

（二）并购动因

联合海外并购驱动因素主要体现在以下几点：

（1）原材料需求。中国资源比较丰富，但人均资源占有量相对匮乏，特别重要的资源，如铁矿石铝、铜和某些稀有金属等更是稀缺。但中国是资源消费大国，每年对石油、铁、铝等重要资源的需求量达数亿吨，仅靠国内储量已无法满足经济对资源需求增长的需要。到 2020 年，中国发展必需的 45 种大宗矿产资源，将只有 6 种能够自给自足，其中全国现有的铜矿储量则仅够使用10年。

(2) 扩大市场规模，开拓国际市场。金融危机深度蔓延，国际矿业企业面临巨额债务和资金短缺压力，急需出售资产来减负。对于欲迈向国际舞台、扩大市场规模的中国矿业企业来说，是进行跨国并购的有利时机。规模越大越能赢得客户信赖，从而占领更多市场。企业通过并购，有利于生产要素互补，实现强强联合并达到一定规模，有利于形成能降低单位成本，提高经济效益的规模经济优势。通过海外并购，矿业公司以最快的速度确立市场地位，赢得市场的主控权；通过扩大企业规模，拉长产业链条，实现矿业公司的规模经营和静态、动态收益率，拓宽资源市场，提高话语权，创造企业的高收益。

(3) 低价值的驱动。利用价值低估效应获取潜在高价值资产。国外估值偏低但很有潜力的初级矿业公司，在经济形势好时市值高，受金融危机影响，资源价格暴跌，产能过剩，需求减少使矿企遭受沉重打击，债务压身。全球金融危机导致海外矿业企业和项目的估值水平大幅下调，大大降低我国矿企并购的成本。尽管目前国内矿业企业也遇到类似问题，但从整体而言，我国金融体系和实体经济受此次金融危机的冲击较小，而且国内矿业企业现金流相对充沛，具备海外投资实力。国内矿业企业积累了境外矿产资源勘查开发投资的经验。

(4) 获取先进技术和管理经验。获取先进技术和管理经验是目前最有意义的并购动机。先进的技术和优秀的管理经验对于企业的发展至关重要。海外并购被一批中国企业认为是获取核心技术和管理经验应采取的最直接、有效的方式。特别是并购发达国家的企业，尤其是具有最新技术和优秀管理经验的企业，可以雇佣当地工程师、管理人员、科研人员和熟练工人，可以购买当地或世界市场上的先进设备，为企业直接获得国外先进技术提供了捷径。

(5) 政府的驱动。中国政府对外投资政策鼓励企业走出国门进行跨国并购。政府部门开始陆续放松对境外投资的限制性政策，并制定出台了一系列支持企业“走出去”的政策，境外投资所需要的审批程序被简化，需要耗费的时间也缩短了。

(6) 国际堡垒的降低。受金融危机的冲击，矿产品价格深度下跌，为了刺激经济，矿业大国对外国投资限制也在放松，使得我国企业相对以前更容易进入其他国行业中。

(三) 通过财务报告分析海外并购与公司价值

从偿债能力、营运能力、获利能力、发展能力、现金流量这几方面的各个指标来看，中国铁建公告日前的四个季度里，中国铁建并购公告前除了第四季度有个别指标向着不好的方向变化外，其他财务指标都是向着该指标利好的方向变化的。而且发展能力有比较明显的上升趋势，如每股收益增长率由第一季度的1.2658上升到第四季度的76.6667，升幅为5956.78%。

从盈利能力角度来看，2009 年第四季度，中国铁建营业利润为 81.94 亿元，稍微高于第一季度的营业利润额 11.08 亿元。而且，股东应占有的净利润由第一季度的 9.45 亿元上升到第四季度的 65.99 亿元，上升幅度为 5.94 倍。股东净利润率较上年同期上升了 36.29%。另外，中国铁建的每股基本收益由第一季度的 0.08 元/股上升到第四季度的 0.53 元/股，增幅为 562.5%。其主营业务利润率有稍微下降的趋势，这主要是由于营业成本的增加比营业收入的增加大导致的。毛利率也有下降的趋势，主要是因为 2009 年第一季度的销售收入及销售成本都上升且销售收入的上升小于销售成本的上升所致。宣告并购前的成本费用利润率一直在 2% 左右幅度浮动，变化不大。不过造成这一原因，很大可能是由于全球经济危机还没有真正解除，经济还处于衰退状况。

在 2009 年的第一季度到第四季度，中国铁建财务状况不是太稳定。如果想要降低其财务风险，增强偿还能力，必须提高其总资产或降低其债务资产。从运营能力的角度来看，中国铁建并购后的运营能力指标数值都出现了不同程度的上涨趋势。从应收账款周转率来看，由 2009 年第一季度的 0.77% 上升到 2009 年第四季度的 9.19%，涨幅高达 109.35%。而存货周转率从 2009 年第一季度的 1.81% 上升到了 2009 年第四季度的 11.59%。

（资料来源：http：//finance. sina. com. cn/stock/hkstock/ggscyd/20091228/23297165564. shtml.

王立新，胡挺，胡素芬　我国企业联合海外并购的动因及其经济效应——中国铁建和铜陵有色联合收购厄瓜多尔铜矿案例分析，华东经济管理，2011 [7]。）

**[案例思考题]**

请评估中国铁建在此次收购中面临的风险，结合案例说明我国企业在开展国际化经营中的风险问题。

## 本章参考文献

[1] 金润圭. 国际企业管理 [M]. 北京：中国人民大学出版社，2005.
[2] 谭立文. 国际企业管理 [M]. 武汉：武汉大学出版社，2001.
[3] 崔日明，徐春祥. 跨国公司经营与管理 [M]. 北京：机械工业出版社，2005.
[4] 杰费·马杜拉. 国际财务管理 [M]. 杨淑娥，张俊瑞，译. 大连：东北财经大学出版社，1998.
[5] 卢进勇，等. 国际投资与跨国公司案例库 [M]. 北京：对外经济贸易大学出版社，2005.
[6] 柏汉芳. 跨国公司财务管理动因与模型研究 [M]. 北京：立信会计出版社，2002.
[7] 艾伦 C. 夏皮罗. 跨国公司财务管理 [M]. 蒋屏，等译. 北京：中国人民大学出版社，2005.
[8] 戴维 K. 艾特曼，等. 跨国公司金融 [M]. 何海峰，等译. 北京：北京大学出版社，2005.
[9] 宋岚. 国际企业外汇经济风险受险额的测量及管理 [J]. 华东经济管理，2002 (12).

# 第十一章 跨国公司与中国

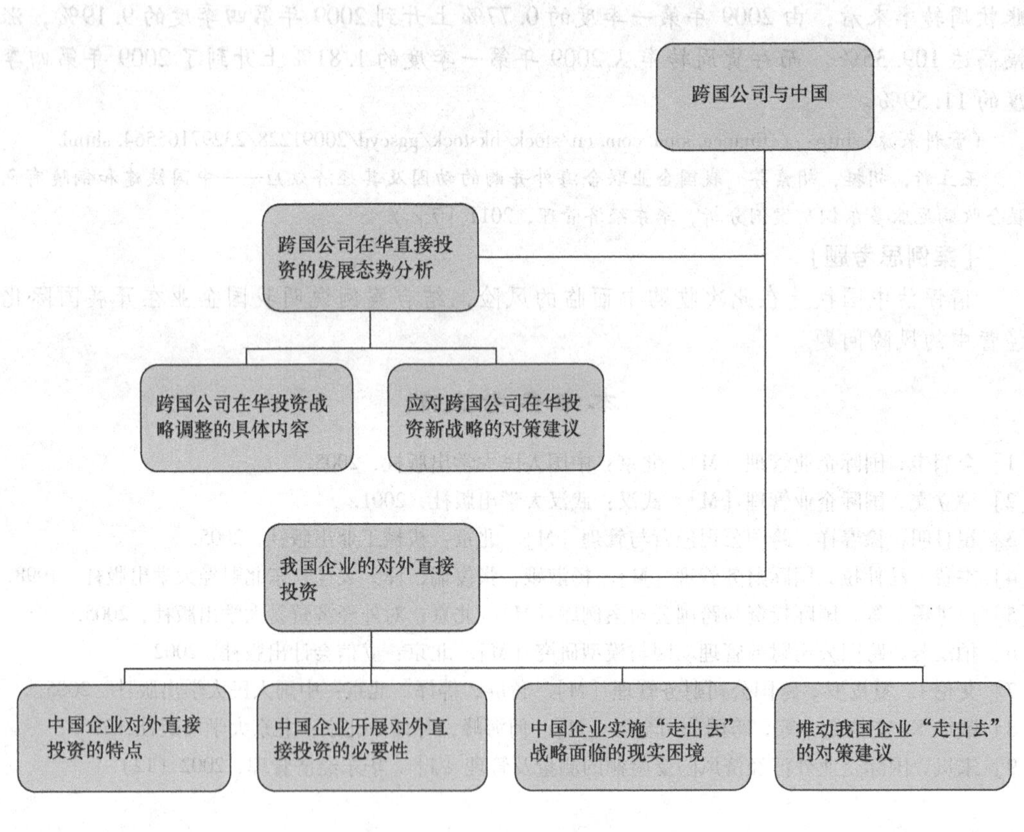

随着我国经济的持续高速增长，我国对世界经济的影响也在不断增强，世界经济中的中国因素已经越来越多，我国融入世界经济的步伐也在不断加大。这突出地表现在我国已成为世界大型跨国公司特别是世界500强公司直接投资的重点地区，一方面跨国公司对华直接投资的存量与流量金额越来越多，投资形式越来越丰富，投资分布区域越来越广泛；另一方面，随着人均GDP的增长，越来越多的优秀中国企业开始对外直接投资，并取得了令人瞩目的成绩。

## 第一节　跨国公司在华直接投资的发展态势分析

自我国改革开放以来，跨国公司直接投资已对我国社会经济发展产生了重大影响，据联合国贸发会议统计，我国吸收外商直接投资在1985年仅为20亿美元，2000年为410亿美元，2005年为603亿美元，2012年则为1210亿美元，在全球范围内仅次于美国，排名第二。从中期看，中国仍是跨国公司首选的投资目的地。有关调查显示，在跨国公司看好的前五大投资东道国中，中国排名第一，美国紧随其后。外资研发中心总数在过去五年翻了一番，在2012年年底达到约1800家。中国吸收外资的质量和结构不断改善。中国成为通过吸引外资在全球值链中不断升级，进而创造更多国内增值的成功范例之一。例如，中国已成功地扩展到越来越多的以高科技出口为导向的经济活动中。基于知识的高端服务业的出口在2000年和2010年之间增加了8倍。中国出口的增长以及在高技术全球价值链中生产能力的扩张，得益于外国投资的涌入以及与跨国公司建立的紧密的非股权合作模式，同时国内企业的生产能力不断增长也发挥了日益重要的作用。

### 一、跨国公司在华投资战略调整的具体内容

应该说，跨国公司在华投资策略的调整是其全球化战略中的一个重要环节，是跨国公司对变化中的世界经济的一种反应，也说明了我国在跨国公司经营战略中地位的提升。总体看来，这种调整表现在以下方面。

**（一）跨国公司正逐步把我国纳入其价值增值链和经营网络之中，我国正成为跨国公司的重要生产基地**

20世纪80年代初，跨国公司的在华投资还重在利用我国的丰富劳动力资源上，仅仅把我国看做是其获取价格竞争优势的重要区位，这与当时我国大力开展“三来一补”的外贸政策是相适应的。在这种分工模式中，不仅作为东道国的我国不能充分分享直

接投资技术外溢的好处，而只能和其他欠发达国家一样成为发达国家跨国公司廉价劳动力、土地、厂房的提供者；另外对跨国公司来说，仅仅获取低成本的收益也不利于其长期竞争优势的培育。为此，20 世纪 90 年代以来在华投资的跨国公司正把我国从加工组装基地向重要的制造基地转变。其具体表现在：

第一，大型跨国公司的生产网络纷纷登陆，《财富》世界500 强公司中，已有近 400 家在我国投资了 2000 多个项目。这些新近增加的投资中，许多是投向技术密集型产业的，现在世界上主要的计算机、电子产品、电信设备、制药厂、石油化工和发电设备的制造厂商已将它们的生产网络扩大到我国。与此相对应，许多跨国公司纷纷在我国建立地区总部，着眼于在我国市场的整体战略投资，对产业链中的上、中、下游的各阶段进行纵向投资，并强化了销售、售后服务网络及培训中心的建设；同时将分散在我国的单个投资项目协调为一个统一的系统，从而最大限度地使资金、人员和技术等生产要素合理流动并优化组合，产生整体效益。跨国公司在华地区总部的建立，是他们在华投资系统化、长期化的重要标志之一，也说明了跨国公司已不再把我国定位在组装车间上，而是看做重要的生产加工基地。

第二，跨国公司在华的研发力度大为加强。20 世纪 90 年代中期以来，大型跨国公司在意识到我国低价研究与开发人力资源的巨大潜力以及在华进行研发对公司竞争力的巨大推动后，纷纷加快在华研究与开发机构的建立。到 2012 年年底，大型跨国公司在我国设立的独立研发机构有 1800 家左右，主要集中在信息通信、生物制药、精细化工、运输设备制造等行业，如微软中国研究院、贝尔实验室、英特尔中国研究中心、摩托罗拉中国研究院等。其研发的目的已从以前的贴近中国市场，协助在华的生产制造企业解决生产技术困难，改善公司在华形象的适应性专用技术的研发，转向基础研究及创新型研发上，并把在华的研发纳入其全球研发网络。例如，宝洁（中国）研究中心的主要研发工作不仅仅为中国而是与宝洁公司全球 18 个研发中心联网，进行全球研发，实行 24 小时不间断的研发。现在有不少的跨国公司和宝洁公司一样把中国研发中心看做研发一体化中的重要环节，并通过互联网在中国下班时间把白天研发工作转移到刚刚开始工作的本国的研发机构或其他研发机构，由他们继续进行或为他们的研发提供思路。值得注意的是，来自许多发展中国家的跨国公司也开始在华建立研发机构，跨国公司在华研发的加强从一个侧面反映了我国在跨国公司价值增值链和经营网络中角色和地位的提升。

**（二）跨国公司在华投资的地区结构发生了一定的变化，出现了一定的西进态势**

从历史上看，以在华跨国公司为主要载体的流入我国的直接投资呈现明显的“东高西低”的格局，20 世纪 90 年代初，这种地区差异表现得十分突出，东部的直接投资占比高达 93.9%，而中西部地区的比重分别为 3.8% 和 2.2%。经过 90 年代 10 年的发展，我国东西部吸收直接投资的差距出现了一定的缩小，截至2012年年底，东部直接投资占全国的比重缩减到83%，而中部、西部的比重分别上升到17%。从数字上看，差距缩小并不明显，但它也客观地反映了跨国公司在我国投资的西进运动。目前，全球500强大企业中不少已落户，其中不少涉及高科技领域。跨国公司在我国中西部投资的加大，增加了这些地区资本的形成、出口及就业的增加，将推动我国中西部地区经济的快速追赶，实现"蛙跳"式发展。

导致跨国公司在我国中西部扩大投资的主要原因在于：

第一，集聚效应（Agglomeration）的作用。这通常是指由于一些特定的经济活动在空间上集中而产生的正面外部效果。国外学术界对集聚效应与直接投资的关系展开的论证也表明，集聚效应对吸引直接投资或直接投资的区位选择有重要的影响。结合我国中西部地区的情况来看，经过20世纪90年代以来10多年的发展，中西部地区在三个产业中均形成了一定的比较优势行业，其中资源开采和加工行业的比较优势较为明显。另外以西安、成都为中心的高科技、高附加值行业也具有一定的比较优势。这些地区的集聚性资源和较强的科研力量成为吸引跨国公司的重要区位优势。同时，随着我国中西部地区就业状况的改善，居民收入水平的提高，市场容量的扩大所产生的外部条件的改善又将产生新的集聚效应，从而又会引发新的跨国投资。这样，良性的互动循环就会产生，这就是理论上的区域循环的累积因果效应，这种效应将会不断强化并被锁定。

第二，国家西部开发的优惠性政策倾斜以及西部基础设施的不断完善、城市化率的不断提高是西部吸引跨国公司投资的又一重要因素。例如《中西部吸引外商投资优势产业目录》规定，凡投资于技术、配件和备件多可免征关税和进口环节税；对设在中西部的国家鼓励类外商投资企业可延长企业所得税的减免期；外商投资企业到中西部地区再投资，凡比例达到25%以上的再投资项目可享受外商投资企业待遇。铁路覆盖率以及省际高速公路里程数的不断增长也大大改观了我国中西部地区基础设施落后的面貌，跨国公司投资的硬环境也大为改观。

**（三）跨国公司在华的股权安排方式以及进入方式也发生了较为显著的变化**

第一，在华跨国公司以独资方式投资的比重逐步上升，并有超越合资、合作的趋势。1998年以前，跨国公司对华投资方式主要是以合资、合作为主，这种较低控制程度的股权安排的主要作用是降低政策不确定以及市场不确定等方面的投资风险。但它却以跨国公司对子公司控制程度的降低为代价。在1997年允许跨国公司在华建立独资企业政策的激励下，许多跨国公司开始积极以独资方式开拓中国市场，甚至利用增资扩股时中方企业增加投资资金不足的机会逼抢中方的股份，以便集中管理财务、营销和人力资源，充分发挥其内部化优势。1998年，我国独资企业的比重达到36.82%，首次超过了合资企业所占的比重（29.26%），并表现出不断上升的趋势。这种新的股权安排方式是在华跨国公司全面衡量控制度、风险分散、资源投入、权变性和进入时机等几个方面后所作出的一种选择。一般来讲，企业的异质产品优势越明显并且该种优势流失的风险越大，跨国公司越倾向于选择独资方式。另外随着世界500强企业来华投资的不断增多，其投资规模已远远大于早期新加坡跨国公司对华投资的规模，其抗风险及控制市场的能力大大增强，再加上其较长时间的国际化经营经验的积累，这些跨国公司更会选择独资经营的方式。许多跨国公司已把在华投资看做是其全球一体化战略的重要组成部分，这样最适合于企业长期战略和全球战略的独资方式的重要性已日益凸显。

第二，在明显具有高新技术特征的航空以及电信业中，跨国公司逐步以战略联盟的方式开拓我国市场。这种建立在非股权基础上的战略联盟是以共享资源、共同研制、共有市场为准则及纽带的，大都集中在新产品、新市场或新行业上，并不限制合作伙伴之间的竞争，而且联盟只是一种临时安排，任何一方只要达到目的，便可在任何时候单方面中止合作。所以在寡占市场结构中它反而能够避免过度竞争，提高效率从而提高社会福利。美国西北航空公司与我国东航的代码共享揭开了跨国公司与我国公司战略联盟的序幕，另外摩托罗拉还在我国市场上构建起移动通信产业间、移动通信与相关产业间紧密大联合的WAP联盟，此举宣告移动通信市场的竞争将从原先的凭借厂商优势转向凭借联合优势取胜的阶段。摩托罗拉WAP的主要合作伙伴包括中国移动、中国联通、中国民航、光大银行、证券之星、深圳盛润、新浪、网易、亿唐、阿里巴巴等。对摩托罗拉来说，在我国每争取到一个合作伙伴就意味着通过其产品所实现的应用越广泛。

第三，跨国公司进入我国市场的方式正从以“绿地投资”为主转向并购。近年来国际企业间的并购正如火如荼地进行着，跨国并购在世界总产值和对外直接投资中的比重逐年增加。1980—1999年，全球并购总额每年增长42%，所有并购的价值占世界GDP的比重从1980年的0.3%上升到1999年的8%。1987年的全球跨国并购仅为745亿美元，1995年增至2372亿美元，1996年则为2746亿美元，1997年刷新为3048亿美元，1998年上升到5316亿美元，1999年又更新为7200亿美元，占当年对外直接投资额的83%，2000年更是创下了11000亿美元的历史天量，占当年直接投资额的85%。虽然2001年受欧美主要资本主义国家经济增长放缓的影响，国际并购额出现了快速回落，还不到上年的50%，但从中长期看，随着世界经济的复苏，国际间跨国公司的并购活动还会继续高涨。与第五次国际并购浪潮相适应，20世纪90年代中期以来跨国公司也逐步调整了在华的投资方式，积极进行收购兼并。例如，美国的波尔公司先后在中国内地建立了7家饮料罐制公司，1997年波尔公司又出资14亿港元收购香港上市公司美特容器75%的股份取得了绝对控股地位，市场份额增加到50%以上。另外，法国达能（Danone）公司也通过收购股份使得在我国控股及参股企业达到28家，表11-1中展示了一部分达能公司在华投资情况。

**表11-1 法国达能公司在华的投资情况概览**

| 主要在华企业/投资 | 成立时间 | 公司性质 |
|---|---|---|
| 上海达能饼干有限公司 | 1992年 | 合资 |
| 江门达能饼干有限公司 | 1995年 | 独资 |
| 杭州娃哈哈百立食品有限公司 | 1996年 | 合资 |
| 乐百氏（广东）食品饮料有限公司 | 2000年 | 合资 |
| 上海光明达能有限公司 | 2000年 | 合资 |
| 上海立清饮料有限公司 | 2003年 | 合资 |
| 深圳达能益力泉饮品有限公司 | 2005年 | 独资 |
| 达能益力（惠州）饮品有限公司 | 2007年 | 独资 |

资料来源：《2012年跨国公司在中国报告》第372~373页。

根据《世界投资报告》统计数据，全球并购总额：2002年为3698亿美元，2003年为2970亿美元，2004年为3806亿美元，2007年为10230亿美元，2008年为7070亿美元，2009年为2500亿美元。

在华跨国公司通过并购我国企业不仅实现了快速的扩张，而且还获得了诸如一些研发成果或技术诀窍、专利、商标、许可证、供销网络之类的所有权资产，大大增强了企业的静态优势，另外又绕过了我国的关税壁垒及非关税壁垒，从而减少了在华经营的不确定性及风险。外资并购将成为21世纪初我国产业结构调整以及国企深化改革的主线索之一，也将成为我国证券市场的热点之一。

**（四）在华跨国公司正不断推行当地化战略，进一步整固我国市场**

随着跨国公司在我国投资数量的增多、投资规模的不断扩大，在华跨国公司的主要问题是如何巩固这些投资成果，为此当地化战略便浮出水面。归纳起来，跨国公司在华的当地化战略主要包括管理人员的当地化、零部件采购的当地化、品牌管理的当地化、融资的当地化以及研发的当地化。

第一，管理人员的当地化战略。管理人员当地化是指跨国公司按照公司的总体战略有意识地选择优秀的当地经理人并通过各种培训让他们了解世界最新的科技发展及前沿的管理理论，逐步把他们引入在华子公司的各类岗位，一旦我国的各类经理人员能胜任各自的岗位，原先由总公司指派的外籍管理者就迅速撤离。这种战略不仅大大降低了成本，而且也有效地避免了跨国公司与当地文化的冲突，加快了公司在华的适应性及对市场变化的反应速度。有研究表明：跨国公司较好的在华经营业绩与较少的本方经理数呈现较大的相关性。在实践中，跨国公司管理人员当地化的战略在我国不断地取得成果。例如，在1998年主要由当地人员组成的上海微软管理层被微软评为亚洲地区最杰出管理层，获得了“比尔·盖茨总裁杰出奖”。

第二，零部件采购策略的当地化。这种策略与跨国公司资源采取的外包战略有密切关系。在当今国际竞争十分激烈的情况下，各跨国公司都把经营的重点放在核心竞争力的培养上，而把一些次要产品外包出去让其他企业来做，这样既减轻了负担，又提高了公司本身的灵活性以及对世界市场的反应能力。在此背景下，跨国公司也相应增大了在华采购零部件、配件等中间投入品的比重。

第三，在华跨国公司品牌管理的当地化策略。在多年的国际竞争中，许多跨国公司早已认识到：厂商制造的是有物理属性的产品，消费者购买的是有感情寄托的品牌，产品会过时落伍、被竞争者模仿，而品牌则是独一无二的。真正持久的竞争优势往往来自于强势品牌，品牌管理具有重大的战略意义。但许多跨国公司也意识到，不能简单地把那些在母国市场已被证明的行之有效的品牌管理模式一成不变地移植到中国，必须推行品牌当地化战略。例如，可口可乐公司在华品牌当地化的战略包括两个方面，即专为中国市场开发品牌和发展当地品牌饮料。公司巨资研究开发了符合中国人口味的“天与地”果汁系列饮料、茶饮料、矿物质水以及“醒目”系列碳酸饮料，并将这些品牌无偿地转让给中国合作者——天津津美有限公司使用，迈出了在中国市场品牌推广的第一步，不但在心理上赢得了中国消费者的认可，同时也在降低成本的基础上增加了产品的“厚度”，在获得较大利润的同时使合作伙伴也获益匪浅。另外，联合利华的“中华”牙膏、“老蔡”酱油和“京华”茶叶也是类似的当地化品牌战略。

第四，在华跨国公司的当地化融资战略。该种战略是指跨国公司在建立全球最佳资本结构、财务结构的原则上，根据国际融资环境的状况选择合适的融资方法和手段，以满足在华机构资金需求的过程。20世纪90年代中后期，该种战略表现为：在资金来源上尽量使用当地资金。总体上说，跨国公司在我国的当地化融资策略有助于调动我国国内储蓄，使国内储蓄通过在华跨国公司的投资转化到实体经济中，从而推动我国经济的发展。

**（五）在我国“入世”前后，跨国公司**（跨国银行）**明显加大了对我国开放较晚的金融、零售商业等服务业的渗透力度**

第一，在金融业方面，随着“入世”后我国对外资银行在华经营外汇业务的限制取消、经营人民币业务地域限制的逐步放宽，跨国银行明显地加快了在华设立分支机构的步伐，排名世界前50名的世界级大银行中的绝大多数都已在我国设立了分行或分支机构。在华设立这些机构的动机从理论上讲主要是为本国（地区）在中国的直接投资服务，为本国（地区）与中国的贸易服务。有关统计资料也已经显示：各国（地区）在华设立的分行数与其对华的贸易量以及直接投资额之间呈现出一定的相关性。跨国银行大举抢滩我国市场的另一个重要原因就是争夺我国本土的客户，希望通过其优质的存贷业务及中间业务获取利润。

第二，在零售业方面，2004年我国应加入WTO协议的要求，全面开放零售业以来，跨国零售企业角逐中国市场，规模越来越大，扩大方式也越来越多元化，目前并购成为跨国零售企业在华扩张的主要方式。仅2005年，商务部共批准流通业外资企业并购项目24个。2006年，更是成为跨国公司并购中国零售业元年。包括百思买控股五星电器、沃尔玛收购好又多、特易购增资乐购、百盛回购内地门店、百安居接盘东方家园、家得宝并购家世界家居等。2007年年初，全球零售业老大沃尔玛宣布购入台资超市品牌好又多35%股权，成为2007年零售业并购首战。到目前为止，在中国投资的跨国零售企业1000余家，包括沃尔玛、家乐福、百盛、家得宝等大公司，分别在食杂店、便利店、折扣店、超市、大型超市、仓储会员店、百货店、专业店、专卖店、家居建材店、购物中心、厂家直销中心、电视购物、邮购、网上商店等17种业态进行大手笔的并购活动，基本都制定了在华发展的中长期目标。

## 二、应对跨国公司在华投资新战略的对策建议

跨国公司在华投资战略的变化既向我们传达了跨国公司在全球范围内调整其经营战略的信息，反映了跨国公司对我国这一重要区位认识的不断提高，同时也向我们提出了如何既要利用跨国公司战略调整中的正效应来促进我国经济社会的发展，又要防止其战略调整中可能隐含的负效应的新课题。为此，特提出以下对策：

### （一）从制度和投资环境入手，进一步优化跨国公司在华投资的环境，努力保持我国作为跨国公司全球重要生产基地这一地位

制度的准备主要在于按照WTO多边规则和我国的入世承诺，不断清除和修改与这些规则、承诺不相符合的一些制度，如对外商投资企业的外汇平衡要求、出口比例要求、股权份额限制等。遵循国际潮流，适当放松对在华跨国公司的各种监管限制，同时提高政府相关部门的办事效率及审批速度，改进政府职能。在手段上，努力用经济手段构建吸引跨国公司在华投资的市场环境，而不要再用过去的行政手段来创造不能持久的区位优势。例如，我们可以努力在希望吸引跨国公司投资的地方建造一些与跨国公司配套的零部件、零配件、中间产品的生产企业，形成一个能与跨国公司建立长期供货关系的好的产业群，并使之产生具有较强前向关联和后向关联的集聚效应，这样做我们不仅能从跨国公司那里得到先进的生产技术和经营管理经验、解决就业问题、推动相关产业的发展，还可使跨国公司对外部市场不确定的担心降低到最低限度。这

种战略近年来在一些发展中国家中已经开始采用，并取得了一定的成效，今后也将成为各发展中国家吸引外国直接投资的竞争点之一，我们应充分加以重视。除此之外，我们还应大力培养高新技术领域中的优秀人才，花大力气吸引海外高科技人才回国，为跨国公司提供优质的人力资源，吸引跨国公司在华研发活动的开展。

**（二）鼓励跨国公司在华的并购重组，使之在国企改革和国有企业的战略重组中发挥积极的作用**

当今跨国并购已成为国际投资中的一种潮流，并在很大程度上取代了传统的“绿地投资”。顺应这一趋势我们也应适当引导跨国公司在我国的并购活动，特别要鼓励跨国公司对我国国有企业的并购，使国有资产从一些低效率的部门中退出，提高国有资产在社会经济活动中的配置效率。我国资本市场的逐步开放和产权制度的日趋完备已为跨国公司在华的并购活动提供了良好的制度基础，但目前我国还未制定出外资并购国企的专门法律，也没有专门规范并购活动的法律和法规，只能从众多的法律条例中零星地找出一些原则。如果参照这些原则执行外资并购活动，其交易成本很大又不确定。另外，履行协议的成本、解决纠纷的成本都还取决于双方的态度和谈判条件，缺乏相应明确的法律规范。为此，需要尽快建立适合我国国情的跨国并购法律框架，降低外国投资者实施并购的法律风险及交易成本，并充分顾及职工的社会保障问题。跨国并购或许能解决国企扭亏后的后续发展问题，但在鼓励跨国公司在华并购的同时，还应注重防止新的垄断的形成，保持市场的有效竞争结构。

**（三）进一步做好对跨国公司来华投资产业结构和地区结构的引导工作**

在产业选择上，除继续鼓励跨国公司在通信技术、生物制药、新材料、新能源等领域的投资外，还应根据国家有关部门颁布的鼓励外商投资的产业目录，使跨国公司尽可能在诸如石油、天然气开发、汽车制造业、运输业、零售业以及会计、审计等领域开展投资，以确保我国经济在行业上的平衡发展。在跨国公司来华投资地区政策的引导上，应继续鼓励向我国中西部的投资，对投资于中西部的跨国公司实行明显的政策倾斜，以推动我国经济在区域上的平衡发展。

## 第二节　我国企业的对外直接投资

中国境外直接投资的增长更加令人瞩目。2012 年，中国对外直接投资创下了 840 亿美元的历史纪录。中国已经成为世界第三大对外投资国，仅次于美国和日本。受寻求市场、提高绩效、获取自然资源和战略资产等多元目标驱动，中国公司对外投资的行业和国家范围非常广泛。值得注意的是，中国的海外基础设施投资增长很快，如中

国在东南亚的基础设施投资过去几年迅速上升。对各国投资促进机构的调查表明，中国被列为最有前途的外国直接投资来源地。[㊀]

## 一、中国对外直接投资的特点

从1979年的起步到现在，我国企业的对外直接投资已有近35年的历史，30多年来我国的对外直接投资呈现出以下特点：

### （一）对外直接投资的存量稳步增长，流量逐步超越日本、英国等传统对外直接投资大国

2012年中国的对外直接投资创下了840亿美元的历史纪录，成为仅次于美国、日本之后的第三大投资国（见表11-2）。

**表11-2　2002年以来中国对外直接投资的流量及存量**

| 年　　份 | 流量/亿美元 | 存量/亿美元 |
|---|---|---|
| 2002 | 27 | 299 |
| 2003 | 28.5 | 332 |
| 2004 | 55.5 | 448 |
| 2005 | 122.6 | 572 |
| 2006 | 211.6 | 906.3 |
| 2007 | 265.1 | 1179.1 |
| 2008 | 559.1 | 1839.7 |
| 2009 | 565.3 | 2457.5 |
| 2010 | 688.1 | 3172.1 |
| 2011 | 746.5 | 4247.8 |
| 2012 | 840 | N/A |

资料来源：《2011年度中国对外直接投资统计公报》（注：2002—2005年数据为中国非金融类对外直接投资数据，2006—2011年为全行业对外直接投资数据，2012年的流量数据来自于贸发会议发布的《2013世界投资报告》。）

### （二）近年来约四成左右的对外直接投资以并购方式展开

2010年及2011年以并购方式实现的直接投资分别为297亿美元及272亿美元，分别占流量总额的43.2%及36.4%，全部为非金融类投资并购。并购领域以采矿业、制造业、电力生产和供应业为主。2004—2011年中国对外直接投资并购情况见表11-3。

㊀　资料来源：《2013年世界投资报告》。

表 11-3 2004—2011 年中国对外直接投资并购情况

| 年　份 | 并购金额/亿美元 | 同比（%） | 比重（%） |
|---|---|---|---|
| 2004 | 30.0 | — | 54.5 |
| 2005 | 65.0 | 116.7 | 53.0 |
| 2006 | 82.5 | 26.9 | 39.0 |
| 2007 | 63.0 | -23.6 | 23.8 |
| 2008 | 302.0 | 379.4 | 54.0 |
| 2009 | 192.0 | -36.4 | 34.0 |
| 2010 | 297.0 | 54.7 | 43.2 |
| 2011 | 272.0 | -8.4 | 36.4 |

资料来源：《2011 年度中国对外直接投资统计公报》。

**（三）对主要经济体投资快速增长，八成的投资流向发展中国家**

2010 年，中国对欧盟的直接投资 59.63 亿美元，同比增长 101%；对东盟的直接投资 44.05 亿美元，同比增长 63.2%；对美国的直接投资 13.08 亿美元，同比增长 44%；对俄罗斯的直接投资 5.68 亿美元，同比增长 63%；对日本的直接投资 3.38 亿美元，同比增长 302%。2011 年，中国对欧盟的投资 75.61 亿美元，同比增长 26.8%；对东盟的投资 59.05 亿美元，同比增长 34.1%；澳大利亚的投资 31.65 亿美元，同比增长 86%；对美国的投资 18.11 亿美元，同比增长 38.5%；对俄罗斯联邦的投资 7.16 亿美元，同比增长 26.1% 。2011 年，直接流向发展中国家（地区）的投资为 612.3 亿美元，占 82%，流向发达国家经济体 134.2 亿美元，占 18%。其中六成的投资流向英属维尔京群岛、开曼群岛等。流向英属维尔京群岛的流量为 62.08 亿美元，占 8.3% ，主要流向商务服务业；流向开曼群岛的流量为 49.36 亿美元，占 6.6%，主要流向商业服务业。2011 年中国对外直接投资流量的前 20 位的国家（地区）见表 11-4。

**（四）地方企业对外直接投资占非金融类存量的 23.8%，广东、山东、浙江位列前三**

2011 年年末，各地方企业非金融类对外直接投资存量 849.3 亿美元，占 23.8%，较上年提升了 0.8 个百分点。广东是中国对外直接投资存量最多的省份，其次为山东，以后依次为浙江、上海、北京、江苏、辽宁、湖南、福建、河北等。

表 11-4　2011 年中国内地对外直接投资流量的前 20 位的国家（地区）　单位：亿美元

| | | |
|---|---|---|
| 1 | 中国香港 | 356.55 |
| 2 | 英属维尔京群岛 | 62.08 |
| 3 | 开曼群岛 | 49.36 |
| 4 | 法国 | 34.82 |
| 5 | 新加坡 | 32.69 |
| 6 | 澳大利亚 | 31.65 |
| 7 | 美国 | 18.11 |
| 8 | 英国 | 14.2 |
| 9 | 卢森堡 | 12.65 |
| 10 | 苏丹 | 9.12 |
| 11 | 俄罗斯联邦 | 7.16 |
| 12 | 伊朗 | 6.16 |
| 13 | 印度尼西亚 | 5.92 |
| 14 | 哈萨克斯坦 | 5.82 |
| 15 | 柬埔寨 | 5.66 |
| 16 | 加拿大 | 5.54 |
| 17 | 德国 | 5.12 |
| 18 | 老挝 | 4.59 |
| 19 | 蒙古 | 4.51 |
| 20 | 津巴布韦 | 4.4 |
| 合计 | | 676.11 |

资料来源：《2011 年度中国对外直接投资统计公报》。

## 二、中国企业开展对外直接投资的必要性

### （一）加入 WTO 及经济全球化使中国企业在本土市场面临外资企业更加激烈的竞争，同时中国企业的海外市场发展空间也急剧扩大

2010 年中国制造业以 1.995 万亿美元的产值，在全球制造业总值中占到 19.8%，超过美国的 19.4%，首次成为世界制造业第一大国。这是自 1885 年美国制造业产值超越英国以来，世界经济格局的又一次重大变化。庞大的制造业规模需要扩展海外市场。进入 21 世纪以来，越来越多的企业已经认识到对外投资是企业成长

的必要条件，这也是在全球市场中保持竞争力的先决条件。此外，对于将对外直接投资作为中国参与全球经济整合的一个组成部分以及确保中国长期发展所需的资源供应，中国政府也在不断作出战略性的思考。政府鼓励并支持关键企业在自身需要及政策允许的原则下实现全球化。同时，中国急剧增长的外汇储备也促进了企业对外投资的扩张。

**（二）中国经济崛起成为世界工厂的同时，面临着日益严重的资源及环境制约，这迫使中国企业加大在节能减排技术及海外资源开发利用方面的海外投资**

国际能源机构（IEA）2010年7月19日透露：2009年中国消耗了22.52亿吨油当量能源，中国已在2009年超越美国，成为全球最大的能源消费国。尽管中国很快就辟谣，说国际能源机构的估算不可信，但是很多人仍然会心存疑虑，毕竟中国是全世界人口最多的国家，同时这几年的经济增长速度也非常快。

**（三）中国企业实力增长迅速，但与发达国家企业在技术及品牌方面的差距巨大，迫使中国企业“走出去”提高创新能力及创建国际品牌**

中国几乎所有的主要产业，甚至包括服装纺织这样最具国际竞争力的产业，都仍然处于大体完成了生产能力及设备技能的国际转移阶段，还远未完成核心技术创新能力及品牌的国际转移过程。国家“十二五”规划明确提出：要加快发展研发设计业，促进工业设计从外观设计向综合高端设计转变。

**（四）西方跨国公司建立了遍布全球的生产网络，使它们具有全球资源优化配置优势，迫使中国企业必须走跨国公司的发展道路**

“再工业化”是金融危机之后欧美向实体经济回归，重塑在制造业领域的优势的重要战略。促进实业回归及重振制造业成为发达国家的重要举措。《华盛顿邮报》网站2011年年初发表了题为《为什么说现在是中国担心制造业了》的文章提出，未来20年美国将发展人工智能、机器人以及电子制造业这三种技术，重塑制造业的竞争面貌，在制造业领域“打败中国”。

**（五）金融危机导致各国实力消长及国际秩序重建，这为中国企业“走出去”发展带来前所未有的机遇与挑战**

2010年是中国经济全面跃升的一年：经济增速达10.3%，经济总量已超过日本，成为世界第二大经济体，这是中国实现的一次历史性跨越；外汇储备达2.85万亿美元，稳居世界第一。外贸总额近3万亿美元，成为世界上第一大出口国、第二大进口国；吸收外资近1057.4亿美元，外资总额约达1万亿美元，成为世界第二大外商投资国。金融危机使世界力量结构发生重大而深刻变化。全球战略格局多极化、南北差距趋小化、地缘力量均衡化、制度模式多元化趋势同步快速发展。

## 三、中国企业实施“走出去”战略面临的现实困境

### （一）国际社会的误读

1. 国际社会对中国的对外直接投资特别是资源获取型的对外投资一直怀有敌意

由于部分中国企业在开发非洲矿业及木材资源时欠缺考虑环境保护及可持续问题，许多资源产地居民及国际 NGO 已经发出了不满与批评的声音。事实上，某些中国企业在资源过度开发、环境保护不力、社会责任感淡薄、不尊重当地法律法规与文化习俗等方面确实留下了为人说道的口实，尽管这类企业的比重较小，但其不规范的海外投资行为却影响了中国企业海外投资的群体形象。

2. 中国企业常被指责为享受高额补贴的“不公平竞争者”或“代理者”

西方评论者中一个较为普遍的看法是中国国有企业附属于中国国内上下一体的社会主义政治与经济体制，长期获得政府提供的低息贷款、政府拨款、税收减免等财政补贴以及大量低价的土地资源、经济开发区项目等优惠政策支持，因此在国际经济角力中享有不公平的竞争优势。中国石油公司中海油竞购美国石油公司优尼科（Unocal）一案即为美国国会出面干预中国国有企业海外投资行动的典型。在优尼科进行商业抉择的关键时刻，两名共和党议员联合致信美国总统，声称美国在处理牵涉中国的能源事务时，应对由此产生的经济安全、外交政策、国家安全问题进行综合考虑。在美国国内某些人士看来，由中国政府控股的中海油对优尼科公司提出的并购要约是一个国家行为。

### （二）国内企业对“走出去”战略意义的认识有待提高

1. 部分中国企业及官员一直无法回答“在积极引进外资的背景下为什么同时要强调‘走出去?’”这一问题

发展中国家吸引外资及开展对外直接投资根本动因都是通过资本的全球流动实现资本与本国其他生产要素的最佳配置，达到产业升级、技术进步、国家竞争优势增强的目的，所以吸引外资与对外投资的许多目的是重叠的。但对外投资的特殊性在于其是以国际市场为舞台来引领经济发展及经济转型的，具体而言，投资矿产资源是为了保障未来的稳定供应；投资战略资产是为了直接升级国内企业的管理水平与生产技术；而投资贸易公司是为了直接扩大海外市场。包括中国在内的发展中国家开展对外直接投资的另一意义在于对外直接投资有助于克服金融抑制。发展中国家的金融抑制有可能在这些国家导致储蓄超过投资，在资本过剩的情况下，发展中国家的对外投资就成为必然结果。

2. 有些企业认为“走出去”是一种纯贸易或投资行为与企业创新能力的培育、宏观经济结构的改善无关

中国的工业化进程是一个压缩式的过程，把西方国家两三百年的工业化过程压缩在30年中，其素质及质量肯定不高，因此，转型升级就显得尤为重要。很多低成本、低技术的产业陷入困境，只有通过不断的科技创新及产业升级，才能保持中国经济相对较快的增长速度，而对外直接投资能为企业的转型升级提供更广阔的平台。

3. 也有企业认为根据跨国投资的经典理论，只有具备特有优势的国有大中型企业才具备走出去的能力

邓宁的对外直接投资的折衷理论表明：只有同时具备所有权优势、内部化优势及区位优势的企业才能有效地开展对外直接投资。传统意义上，对外直接投资的主体是发达国家及高收入国家的跨国企业，它们利用自身的技术、品牌、管理能力，克服海外经营的困难，在全球配置资源以获得最大的回报。而发展中国家往往是外资的接受国，近30年来，不少发展中国家的中小企业，也在不断走在对外直接投资的前列，而集群式的投资是其开拓海外市场的利器。所以经典的理论也需要不断修正。事实上，中国的地方中小企业也在不断加入对外直接投资的行列。例如，《2011年中国对外直接投资统计公报》显示：2011年年末中国各地方企业非金融类对外直接投资存量849.3亿美元，占23.8%，较上年提升了0.8个百分点。

## 四、推动我国企业“走出去”的对策建议

我国企业的国际化经营是未来我国企业取得新的国际竞争优势的途径之一，为此必须从企业及国家两个层面作出宏、微观对策。

### （一）改进国家对企业“走出去”金融支持的方式及效果

我国企业的对外直接投资的确需要金融支持，并且国家发改委与中国进出口银行已开始对境外的资源开发项目，能带动国内技术、设备出口和劳务输出的境外生产型项目和基础设施项目，能利用国际先进技术和管理经验的境外研发项目，能提高企业国际竞争力，加快开拓国际市场的境外企业收购和兼并等项目给予力度较大的信贷支持。但今后银行的金融支持应更为审慎，因为一味地放宽信贷标准不仅会给国际社会留下政府干预、政府撑腰的印象从而招致东道国的政治干预，另外，跨国并购毕竟比本土经营的风险更大，银行过分优惠的贷款而产生的风险最终还将由财政来承担，反而会变成隐性的补贴，会对企业行为产生扭曲。今后国内银行对企业国际化经营的支持要更多地着重于项目评估、风险调研、财务顾问等服务性事项，改变其单一的资金支持者形象。

### （二）重视对国际法律环境的研究及国内相关法律制度的建设

首先，由于国际化经营的国际法律环境较为复杂，尤其当我国企业进入法制比较

健全的发达国家进行国际化运作时，如果对所在国的相关法律环境缺乏足够了解，往往会形成国际化经营的额外风险。我国企业境外收购遇到最多的问题大都围绕着监管和竞争展开。在监管方面，国内企业要注意东道国重点监管和限制的一些行业，如电信、银行、证券、国防、广播等行业，应考虑这些领域里东道国对外商持股量和外汇管制的各项规定。例如，美国 1988 年颁布的《贸易与竞争综合法案》的第 721 节授权美国总统有权终止或禁止那些威胁美国国家安全的外国对美国企业的收购、合并或接管。在竞争问题上，要特别注意近年来各国对反垄断法的最新规定，这些法律规定虽有一定的差异，但基本的政策出发点多是维护公平竞争，保护东道国消费者的利益以及反垄断。只有充分了解并购东道国的相关法律规定，我国企业的跨国经营才不会受到东道国法律的羁绊。

其次，在国内应尽快出台一套能反映当代国际投资特点并具有我国特色的《境外投资法》，明确规定国家对境外直接投资促进、保护及监管的基本原则，在条件成熟时制定颁布《境外合资经营企业法》、《境外投资企业所得税法》及《境外国有资产管理法》等，逐步形成、完善我国对外直接投资、跨国并购的系列法律体系。

**（三）努力提高企业跨国并购微观手段的运用绩效**

2004 年 TCL、联想集团跨国并购的成功以及 2005 年海尔、中海油跨国并购的失败已经说明：在国际并购业务中努力挖掘新的目标企业要远远好于以竞购的方式中途介入，今后我国企业要在挖掘国际市场“原始”并购企业方面多下工夫，因为“夺人之爱”的并购方式毕竟容易让东道国产生反感。为了便于跨国并购后的整合，减少并购带给目标企业员工的震荡，还要在跨国并购中减少纯现金的收购方式，更多地利用现金加股票的国际通用方式，让被并购企业及员工继续持有新企业一定比例的股份。此外，还要与东道国当地媒体保持较好的关系，避免不必要的对立，使之为我国企业的国际化经营多作正面报道。

**（四）加强我国企业间在跨国并购中的协调与合作**

国内企业间内耗式的跨国竞购必然会使跨国并购偏离成本效益的正确轨道，降低跨国并购的效率，尚处国际并购市场弱势地位的我国企业需要进行大力度的整合，以取得跨国并购的协同效应。这方面的有效措施之一就是跨国联合收购，集合国内公司的力量完成对国际较大目标企业的收购。

**（五）政府应该考虑尽快取消中国企业对外直接投资的限制**

虽然目前的政策并不严厉管制对外直接投资，但通常一个项目需要获得三个政府部门的批准，包括商务部、国家发改委及外汇管理局。对于企业尤其是中小企业来说，走这些程序的交易费用非常高，而且它们实际是更多地限制了民营企业的对外投资。将对外投资项目的审批制改为登记制，有利于促进市场化决策的投资行为，也跟中国目前不断推进的资本项目开放一致。直接投资因为是长期投资，短期冲击比较小，理应可以成为优先开放的项目。

## 小　结

本章详细讨论了跨国公司在华直接投资的发展趋势以及我国企业的对外直接投资。

跨国公司对华直接投资战略调整的主要内容包括：跨国公司正逐步把我国纳入其价值增值链和经营网络之中，我国正成为跨国公司的重要生产基地；跨国公司在华投资的地区结构发生了一定的变化，出现了一定的西进态势；跨国公司在华的股权安排方式以及进入方式也发生了较为显著的变化；在华跨国公司正不断推行当地化战略，进一步整固我国市场；在我国“入世”前后，跨国公司（跨国银行）明显加大了对我国开放较晚的金融、零售商业等服务业的渗透力度。应对跨国公司在华直接投资策略变化的对策主要包括：从制度和投资环境入手，进一步优化跨国公司在华投资的环境，努力保持中国作为跨国公司全球重要生产基地这一地位；鼓励跨国公司在华的并购重组，使之在国企改革和国有企业的战略重组中发挥积极的作用；进一步做好对跨国公司来华投资产业结构和地区结构的引导工作等。

我国企业的对外直接投资始于1979年，发展较为迅速，2012年中国的对外直接投资创下了840亿美元的历史纪录，成为仅次于美国、日本之后的第三大投资国，中国的对外投资在投资方式、投资区域、投资主体等方面均呈现出新的特点。中国企业开展对外直接投资的必要性在于：加入WTO及经济全球化使中国企业在本土市场面临外资企业更加激烈的竞争，同时中国企业的海外市场发展空间也急剧扩大；中国经济崛起成为世界工厂的同时，面临着日益严重的资源及环境制约，这迫使中国企业加大在节能减排技术及海外资源开发利用方面的海外投资；中国企业实力增长迅速，但与发达国家企业在技术及品牌方面的差距巨大，迫使中国企业“走出去”提高创新能力及创建国际品牌；西方跨国公司建立了遍布全球的生产网络，使它们具有全球资源优化配置优势，迫使中国企业必须走跨国公司的发展道路；金融危机导致各国实力消长及国际秩序重建，这为中国企业“走出去”发展带来前所未有的机遇与挑战。中国企业实施“走出去”战略面临的现实困境在于国际社会的误读以及国内企业对“走出去”战略意义的认识不足。我们应该从改善国家对企业“走出去”金融支持的方式及效果；重视对国际法律环境的研究及国内法律制度的建设；努力提高企业跨国并购微观手段的运用绩效；加强企业在跨国并购中的协调与合作；政府应该考虑尽快取消中国企业对外直接投资的限制等方面推动我国企业“走出去”。

## 思考题

1. 我国在跨国公司直接投资中的战略地位发生了什么变化？
2. 跨国公司在华设立研发机构的意义是什么？
3. 近年来跨国公司在华直接投资的股权结构发生了什么变化？
4. 怎样利用跨国公司的直接投资来提升我国的产业结构？
5. 我国企业“走出去”的意义是什么？
6. 我国企业“走出去”的障碍有哪些？

## 案例分析

### 中海油收购案始末

[背景材料]

2004 年 12 月 26 日（美国西部时间 12 月 25 日），美国加州正被一场纷纷扬扬的大雪所覆盖。此刻，在加州首府洛杉矶某饭店一个暖意融融的餐厅里，只身赴美的中国海洋石油有限公司董事长兼首席执行官傅成玉正和美国加州联合石油公司董事长威廉姆斯进行着一次秘密会晤。正是这次非常私密的会晤，拉开了一场长达 8 个月之久、迄今为止中国企业涉及金额最多、影响最大的海外收购大战的大幕。有媒体甚至将之渲染为“世纪收购”。

第一阶段：寒冬蛰伏

2004 年 12 月 26 日~2005 年 2 月 27 日

傅成玉和威廉姆斯见面仅过了 10 天，消息灵通的英国《金融时报》就率先披露了中海油洽购优尼科的“秘闻”。1 月 6 日，该报援引一位知情人士的话称，“中国海洋石油有限公司正考虑对美国同业对手优尼科公司发出逾 130 亿美元的收购要约，这起交易将是中国企业规模最大、最重要的一宗海外收购”。

2004 年年中，中海油通过对 12 家亚洲油气公司过去几年的收购情况研究时发现，靠收购区块资产的方式实现持续增长效果不彰。一般来讲，较为成功的油气资产收购都发生在低油价时代，进入高油价时代，资产收购的难度和成本就会增大。从资产收购向公司收购转变是中海油公司必须面临的一个转折。战略确定后，下一步就是选择收购目标。第一轮的筛选范围很大，北美、西非和里海等地的数十家独立油公司，甚至包括加拿大国家石油、科麦奇和莫菲这种中等规模的石油公司都进入了中海油的视线。按照“资产价值小于 200 亿美元；有储量和产量增长潜力；中海油的承受能力、中国 LNG 业务和可获得性”等各项指标，中海油在经过三轮的筛选后，最终将收购目标锁定在优尼科。总部位于美国加州的优尼科是一家有100余年历史的老牌石油企业，在美国石油公司中排位第九。近两年其经营不甚景气，市值低于同类公司30%左右，因此董事会一直在考虑寻找买家。中海油选择并购优尼科，主要看中的是优尼科在亚洲的油气资源。在优尼科已经探明的17.5亿桶油气储量中，70%位于美国本土以外，包括亚洲的印度尼西亚、泰国、缅甸、孟加拉国和中亚的阿塞拜疆等国及里海地区。优尼科的资产分布与中海油在中国东南沿海加紧实施天然气战略可谓“天作之合”，优尼科气资产分布最广、与中国地理最为接近的东南亚正是中海油沿海天然气市场最理想的气源地。2005年2月27日，优尼科提供了初步资料，邀请中海油作为“友好收购”的候选公司之一。同日，中海油总公司党组和管委会在听取了有关人员的汇报后，正式认可优尼科是符合中海油长期发展目标的收购对象，并决定于2005年2月28日正式启动该项目。

第二阶段：初试锋芒

2005年2月28日~2005年4月4日

2005年2月28日，中海油宣布成立由傅成玉、罗汉、蒋龙生、周守为四名执行董事和曹云石、杨华、刘健三位高管参加的项目领导小组，下设六个工作小组，涵盖技术、法律、财务、人力资源、公共关系及交易支持和价值评估等领域。同时中海油还聘请了各领域的世界知名顾问助战。投资银行是高盛和摩根大通；法律顾问是DPW、Herbert Smith；税务顾问是德勤；技术顾问是Miller Lents；公关和媒体顾问是Brunswick，PSI；政策顾问是Akin Gum。

项目启动后，经过8昼夜的紧张工作，2005年3月7日，中海油决定向优尼科提出一个每股59美元至62美元的报价区间。该报价属于意向性报价，不具有约束性，其目的是表明中海油对本次收购的诚意，争取一张进入优尼科收购者行列的入门券，以打开进入尽职调查阶段的大门。这次报价的另一个目的在于“刺探”优尼科的心理预期价位。报价的同时，中海油当时还慎重提出和讨论了项目的风险，如储量/产量、环境责任、区块的有效期和合并后的整合等。2005年3月10日，优尼科董事会接受了中海油的非约束性报价，允许中海油进行“确认性”尽职调查。2005年3月13日，包括董事长威廉姆斯在内的优尼科13名高管组成的特别小组来到北京，他们此行的目的是就中海油关心的优尼科核心油气资产和储量等问题作现场陈述，并回答来自收购方领导小组的各种问题。当时优尼科高层之所以主动向中海油投去“橄榄枝”，奔赴北京进行谈判，据分析有三点原因：第一，中海油掌握着巨大的天然气市场，由它收购，优尼科的股票会增值；第二，中海油已经表态，收购后优尼科的高管层会基本留下，这对优尼科管理层来说，算吃了一颗定心丸；第三，由于中海油的大部分股票不能全流通，所以要收购就得全部拿现金，对于优尼科的股东来说，这很有诱惑力。为了取得中国政府的支持，优尼科甚至搬来了美国前国务卿、赫赫有名的基辛格来做中国政府的游说工作。事实上，这种担心完全多余。这样一桩两全其美的收购案，中国政府怎么可能不批呢？

优尼科的13人小组回国后，根据中海油开列的问题清单，又提供了大量内部资料，作为对第一批资料的补充。尽职调查结束后，中海油收购项目组最终确定了优尼科公司的估值范围为51.9美元至67.7美元每股。在北京这次关键的接触中，优尼科董事会跟中海油合并的意愿几乎完全确定下来，中海油一度接近成功的边缘。

第三阶段：卧薪尝胆

2005年4月4日~2005年6月23日

3月30日，是按照约定由中海油向优尼科提交准确报价的最后期限。然而，由于中海油独立董事的犹疑，这一天召开的决定报价的董事会不欢而散。5天后，更大的变故出现了。4月4日，美国第二大石油公司雪佛龙横刀夺爱，宣布以25%的现金即65亿美元、75%的股票收购优尼科公司。按照雪佛龙公司2005年4月1日股票59.31美元的收盘价，收购价约为62.07美元每股。优尼科管理层初步接受了该报价。

2005年6月22日晚6点，再次就竞购优尼科的价格“拍板”的电视电话会议在中国海洋石油大厦25层进行。经过长达6个多小时的讨论，董事会最终授权管理层在65美元到69美元之间给对方进行报价。经过充分思考，北京时间6月23日凌晨12点半，傅成玉通过越洋电话向优尼科董事长威廉姆斯进行了口头报价67美元每股，总收购金额为185亿美元，全现金收购。按当时的股价，超出雪佛龙报价9.4%。5个小时后，中海油以传真形式，正式向优尼科确认了这个价格。并于早上向香港联交所和美国证监部门发出了收购公告。

2005年6月23日上午10点，全球分析员和媒体电话会议同时召开，中海油总裁周守为率先做了《中海油+优尼科=亚洲石油天然气的领导者》的报告，随后，傅成玉和公司首席财务官杨华接受了13家媒体的采访。一时间，中海油竞购优尼科的消息成为各大通讯社和主流媒体的重磅新闻。《华尔街日报》的报道称：这是“不请自来的收购，报价低于预期”。“中国已经从一个被动的美国国债投资客变成了拥有大把钱的主动投资者”。英国《金融时报》的报道称，“中海油的探宝船已经驶入充满敌意的美国领海”。分析员也纷纷发布研究报告，态度多为正面和中性。在宣布报价前，中海油的股票价格一直遭压，报价之后，消除了市场的不确定性，股价遂迅即抬头。当日，中海油的股票在香港和纽约分别上扬1.80%和3.45%。

第四阶段：全面较量

2005年6月23日~2005年7月20日

对中海油的高调登场，美国的媒体当时还显得比较克制，并无过于激烈的言论，甚至还带有欣赏的成分。但是一家中国公司、一家中国石油公司并购美国本土一家大公司，毕竟刺痛了很多人的神经，特别是美国国会一些议员的神经。他们以“可能影响美国国家安全”为由，加紧院外活动，试图阻挠中海油对优尼科的并购。所以从宣布报价开始，中海油就面临着两条战线上的较量：一条在商业层面；另一条在政治层面。

6月24日，中海油报价后的第一天，美国国会能源商业委员会主席Joe Barton和Ralph Hall致信布什，表示了对中海油收购优尼科的担忧，称其对美国能源和安全构成“明显威胁”，要求政府确保美国能源资产不出售给中国。当日，共有41名国会议员向布什总统递交了公开信，要求政府对中海油的并购计划严格审查。随着时间的推移，向白宫写信“反映问题”的议员不断增加，据统计，前后共有64个国会议员参与到这场反对中海油收购优尼科的游说行列中来。

这么多议员如此集中地对中海油的并购发表“反对意见”，似乎并不完全能用“担忧国家安全”来解释。据英国《金融时报》后来搜集的公开资料显示，反对中海油收购优尼科的部分美国议员从2002年起累计从中海油此次并购的对手雪佛龙公司获得超过10万美元的政治捐款。《金融时报》称，这也引发了人们对雪佛龙涉嫌操纵政治力量、阻挠中海油收购的猜测。当然，作为直接竞争对手，雪佛龙也不失时机地加入到这场质疑中海油收购企图的杂音合围中来。2005年6月24日，雪佛龙副董事长Peter Robertson在《纽约时报》发表讲话，称“雪佛龙与中海油进行的绝非商业竞争，而是与中国政府在竞争，这是不公平的”。6月27日，52位众议员联名致信总统布什和财政部长斯诺，要求财政部外国投资审查委员会（CFIUS）依据《埃克松—弗洛里奥修正案》（EXON—FLORIA）法案严格审查中国政府在这一收购案中扮演的角色。

“山雨欲来风满楼”，在一片阴沉的政治气氛下，6月28日，中海油代表团赴美与优尼科展开新的谈判。一到美国，首先参加了财政部为此次收购案举行的外国投资审查委员会会议。由于外部压力太大，听证会无果而终。接下来，中海油代表团马不停蹄地与优尼科开始谈判。然而，当初曾经主动向中海油示好的优尼科公司，此时却显得犹疑起来。优尼科表示，中海油的报价虽然比雪佛龙高，但是存在很大的不确定性。最大的不确定性来自于中国政府的态度和美国的《埃克松—弗洛里奥修正案》法案。该修正案以是否危害国家安全为标准衡量外国投资，若答案肯定，则监管机构有权中止一切投资活动。中国IT企业联想集团在收购IBM的PC业务时，曾艰难地跨过这个门槛。作为一家中国的能源企业，中海油面临的局面显然要比联想复杂。除了优尼科董事会对“不确定性”的担忧外，由于雪佛龙报价在先，中海油在谈判中一开始就处在被动地位。经过近一周的艰苦谈判，中海油就包括以下主要问题在内的兼并协议达成了一致：①在中海油违约不进行交割的情况下，法院判决如何执行的问题（因为中海油在美国没有可供执行的财产，所以双方约定中海油要在美国一家银行的专用账户中存入20亿美元)；②为获得EXON-FLORIA法案的批准，资产的处理问题；③因为中海油的加入，如果导致雪佛龙与优尼科的谈判破裂，中海油需要向雪佛龙支付分手费（5亿美元)；④在兼并完成前，油价的保值问题。

在中海油与优尼科正式谈判期间，美国一些国会议员也没闲着：2005年6月30日，众议院投票通过财政拨款修正案，“禁止财政部将拨款用于审查中海油并购优尼科”；7月11日，两位参议员写信给美国商务部，要求审查中海油的贷款是否违背WTO的规则；7月13日，众议院军事服务委员会举行了听证会，会议的内容亦主要围绕中国的崛起可能给美国造成威胁的内容展开。面对政治压力，中海油也不示弱，主动展开公关活动以求消除“误解”。在宣布报价之后的20天内，傅成玉先后接受了《纽约时报》《华盛顿邮报》《金融时报》等多家海外媒体的专访，反复解释中海油收购优尼科的商业动机和价值。7月6日，熟谙英文的傅成玉更是在《亚洲华尔街日报》亲自撰写《美国为何担忧》一文。傅承诺，优尼科在美国境内出产的石油和天然气只在美国销售。此举首开中国企业家在西方主流媒体上撰文表达立场的先河。2005年7月14日，优尼科董事会召开会议，要求雪佛龙和中海油加价，并宣称如果双方都不加价，拟另觅买家；7月15日，优尼科董事长威廉姆斯给傅成玉打电话，第二次要求中海油加价；7月16日傅成玉回复对方说，可以加到69美元，但有三个条件：①优尼科付5亿美元分手费；②优尼科要站在中海油的立场游说政府国会；③承诺雪佛龙出局。但优尼科坚持加价应是无条件的，双方于是僵持不下。在中海油5天坚持不涨价的情况下，7月19日，雪佛龙被迫加价，报价改为40%的现金，60%的股票，测算下来合每股63.1美元。当时，雪佛龙与优尼科达成了一个条件——即不能将加价的消息告诉中海油。在雪佛龙加价后，中海油的价格优势已经基本丧失——中海油报的67美元同雪佛龙的63.1美元之间，虽有4块钱的差价，但这一差价尚不足以补偿“政治风险”和“时间成本”。失去价格优势的中海油并未急于再加价，而是采用了静观其变的方式。当时在华盛顿，排华情绪已达到了最高潮，站出来反对政治干预。7月21日，中海油发表声明，表示了三点意见：①对优尼科没有改变推荐表示遗憾；②认为中海油每股67美元的全现金收购依然有很强的竞争力；③鉴于维护自己公司股东最大利益的考虑，没有意愿改变价格，同时将继续关注市场发展的动态。

第五阶段：全身而退

2005年7月20日~2005年8月2日

2005年7月30日美国参众两院通过了能源法案新增条款，要求政府在120天内对我国的能源状况进行研究，研究报告出台21天后，才能够批准中海油对优尼科的收购。这一法案的通过基本排除了中海油竞购成功的可能。8月2日，中海油宣布撤回对优尼科的收购要约。此时，距离8月10日优尼科董事会最后投票决定“谁是赢家”还有8天的时间。失去了一次“千载难逢”的收购机会，中海油可能满腹委屈，但它似乎并不是一个黯然的“失意者”。宣布退出当天，中海油股票上涨了5.6%。事实上，自6月23日开始，到8月10日，仅仅一个多月的时间，中海油市值就上涨30%以上，从220亿增长到300亿美元。在中海油竞购过程中三个大的关键点：6月23日宣布初始报价、7月21日决定不加价，到8月2日正式宣布退出。三个点上，中海油的股价都有明显上涨。中海油没有赢得结果，但赢得了过程。

（资料来源：改编自《中国企业家杂志》2005年第17期。）

[案例思考题]

1. 中海油收购美国优尼科石油公司的战略出发点是什么？
2. 中海油收购美国优尼科石油公司的决策程序有没有不规范的地方？
3. 为什么说中海油没有赢得结果，但赢得了过程？
4. 中海油独立董事是否应该否决对优尼科石油公司的收购？
5. 美国国会议员反对中海油收购优尼科石油公司的主要理由是什么？
6. 中海油收购案对我国企业的跨国并购有什么启示？

## 本章参考文献

[1] 俞毅．跨国公司在华投资战略的新调整及我国的对策［J］．国际金融研究，2002（9）．
[2] 俞毅．中国企业跨国并购的战略构建［J］．国际贸易问题，2005（12）．
[3] 吴林海，吴松毅．跨国公司对华技术转移论［M］．北京：经济管理出版社，2002．
[4] 孙遇春，徐培华．著名跨国公司在华竞争战略［M］．上海：东方出版中心，2004．
[5] 毛蕴诗．跨国经营在华经营策略［M］．北京：中国财政经济出版社，2005．
[6] 黄益平．超越奇迹：变革世界中的中国改革［M］．北京：北京大学出版社，2012．

《当代跨国公司管理　第2版》（陈向东　魏拴成主编）

# 信息反馈表

尊敬的老师：

您好！感谢您多年来对机械工业出版社的支持和厚爱！为了进一步提高我社教材的出版质量，更好地为我国高等教育发展服务，欢迎您对我社的教材多提宝贵意见和建议。另外，如果您在教学中选用了本书，欢迎您对本书提出修改建议和意见。

**一、基本信息**

姓名：________　性别：________　职称：________　职务：__________

邮编：________　地址：__________________________________________

任教课程：___________　电话：____-__________（H）__________（O）

电子邮件：______________________________　手机：________________

**二、您对本书的意见和建议**

（欢迎您指出本书的疏误之处）

**三、您对我们的其他意见和建议**

**请与我们联系：**

100037　机械工业出版社·高教分社　常编辑　收

Tel：　010－88379721（O），68997455（Fax）

E-mail：changay@126.com